Hans-Dieter Leuenberger

Schule des Tarot II

Der Baum des Lebens
Tarot und Kabbala

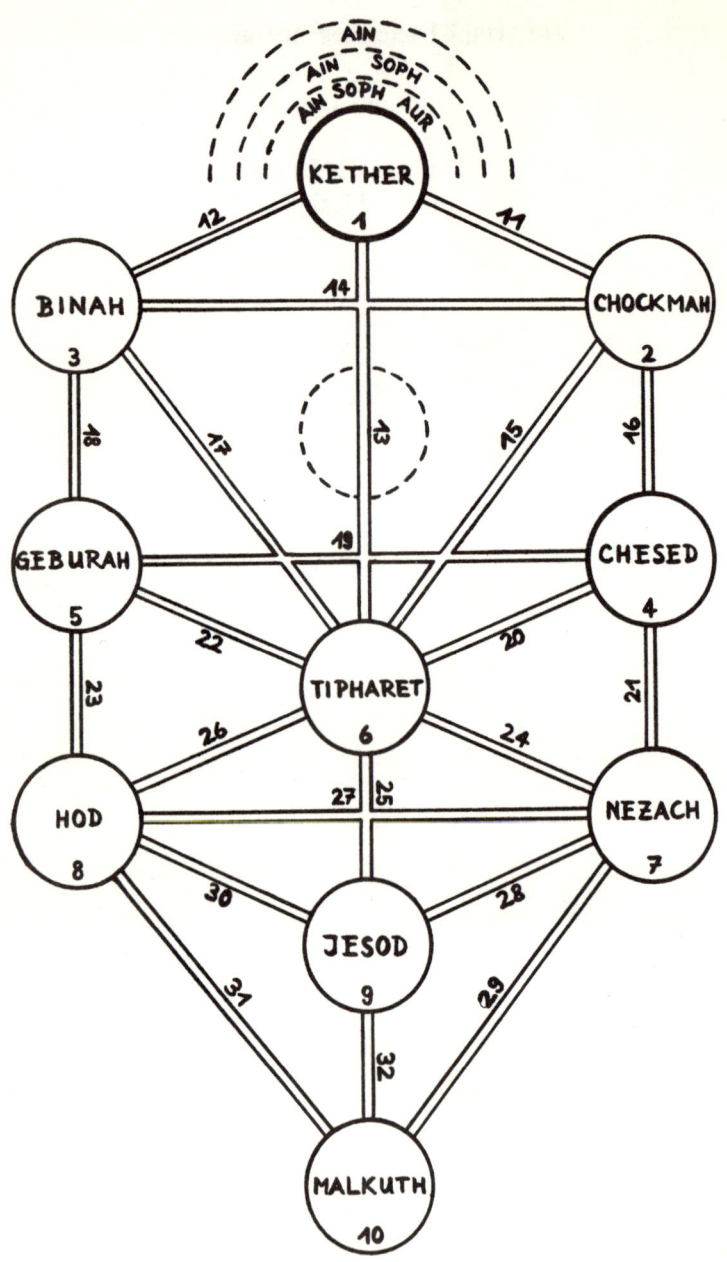

Der Baum des Lebens

Hans-Dieter Leuenberger

Schule des Tarot II

Der Baum
des Lebens

Tarot und Kabbala

Verlag Hermann Bauer
Freiburg im Breisgau

CIP-Kurztitelaufnahme der Deutschen Bibliothek

Leuenberger, Hans-Dieter:
Schule des Tarot / Hans-Dieter Leuenberger. –
Freiburg im Breisgau : Bauer
   ISBN 3-7626-0287-5
2. Leuenberger, Hans-Dieter: Der Baum des Lebens. –
3. Aufl., 13.–17. Tsd. – 1987

Leuenberger, Hans-Dieter:
Der Baum des Lebens : Tarot u. Kabbala /
Hans-Dieter Leuenberger. – 3. Aufl., 13.–17. Tsd. –
Freiburg im Breisgau : Bauer, 1984.
   (Schule des Tarot / Hans-Dieter Leuenberger ; 2)
   ISBN 3-7626-0244-1
   ISBN 3-7626-0287-5 (Gesamtw.)

Mit 14 Zeichnungen.

ISBN 3-7626-0287-5 (Gesamtausgabe)
ISBN 3-7626-0243-3 (Band 1)
ISBN 3-7626-0244-1 (Band 2)
ISBN 3-7626-0286-7 (Band 3)

3. Auflage 1987 – 13.–17. Tsd.
© 1982 by Verlag Hermann Bauer KG, Freiburg im Breisgau.
Alle Rechte vorbehalten.
Druck und Bindung: May + Co, Darmstadt.
Printed in Germany.

Inhalt

Vorwort

Der zweite Band der *Schule des Tarot* behandelt die kleinen Arkana und die zu deren Verständnis notwendigen Elemente der Kabbala. Alles, was grundsätzlich zum Thema Tarot zu sagen ist, habe ich bereits im ersten Band ausgesprochen. Das dort Ausgeführte gilt auch für diesen zweiten Band. Ich darf mich deshalb auf einige spezielle Hinweise und Erläuterungen beschränken.

Als erstes gilt es gleich, einem möglicherweise auftretenden Mißverständnis vorzubeugen. Mittelpunkt des vorliegenden Bandes ist und bleibt der Tarot. Der Leser erwarte also keine umfassende Darstellung der Kabbala, die ein so weites und tiefes Gebiet ist, daß auch eine nur elementare Grundlagendarstellung ihrer Lehre den Rahmen dieses Buches weit übersteigen würde. Im vorliegenden Bande werden nur Informationen vermittelt, die unerläßlich sind für das Verständnis des Tarot und die für eine praktische Arbeit, wie sie im dritten Teil des Bandes in Grundzügen angedeutet ist, nützlich sind. Der Akzent meiner Darstellung wurde darauf verlegt, nicht so sehr ein theoretisches Lehrbuch zu verfassen, sondern den Leser und Schüler mehr und mehr zum praktischen »Tun« zu bringen.

Der ganze Tarot und die Kabbala sind ihrem Wesen nach so angelegt, daß die praktische Arbeit in jedem Fall unmittelbar die tieferen Schichten unserer Psyche betrifft. Das bedeutet, daß an jede praktische Arbeit mit dem entsprechenden Verantwortungsbewußtsein heranzutreten ist, mit Sorgfalt, Vorsicht und Bedachtsamkeit. Die im Kapitel »Meditation« beschriebene Methode wurde von mir selbst eingehend erprobt und mit Hilfe verschiedener Trainingsgruppen auf alle möglichen Auswirkungen hin untersucht. Wenn man sich genau an meine Anweisungen hält, kann ein reicher Schatz an innerer Erfahrung vermittelt werden.

Dieses Buch setzt die Kenntnis und Bearbeitung des ersten

Bandes *Das Rad des Lebens* voraus. Wer sich aber von der Kabbala besonders angezogen fühlt und sich dem Tarot von da aus nähern möchte, für den ist es trotzdem möglich, auch als Anfänger die Arbeit mit diesem zweiten Band zu beginnen. Zu diesem Zweck habe ich zahlreiche Hinweise auf die entsprechenden Seitenzahlen des ersten Bandes vermerkt, wo die betreffenden, vorausgesetzten Kenntnisse nachgeholt werden können.

Auch im vorliegenden zweiten Band wird der Kenner möglicherweise manches vermissen, was gerade ihm wichtig und sagenswert erscheinen mag. Dies ist schon aus den oben geschilderten Gründen unvermeidlich. Ferner ist manches mit Absicht unausgeführt geblieben, um Raum zu lassen für die eigenen Entdeckungen und Erfahrungen des Schülers, die allemal einprägsamer und dem Vorankommen förderlicher sind, als wenn alles fertig und ausgearbeitet vorgesetzt wird. Auch ist zu bedenken, wie jeder fundierte Kenner der Esoterik weiß, daß es Dinge gibt, die nicht ohne weiteres jedem und zu jeder Zeit offen dargelegt werden dürfen. Wer reif dazu ist, wird, wenn seine Zeit gekommen ist, von selbst darauf stoßen und sie erfahren. Ich weiß sehr wohl, daß manche Dinge auch andersherum betrachtet werden können. Dazu ist zu vermerken, daß ich in meinem persönlichen esoterischen Entwicklungsweg, wie der Kenner ohne weiteres feststellen kann, einer bestimmten Tradition verpflichtet bin und es auch bleiben will. Die Unantastbarkeit der persönlichen Entscheidungsfreiheit jedes einzelnen Menschen ist in dieser Tradition ein oberstes Gebot. Ich führe den Schüler so weit, wie ich es verantworten kann; danach mag er die Richtung seines weiteren Weges selbst bestimmen. Ihm die dazu nötigen Voraussetzungen zu vermitteln, bildet unter anderem auch ein Ziel der *Schule des Tarot,* die über das spezielle Thema Tarot hinaus auch zu einem Buch geworden ist, das als Einführung in die Grundlagen der abendländischen Esoterik dienen kann.

In diesem Unterfangen sah ich mich öfters vor große Schwierigkeiten gestellt, die darin bestanden, daß das Buch des Thoth und der Baum des Lebens in der Sprache der Bilder abgefaßt sind, deren Inhalt ich in Worte kleiden mußte. Meine Ausführungen sind deshalb gewissermaßen als Übersetzungsvorschläge zu betrachten, die dem Leser als Anleitung dienen sollen, zu gegebener Zeit seine eigenen Formulierungen zu finden. Aus dem gleichen Grund ist die ganze *Schule des Tarot* und namentlich der zweite Band ein Werk geworden, das nicht so sehr einfach zum Lesen als vielmehr zum Mitdenken bestimmt ist. Dieses Mitdenken ist keine leichte Sache, denn Tarot und Kabbala sind in einem Gedankensystem gehalten, das sich von unserer in der Schule gelehrten Art des Denkens ganz und gar unterscheidet. Ich sah mich deshalb ständig mit dem Problem konfrontiert, schwierige und komplizierte Dinge und Gedankengänge in einer Form auszudrücken, die möglichst leicht zu erfassen ist, ohne gleichzeitig Wesentliches vom Inhalt zu verlieren oder gar der Simplifizierung zu verfallen. Welche Mühe ein aus dem erwähnten Grunde notwendiges Umdenken bereitet und welche Zeit dies in Anspruch nehmen kann, weiß ich bestens aus eigener Erfahrung. Auch hier kommt es sehr darauf an, daß sich der Leser und Schüler in Geduld übt und beharrlich bleibt. Reicher Lohn ist ihm dann gewiß.

Ein besonderes Problem bildete auch die Übertragung der hebräischen Namen und Ausdrücke in unsere Schrift. Die hebräische Aussprache ist mit unserem gebräuchlichen Alphabet nicht zu erfassen. Die hebräische Philologie hat in der Praxis ein System entwickelt, das die Aussprache in lateinische Buchstaben andeutet. Es ist jedoch für einen philologischen Laien schwer zu handhaben, so daß ich auf seine Anwendung verzichtete. Meine Schreibweise stellt immer einen Kompromiß zwischen leichter Lesbarkeit und annähernder Aussprache dar und erhebt keinen Anspruch auf wissenschaftliche Genauigkeit, die für diesen speziellen Gegenstand auch gar nicht gefordert wird.

So möge denn die *Schule des Tarot* ihren Weg antreten und vielen bringen, was lange Zeit relativ wenigen vorbehalten war. Mögen die vielen dadurch zum Umdenken und zur Besinnung auf die alte Tradition gebracht werden, denn Umdenken und Besinnung ist das, was unserem Abendland am meisten not tut.

Frauenkappelen bei Bern,
Jaggisbachau, im Juni 1982

Urwissen

Vom Urwissen der Menschheit

Auf unserem bisherigen Weg durch den Tarot haben wir immer wieder das Wort »Urwissen« gebraucht. Wir gingen von der Voraussetzung aus, daß durch den Tarot ein Urwissen, das die Menschheit durch Jahrtausende hindurch erfahren hat, erarbeitet und zugänglich gemacht werden kann. Jetzt, bevor wir unseren Weg fortsetzen, wird es Zeit, daß wir uns mehr mit der Frage befassen, worin eigentlich dieses Urwissen der Menschheit besteht. Wenn du den ersten Band der Schule des Tarot, *Das Rad des Lebens,* sorgfältig durchgelesen und durchgearbeitet hast, dann halte ich es nicht für ausgeschlossen, daß sich vielleicht in dir eine gewisse Ungeduld breitgemacht hat. Vielleicht drängt sich dir immer wieder die Frage auf: »Ist das wirklich alles? Brauche ich, um zu diesen Kenntnissen zu gelangen, wirklich den Tarot? Gibt es da nicht andere, weniger ›esoterische‹ Mittel? Ist nicht die moderne Psychologie in ihren verschiedenen Ausdrucksformen auf ganz anderen Wegen zu manchen gleichen Ergebnissen gelangt, wie wir sie durch den Tarot erhalten haben?« Solche Fragen sind begründet. Wir haben durch den Tarot manches erfahren, was den Stoff, die reinen Wissensfakten betrifft, das auch auf andere Weise, durch einen klassischen Lernprozeß, in unser Bewußtsein gedrungen wäre. Das Problem ist wichtig genug, um sich näher damit auseinanderzusetzen.

Wo komme ich her, wo stehe ich, wo gehe ich hin? Diesen Satz haben wir als eine wichtige, ja grundlegende Frage des Menschen überhaupt kennengelernt, als die Frage, die den Menschen überhaupt zum Menschen macht. Es ist die gleiche Frage, womit der Wagenlenker von Bild VII, mit Urim und Thummim auf den Schultern, seinen Weg durch das Rad des Lebens antrat. Aber damit diese Frage überhaupt gestellt werden kann, muß eine wichtige Voraussetzung erfüllt sein. Der Mensch muß wissen, das heißt, sein Bewußtsein muß imstande sein zu realisieren, daß er von einem Punkt A zu einem Punkt C geht und sich momentan auf einem Punkt B befindet. Um darüber klar zu sein, daß sein Weg als Mensch von einem Punkt zu einem anderen verläuft, muß er sich des Gesetzes der Polarität bewußt geworden sein. Er muß den Prozeß erfahren oder erlitten haben, der im Bild VI der großen Arkana dargestellt ist. Bevor wir in unseren Überlegungen fortfahren, ist es vielleicht nützlich, wenn du dich noch einmal aus dieser Perspektive mit Bild VI und Bild VII auseinandersetztest.

Wenn wir uns näher mit allen uns zugänglichen Religionen dieser Erde beschäftigen, werden wir die Entdeckung machen, daß sie alle um diese eine Frage als Zentrum kreisen. Jede Religion ist ein Versuch, eine Antwort auf diese wahrhaftige Urfrage des Menschen zu geben. Wie wichtig diese eine Frage für die Menschen ist, erkennen wir daran, welche Sorgfalt sie darauf verwendet haben und vielleicht immer noch darauf verwenden, diese Frage von einer Generation zur anderen weiterzugeben, und zwar in einer Art und Weise, aus der sich erkennen läßt, welche Bedeutung und Wichtigkeit das menschliche Bewußtsein dieser Frage beimißt. Ja, manchmal will uns gar scheinen, als sei Menschsein, menschliche Existenz überhaupt, vom Stellen dieser Frage abhängig, und daß, wenn irgend einmal im Laufe der menschlichen Geschichte und Entwicklung diese Frage verlorengehen könnte, dies gleichbedeutend wäre mit dem Verlust des Menschseins und der Menschlichkeit überhaupt, daß in diesem Falle der Mensch um eine Stufe zurückfallen würde auf die Ebene des Tieres oder gar auf diejenige des rein vegetativen Daseins, wie wir sie anläßlich der Betrachtung von Bild XV kennengelernt haben.

Gehen wir noch einen Schritt weiter und setzen wir uns einem vielleicht recht kühnen Gedanken aus. Ist diese Frage überhaupt je beantwortet worden, oder darf sie überhaupt beantwortet werden? Wenn wir gesagt haben, daß der Verlust dieser Frage den Verlust des Menschseins überhaupt bedeuten könnte, dann dürfte ja diese Urfrage gar nicht beantwortet werden, denn eine Antwort erhalten macht das Fragen unnötig, und eine Frage, die nicht mehr notwendig ist, ist gleichbedeutend mit einer verlorenen Frage. Wenn wir davon ausgehen, daß eine solche Urfrage der Menschheit von Generation zu Generation überliefert wird, dann müssen wir auch die Frage stellen, auf welche Weise dies geschieht.

An dieser Stelle ist es nützlich, wenn du dich noch einmal mit dem Inhalt des Kapitels »Was ist Esoterik?« des ersten Bandes (Seiten 29 bis 42) beschäftigst. Wir haben darin anhand des Beispiels eines Telefongespräches zwischen Europa und New York untersucht, auf welche Weise Botschaften von einer Ebene zu einer anderen gelangen können, in diesem Falle von einer transzendenten Ebene zu unserer materiell-irdischen Ebene. Wir haben dabei gesehen, daß es bisweilen notwendig ist, die Botschaften und Informationen zu verschlüsseln, in andere Frequenzen umzuwandeln, um von einer Ebene zur anderen zu gelangen.

Wenn wir nun, unter Berücksichtigung des ersten hermetischen Gesetzes »Wie oben, so unten«, unsere Frage neu betrachten, dann kommen wir bestimmt zur Schlußfolgerung, daß, wenn von einer transzendenten Ebene zu einer irdisch-materiellen Ebene eine Umwandlung nötig ist, sich eine ähnliche, das heißt analoge Umwandlung auch als nötig erweist, wenn eine Botschaft zwischen zwei Ebenen vermittelt werden soll, die sich durch den Faktor Zeit voneinander unterscheiden. In unserem Beispiel würde dies bedeuten: von der frühen Menschheit zu der jeweils jetzigen Menschheit. Wir haben längst herausgefunden, daß es solche Übermittlungswege in verwandelter Form wirklich gibt. Wir haben herausgefunden, daß in den alten Mythen und sagenhaften Erzählungen ganz handfeste Informationen verborgen sind, die auf diese Weise von einer Generation zur anderen weiter transportiert werden; ja, daß nur diese Form überhaupt ermöglicht, daß sie auch von Menschen weitergegeben werden können, die den Inhalt der jeweiligen Botschaft nicht kennen und möglicherweise auch nichts mit ihm anfangen können. Wir dürfen daher getrost annehmen, daß in den Mythen, die sich mit der Herkunft des Menschen und mit seinem Ursprung beschäftigen, auch unsere Frage irgendwie verborgen ist. Wenn wir solche archaische Mythen miteinander vergleichen, dann werden wir bald entdecken, daß ein roter Faden durch sie hindurchzieht, und daß sie alle, so verschieden sie im äußeren Gewand auch sein mögen, doch etwas Gemeinsames enthalten. Bei allen diesen Mythen taucht die Ansicht auf, daß der Mensch an seinem Ursprung auf irgendeine Weise auf einer höheren Stufe gestanden hat als der jeweils jetzige Mensch; daß die Entwicklung der Menschheit so etwas wie ein Abwärtsgleiten, ein Verlieren einer ursprünglich gehaltenen Höhe bedeutet. Erkennst du darin die Botschaft vom Gesetz der »Rolltreppe«, das wir bei Bild XV näher betrachtet haben? In zwei dieser Mythen, die auch in unserer westlichen Welt relativ bekannt sind – im Mythos von Atlantis und im griechischen Mythos von den verschiedenen Zeitaltern der Menschheit –, kommt dies besonders deutlich zum Ausdruck. Wir wollen diese beiden Mythen deshalb auch etwas näher betrachten.

Die Menschenalter

Die ersten Menschen, welche die Götter schufen, waren ein goldenes Geschlecht. Diese lebten, solange Kronos (Saturnus) dem Himmel vorstand, sorgenlos und den Göttern selbst ähnlich, von Arbeit und Kummer entfernt. Auch die Leiden des Alters waren ihnen unbekannt; an Händen, Füßen und allen Gliedern immer rüstig, erfreuten sie sich, von jeglichem Übel frei, heiterer Gelage. Die seligen Götter hatten sie lieb und schenkten ihnen auf reichen Fluren stattliche Herden. Wenn sie verscheiden sollten, sanken sie nur in sanften Schlaf. Solange sie aber lebten, hatten sie alle möglichen Güter; das Erdreich gewährte ihnen alle Früchte von selbst und im Überfluß, und ruhig, mit allen Gütern gesegnet, vollbrachten sie ihr Tagwerk. Nachdem jenes Geschlecht dem Beschlusse des Schicksals zufolge von der Erde verschwunden war, wurden sie zu frommen Schutzgöttern, welche, dicht in Nebel gehüllt, die Erde rings durchwandelten, als Geber alles Guten, Behüter des Rechts und Rächer aller Vergehungen.
Hierauf schufen die Unsterblichen ein zweites Menschengeschlecht, das silberne; dieses war schon weit von jenem abgear-

tet und glich ihm weder an Körpergestaltung noch an Gesinnung. Sondern ganze hundert Jahre wuchs der verzärtelte Knabe noch unmündig an Geist unter der mütterlichen Pflege im Elternhause auf, und wenn einer endlich zum Jünglingsalter herangereift war, so blieb ihm nur noch kurze Frist zum Leben übrig. Unvernünftige Handlungen stürzten diese neuen Menschen in Jammer; denn sie konnten schon ihre Leidenschaften nicht mehr mäßigen und frevelten im Übermute gegeneinander. Auch die Altäre der Götter wollten sie nicht mehr mit den gebührenden Opfern ehren. Deswegen nahm Zeus dieses Geschlecht wieder von der Erde hinweg; denn ihm gefiel nicht, daß sie der Ehrfurcht gegen die Unsterblichen ermangelten. Doch waren auch diese noch nicht so entblößt von Vorzügen, daß ihnen nach ihrer Entfernung aus dem Leben nicht einige Ehre zum Anteil geworden wäre, und sie durften als sterbliche Dämonen noch auf der Erde umherwandeln.

Nun erschuf der Vater Zeus ein drittes Geschlecht von Menschen; das hieß das eherne. Das war auch dem silbernen völlig ungleich, grausam, gewalttätig, immer nur den Geschäften des Krieges ergeben, immer einer auf des andern Beleidigung sinnend. Sie verschmähten es, von den Früchten des Feldes zu essen und nährten sich vom Tierfleische; ihr Starrsinn war hart wie Diamant, ihr Leib von ungeheurem Gliederbau; Arme wuchsen ihnen von den Schultern, denen niemand nahekommen durfte. Ihre Wehr war von Erz, ihre Wohnung Erz, mit Erz bestellten sie das Feld; denn Eisen war damals noch nicht vorhanden. Sie kehrten ihre eigenen Hände gegeneinander; aber so groß und entsetzlich sie waren, so vermochten sie doch nichts gegen den schwarzen Tod und stiegen, vom hellen Sonnenlichte scheidend, in die schaurige Nacht der Unterwelt hernieder.

Als die Erde auch dieses Geschlecht eingehüllt hatte, brachte Zeus, der Sohn des Kronos, ein viertes Geschlecht hervor, das auf der nährenden Erde wohnen sollte. Dies war wieder edler und gerechter als das vorige. Es war das Geschlecht der göttlichen Heroen, welche die Vorwelt auch Halbgötter genannt hat. Zuletzt vertilgte aber auch sie Zwietracht und Krieg, die einen vor den sieben Toren Thebens, wo sie um das Reich des Königes Ödipus kämpften, die andern auf dem Gefilde Trojas, wohin sie um der schönen Helena willen zahllos auf Schiffen gekommen waren. Als diese ihr Erdenleben in Kampf und Not beschlossen hatten, ordnete ihnen der Vater Zeus ihren Sitz am Rande des Weltalls an, im Ozean, auf den Inseln der Seligen. Dort führen sie nach dem Tode ein glückliches und sorgenfreies Leben, wo ihnen der fruchtbare Boden dreimal im Jahre honigsüße Früchte zum Labsal emporsendet.

Atlantis
(aus *Timaios* von Platon)

So will ich denn diese alte Geschichte erzählen, die ich von einem nicht mehr jungen Manne vernommen.
Es gibt in Ägypten, in dem Delta, um dessen Spitze herum der Nilstrom sich spaltet, einen Gau, welcher der saïtische heißt, und die größte Stadt dieses Gaus ist Saïs, von wo ja auch der König Amasis gebürtig war. Als Solon dorthin kam, so wurde er, wie er erzählte, mit Ehren überhäuft, und da er Erkundigungen über die Vorzeit bei denjenigen Priestern einzog, welche hierin vorzugsweise erfahren waren, so war er nahe daran, zu finden, daß weder er selbst noch irgendein anderer Grieche, fast möchte man sagen, auch nur irgend etwas von diesen Dingen wisse. Und einst habe er, um sie zu einer Mitteilung über die Urzeit zu veranlassen, begonnen, ihnen die ältesten Geschichten Griechenlands zu erzählen, ihnen vom Phoroneus, welcher für den ersten Menschen gilt, und von der Niobe, und wie nach der Flut Deukalion und Pyrrha übrig blieben, zu berichten und das Geschlechtsregister ihrer Abkömmlinge aufzuzählen und habe versucht, mit Anführung der Jahre, welche auf jedes einzelne kamen, wovon er sprach, die Zeiten zu bestimmen. Da aber habe einer der Priester, ein sehr bejahrter Mann, ausgerufen: O Solon, Solon, ihr Hellenen bleibt doch immer Kinder, und einen alten Hellenen gibt es nicht!
Als nun Solon dies vernommen, habe er gefragt: Wieso? wie

meinst du das? Ihr seid alle jung an Geist, erwiderte der Priester, denn ihr tragt in ihm keine Anschauung, welche aus alter Überlieferung stammt, und keine mit der Zeit ergraute Kunde. Der Grund hievon aber ist folgender. Es haben schon viele und vielerlei Vertilgungen der Menschen stattgefunden und werden auch fernerhin noch stattfinden, die umfänglichsten durch Feuer und Wasser, andere, geringere aber durch unzählige andere Ursachen. Denn was auch bei euch erzählt wird, daß einst Phaëton, der Sohn des Helios, den Wagen seines Vaters bestieg und, weil er es nicht verstand, auf dem Wege seines Vaters zu fahren, alles auf der Erde verbrannte und selber vom Blitze erschlagen ward, das klingt zwar wie eine Fabel, doch ist das Wahre daran die veränderte Bewegung der die Erde umkreisenden Himmelskörper und die Vernichtung von allem, was auf der Erde befindlich ist, durch vieles Feuer, welches nach dem Verlauf gewisser großer Zeiträume eintritt. Von derselben werden dann die, welche auf Gebirgen und in hochgelegenen und wasserlosen Gegenden wohnen, stärker betroffen als die Anwohner der Flüsse und des Meeres, und so rettet auch uns der Nil, wie aus allen andern Nöten, so auch alsdann, indem er uns auch aus dieser befreit. Wenn aber wiederum die Götter die Erde, um sie zu reinigen, mit Wasser überschwemmen, dann bleiben die, so auf den Bergen wohnen, Rinder- und Schafhirten, erhalten, die aber, welche bei euch in den Städten leben, werden von den Flüssen ins Meer geschwemmt, dagegen in unserem Lande strömt weder dann noch sonst das Wasser vom Himmel herab auf die Fluren, sondern es ist so eingerichtet, daß alles von unten her über sie aufsteigt. Daher und aus diesen Gründen bleibt alles bei uns erhalten und gilt deshalb für das Älteste. In Wahrheit jedoch gibt es in allen Gegenden, wo nicht übermäßige Kälte oder Hitze es wehrt, stets ein bald mehr, bald minder zahlreiches Menschengeschlecht. Nur aber liegt bei uns alles, was bei euch oder in der Heimat oder in anderen Gegenden vorgeht, von denen wir durch Hörensagen wissen, sofern es irgendwie etwas Treffliches oder Großes ist oder irgendeine andere Bedeutsamkeit hat, insgesamt von alters her in den Tempeln aufgezeichnet und bleibt also erhalten. Ihr dagegen und die übrigen Staaten seid hinsichtlich der Schrift und alles anderen, was zum staatlichen Leben gehört, immer eben erst eingerichtet, wenn schon wiederum nach dem Ablauf der gewöhnlichen Frist wie eine Krankheit die Regenflut des Himmels über euch hereinbricht und nur die der Schrift Unkundigen und Ungebildeten bei euch übrigläßt, so daß ihr immer von neuem gleichsam wieder jung werdet und der Vorgänge bei uns und bei euch unkundig bleibt, soviel ihrer in alten Zeiten sich ereigneten. Wenigstens eure jetzigen Geschlechtsverzeichnisse, wie du sie eben durchgingst, unterscheiden sich nur wenig von Kindermärchen. Denn erstens erinnert ihr euch nur einer Überschwemmung der Erde, während doch so viele schon vorhergegangen sind, sodann aber wißt ihr nicht, daß das trefflichste und edelste Geschlecht unter den Menschen in eurem Lande gelebt hat, von denen du und alle Bürger eures jetzigen Staates herstammt, indem einst ein geringer Stamm von ihnen übrigblieb; sondern alles dies blieb euch verborgen, weil die Übriggebliebenen viele Geschlechter hindurch ohne die Sprache der Schrift ihr ganzes Leben hinbrachten. Denn es war einst, mein Solon, vor der größten Zerstörung durch Wasser der Staat, welcher jetzt der athenische heißt, der beste im Kriege und mit der in allen Stücken ausgezeichnetsten Verfassung ausgerüstet, wie denn die herrlichen Taten und öffentlichen Einrichtungen von allen unter der Sonne, deren Ruf wir vernommen haben, ihm zugeschrieben werden.

Als nun Solon dies hörte, da habe er, wie er erzählte, sein Erstaunen bezeugt und angelegentlichst die Priester gebeten, ihm die ganze Geschichte der alten Bürger seines Staates in genauer Reihenfolge wiederzugeben.

Der Priester aber habe erwidert: Ich will dir nichts vorenthalten, mein Solon, sondern dir alles mitteilen.

Unsere Bücher erzählen nämlich, eine wie gewaltige Kriegsmacht einst euren Staat gebrochen hat, als sie übermütig gegen ganz Europa und Asien zugleich vom atlantischen Meere heranzog. Damals nämlich war das Meer dort fahrbar, denn vor der Mündung, welche ihr in eurer Sprache die Säulen des

Herakles heißt, hatte es eine Insel, welche größer war als Asien und Libyen zusammen, und von ihr konnte man damals nach den übrigen Inseln hinübersetzen, und von den Inseln auf das ganze gegenüberliegende Festland, welches jenes recht eigentlich so zu nennende Meer umschließt. Denn alles das, was sich innerhalb der eben genannten Mündung befindet, erscheint wie eine bloße Bucht mit einem engen Eingange, jenes Meer aber kann in Wahrheit also und das es umgebende Land mit vollem Fug und Recht Festland heißen. Auf dieser Insel Atlantis nun bestand eine große und bewundernswürdige Königsherrschaft, welche nicht bloß die ganze Insel, sondern auch viele andere Inseln und Teile des Festlands unter ihrer Gewalt hatte. Außerdem beherrschte sie noch von den hier innerhalb liegenden Ländern Libyen bis nach Ägypten und Europa bis nach Tyrrhenien hin. Indem sich nun diese ganze Macht zu einer Heeresmasse vereinigte, unternahm sie es, unser und euer Land und überhaupt das ganze innerhalb der Mündung liegende Gebiet mit einem Zuge zu unterjochen. Da wurde nun, mein Solon, die Macht eures Staates in ihrer vollen Trefflichkeit und Stärke vor allen Menschen offenbar. Denn vor allen andern an Mut und Kriegeskünsten hervorragend, führte derselbe zuerst die Hellenen, dann aber ward er durch den Abfall der anderen gezwungen, sich auf sich allein zu verlassen, und als er so in die äußerste Gefahr gekommen, da überwand er die Andringenden und stellte Siegeszeichen auf und verhinderte so die Unterjochung der noch nicht Unterjochten und gab den andern von uns, die wir innerhalb der herakleischen Grenze wohnen, mit edlem Sinne die Freiheit zurück. Späterhin aber entstanden gewaltige Erdbeben und Überschwemmungen, und da versank während eines schlimmen Tages und einer schlimmen Nacht das ganze streitbare Geschlecht bei euch scharenweise unter die Erde, und ebenso verschwand die Insel Atlantis, indem sie im Meere unterging. Deshalb ist auch die dortige See jetzt unfahrbar und undurchforschbar, weil der sehr hoch aufgehäufte Schlamm im Wege ist, welchen die Insel durch ihr Untersinken hervorbrachte.

Fassen wir zusammen: Die beiden behandelten Mythen sagen übereinstimmend aus, daß sich die heutige Menschheit, so wie sie sich dem Betrachter darbietet, in einer negativen Spannung zu einem früheren archaischen Zustand befindet. (Nimmst du auch hier die Information über das Gesetz der Polarität wahr?) Es liegt in der Natur des Polaritätsgesetzes, daß bestehende Spannungsverhältnisse nach Möglichkeit ausgeglichen werden sollten. Im Fluß der Kraft zwischen zwei verschiedenartigen Polen geschieht etwas, wird etwas bewirkt. Die überlieferten Mythen vom Urzustand der Menschheit und von Atlantis haben also nicht nur den Zweck, den Menschen über dieses bestehende Spannungsverhältnis seiner jetzt bestehenden Situation aufzuklären, sondern durch diese Bewußtmachung soll gleichzeitig der Impuls vermittelt werden, daß die Menschheit, oder vielleicht auch nur der einzelne Mensch, etwas unternimmt, sich aufrafft, um nach Möglichkeiten dieses Spannungsgefälle auszugleichen.

Der Wissende, der den Kern der Sache begriffen hat, weiß, daß dieses Spannungsgefälle überwinden nicht bedeutet, im buchstäblichen Sinne wieder nach Atlantis zu gelangen, in der heutigen Zeit Atlantis wieder entstehen zu lassen, und daß es auch nicht heißt, den Zustand des goldenen Zeitalters in der heutigen Zeit nach Möglichkeit wieder Realität werden zu lassen. Sowohl Atlantis als auch das goldene Zeitalter sind Pole auf einer Polaritätsachse, und es geht darum, die eigene Situation als das andere Ende dieser Polaritätsachse zu erkennen und zwischen diesen beiden einander entgegengesetzten Polen den Ausgleich, die Balance zu finden, das heißt, einen Punkt, der sich wahrscheinlich irgendwo in der Mitte befindet.

So weit, so gut, aber was hat das konkret mit der Menschheit und ihrer jeweiligen Alltagssituation, mit dir und mit mir zu tun? Wenn einmal der Kraftfluß zwischen den beiden Polen irgendwo ausgeglichen und in der Balance ist, habe ich dann die Gewähr, als Mensch im Besitz von Kenntnissen, von neuem Wissen zu sein? Kann ich dann womöglich schwarz auf weiß nach Hause tragen und in meine Bibliothek einreihen, was die Welt im Innersten zusammenhält?

Um diese Frage zu beantworten, betrachte noch einmal Bild

XXI, »Die Welt«. Im tanzenden Androgyn haben wir die Symbolfigur für einen solchen Ausgleich der polaren Kräfte gefunden. Aber das Resultat dieses Ausgleichs ist nicht Ruhe, Bewegungslosigkeit, sondern Tanz, mit allem, was in diesem Begriff enthalten ist. Schalte an dieser Stelle eine Pause ein, um das bisher Gesagte möglichst gründlich zu überdenken und zu meditieren. Je besser dir dies gelingt, um so leichter wird dir die Auseinandersetzung mit dem Stoff dieses zweiten Bandes, und allem, was danach noch kommt, werden.

Vielleicht bist du nun zur Überzeugung gelangt, daß Wissen kein Ruhezustand ist, kein Status, sondern daß sich Wissen in einem Prozeß manifestiert, der wie jeder Prozeß auch Bewegung enthält. Dieser Bewegung begegnen wir bei der Betrachtung des XXI. Tarotbildes »Die Welt«.

Hier ist es vielleicht am Platz, daß du eine erste persönliche Schlußfolgerung für dein eigenes Wissen vollziehst. Wie bereits im ersten Bande werde ich dich auch hier immer wieder auffordern, das Buch für eine Weile aus der Hand zu legen und über das bisher Gelesene zu meditieren oder gewisse Dinge miteinander zu kombinieren, um daraus eine Schlußfolgerung zu ziehen. Vielleicht fragst du nach dem Nutzen eines solchen Tuns. Warum soll ich über Dinge meditieren, mich der Mühe des eigenen Nachdenkens unterziehen, wenn ich ja das Ziel solcher Überlegungen und meines Denkens ein paar Zeilen weiter unten ausformuliert, schwarz auf weiß, lesen kann? Gewiß, äußerlich betrachtet ist diese Frage berechtigt. Du kannst alle diese Übungsanregungen einfach auslassen und die *Schule des Tarot* lesen wie einen Roman, und du wirst am Schluß einige Fakten und Überlegungen, aber auch nicht mehr wissen. Das Eigentliche, worauf es ankommt, wird dir entgangen sein. Meine Aufforderungen und Anregungen dienen dazu, in dir einen Prozeß des Wissens anzuregen, dich zur Einsicht zu bringen, daß Wissen nicht bloße Anhäufung von Fakten ist, sondern wahre Erkenntnis, über deren Wesen du durch die Betrachtung des tanzenden Androgyn sehr viel erfahren kannst. Die nachfolgenden Beispiele werden dir noch besser verdeutlichen und vor Augen führen, was ich damit meine.

Der englische Magier Aleister Crowley hat sich in seinen jüngeren Jahren einmal darüber lustig gemacht, daß gewisse esoterische Vereinigungen (gemeint war wahrscheinlich »The Golden Dawn«) in feierlichen Einweihungsritualen den Kandidaten als esoterisches Geheimnis nichts Weiteres als das hebräische Alphabet enthüllten. Das hebräische Alphabet sei ja schließlich in jeder Bibliothek und in jeder Buchhandlung für jedermann zugänglich. Crowley hat damit bewiesen, daß er – wenigstens zur damaligen Zeit – nichts über das wahre Wesen der Einweihung begriffen hatte. Gewiß, vordergründig hatte Crowley recht: Das hebräische Alphabet ist für jedermann zugänglich, der seine Zeichen lernen und sich aneignen will. Jedermann kann, wenn er will und den nötigen Fleiß aufbringt, lernen, hebräische Texte zu lesen und vielleicht sogar zu verstehen. Aber das hebräische Alphabet ist eben mehr als nur ein Alphabet, es ist im wahrsten Sinn des Wortes ein magisches Werkzeug, mit dessen Hilfe wichtige Erkenntnis gewonnen werden kann, wenn man es in der richtigen Weise anzuwenden versteht. Was damit gemeint ist, soll noch durch ein Beispiel erläutert werden.

Versetze dich in Gedanken einmal weit, weit zurück, um Jahrtausende, in die Zeit der ersten Steinzeitmenschen. Verdeutliche dir sehr plastisch, unter welchen Umständen sie ihr Leben fristen, darum kämpfen und welche Mühsale und Beschwerden sie im täglichen Kampf um das bloße Überleben auf sich nehmen mußten, so daß ihnen keine Zeit blieb für mehr, als den nackten Existenzkampf zu bestehen. Stelle dir dann weiter vor, ein solcher Steinzeitmensch erhielte von der Ebene der Transzendenz her die Möglichkeit, Einweihung zu erlangen; daß, wenn er sich zu einer bestimmten Stunde an einem bestimmten Ort einfinden würde, ihm jemand ein geheimes Wissen offenbaren würde, das geeignet sein könnte, sein ganzes Leben zu verändern und seine Erkenntnisse zu erweitern. Zur besagten Stunde am besagten Ort trifft dieser Steinzeitmensch auf irgend jemanden, der, als der Steinzeitmensch erwartungsvoll vor ihm steht, sich ohne ein Wort zu sagen bückt, einen Stein vom Boden aufhebt und dem Steinzeitmenschen in die Hand drückt und verschwindet. Kein vernünftig überlegender Mensch könnte es dem Steinzeitmenschen übelnehmen, wenn sich Wut in ihm breitmacht, weil er sich genarrt und hintergangen fühlt, wenn er ausrufen würde:»Was soll das? Unzählige Male bin ich schon an dieser Stelle gewesen, ich kenne beinahe jeden Stein, der hier herumliegt, ich wäre jederzeit selbst imstande gewesen, mich zu bücken und diesen Stein vom Boden aufzuheben, dazu braucht es weder Einweihungsritual noch Geheimnistuerei.« Und in seinem, uns berechtigt erscheinenden Zorn schleudert er den Stein weit von sich und geht nach Hause in seine Höhle.

Wahrscheinlich würden die meisten von uns so oder ähnlich reagieren. Aber vielleicht gäbe es auch einige wenige, die sich sagten:»Ich bin schon unzählige Male an diesem Ort gewesen, und ich kenne fast jeden Stein, der hier herumliegt. Es mag sein, daß ich diesen Stein, der mir jetzt von diesem Wesen in die Hand gedrückt worden ist, auch bereits einmal in der Hand gehalten habe und ihn wieder fallen ließ. Aber mir ist Einweihung versprochen worden, mir ist die Offenbarung eines Geheimnisses in Aussicht gestellt worden, und wenn ich nun einen ganz einfachen Stein in die Hand gedrückt bekomme, dann muß dies mit diesem Geheimnis zusammenhängen, auch wenn ich jetzt auf Anhieb das Wesen dieses Geheimnisses noch nicht erfassen kann.« Ein solcher Mensch wirft den Stein nicht einfach von sich weg, sondern er packt ihn sorgfältig ein und nimmt ihn mit in seine Höhle. Dann mag eine lange Zeit vergehen, während der unser Steinzeitmensch diesen Stein immer wieder hervornimmt, betrachtet, befühlt und sich darüber Gedanken macht, was wohl für ein Geheimnis in diesem Stein verborgen sein könnte. Es kann sogar sein, daß er nicht imstande ist, das Geheimnis dieses Steines zu lösen, und daß er ihn als alter Mann seinem Sohne weitergibt, mit der Botschaft: Dies ist ein heiliger Stein, er enthält ein Geheimnis, er ist mir von göttlicher Hand gegeben worden.

Aber vielleicht kommt ihm eines Tages der Gedanke, daß es mit dem bloßen Betrachten dieses Steines nicht getan ist, sondern daß man auf irgendeine Weise mit diesem Stein etwas machen sollte. Vieles versucht er, und eines Tages kommt ihm der Gedanke, ihn im Feuer zu erhitzen. Wenn das Feuer heiß genug ist, entdeckt er plötzlich, daß aus diesem Stein heraus ein neuer Stoff fließt: Metall. Er untersucht dieses Metall und findet heraus, daß es sich viel besser bearbeiten läßt als Stein, und daß, wenn er seine Werkzeuge und Waffen aus diesem neuen Stoff verfertigt, dies eine beträchtliche Erleichterung in seinem Leben, in seiner täglichen Arbeit bedeuten wird. Nun hat sich ihm das Geheimnis des Steines enthüllt. Er geht hin, zurück an den gleichen Ort, wo er den Stein empfangen hat, sammelt so viele wie er aufheben und schleppen kann, baut sich einen Ofen mit möglichst heißem Feuer darin und schmilzt aus allen aufgesammelten Erzsteinen das Metall heraus. Eines Tages sind die lose herumliegenden Erzsteine aufgebraucht, unser Mensch geht auf die Suche nach weiteren Steinen, er findet vielleicht eine Felswand, in der er die gleiche Beschaffenheit erkennt, und beginnt nun aus dieser Felswand mit den ihm zur Verfügung stehenden Mitteln weitere Steine herauszulösen. Ein neuer Kulturabschnitt der Menschheit hat begonnen.

Auch folgendes Bild ist denkbar: Einem anderen Menschen der archaischen Zeit wird ebenfalls Einweihung in Aussicht gestellt. Zur vereinbarten Zeit am vereinbarten Ort wird ihm ein einfacher, kleiner, kubischer Würfel in die Hand gedrückt, nichts weiter, das ist alles. Wiederum sind zweierlei Reaktionen denkbar, Unmut und Zorn, weil solche Würfel zu Dutzenden bei ihm zu Hause herumliegen als Spielzeug für die Kinder, oder die Überlegung, daß es mit diesem Würfel vielleicht etwas Besonderes auf sich haben könnte, das ihm bisher entgangen ist. Dieser Mensch wird vielleicht manchen Tag damit zubringen, den Würfel in der Hand herumzudrehen, ihn auf den Boden zu werfen und nachzusinnen, was es wohl damit auf sich habe. Eines Tages vielleicht kommt ihm der Gedanke, daß er, wenn er den Würfel in spielerischer Weise auf den Boden wirft, gerne wissen möchte, welche Seite des Würfels nach oben zu liegen kommt. Zu diesem Zweck versieht der Mensch die einzelnen Oberflächen des Würfels mit verschiedenen Zeichen. Jedesmal, wenn er den Würfel auf den Boden wirft, weiß er nun, welche Seite oben und welche unten liegt. Das führt ihn zum Gedanken, die verschiedenen Seiten des Würfels auch mit verschiedenen Werten zu bezeichnen. Zu diesem Zweck erfindet er ein neues Zeichen, das genau angibt, ob eine bestimmte Seite des Würfels höher oder weniger zu bewerten sei als die anderen.

Ein einfaches, aber durchaus brauchbares System der Zahlen ist gefunden. Der Mensch entdeckt nun, daß er mit diesen so gefundenen sechs Zahlen arbeiten kann. Er kann etwas messen, er kann etwas bewerten, und er wird sich in diesem Zusammenhang sehr schnell vor die Notwendigkeit gestellt sehen, dieses rudimentäre Zahlensystem weiter zu entwickeln, so daß es über die sechs Grundzahlen hinaus gebraucht werden kann. Der Mensch entdeckt, daß es ihm möglich wird, seine Umwelt, ja sogar den Himmel zu messen. Er beobachtet, daß die Sonne im Verlauf eines ganz bestimmten Zyklus, von Sommer zu Winter, das heißt von kalter zu warmer Jahreszeit, eine ganz bestimmte Bahn am Himmel vollzieht und jedesmal an einen ganz bestimmten Punkt zurückkehrt. Der Mensch kommt auf die Idee, daß es vielleicht anhand der beobachteten Bahn der Sonne besser und leichter wäre, den Lauf des Jahres zu ermitteln als mit den bloßen Sinnen, das heißt im Empfinden von warm und kalt. So unterteilt der Mensch diese ganze Sonnenbahn in zwölf Abschnitte. Sechs für die warme Jahreszeit, sechs für die kalte, und bringt jeden einzelnen Abschnitt mit einer bestimmten Sternkombination in Verbindung, die sich am betreffenden Ort am Himmel beobachten läßt. Der Tierkreis ist geboren.

Aber vielleicht läßt sich noch etwas anderes denken. An einer anderen Stelle unserer Erde wird ein archaischer Mensch auf ähnliche Weise in die Geheimnisse seiner zehn Finger »eingeweiht«. Der Ausgangspunkt ist verschieden, aber der Prozeß läuft auf gleiche Weise ab. Am Ende dieses Prozesses steht das gebräuchliche Dezimalsystem mit all seinen Möglichkeiten und arithmetischen Operationen. Jedes dieser voneinander verschiedenen Systeme, das System des Würfels, das System der zehn Finger, führt auf seine Weise zu den richtigen Resultaten. Das Ziel, das erreicht werden kann, ist das gleiche, aber die dazu führenden Wege kommen von einem verschiedenen Ausgangspunkt her. Auch dieser Umstand ist von großer Bedeutung bei unserer Betrachtung über das Urwissen der Menschheit. Die Wege, die zu diesem Urwissen führen, können verschieden sein, sie können sich sogar voneinander dermaßen unterscheiden, daß sie auf die erste, vielleicht sogar zweite Betrachtung hin gar nicht erst als Wege zu ein und demselben Ziel erkannt werden. Es ist ebenfalls denkbar, daß ein erbitterter Streit ausbrechen könnte zwischen den Anhängern des einen und des anderen Weges. Dieser Streit kann so weit führen, daß sich die Anhänger der verschiedenen Richtungen gegenseitig bekämpfen, bekriegen, ja töten, denn da jede Richtung glaubt, im Besitze der allein gültigen Wahrheit zu sein, und da es ja nur *eine* Wahrheit geben kann, hat alles, was mit dieser Wahrheit nichts zu tun hat, seine Existenzberechtigung auf dieser Erde verwirkt.

Ich glaube, dies alles kommt dir nicht so ganz unbekannt vor. Ein Blick in die Geschichte der Menschheit gibt dir genug Aufschluß über diese Kämpfe und gegenseitigen Fehden, die auch heute und in der Zukunft vielleicht sogar noch mehr denn je eine Rolle spielen.

Das hier behandelte Thema vom Urwissen der Menschheit ist wichtig genug, daß wir noch ein drittes Analogiebeispiel anführen wollen, das ganz dem Erlebnis und dem Erfahrungsbereich unserer heutigen Welt entstammt. Stellen wir uns wieder vor, daß ein Mensch in irgendeinem Akte der Einweihung mit einem merkwürdigen Apparat konfrontiert wird, der aus einem glänzenden Bildschirm und verschiedenen Tasten besteht, die man nach Belieben drücken kann. Für uns Menschen der heutigen Zeit ist nicht schwer zu erkennen, daß es sich dabei höchstwahrscheinlich um einen Computer handelt. Aber stelle dir einmal vor, daß so ein Mensch nichts von einem Computer und schon gar nichts von all den Möglichkeiten, die damit unternommen werden können, weiß. Kurz gesagt, dieser Mensch hätte einen Wissensstatus, wie er etwa den Menschen vor 200 Jahren zu eigen war. Irgendeinmal wird dieser Mensch entdecken, daß, wenn er an diesem Apparat auf einen bestimmten Knopf drückt, der Bildschirm aufleuchtet. Ferner wird er möglicherweise entdecken, daß, wenn er Tasten drückt, auf diesem Bildschirm merkwürdige Zeichen, »Hieroglyphen«, erscheinen. Ein weiterer Schritt wird sein, daß der Mensch entdeckt, daß beim Drücken bestimmter Tasten auch immer wieder gleiche Zeichen auf dem Bildschirm erscheinen, und dann plötzlich wird er einen Mechanismus entdecken, der offenbar verhindert, daß beim Drücken der gleichen Taste unentwegt immer das gleiche Zeichen erscheint. Es erscheint entweder überhaupt keines mehr oder ein ganz anderes. Diese Entdeckung, die der Schwelle zu einer neuen Ebene gleicht, wird den Menschen eine ziemliche Weile beschäftigen. Hat der Mensch nach einer genügend langen Zeit diese Schwelle zur nächsten Ebene überwunden, dann ist er dem Geheimnis der Computerlogik schon ein ganzes Stück nähergekommen. Schritt für Schritt wird er entdecken, daß in der Programmlogik ein ganz bestimmtes Verhalten zum Ausdruck kommt, das dem Computer zu eigen ist. Der nächste Schritt auf dem Wege der Entdeckung ist die Überlegung, daß diese Verhaltensweise, da sie offenbar voraussehbar und nachvollziehbar ist, in nutzbringender Weise angewendet werden kann. Der Mensch entdeckt das Prinzip der Programmierbarkeit eines Computers. Jetzt kommt die Aufgabe auf ihn zu, die Sprache zu entschlüsseln, mit der dem Computer ganz bestimmte Anweisungen und Befehle eingegeben werden können, die er gemäß seiner eben festgestellten Verhaltensweise ausführen wird. Diese Sprache kann, je nach dem technischen System, nach dem der Computer gebaut worden ist, verschieden sein. Aber all dieses bereits hohe Wissen und Können nützt gar nichts, wenn der Mensch dem Computer nicht die richtigen, ihn weiterbringenden Programme eingibt. Auf dieser Stufe hat der Mensch die Möglichkeit, zwei verschiedene Wege zu gehen. Er kann entweder Computerprogramme entwickeln, die ihm helfen, die Rätsel des Universums zu lösen, oder er kann mit einem gleichen Aufwand an Intelligenz und Zeit Programme entwickeln, mit denen man Tennisspielen, Unterseeboote versenken und sonst allerlei Spiele betreiben kann.

Vielleicht hast du dich etwas gewundert, daß ich zur Verdeutlichung als Beispiel einen Computer verwendet habe, denn der Computer gilt äußerlich gesehen doch als *der* Gegensatz zu jeder Esoterik und zu jeder Spiritualität. Doch spätestens hier, an dieser Stelle, wo sich die Wege scheiden, hast du sicher bemerkt, daß man anhand des Computerbeispieles sehr viel über das Wesen der Esoterik, namentlich gerade auch über den Tarot, sagen kann. Auch mit dem Tarot kannst du die Rätsel des Universums lösen oder Skat spielen und am abendlichen Wirtshaustisch einen Jaß klopfen, ganz wie es dir beliebt. Esoterik und moderne Computertechnik haben sehr viel miteinander gemeinsam, und wir werden ab und zu mal wieder auf dieses Beispiel zurückgreifen, um Dinge zu verdeutlichen, die sonst nur schwer begreifbar sind.

Jetzt ist der Augenblick gekommen, uns wieder mit den Tarotbildern zu beschäftigen. Suche aus dem Paket der 78 Karten die vier Asse heraus und lege sie nebeneinander vor dich hin. Dann suche das erste der großen Arkana heraus, den »Magier«, und lege ihn darunter. Nun betrachte während längerer Zeit diese fünf Bilder.

Auf jedem der vier Asse erblickst du ein analoges Bildmotiv: Aus einer Wolke kommt eine weiße Hand, die eines der vier magischen Werkzeuge – Stab, Kelch, Schwert oder Münze – hält. (Bei dieser Gelegenheit ist es vielleicht noch nötig, wieder darauf hinzuweisen, daß die Bildgestaltungen der kleinen Arkana von A. E. Waite nicht auf die alte Tradition zurückgehen, sondern erst seit relativ kurzer Zeit im Tarot zu finden sind. Trotzdem können sie manchmal recht nützlich sein, um die Aussage des betreffenden Bildes besser zu verdeutlichen.) Haben wir nicht in diesen vier Assen eine ziemlich genaue Darstellung dessen, was wir als einen wesentlichen Bestandteil der Einweihung herausgefunden haben? Daß es nämlich nicht darum geht, reine Wissenstatsachen zu erlangen, sondern in den Besitz des Instrumentes, des Weges, zu gelangen, der zum gewünschten Ziel führt. Die Hand, die ihrer Darstellungsart nach leicht als aus einer jenseitigen Ebene stammend erkannt werden kann, reicht dir, dem Betrachter, je eines der vier magischen *Werkzeuge*. Nun bekleide dich in Gedanken mit der rot-weißen Robe des Magiers, stelle dir vor, daß du vor einem Tisch stehst, auf dem sich die genannten vier magischen Werkzeuge befinden. Kurz, stelle den Inhalt von Bild I dar. Entweder in Gedanken und Imagination oder, wenn du es ganz besonders genau nehmen willst, vielleicht auch ganz konkret, indem du wirklich auf einen Tisch vor dir einen Stab, einen Kelch, ein Schwert und eine Münze oder Scheibe legst. Wichtig ist, daß du dich auf irgendeine Weise mit dem Magier identifizierst, also selbst zum Magier von Bild I wirst.

Meditiere lange und gründlich über die vier magischen Werkzeuge, die sich in deiner, des Magiers Hand befinden. Was verkörpern sie, was werden sie in deiner Hand, was kannst du mit ihnen vollbringen? Registriere alle Gedanken und Empfindungen, die darüber in dir emporsteigen, und halte sie nach Möglichkeit fest. Ich möchte dir einen wichtigen Rat geben: Kaufe dir ein Tagebuch, das du zu keinem anderen Zweck benützen wirst als nur für deine Arbeit und Auseinandersetzung mit dem Tarot. In dieses Tagebuch schreibst du jetzt alle Gedanken und Empfindungen, die du bei der meditativen Betrachtung der vier magischen Werkzeuge auf dem Tische des Magiers erhältst.

Es wird jetzt wahrscheinlich auch mehr und mehr geschehen, daß dir mitten in deinem Alltag, selbst wenn du mit scheinbar weitab liegenden Dingen beschäftigt bist, Gedanken und Einfälle kommen, die mit unserer Arbeit, mit unserem Weg durch den Tarot in Verbindung stehen. Halte diese fest und trage sie, wenn du die Muße dazu hast, möglichst noch am gleichen Tag in dein »magisches Tagebuch« ein. Ich möchte dich noch einmal bitten, diesen Rat zu beherzigen, denn bald einmal wirst du feststellen, wie flüchtig Gedanken sind und wie leicht sie wieder in die Anonymität des Unbewußten entgleiten, wenn du sie nicht schriftlich oder auf Tonband festhältst. Dann ist es gut zu wissen, daß sie in deinem »magischen Tagebuch« jederzeit dem Bewußtsein wieder zugänglich sind.

Ich nehme an, daß du, wenn du die beschriebene Übung gewissenhaft erfüllt hast, den Magier und seine vier Waffen, also Bild I, von einer ganz neuen und auch anderen Seite her betrachtest, als wir es bisher taten. Der Gehalt des Bildes I ist im Zusammenhang dessen, was wir in diesem Kapitel miteinander durchgedacht haben, erweitert worden im Vergleich zu dem, was wir im ersten Band dazu gesagt haben. Damit ist etwas geschehen, das für alles, was wir in diesem zweiten Band miteinander vorhaben, von größter Wichtigkeit sein wird. Wir haben etwas Gleiches oder Analoges erlebt, worauf wir schon bei der Betrachtung von Bild X aufmerksam gemacht worden sind. Bei Bild X haben wir erfahren, daß ein und derselbe Gedanke durch verschiedene Bilder ausgedrückt werden kann, die jeweils auch verschiedenen Ebenen angehören. Auf diese Weise werden die verschiedenen Bilder zum Ausdruck des Gesetzes »wie oben, so unten«. Jetzt erleben wir das Umgekehrte, daß nämlich die gleichen Bilder, je nach der Ebene, von der aus man sie betrachtet, eine veränderte oder erweiterte Bedeutung haben. Bis jetzt haben wir die vier magischen Werkzeuge fast ausschließlich als Symbole der vier Elemente betrachtet, wie sie sich in der Natur unserer materiellen Ebene manifestieren. Jetzt lernen wir die vier magischen Werkzeuge auch unter einem anderen Aspekt kennen. Bei der Betrachtung der vier Asse sehen wir deutlich, daß sich ihr Symbolgehalt nicht nur ausschließlich im Ausdruck von vier kosmischen Grundkräften erschöpft, sondern daß ihr Gehaltensein in der weißen Hand sie auch als Verbindungsstelle, als »Yoga« (wie wir den Begriff Yoga auf den Seiten 32/33 des ersten Bandes erklärt haben), erscheinen läßt. Jedes der vier Elemente erweist sich gleichzeitig mit seiner Bedeutung als Verkörperer einer kosmischen Naturkraft *und* als Kontakt oder Verbindungsstelle zu einer transzendenten Ebene, die durch die weiße Hand und die Wolke dargestellt wird. Vielleicht geht dir erst jetzt eine neue Dimension in der Bedeutung des göttlichen Tetragrammatons auf, das wir auf Seite 160 des ersten Bandes übersetzt haben: Ich bin der, der sich durch die vier Elemente Feuer, Wasser, Luft und Erde erweist.

Wenn du wiederum die vier nebeneinander liegenden Asse, die vor dir ausgelegt sind, betrachtest, dann wirst du bemerken, daß sie gemeinsam ein Bild des göttlichen Tetragrammatons darstellen. In unserer Übersetzung des Tetragrammatons haben wir nicht gesagt, ich *bin* die vier Elemente, sondern ich *erweise* mich durch die vier Elemente. Dies ist ein sehr bedeutsamer Unterschied, weil damit ausgedrückt wird, daß die vier Elemente nicht absolut zu verstehen sind, sondern als Ausdruck von etwas noch Größerem, Transzendenterem. Dies kommt auch in unserer bildlichen Darstellung durch die weiße Hand zum Ausdruck, die aus der Wolke heraus je eines der vier Elemente hält und den Menschen darreicht. Von Bild VI her wissen wir, daß den Menschen nach der Vertreibung aus dem Paradies der direkte Zugang zu Gott versperrt ist. Ein dicker Wolkenschleier verhindert die Sicht nach oben zur Sonne. Wir gehen kaum fehl in der Annahme, daß die Wolke auf dem vor uns liegenden Bilde wiederum die gleiche Wolke ist, die wir von Bild VI her kennen. Den Menschen ist das Durchdringen dieser Wolke unmöglich, aber der umgekehrte Weg wird auf den vier Assen dargestellt. Eine Hand aus der jenseitigen transzendenten Ebene durchstößt die Wolke und erweist sich als Träger eines der vier Elemente. Die Hand transportiert gewissermaßen die vier Elemente durch einen Wolkenschleier hindurch in unsere Ebene, wo sie durch die Kraft, die durch die vier Elemente versinnbildlicht wird, für uns faßbar wird. Die Hand erfüllt also die Funktion eines Wagens oder eines Vehikels, der die transzendente Botschaft von einer Ebene zur anderen transportiert. Der Begriff des Wagens oder Vehikels spielt in der Esoterik und namentlich in der Kabbala als Transportmittel von Erkenntnissen, die aus der jenseitigen transzendenten Ebene stammen, eine wichtige Rolle. Vielleicht liest du jetzt im Zusammenhang mit den eben geäußerten Vorstellungen in der Bibel die berühmte Vision des Propheten Hesekiel (Hesekiel, Kap. 1) und machst dir deine Gedanken darüber.

In der Vision des Hesekiel kommt wirklich ein Wagen vor, wenn auch von ganz spezieller Bauart, zu der du auf unserer materiellen

Ebene schwerlich eine Parallele finden wirst, aber die vier Asse des Tarot zeigen deutlich, daß das Wort »Wagen« nicht immer notwendigerweise mit dem Begriff eines Wagens in Zusammenhang stehen muß. In unserem Falle übernimmt die weiße Hand die Rolle des Wagens oder Vehikels.

Gewiß, wenn du den ersten Band sorgfältig durchgearbeitet hast, dann bringen dir diese Überlegungen keine neuen Erkenntnisse, und doch ist es notwendig, daß wir uns zum besseren Verständnis all dessen, was wir auf dem vor uns liegenden Weg kennenlernen werden, noch eingehender und auch aus einer anderen Perspektive mit diesen Gedanken befassen. Wir finden von neuem die Vorstellung bestätigt, daß Informationen von der transzendenten Ebene her durch Bilder auf unsere materielle Ebene transportiert werden, und daß diese Bilder die Funktion eines Wagens erfüllen, auch wenn sie äußerlich gesehen in ihrer Erscheinung nichts mit einem Wagen gemeinsam haben. Inzwischen ist dir sicher auch schon aufgefallen, daß ein und derselbe Wagen, in unserem Falle zum Beispiel die weiße Hand, verschiedene Inhalte transportieren kann: Einmal einen Stab, dann einen Kelch, ein Schwert und eine Münze. Damit wird deutlich gemacht, daß sich das ein und allumfassende Göttliche auf vier verschiedene Arten in unserer materiellen Welt manifestieren kann, und daß diese vier verschiedenen Arten auch durch vier voneinander verschiedene Bilder ausgedrückt werden. Jedes der vier Elemente, so verschieden sie in ihrer bildlichen Darstellung und ihrer kraftmäßigen Manifestation auch sein mögen, weist auf den einen transzendenten Ursprung hin. Daß die eine göttliche und allumfassende Transzendenz, die für den Menschen direkt nicht zugänglich ist, durch voneinander verschiedene Bilder, von denen jedes einen Teilaspekt der Transzendenz ausdrückt, annähernd erfaßt werden kann, ist die grundlegende Idee, die in allen Göttermythologien der Welt enthalten ist.

Besonders reichhaltig und differenziert in dieser Beziehung ist die altägyptische Mythologie. Die ägyptischen Priester wußten sehr wohl Bescheid über die eine göttliche Kraft, die in allem enthalten ist und die alles enthält. Sie standen aber vor der großen Schwierigkeit, daß die große Menge der ungeschulten, ungebildeten Menschen nicht fähig war, dies zu begreifen und zu erkennen. Um diese Idee exoterisch faßbar zu machen, entstanden die verschiedenen Göttergestalten oder wurden bewußt geschaffen. Jeder Gott verkörpert auf seine Weise, ähnlich unseren vier Elementen, einen ganz bestimmten Aspekt der einen ursprünglichen göttlichen Kraft. Die alten Ägypter haben es in dieser Differenzierung besonders weit gebracht. Bei ihnen gab es nicht nur verschiedene Götter, sondern jeder Gott konnte auch in einer ganz besonderen Gottform in Erscheinung treten, die für sich wieder auf einen ganz speziellen Aspekt des betreffenden Gottes hinweist. Als Beispiel dazu vergegenwärtigst du dir vielleicht noch einmal das, was im ersten Band (Seiten 39 bis 42) über den Gott Thoth gesagt worden ist, der unter anderem sowohl in der Gottform des Magiers als auch in der Gottform des Ibis mit dem sichelförmigen Schnabel auftreten kann. Somit erfüllt jedes Bild eines Gottes die Funktion eines Wagens, auf dem, ganz nach der Gottform, die angenommen wird, verschiedene Botschaften transportiert werden können. Alle Götter zusammen bilden sozusagen einen ganzen »Wagen-Park«, von denen jedes einzelne Vehikel einen ganz besonderen Teilaspekt des einen großen Ganzen ausdrückt.

Die Konstruktion – wir können diesen Ausdruck gut gebrauchen – der Mythen der Menschheit um die eine allumfassende Idee exoterisch für die vielen auszudrücken, über viele, viele tausend Jahre hinweg, ist sicher eine der genialsten Erscheinungen des menschlichen Geistes. Aber sie hat, wie alles nach dem Gesetz der Polarität, ihre zwei Seiten. Dem Wissenden, der unterrichtet, eingeweiht und geschult ist, war zu jeder Zeit klar, daß die Götterbilder nichts anderes als Wagen sind, also nicht an sich existieren, sondern lediglich eine Funktion erfüllen. Aber die große Menge, die bei weitem nicht so geschult und unterrichtet war, nahm immer wieder die mythologischen Götterbilder für materielle Realität. Die großen monotheistischen Religionen standen und stehen noch heute in einem immerwährenden Kampf und Widerspruch zwischen diesen beiden, einander scheinbar entgegengesetzten Polen.

Es wurden verschiedene Wege eingeschlagen, um dieses Problem zu lösen. Die Ägypter beispielsweise behielten das Wissen um den einen und allumfassenden Gott für sich als esoterisches Wissen einer an Zahl, verglichen mit der Masse des Volkes, geringen Priesterklasse. Die Ägypter haben der Entwicklung der vielen voneinander verschiedenen Gottformen im Volke ungehinderten Lauf gelassen. Solange ein zahlenmäßig begrenzter Kreis wußte, was im eigentlichen Sinne damit gemeint war, konnte offenbar, nach Ansicht der Ägypter, eine wildwuchernde Volksmythologie keinen großen Schaden anrichten.

Im Judentum wurde der umgekehrte Weg gewählt. Dort wurde dem Volk, der breiten Masse, unentwegt der eine große Gott verkündigt und jede Abweichung in eine mythologische Vielfalt auf strengste Art geahndet, während die Bilder, das Wissen um die vielgestaltige Ausdrucksweise des einen göttlichen Prinzips, Wissen der zahlenmäßig beschränkten Eingeweihten war und blieb. Exoterisch wurde dem Volk der eine große Gott gepredigt und ein strenges Bilderverbot erlassen, während die esoterisch Wissenden der Juden, die Kabbalisten, sehr wohl die Vielfältigkeit der Bilderwelt dafür verwendeten, um immer näher an den Ursprung des Göttlichen zu gelangen. Dieses Wissen um die Bilder und Symbole behielten die Kabbalisten streng für sich und gaben es nur mündlich an ausgewählte Schüler weiter, von denen sie annahmen, daß diese damit umgehen konnten.

Wenn wir uns nun wiederum an unseren Ausgangspunkt, an die Frage nach dem Urwissen der Menschheit erinnern, dann können wir versuchen, eine erste vorläufige Antwort zu geben. Das Urwissen der Menschheit könnte demnach das Wissen um die Bilder sein, die das eine, sonst nicht zugängliche Göttliche auszudrücken vermögen. Diese Bilder können die Funktion eines Wagens erfüllen, auf dem das Göttliche als Manifestation von Kraft, Energie in unsere materielle Ebene transportiert wird und womit es dem Wissenden, der Erkenntnis gewonnen hat, möglich wird, diese Kraft gemäß seiner Erkenntnis einzusetzen und zu nutzen. Somit wären sowohl die ägyptische als auch die jüdische Religion von ihrem Grund her magische Religionen, denn Bilder haben ja, nach der These, die wir im ersten Band aufgestellt haben (Seite 305), magische Wirkung. Um zu verhüten, daß aufgrund dieser Erkenntnis dieses Wissens Mißbrauch entstehen könnte, haben beide Religionen, sowohl die ägyptische als auch die jüdische, zum gleichen Mittel gegriffen. In beiden wurde, um Mißbrauch zu verhüten, dem Volk nur ein Teil des ganzen Wissens als Religion preisgegeben. Dabei muß noch festgehalten werden, daß Bilder ja nicht tot, starr sind, sondern durch Ausgestaltung zu Märchen und Mythen sehr lebendig gemacht werden können. Diese vorwiegend unbewußte Auseinandersetzung des Menschen mit diesen Erzählungen und Mythen löst dann den verändernden Prozeß aus, den wir als einen wichtigen Bestandteil des Urwissens kennengelernt haben.

Wir kommen damit wieder zu unserem Ausgangspunkt, dem Begriff *Urwissen,* zurück. Vielleicht können wir jetzt den Versuch wagen, aus den bisher zusammengetragenen Gedanken und Überlegungen eine Antwort auf die Frage zu finden, was Urwissen ist. Die Frage ist sicher nicht leicht zu beantworten und schon gar nicht in nur einem Wort oder Satz. Laß uns versuchen, ob du Antwort nicht auch aus den vier Bildern, den vier Assen des Tarot, erhältst, die du vielleicht immer noch vor dir ausgelegt hast. Eines haben uns die vier Bilder deutlich gezeigt: Das Urwissen besteht keinesfalls aus fertigen Tatsachen, Fakten, die offen vor uns ausgebreitet werden, die uns darüber informieren, daß etwas so und nicht anders ist. Die weiße Hand, die wir als Brücke zur Transzendenz erkannt haben, streckt uns je vier Gegenstände entgegen, von denen wir erkannt haben, daß sie eine doppelte Funktion erfüllen. Auf der einen Seite sind es die vier magischen *Werkzeuge,* mit deren Hilfe wir arbeiten und wirken sollen. Aber gleichzeitig sind die vier magischen Werkzeuge auch *Bilder,* das heißt Verdeutlichungen eines bestimmten Prinzips, das auf andere Weise offenbar nicht zugänglich gemacht werden kann. Unter dem Begriff Werkzeug stellen wir uns gewöhnlich etwas ganz anderes vor, einen Gegenstand, an dessen Aussehen wir bereits erkennen können, welche Funktion er übernehmen soll, etwa den Hammer, eine Zange, die Säge und so weiter. Dies könnte man in unserem Falle sicher auch im Knüppel und im Schwert sehen, aber schon bei Kelch und Münze wird dies schwieriger. Erst wenn wir die Bilder, Stab, Kelch, Schwert und Münze, in all ihren

Zusammenhängen untersucht, sozusagen dechiffriert haben und sie als Bilder, als Darstellung der Kräfte der vier Elemente erkannt haben, erst dann steht uns ihr Gebrauch als Werkzeuge offen.

Damit können wir erfassen, daß Urwissen immer im Zusammenhang mit Bildern überliefert wird; daß sogar geschriebene Texte, also Literatur im weitesten Sinne, davon nicht ausgenommen ist, sagt uns einer der ältesten Ausdrücke der Menschheit für Buchstabe: Hieroglyphe = heiliges Bild. Diese Wechselbeziehung von Buchstabe und Bild spielt gerade auch in der Tradition der Kabbala eine große und bedeutende Rolle. Die Bilder sind seit archaischen Zeiten mit den Erfahrungen der Menschheit verbunden. Sie üben sozusagen die Funktion eines Hakens aus, an dem diese Erfahrungen befestigt und von einer Generation zur anderen weitergereicht werden. Nicht auf den Kleiderhaken kommt es an, sondern auf das Kleid, das daran hängt. Damit wird aber auch schon zum Ausdruck gebracht, daß Bilder nicht in sich selbst geschlossen ruhen, sondern bei dem, der sie betrachtet und sich mit ihnen beschäftigt, etwas auslösen und in Bewegung setzen, sie entfalten Wirkung.

Worauf diese Wirkung möglicherweise beruhen könnte, damit haben wir uns bereits im ersten Band eingehend auseinandergesetzt (Seiten 304 bis 310). Wir wollen uns deshalb an dieser Stelle nicht weiter mit der Frage beschäftigen, warum eine solche Wirkung besteht, sondern uns einfach daran erinnern, daß offenbar eine solche Wirkung der Bilder vorhanden ist. Diese Wirkung setzt einen Prozeß in Gang. Wissen in der herkömmlichen Bedeutung des Wortes, mit dem wir eine Erwerbung, Aneignung von Erkenntnissen und Kenntnissen und deren Verknüpfung untereinander verbinden, ist offenbar nur durch einen Prozeß möglich, dem der Mensch sich unterzieht. Dies ist auch der tiefere Sinn der Beispiele, die wir gebraucht haben: das Beispiel vom Steinzeitmenschen, dem ein Klumpen Eisenerz in die Hand gedrückt wird, bis hin zum Beispiel des naiven Menschen, der mit einem Computer konfrontiert wird und durch spielerisches, scheinbar zweckloses und zusammenhangloses Betätigen dieses Apparates plötzlich Zusammenhänge erkennt, sie anzuwenden lernt und dadurch zu Wissen und Erkenntnis gelangt. Urwissen bestünde demnach in erster Linie in der Erkenntnis, daß Bilder die Funktion eines Wagens erfüllen und gleichzeitig dadurch einen dynamischen Prozeß in uns auslösen.

Aber damit allein ist noch nichts gewonnen. Wissen, das allein in sich und für sich besteht, ist tot. Nur das Wissen, das der Mensch in seinem täglichen Leben anwendet und nutzt, ist wirklich lebendiges Wissen. Daraus folgt, daß Wissen zu bewahren ebenso wichtig ist wie Wissen zu erwerben. Wissen, das nicht genutzt, nicht gebraucht wird, geht unweigerlich der Menschheit wieder verloren. Es versinkt, um einen psychologischen Ausdruck zu gebrauchen, wieder im kollektiven Unbewußten. Nur rätselhafte dunkle Mythen erinnern an sein Vorhandensein und ermöglichen es – vielleicht wenn wir Glück haben – unter großer Mühsal und gewaltiger Anstrengung wieder ins Licht des Bewußtseins zu heben.

Nach all diesen Überlegungen können wir vielleicht auch die These wagen: Urwissen ist das Resultat dessen, was der Mensch sich mit Hilfe der vier magischen Werkzeuge erwirkt und erarbeitet. Dies führt aber sofort zur Frage: Was ist es denn, das der Mensch sich erwirkt und erarbeitet? Die Antwort darauf ist sehr einfach: Das, was der einzelne Mensch oder die Menschheit gerade im jeweiligen Hier und Jetzt braucht.

Ich kann dir lebhaft nachfühlen, wenn du diese Antwort als sehr unbefriedigend und enttäuschend empfindest. Du kannst einwenden, daß, um diese Resultate zu erhalten, du dich nicht unbedingt mit dem Tarot als dem Schlüssel zu esoterischem Wissen beschäftigen mußt, daß es Mittel und Wege gibt, die vielleicht einfacher und schneller zu handhaben sind, um zu diesem Punkt zu gelangen. Dein Einwand besteht zu Recht. Aber laß mich eine Gegenfrage stellen: Warum beschäftigst du dich mit dem Tarot? Ist es reine Neugierde oder vielleicht auch, weil du hoffst, Antworten auf Fragen zu bekommen, die du bisher nicht erhalten hast und von denen du erst jetzt bemerkst, daß sie auch auf andere Weise, wer weiß, vielleicht in deinem banalen Alltag, zu finden sind? Aber erst jetzt, gerade durch deine Beschäftigung mit dem Tarot, siehst du diese Möglichkeit, die deiner Aufmerksamkeit offenbar vorher entgangen ist. Du befindest dich nun genau in der Situation des Steinzeitmenschen, dem ein ganz gewöhnlicher Stein in die Hand gedrückt wird. Und das bedeutet, du stehst an einem wichtigen Kreuzweg. Du hast ebenfalls zwei Möglichkeiten: Du kannst entweder den Stein voller Zorn von dir schleudern und enttäuscht in deine Höhle zurückkehren, oder du kannst deine Bemühungen darauf richten, den tieferen Sinn des Steines zu enträtseln und im buchstäblichen Sinne das herausschmelzen, was in ihm enthalten ist. In dieser Situation und an diesem Punkt scheitern viele ernsthaft suchende Menschen. Und genau in diese Situation zielt auch das Wort der Bibel »viele sind berufen, aber wenige sind auserwählt«.

Laß mich als Beispiel wiederum den Computer nehmen. Ein Computerprogramm hat an sich keinen Wert. Es besteht aus einer Anzahl Zeichen (lies »Bilder, Hieroglyphen«), die in einer gewissen logischen Reihenfolge miteinander verknüpft sind. Das Computerprogramm bekommt eine reale Bedeutung, wenn du es mit entsprechenden Daten verbindest und zudem über den Computerapparat laufen läßt. Dann erhältst du Resultate. Diese Resultate können voneinander ganz verschieden sein; sie sind abhängig von den Eingangsdaten, mit denen du das Programm fütterst. Es ist ohne weiteres möglich, mit einem Computerprogramm jede denkbare Situation zu simulieren. Du kannst ohne weiteres den Computer die Rendite einer Goldtransaktion berechnen lassen unter der Voraussetzung, daß das Gold von der Erde zum Mars transportiert wird, dort in einer Bank gelagert, zu einem günstigen Kurs verkauft wird, unter der Berücksichtigung, daß der Transport zurück zur Erde eine entsprechende Zeit mit der Rakete benötigt, in der wiederum ein gewisses Kursrisiko enthalten ist und so weiter. Ich vermute, du wirst kaum teure Computerzeit darauf verwenden, dich gerade mit diesem Problem zu beschäftigen, da in der heutigen Zeit weder eine Bank auf dem Mars noch eine regelmäßige Raketenverbindung dorthin besteht. Mit größter Wahrscheinlichkeit wirst du den Computer und sein Programm dazu benutzen, um eine Frage zu beantworten oder ein Problem zu lösen, woran du persönlich engagiert und vital interessiert bist.

Nach diesen Überlegungen können wir uns mit der Vermutung vertraut machen, daß das Urwissen der Menschheit, oder das, was damit bezeichnet wird, offenbar relativ zur jeweils herrschenden Situation des einzelnen Menschen oder der Menschheit ist. Wenn du auf eine Frage, die dir vorher rätselhaft und dunkel war, eine Antwort gefunden hast, die dich überzeugt, dann wird sie immer irgendwie selbstverständlich oder gar banal sein. Was man verstehen kann, ist immer einfach und überblickbar. Der Wert einer Antwort auf eine klare Frage steigert sich nicht unbedingt entsprechend der Verschwommenheit und Dunkelheit, mit der diese Antwort erteilt wird. Du wirst dich deshalb mehr und mehr daran gewöhnen müssen, daß die Erleuchtung irgendeines Yoga dich nicht unbedingt in erdentrückter Ferne erreichen wird, sondern in ganz banalen Dingen, mit den Füßen auf dem Boden. Immer wenn du dich getrieben fühlst, zornig auszurufen »das hätte ich eigentlich auch auf andere Weise entdecken können, das wurde mir ja auch schon auf andere Weise gesagt«, dann ist dir ein kleines Stück Erleuchtung zuteil geworden und du hast einen Zipfel vom Schleier gehoben, der das Urwissen der Menschheit bedeckt: den Teil des Urwissens, der dich ganz persönlich betrifft.

Wir sind hier an einer Stelle, wo sich die Geister scheiden, wo sich viele Suchende enttäuscht vom Weg der Esoterik abwenden. Wer aber dieser Enttäuschung nicht stattgibt, sondern gewillt ist, den einmal begonnenen Weg mutig weiterzugehen, der wird sich mit der Tatsache anfreunden, daß Urwissen immer mit einem Prozeß verbunden ist. Er muß eine weitere Enttäuschung überwinden lernen, nämlich, daß dieser Prozeß seine Zeit braucht. Der wahre Esoteriker muß lernen, daß der Prozeß des Voranschreitens vorerst wichtiger ist, als ans Ziel zu gelangen. Er muß lernen, jeden kleinen Schritt auf seinem Wege als ein Ziel für sich zu betrachten, ohne dessen Absolvierung das große Ziel nie erreicht werden kann. Schließlich muß er lernen, sich mit ganz anderen Zeitvorstellungen auseinanderzusetzen, als sie in den paar Jahrzehnten eines Menschenlebens enthalten sind.

Um diesem Umstand gerecht zu werden, haben die esoterischen Orden, soweit wir dies überblicken können, für ihre Mitglieder ein Gradsystem geschaffen, das hierarchisch aufgebaut ist. Wenn dieses Gradsystem gewissenhaft gehandhabt wird, dann hat es auf keinen Fall die Funktion einer Wertskala, etwa der Art, daß Angehörige eines höheren Grades wertvoller sind als Angehörige eines unteren Grades. Das Gradsystem eines esoterischen Ordens erfüllt den Zweck einer Wegmarkierung und somit die Funktion, die einzelnen Schritte auf dem Wege kenntlich zu machen. Diese Wegmarken setzen zugleich die Grenzen nach vorne wie nach hinten. Wer in einen bestimmten Grad eingeweiht ist, soll sich damit seines Standortes in doppelter Weise bewußt werden. Auf der einen Seite soll ihm damit klargemacht werden, daß ihm der Gebrauch von gewissen magischen Werkzeugen erst zugänglich gemacht werden kann, wenn gewisse Voraussetzungen erfüllt sind, und daß diese nur durch sein Bemühen im Hier und Jetzt zu erwerben sind. Andererseits soll das Bewußtsein seines Grades ihn nach Möglichkeit davor bewahren, von der einmal erreichten Höhe wieder zurückzufallen, das heißt, dem Rolltreppengesetz zu verfallen. Auch wenn du kein Angehöriger eines esoterischen Ordens bist und es möglicherweise auch nie sein wirst, mache dir dieses Prinzip zu eigen: Vertraue dem Prozeß, halte ihn in Gang und baue darauf, daß er dich zu gegebener Zeit von selbst Stufe um Stufe weiterführen wird.

Tarot und Kabbala

Im ersten Bande unserer Schule des Tarot, *Das Rad des Lebens,* haben wir miteinander den Aufbau und die Struktur der 78 Bilder des Tarot betrachtet. Der ganze Tarot besteht aus den 22 großen Arkana und den 56 kleinen Arkana. Ich nehme an, daß du dir bereits Gedanken gemacht hast, in welchem Verhältnis diese beiden Gruppen von Arkana zueinander stehen. Ich nehme weiter an, daß du auch auf den naheliegenden Gedanken gekommen bist, daß diese Einteilung in irgendeiner Weise das Gesetz der Polarität zum Ausdruck bringt, was ja auch schon durch die Bezeichnung groß beziehungsweise klein zur Geltung kommt. Im ersten Band haben wir uns ausschließlich mit den großen Arkana beschäftigt. Wir taten dies, indem wir zwischen uns selbst, unserem Ich, und den jeweiligen Bildern der großen Arkana ein Polaritätsverhältnis herstellten. Mit unserem Intellekt versuchten wir die Informationen der Bildsprache zu entschlüsseln und setzten gleichzeitig unser Unbewußtes der magischen Wirkung dieser Bilder aus. Durch das Zusammenwirken dieser beiden Pole sowie aus dem Energiefluß, der zwischen ihnen entstand, erhielten wir nach dem Gesetz der Dreiheit ($1 + 2 = 3$) ein neues Drittes, das wir mit dem Wort Erkenntnisstufe bezeichnen wollen. Gleichzeitig entstand damit, ebenfalls nach dem Gesetz der Dreiheit, ein neues, übergeordnetes Viertes, das wir in diesem Falle vielleicht mit dem Begriff Bewußtseinserweiterung bezeichnen dürfen. Kürzer ausgedrückt: Ein Ich verbindet sich mit einem Tarotbild der großen Arkana, dadurch entsteht ein neuer Erkenntnisstand, der insgesamt zu einer Bewußtseinserweiterung der Persönlichkeit führt. Zweiundzwanzigmal haben wir dieses Gesetz der Dreiheit bei der Analyse der einzelnen Bilder angewandt und haben dadurch erfahren, daß wir von Stufe zu Stufe auf dem Pfade eines Erkenntnis- oder Initiationsweges gingen.

Wir lernten die großen Arkana als einen Erkenntnisweg kennen, der in uns Kräfte freisetzt, die in uns selbst vorhanden sind und ruhen. Ihr Freisetzen gibt uns ein neues, erweitertes Zusammensetzen unserer Persönlichkeit. Dies kann bildhaft mit dem uns bereits bekannten Symbol aus Bild XIV, »Mischung«, dargestellt werden.

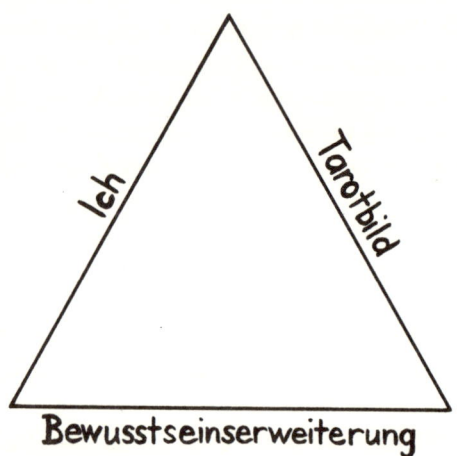

Wenn du dich dem Studium der großen Arkana mit der ganzen erforderlichen Sorgfalt und Hingabe gewidmet hast, dann bist du mit Sicherheit nicht mehr die gleiche »Persönlichkeit« wie vorher, du hast dich verändert oder vielmehr dich durch die magische Wirkung des Tarot einer Veränderung unterzogen. Diese neue, erweiterte Persönlichkeit bildet die neue Einheit, die aus dem Gesetz der Dreiheit hervorgegangen ist. Wenn uns die Beschäftigung mit den großen Arkana zu uns selbst und in Kontakt mit unseren subjektiven Kräften gebracht hat, so können wir annehmen, daß uns nach dem Gesetz der Polarität die kleinen Arkana mit den objektiven Kräften in Berührung bringen werden, so wie sie in der Welt außerhalb von uns vorhanden und wirksam sind. Analog nach dem Gesetz der Dreiheit führt uns die Verbindung unseres Ichs mit den objektiven Kräften der kleinen Arkana ebenfalls zu einer höheren Erkenntnisstufe. Dieser neue Bewußtseinsstand betrifft nun allerdings nicht mehr so sehr uns

44

selbst als vielmehr die Kenntnis dessen, »was die Welt im Innersten zusammenhält«.

Damit befinden wir uns, was die magische Wirkung des Tarot betrifft, an einer neuen Schwelle. Ich habe bereits mehrfach auf die magische Wirkung des Tarot als einer Realität hingewiesen. Spätestens jetzt wird klar, daß der magische Weg – und der Weg des Tarot ist letztlich nichts anderes – ein nicht ungefährlicher Weg ist. Die Handhabung der vier magischen Werkzeuge führt zur Berührung mit Kräften, die entweder in der rechten oder unrechten Weise gebraucht werden können. Wer auf der Ebene der großen Arkana in der unrechten Weise mit diesen Kräften umgeht, schadet sich selbst, da es sich um die subjektiven Kräfte handelt. Wer aber auf der Ebene der kleinen Arkana in unrechter Weise vorgeht, stört womöglich die kosmische Schöpfungsordnung außerhalb seines Selbst. Vielleicht geht dir erst jetzt der eigentliche esoterische Gehalt des uralten Einweihungswortes »Mensch, erkenne dich selbst!« auf. Der Weg der großen Arkana soll dich nicht nur zur Selbsterfahrung und Selbsterkenntnis führen, sondern dich darüber hinaus an dir selbst die Wirkung der Kräfte erleben lassen, die im ganzen Kosmos regieren; deine Persönlichkeit soll soweit gefestigt werden, daß du so gut wie möglich immun und gefeit bist gegen einen unrechten Gebrauch der magischen Werkzeuge, der Schaden anrichten könnte an der großen kosmischen Ordnung.

In Anwendung des Gesetzes der Dreiheit wirst du sicher erkennen, daß die Schule des Tarot eigentlich aus drei Bänden besteht, von denen aber nur die ersten zwei von mir formuliert sind. Den dritten Band wirst *du* schreiben, vielleicht ganz real in Form deines »magischen« Tagebuches, das anzulegen ich dir geraten habe, und worin du deine Erkenntnisse, die für dich selbst gelten, niederlegst. Auf jeden Fall aber wirst du diesen dritten Band durch dich selbst schreiben, mit deiner Persönlichkeit, zu der du dich entwickelst, mit deinem Tun und Wirken, das aus deiner Beschäftigung mit dem Buche des Thoth hervorgeht. Lege jetzt wiederum, bevor du weiterliest, das Buch für eine Weile aus der Hand, horche und schaue in dich hinein, ob du wirklich das eben Gesagte in seiner ganzen Tragweite erkennst, und gehe den begonnenen Weg nur weiter, wenn du dich sicher und fest fühlst, die damit verbundene Verantwortung zu tragen.

Jetzt wollen wir uns, um der Klarheit willen, der Betrachtung unserer momentanen Positionen hingeben: Wo befinden wir uns?

Wir kennen nun die verschiedenen Bedeutungen und Funktionen der großen und kleinen Arkana innerhalb des Ganzen des Tarot. Die kleinen Arkana zeigen die Kräfte, die die Ordnung unseres Kosmos repräsentieren. Sie erscheinen uns deshalb als Abbild objektiver Kräfte. Die großen Arkana zeigen die subjektiven Erfahrungen, die wir in der Auswirkung erlangen, die die Konfrontation mit diesen Kräften auf unser Ich sowohl als Persönlichkeit als auch als Individualität hat. Auf die berechtigte Frage, warum unter diesen Umständen zuerst die großen Arkana und dann die kleinen erarbeitet werden und nicht umgekehrt, das heißt der Weg von der Objektivität zur Subjektivität beschritten wird, lautet die Antwort, daß der Weg des Tarot ein magischer ist. Auf diesem magischen Wege gilt es zunächst, die magische Persönlichkeit zu stärken und zu festigen, damit sie imstande ist, dem Umgang mit den objektiven Kräften des Universums in der rechten Weise gewachsen zu sein.

Das bedeutet nun aber in keinem Fall, daß für uns die großen Arkana ein für allemal ad acta gelegt werden können, nachdem sie im ersten Bande eingehend analysiert und durchgearbeitet worden sind. Wir werden auf dem vor uns liegenden Wege immer wieder auf die großen Arkana zurückkommen müssen, um sie in einem neuen Lichte und von einer höheren Position aus neu zu betrachten, von wo sich uns wiederum neue und andere Perspektiven und Erkenntnisse ergeben werden. Zudem sind die kleinen Arkana wesentlich schwieriger zu begreifen und zu verstehen als die großen. Sie in ihrem ganzen Inhalt zu erkennen fordert einen Grad der Einweihung, den ich für unsere irdisch-materielle Ebene kaum für möglich und gegeben erachte. Die menschliche Persönlichkeit der irdisch-materiellen Ebene ist nun einmal dafür geschaffen, den Weg der subjektiven Erfahrung, den Weg der

Bilder zu gehen. Daraus erfolgt, daß die objektiven Kräfte der kleinen Arkana durch irgend ein Mittel und auf irgendeine Weise zur Ebene dieser subjektiven Erfahrungswelt hin transformiert werden müssen, damit sie begreiflich und faßbar werden. Man kann ein Transistorradio, das mit der niederen Spannung von Batterien arbeitet, auch an ein Hochspannungsnetz anschließen, sofern man einen dafür geeigneten Adapter oder Transformator dazwischenschaltet. Nichts anderes geschieht auch im Umgang mit den kleinen Arkana. Ein solcher Transformator oder Netzadapter ist die jüdische Kabbala. Somit müssen wir uns jetzt etwas näher mit dem Thema befassen, was eigentlich die Kabbala ist und welchen Stellenwert, welche Bedeutung sie für unsere westliche Esoterik hat.

Bei der Kabbala handelt es sich um eine jüdische Geheimtheologie oder besser noch Geheimkosmogonie. Sie ist eine eigenartige Mischung zwischen Theologie und Naturwissenschaft, die in dieser Kombination in logischer Weise eine große Beziehung zum Magischen erhält. Das mag ein Hauptgrund gewesen sein, daß alles, was mit der Kabbala zusammenhängt, durch Jahrtausende hindurch so strikte mit dem Mantel des Geheimnisses zugedeckt worden ist und immer noch zugedeckt wird. Dies wohlweislich und zu Recht, denn wer die Grundstruktur des Universums erkannt hat, ist auch fähig, sich die Macht anzueignen, dieses Universum in seinen Strukturen zu zerstören. Dies und nichts anderes drückt sich in der alten Tradition aus, daß, wer das Tetragrammaton (Jod, Heh, Vau, Heh) in der richtigen Weise auszusprechen wisse, das heißt dessen Geheimnis kennt, damit das Universum aus den Angeln heben könne. In dieser Tradition zeigen sich anschaulich die zwei Seiten der Kabbala, ihre theologische, ausgedrückt durch das Tetragrammaton, das für sich allein ohne weiteres geschrieben werden kann, das aber seine volle Wirkung erst dann entfaltet, wenn es von der Ebene der optischen, bildlichen Darstellung durch die richtige Aussprache auf die akustische Vibrationsebene transponiert wird. Die gleiche Analogie haben wir auch bei einer Granate, von der der Zünder abgeschraubt wurde und getrennt aufbewahrt wird. Sowohl Granate als auch Zünder können jedes für sich allein ihre Wirkung nicht entfalten. Erst in der Kombination beider kann die Granate ihre Explosionskraft entfalten. Wie du noch erkennen wirst, bedeutet die Verbindung von Tarot und Kabbala in gewisser Weise schon, den Zünder wieder an die Granate schrauben.

Zunächst aber ist die Kabbala für uns der Transformator, der es uns ermöglicht, die objektiven Kräfte, die in den kleinen Arkana dargestellt sind, zu erkennen und möglicherweise für uns nutzbar zu machen.

Die Kabbala ist ein Yoga-Weg zur Erkenntnis, der jahrhundertelang, ja vielleicht sogar über Jahrtausende hinweg nur von Mund zu Ohr, das heißt aufgrund der mündlichen Tradition weitergegeben wurde. Erst verhältnismäßig spät wurde kabbalistisches Gedankengut schriftlich festgehalten, und von dieser schriftlichen Niederlegung der Kabbala wiederum ist nur ein ganz geringer Prozentsatz öffentlich zugänglich. Der weitaus größte Teil des kabbalistischen Schrifttums liegt auch heute noch verborgen irgendwo in Synagogen und Bibliotheken, aufzufinden und zu ergründen nur für den, der fähig ist, diesen Schatz in der rechten Weise zu benutzen.

Das Schrifttum, das heute über die Kabbala vorhanden ist, betrifft praktisch nur ihre theologische Seite. Wenn du also Bücher über die Kabbala liest, gerade auch die Bücher großer rabbinischer Gelehrter, dann mußt du dir bewußt sein, daß dir darin nur die eine Seite der Kabbala begegnet. Das vorliegende Buch heißt *Die Schule des Tarot,* das bedeutet, der Tarot und nicht die Kabbala steht im Mittelpunkt. Wie ich schon im Vorwort erwähnte, erhältst du durch dieses Buch keine grundlegenden und umfassenden Kenntnisse der Kabbala. Du lernst die Kabbala und Elemente der Kabbala nur kennen, insofern dies für die Erfüllung ihrer Funktion als Transformator oder Adapter notwendig ist. Das bedeutet aber auch, daß du nicht nur Gelegenheit hast, die Kabbala von ihrer theologischen Seite her zu betrachten, sondern daß auch ihre magische Seite herangezogen wird, sofern sich dies für unser Vorhaben als notwendig und nützlich erweist. Aber auch hier gilt der Leitsatz, lieber zuwenig als zuviel. Es scheint mir nötig, dies an dieser Stelle noch einmal mit allem Nachdruck zu betonen, damit du in der Beschäftigung mit unserem Thema, durch dieses Buch, nicht die negative Erfahrung von Bild XVI erleidest. Für deine ganze weitere Arbeit gilt es von jetzt an, dieses Bild »Der Turm« als Mahnung und Warnung in innerlicher Reichweite zu halten.

Das Wort Kabbala kommt vom hebräischen Qabal (קבל). Es bedeutet »empfangen, erhalten«. Schon durch dieses Wort wird deutlich, daß wir es hier mit Initiation, mit Einweihung zu tun haben, daß die Kabbala nicht etwas ist, was der Mensch sich aus eigener Anschauung und Erfahrung erarbeitet hat, sondern daß Offenbarung hier eine große Rolle gespielt hat und noch spielt. Ein Zentrum der Kabbala bildet das magische Bild vom Baum des Lebens, mit dem wir uns jetzt zunächst, so genau wie für den Tarot nötig, befassen werden.

Aus der Bibel erfahren wir (1. Mose 2; 9), daß der Baum des Lebens zusammen mit dem Baum der Erkenntnis des Guten und des Bösen von Gott in die Mitte des Paradieses gepflanzt wurde. Diese beiden Bäume symbolisieren zwei Wege zur Erkenntnis, zwei mögliche Pfade zur Begegnung des Menschlichen mit dem Göttlichen. Der eine Baum, der Baum des Lebens, symbolisiert den Weg, der zu Gott führt durch Erkenntnis der Kräfte und Mächte, die seine Schöpfungsordnung regieren und beinhalten. Durch die Erkenntnis und Anerkennung dieser Kräfte und Mächte, und indem er sich ihnen einordnet, findet der Mensch den ihm gemäßen Weg. Der andere Baum, der Baum der Erkenntnis des Guten und des Bösen, ist der Pfad des Gesetzes. Dieser Weg führt zum Ziel durch Einhaltung von bestimmten Verboten und Geboten. Ursprünglich hat Gott dem Menschen den Weg des Baums des Lebens zugedacht und ihn nach dem Mythos des Paradieses eindringlich vor dem Baum der Erkenntnis und des Bösen gewarnt. (Wenn du die entsprechende Stelle in der Bibel nachliest, wirst du sehen, daß die Worte Gottes mehr einer Warnung als einem Verbot entsprechen.) Auf den ersten Blick gesehen ist dieser Weg der bequemere, weil er scheinbar vom Menschen weniger Einsatz und Mühsal erfordert. Aber die Sicht und damit verbunden auch die Einsicht, die den Menschen auf dem Pfade des Baums des Lebens zum rechten Weg führen will, wird ihm auf dem Pfade des Gesetzes zugunsten von Trägheit und Bequemlichkeit vorenthalten. Dadurch ist der Mensch nicht mehr fähig, Zusammenhänge zu erkennen und läuft so Gefahr, immer wieder vom rechten Wege abzuweichen, was für ihn Leid und letztlich Tod bedeutet. Darin liegt die wahre Bedeutung des Wortes »und ihr werdet des Todes sterben«.

In eine ähnliche Richtung weist eine Legende aus dem Buch *Sohar*. Nach dieser Legende soll Moses bei seiner Begegnung mit Gott auf dem Berge Sinai (2. Mose 19) auf den ersten Gesetzestafeln das Gesetz des Baums des Lebens erhalten haben. Nachdem Moses im Zorn über den Tanz des Volkes um das goldene Kalb diese Tafeln zertrümmert hatte, gab ihm Gott auf der zweiten Tafel nunmehr das Gesetz vom Baum der Erkenntnis des Guten und des Bösen. Von da her wird der Weg des Menschen durch Gebote und Verbote gelenkt. Das Gesetz vom Baum des Lebens aber wurde zum esoterischen Weg, der nur wenigen vorbehalten war, und denen diese Lehre durch Generationen hindurch von Mund zu Ohr weitergegeben wurde. Für die große Menge ist daher die Bibel ein Buch, das vorwiegend aus ethischen Geboten und Verboten besteht. Der eingeweihte Kabbalist indessen erkennt in der Bibel, gemäß dem Schlüssel, der ihm anvertraut worden ist, den göttlichen Schöpfungsplan des Universums und wird zur Erkenntnis geführt, daß er selbst Teil dieser göttlichen Schöpfungsordnung ist, das heißt, er kann Gott und seine Schöpfung in sich selbst finden.

Wir sind von der These ausgegangen, daß der Tarot in seiner Ganzheit das westliche Yoga ist, der westliche Weg zur Erkenntnis, und müssen uns jetzt mit der Tatsache auseinandersetzen, daß ein wesentlicher Teil dieses Weges in Übereinstimmung steht mit der alten jüdischen, esoterischen Kosmogonie der Kabbala oder, anders ausgedrückt, daß wir, um einen Teil des Tarot erfassen zu können, die Kabbala zu Hilfe nehmen müssen. Wir stehen nun vor der Frage, welche Rolle dann das jüdische Volk spielt, das ja seiner Herkunft nach nicht aus dem Westen stammt, wenn die Kabbala und der Tarot zusammen den westlichen Weg der Erkenntnis ergeben. Daß dem westlichen Abendland ein wesentlicher Teil seiner Erkenntnis durch ein Volk vermittelt wird, das nicht aus diesem Abendland stammt, ist ein Widerspruch, mit dem wir uns etwas eingehender befassen müssen. Die Geschichte des jüdischen Volkes, sowohl im historischen als auch im mythischen Sinne, wird uns im Alten Testament der Bibel erzählt. Die Juden führen ihre Herkunft auf den Stammvater Abraham zurück, dessen Geschichte im 1. Buch Moses erzählt wird. Es ist ratsam, wenn du an dieser Stelle das 12. Kapitel des 1. Buch Moses eingehend und aufmerksam durchliest.

Abraham, der noch Abram heißt, wird aus seiner ursprünglichen Heimatstadt Ur in Chaldäa von Gott weggerufen. Er verläßt die Sicherheit und Geborgenheit der städtischen Kultur, um fortan ein risikoreiches und unsicheres Nomadenleben zu führen. Seine Wanderschaft führt Abraham zunächst in das Land des Jordans. Er zieht dann weiter hinauf bis nach Ägypten.

Wenn wir zunächst nur die äußeren Punkte dieser Reise betrachten, dann erhalten wir zwei wichtige Stationen, Ur in Chaldäa und Ägypten. Abraham kommt also in Kontakt mit zwei Brennpunkten alter, magischer Tradition. Chaldäa gilt als ein Ursprungsland magischen Wissens; die Chaldäer gehörten, historisch gesehen, zu den ersten, die sich eingehend mit den Sternenbahnen des Himmels befaßten. Chaldäa gilt ebenfalls als ein Ursprungsland der Astrologie, das heißt, daß astronomische Beobachtungen in Chaldäa in Zusammenhang gebracht wurden mit magischem Denken und Wissen. Wie wir bereits festgestellt haben, ist auch Ägypten ein Land, dessen Kultur und Struktur gänzlich auf magischem Denken beruhte. Bereits in diesen äußeren Stationen haben wir zwei Brennpunkte, die eng mit Magie und Esoterik verbunden sind. Dazwischen liegt als dritter Punkt die wichtige und seltsame Begegnung mit Melchisedek. In der Erzählung der Bibel lernen wir Melchisedek als eine Art Priesterkönig kennen, wie er in Bild V der großen Arkana dargestellt ist. Der Name Melchisedek bedeutet »König der Gerechtigkeit«. Diesen Ausdruck müssen wir etwas näher hinterfragen, um seine wahre Bedeutung erkennen zu können.

Was ist Gerechtigkeit im esoterischen Sinne? Gerechtigkeit bedeutet Ausgewogenheit, Balance, Harmonie. Der Makrokosmos, die Welt, die größer ist als wir, das heißt das Universum an sich, geben uns die Darstellung und die Bilder der Gesetze, die auf allen Ebenen gelten. Dies ist ja auch die Botschaft von Bild I der großen Arkana. Balance, Ausgewogenheit, Harmonie ist die Bedeutung, ist der Zweck der »Welt« (Bild XXI). Der Evolutionsweg durch die großen Arkana führt von Bild I zu dieser Harmonie in Bild XXI, zur »Welt«. Das bedeutet, daß Ausgewogenheit, Harmonie und Ordnung, kosmische Ordnung, die Grundlage des Universums bilden. Das Universum ist also gerecht, weil die in ihm wirkenden Kräfte ausgewogen und in geordneter Harmonie sind. In diesem Sinne würde »König der Gerechtigkeit« bedeuten, »König der Welt« oder besser vielleicht noch »König des Universums«. Melchisedek ist also der König der Welt, aber gleichzeitig ist er nicht nur König, sondern hat auch eine Priesterfunktion zu erfüllen, wie dies ja deutlich an der rituellen Darbietung von Brot und Wein zu erkennen ist. Als Priester ist er also nicht real der König der Welt, sondern der Vermittler, die durchlässige Kontakt- und Nahtstelle zwischen unserer materiellen Ebene und dem »König der Welt«. Das heißt: bei Melchisedek geschieht Einweihung, Initiation. Durch Melchisedek gerät Abraham in Kontakt mit der Transzendenz und erhält durch den Priester Melchisedek rituelle Verbindung zu ihr. Damit wird Melchisedek bereits zu einer Art Christusgestalt, was durch die Darreichung von Brot und Wein noch besonders hervorgehoben wird. Wenn wir nun in diesem Kapitel diese drei Punkte miteinander verbinden, erhalten wir ein Dreieck, dessen Grundlinie durch die magischen Kulturen von Chaldäa und Ägypten gebildet wird und dessen Spitze Melchisedek bildet.

Es wird für dich nun nicht weiter schwer sein, den weiteren Gedankengang unter Zuhilfenahme des Gesetzes der Dreiheit weiterzuführen und tiefer zu forschen.

Abraham wird in Berührung gebracht mit zwei Enden einer Polaritätsachse, die durch die Namen Chaldäa und Ägypten gebildet wird; dadurch entsteht ein neues Drittes, das durch Melchisedek repräsentiert wird. So geschieht, ebenfalls nach dem Gesetz der Dreiheit, eine Erweiterung zu einer neuen Einheit, auf die durch die Erweiterung des Namens Abram in Abraham hingewiesen wird.

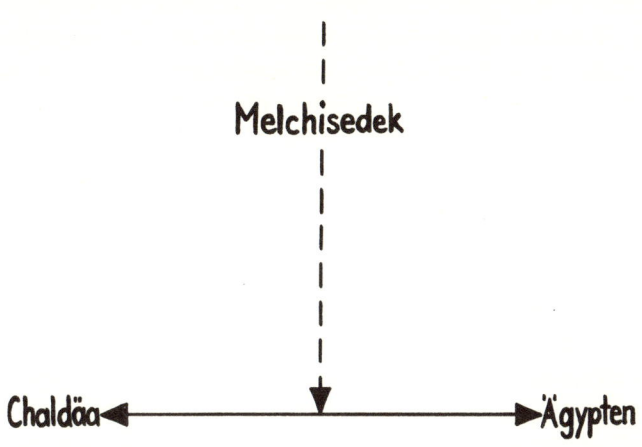

Nach 1. Mose, 17; 5 wird der Name Abraham abgeleitet von hebräisch »ab harmon«, Vater eines Getümmels von Völkern. Hier begegnen wir bereits dem Prinzip der Mehrung, das im Baum des Lebens eine ganz bestimmte Rolle spielt. Aber diese Namenserweiterung hat auch ihre verborgene Bedeutung, die ersichtlich wird, wenn man bedenkt, daß der Buchstabe Heh, der lautlich unserem H entspricht, die Symbolbedeutung von »Fenster« hat. Das Fenster hat eine doppelte Funktion: es gibt Licht und Ausblick. Beides weist auf Einweihung hin.

Alles weitere Geschehen kreist nun über Generationen hinweg immer wieder um diese drei Brennpunkte. Der Enkel des Abraham, Jakob, zieht wiederum nach Ägypten. Die Nachkommen seiner zwölf Söhne (beachte die Zahl 12, die auf den Zodiak hinweist) werden dort zum Volk Israel. Unter der Führung von Moses verläßt das Volk Israel Ägypten, um in das Land zu ziehen, das Gott ihm verheißen hat: das Land des Melchisedek. (Land steht hier für »Wissen«, das, was Melchisedek vertritt.) Die Tradition erzählt, daß Moses (bereits dieser Name ist ägyptisch), die magische Schulung der ägyptischen Priester erhalten habe; zahlreiche Einzelheiten und Hinweise im Text des alten Testamentes bestätigen diese Tradition.

Das Volk Israel wandert vierzig Jahre als Nomadenvolk in der Wüste. Interessant ist nun, daß vierzig in verschiedenen esoteri-

53

schen Traditionen die Anzahl Tage sind, die ein Berufener in magischer Zurückgezogenheit verbringen muß, bevor er seine Bestimmung, seine Aufgabe antreten kann. Auch Jesus bereitet sich nach den Berichten des Neuen Testamentes vierzig Tage in der Wüste auf seine Sendung vor. Dann, nach dieser vierzigjährigen Wanderzeit, siedelt sich das Volk Israel, die Nachkommen des Abraham, wiederum im Lande des Melchisedek an. Einziger Zweck dieser Ansiedlung und Seßhaftwerdung ist, den Tempel Gottes zu errichten, was durch König Salomo geschieht. Dieser Tempel ist ganz bewußt als Wohnstätte Gottes, das heißt als magische Kontaktstelle der materiellen Ebene mit der göttlichen Transzendenz, konzipiert. Im Tempel wird die Bundeslade mit den Gesetzestafeln des Moses, dem Gesetz, das er auf dem Berg Sinai von Gott direkt empfangen hat, aufbewahrt. Magischer Kontakt mit dem Göttlichen, Verbindung, ist die Aufgabe des Tempels, die Verbindung und Überwindung des Gegensatzes zwischen der materiellen Ebene und der göttlichen Transzendenz, wie dies etwa in dem auf Seite 76 des ersten Bandes erwähnten Ritual des Hohepriesters vollzogen wird. Aber nichts von menschlich-materieller Hand Geschaffene hat Bestand, und so kommt unweigerlich der Tag, an dem der Tempel zerstört und das Volk wiederum aus dem Lande des Melchisedek weggeführt wird, diesmal in die andere Richtung, nach Norden: Babylon, das im Gebiet des ursprünglichen Chaldäa liegt, der Heimat des Abraham. Im ägyptischen Exil sind die Nachkommen Abrahams mit der ägyptischen, magischen Tradition verbunden worden. Nun werden sie an den anderen Brennpunkt magischen Wissens geführt. In dieser Synthese des ägyptischen, magischen Wissens mit der uralten chaldäischen, magischen Tradition entsteht die Form der Kabbala, wie sie bis heute in das westliche Abendland weitergegeben wurde. Dann, nach der Eroberung Babylons durch die Perser, kehrt das Volk erneut in das Land des Melchisedek zurück, mit der vordringlichen Aufgabe, den Tempel neu zu errichten, um das neuerworbene Wissen darin auszudrücken und zu integrieren.

Nach der Rückkehr aus der babylonischen Gefangenschaft baut Israel seinen Tempel wieder auf. Wir dürfen annehmen, daß in der Zeit, die nun folgt, das in Babylon neu Erfahrene und Erlernte mit der alten Tradition verschmolzen wird, daß jetzt das entsteht, was in der Folgezeit als »die Lehre«, das Wissen schlechthin, als Kabbala von Mund zu Ohr von einer Generation an die andere weitergegeben wird. Politisch verändert sich die Welt, die Kulturreiche des Ostens verfallen, eine neue Macht – Rom – erscheint auf der Bühne der Weltgeschichte und legt die Grundlagen des Abendlandes von der Ostgrenze Judäas bis zur Westküste Britanniens.

Zur Zeit, als dieses abendländische Reich seinen Höhepunkt erlebt, erscheint Jesus von Nazareth und predigt die »Lehre« dem einfachen Volk. Es ist Zeit, daß die Lehre heraustreten soll aus den sorgfältig gehüteten Kammern des Tempels, ans Licht zu den Menschen, die ihrer bedürfen.

Aber noch zeigt sich heftiger Widerstand der etablierten Lehrer und Priester, die um den Verlust ihrer Privilegien und ihrer Exklusivität fürchten, und sie verfolgen Jesus und töten ihn. Am Vorabend seines Todes feiert Jesus mit seinen zwölf Jüngern noch einmal das alte Ritual des Melchisedek, und am folgenden Tag zerreißt der Vorhang vor dem Allerheiligsten des Tempels, gleich einem zündenden Blitz auf dem Baum des Lebens, von *oben bis unten* in zwei Stücke.

Dann geht alles sehr schnell. Im Jahre 70 nach Christus wird das rebellische Jerusalem von den Römern zurückerobert, vom Tempel bleibt kein Stein auf dem andern, und das jüdische Volk nimmt wieder einmal das Leben von Nomaden auf sich. Quer durch das ganze Römische Reich verteilen die Juden sich als Wagen, der das »Wissen« trägt. Damit hat das Volk der Juden endgültig seine Bestimmung gefunden: Träger und Bringer des Wissens im westlichen Abendland zu sein.

Der materielle Tempel aus Stein hat seine Aufgabe erfüllt, er wird nicht mehr gebraucht und muß deshalb verschwinden, um niemals wieder an dem Ort aufgebaut zu werden, an dem er einst stand. Ein neuer und ganz anderer Abschnitt der abendländischen Menschheit hat begonnen. Das zeigt sich äußerlich schon daran, daß an diesem Punkt die Tradition und die schriftliche Überlieferung der Bibel enden. Jesus von Nazareth war derjenige, der das *Wissen* dem damaligen Volk, der großen Menge, in einer für sie verständlichen Sprache gebracht hat. Wir werden das noch an vielen Beispielen erkennen können. Es ist nun Aufgabe und Auftrag der neuentstehenden christlichen Kirche, alle Menschen, die guten Willens sind, mit dem Wissen in Verbindung zu bringen und ihnen die Tore zum Tempel zu öffnen.

Aber schon im Verlauf der ersten drei bis fünf Jahrhunderte geschieht etwas Seltsames und Folgenschweres. Gerade der Teil der christlichen Botschaft, der am deutlichsten und sichtbarsten auf dem alten Wissen beruht, gerät mehr und mehr in Konflikt mit anderen Strömungen, die in der Kirche nach und nach die Oberhand gewinnen. In der Kirchengeschichte ist diese Epoche bekannt als die Auseinandersetzung mit der Gnosis. Das Wort Gnosis, das »Erkenntnis« bedeutet, zeigt ziemlich genau, worum es bei dieser Auseinandersetzung ging, nämlich um den Gegensatz zwischen Glauben und Erkenntnis. Eines der wichtigsten Worte, die Jesus von Nazareth immer wieder gebraucht hat, war das Wort Glaube. In dem Sinne, wie er es gebraucht hat, bedeutet es offensichtlich Hingabe, Vertrauen. Ein Vertrauen, das nicht einfach ein kritikloses Unterwerfen ohne zu hinterfragen bedeutet, sondern ein Vertrauen in die Harmonie, in die »Gerechtigkeit« der göttlichen Schöpfungsordnung. Es ist meiner Meinung nach ein Unglück des Christentums, daß die frühe Entwicklung seiner Theologie vorwiegend in die Hände von geschulten Juristen gefallen ist. Sie haben das Evangelium von Jesus Christus juristisch kodifiziert und in ein Schema von Schuld, Strafe und Sühne gebracht. Nicht zuletzt dieser Umstand mag der Grund gewesen sein, daß Kaiser Konstantin das Christentum schließlich im vierten Jahrhundert zur Staatsreligion des römischen Reiches erhob.

Mit einem solchermaßen juristisch kodifizierten Christentum läßt sich vortrefflich regieren und Macht ausüben. Dazu mußte allerdings all das, was mit Wissen und Erkenntnis zu tun hatte, vollständig ausgemerzt werden, damit nur der Glaube und die von der Institution Kirche damit verbundene Unterwerfung übrigblieben. Der Kampf zwischen dem esoterischen Christentum, der Gnosis, die nach Erkenntnis strebt, und der offiziellen

Glaubensrichtung dauerte Jahrhunderte und wurde mit aller Heftigkeit geführt. Die Gnosis unterlag in einer solchen Weise, daß wir heute praktisch keine direkten Dokumente und Zeugnisse mehr davon besitzen. Als die Schriften der Bibel zusammengestellt wurden, fand das gnostische Schrifttum darin keinen Platz, außer in der Offenbarung des Johannes, diesem rätselvollen Buch, das auch stets Rätsel und Stein des Anstoßes der Theologen war. Geschichtlich aber wurde die Gnosis ausgerottet und in den Untergrund verbannt, kaum eine ihrer Schriften hat überlebt, außer dem Evangelium des Thomas, das schon sehr früh verschwand und erst im Jahre 1945, im gleichen Jahre, als der Zweite Weltkrieg zu Ende ging, auf seltsame Weise in Ägypten wieder gefunden wurde. In der Darstellung dieses Thomas-Evangeliums, das vielleicht sogar die ursprüngliche sogenannte Logienquelle ist, eine scheinbar zusammenhanglose Sammlung von Jesus-Worten, in der manche Theologen die Urquelle der Evangelien vermuten, namentlich der sogenannten synoptischen Evangelien Matthäus, Markus und Lukas, erscheinen viele Stellen und Aussagen des Neuen Testamentes in einem ganz neuen, ich möchte sagen, ursprünglicheren Licht.

Die Auseinandersetzung zwischen Gnosis und Glaubensrichtung innerhalb der christlichen Kirche fiel in eine Zeit, in der der politische Einfluß und die Struktur des Römischen Reiches mehr und mehr zerfielen. Verschiedene Mächte und Institutionen, sowohl von außen als auch von innen, machten sich daran, das anfallende Erbe unter sich aufzuteilen; auch die Kirche machte bei diesem Spiel mit. Der Titel des römischen Kaisers, in dessen Person sowohl die geistliche als auch die weltliche Macht vereinigt war, lautete Pontifex maximus, das heißt der oberste Brückenbauer. Nach dem letzten römischen Kaiser führte der Bischof von Rom, der sich als legitimer Nachfolger der römischen Kaiser betrachtete, diesen Titel weiter, verbunden mit allen Ansprüchen, auch weltlicher Art, die sich daraus herleiten. Damit hatte die offizielle Kirche endgültig den Weg zur Macht und zum Kampf um die Macht angetreten. Dieser Kampf prägte die europäische Geschichte auf Jahrhunderte hinaus. Wenn er dich interessiert, ist er in jedem einschlägigen Geschichtsbuch nachzulesen. Die Gnosis und ihr »Wissen« aber war endgültig in den Untergrund verbannt, ihre Schriften wurden vernichtet und fanden in der offiziellen Bibel nur dort einen Platz, wo man sie nicht als solche erkannte, wie eben in der Offenbarung des Johannes. Auch manche Stellen der offiziellen Evangelien enthalten, wie schon erwähnt, durchaus noch dieses Wissen, wenn man sie nur richtig zu lesen und zu interpretieren versteht. Dies werden wir immer wieder an Beispielen sehen. Wenn auch das Wissen in den Untergrund verbannt worden war, die Schriften vernichtet, so war es doch noch in der Form des »Wagens«, dem Volk der Juden, vorhanden.

Vielleicht ist es hier angebracht, einmal über das Volk der Juden und dessen Schicksal über die Jahrhunderte hinweg ein wenig tiefer und in vielleicht ungewohnter Weise nachzudenken. Ich möchte hier einmal die Frage aufwerfen, ob sich nicht das Geschichtsverständnis der Juden, auch so, wie sie es selbst pflegen, bisher in falschen Bahnen bewegt hat. Die große Sehnsucht und alles Streben der Juden gehen nach dem Heiligen Land, und damit meinen sie das Land an der Ostküste des Mittelmeeres zwischen Ägypten und Syrien. Es gab ja auch tatsächlich eine Zeit, in der sie dort lebten und angesiedelt waren, den Tempel bauten und in unserem Sinne eine Heimat fanden. Aber dennoch sind die Juden der Wagen Gottes, der die Botschaft des Wissens trägt. Zweck sowie Aufgabe eines Wagens ist es nicht, still zu stehen, sondern von einem Ort zum andern zu fahren, die Last, die auf ihm liegt, zu transportieren. Dies zeigte sich schon bei der Berufung des Abraham, der aus seiner ursprünglichen Heimat, der Stadt Ur, wo er ein wohlhabendes, seßhaftes Leben führte, auf eine ungewisse Wanderschaft weggerufen wurde. Diese Wanderschaft bewegt sich über Generationen hinweg immer wieder zwischen den zwei Polen magischen Wissens, Ägypten und dem Zweistromland an Euphrat und Tigris. Gewiß gab es dazwischen die Zeit der Seßhaftigkeit, als das Volk einen Staat bildete, Land in Besitz nahm, aber vielleicht nur zu dem einen Zweck, den Tempel zu bauen, den Tempel Gottes, und darin das offenbarte Wissen zu pflegen und wachsen zu lassen, um es anderen Völkern zu bringen. Dazu hat Gott sein Volk auserwählt. Als diese Aufgabe im Jahre 70 durch Christus erfüllt war, wurde der Tempel zerstört, um nie wieder aufgebaut zu werden, denn er hatte seine Pflicht erfüllt. Von da an wurde das Volk Israel wieder zum Wagen, zum Träger der göttlichen Botschaft, der von einem Ende bis an das andere des damaligen Abendlandes fuhr.

Abendland, Westen, das ist das ganze Gebiet von Israels Grenzen im Osten bis zur Westküste Britanniens. Dies hat seine Bedeutung, wie wir noch sehen werden. Wenn es zum göttlichen Heilsplan gehört, daß das Volk der Juden der Wagen ist, auf dem das Urwissen von Ort zu Ort transportiert wird, damit es allen denen zuteil wird, die sich danach sehnen und darauf hoffen, dann stellt sich die Frage: Wie gehen wir, die Nichtjuden, mit diesem Volke um? Was haben wir, die nichtjüdischen Bewohner des Abendlandes, mit dem Wagen getan, der dazu bestimmt ist, uns das Wissen zu bringen? Die Juden sind im Westen immer als Fremdlinge behandelt, verfolgt, geschmäht, verachtet und in Ghettos verbannt worden. Wer nahm schon zur Kenntnis, daß sie das auserwählte Volk Gottes sind, und wer machte sich Gedanken darüber, was wohl die Bedeutung dieser Erwählung sein könnte?

Die Juden sind, ob wir das wollen oder nicht, untrennbar mit dem Schicksal des Abendlandes verbunden. Will Europa die Juden vernichten, begeht es Selbstmord, vernichtet sich selbst, wie die Geschehnisse des Zweiten Weltkrieges deutlich zeigen. Das Land, das Gott den Juden verheißen hat, ist das Land des Melchisedek, das ist sein Wissen, das durch Brot und Wein in Verbindung mit der Transzendenz steht. Um dieses Wissens willen haben die Juden auf materielles Land, auf Heimat verzichten müssen, um die Aufgabe des Wagens zu erfüllen, der dazu bestimmt ist, zu fahren. Die nichtjüdischen Abendländer haben dem Wagen, der uns das Wissen bringt, nicht nur Gastrecht, sondern Heimat zu gewähren. Das ist unsere Aufgabe, die wir leider, von einer Ausnahme abgesehen, bisher nicht erfüllt haben. Diese Ausnahme ist Spanien im frühen Mittelalter, als die Juden ein einziges Mal nach ihrer Vertreibung aus Jerusalem und der Zerstörung des Tempels nicht nur Gastrecht, sondern auch Heimat fanden. Sie durften gleichberechtigt und integriert mitwirken am Aufbau einer Gesellschaft und eines Staatswesens, das nicht zuletzt dank ihrem Wissen und Können zur Blüte und Stabilität gebracht wurde. Es war auch die Zeit, als zum ersten Mal das »Wissen« von der mündlich überlieferten Form von Mund zu Ohr schriftlich aufgezeichnet wurde, in den Büchern *Bahir, Sohar* und *Sepher Jetzirah,* auf die sich heute unser Wissen von der Kabbala gründet. Aber diese drei Schriften sind wahrscheinlich nur Fragmente des ursprünglichen Wissens, das uns zur Verfügung hätte stehen können, wenn wir es nur gewollt hätten. Aber vielleicht ist uns heute noch einmal eine Chance, wenn auch vielleicht die allerletzte, gegeben, vorausgesetzt, wir überprüfen unser Verhältnis zum Volk der Juden, dem göttlichen Wagen, neu und gestalten es anders als bisher.

Die Überlieferung der Bibel bricht ungefähr zur Zeit der Zerstörung des Tempels in Jerusalem ab. Der weitere Gang der Entwicklung ist in einer anderen Tradition enthalten. Nach dieser fährt Joseph von Arimathia, vermutlich ein Kenner der Kabbala und aus der Bibel bekannt als der Stifter des Grabes von Jesus, in einem Boot Richtung Westen. Mit sich führt er den Gral, den Kelch, mit dem Jesus zuletzt mit seinen Jüngern zusammen das Ritual des Melchisedek gefeiert hat. Joseph landet an der Westküste von Britannien, am anderen Ende des römischen Reiches und Abendlandes, in einer Gegend, die noch tief verbunden ist mit den alten Mythen und dem Wissen von Atlantis. Dort lebt ein Volk, die Kelten, die auf ihre eigene Weise das Wissen, wahrscheinlich von Atlantis her, bewahrt und lebendig gehalten haben. Repräsentant dieses keltischen Volkes ist der sagenhafte König Artus und seine Tafelrunde der *zwölf* Ritter. Mit ihm verbunden sind der Zauberer Merlin und seine Schwester Morgan Le Fay, welche die alte magische, atlantische Tradition verkörpern. Von Merlin geht die Kunde, daß er der heimliche Bruder des Königs Artus sei. So verbindet sich alles von neuem und das Gesetz der Dreiheit erfüllt sich.

Fassen wir zusammen: Von Atlantis aus hat einst, nach alter esoterischer Tradition, das »Wissen« seinen Weg zu den Ägyptern gefunden, die ihre Kultur und ihren Staat darauf errichteten. Unter der Führung von Moses wird dieses Wissen durch den

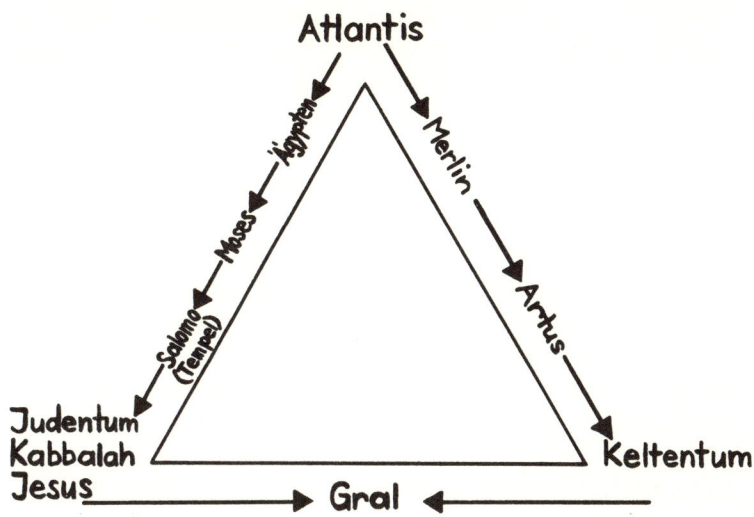

Wagen des jüdischen Volkes aus Ägypten hinwegtransportiert, um in der Synthese mit der alten chaldäisch-babylonischen magischen Tradition im Tempel zu Jerusalem seine Form als Kabbala zu finden. Dieses Wissen, das lange Zeit ein Geheimwissen von wenigen Eingeweihten war, wird durch Jesus von Nazareth dem gewöhnlichen Volk nahe gebracht, zu einer Zeit, in der die Zerstörung des Tempels kurz bevorsteht. Nach dem Tode von Jesus wird das Wissen in Form des Grals von Joseph von Arimathia nach Westen geführt, an das andere Ende des Abendlandes. Dort lebt das Volk der Kelten, dessen Wissen auf einer ihm gemäßen Weise auch bis auf den Urquell von Atlantis zurückreicht. Sein König ist Artus, dessen heimlicher Bruder Merlin diese Verbindung symbolisiert. Der Tempel von Jerusalem, der Tempel der irdisch-materiellen Ebene, ist endgültig vergangen. An seiner Stelle wird ein unsichtbarer Tempel errichtet, der den Gral enthält. So beginnt nun vom Hofe des Königs Artus und seiner Tafelrunde aus die Suche nach dem Gral. Das Wissen, der Gral, wartet darauf, erkannt zu werden. Nach einer alten esoterischen Tradition hat jeder Mensch mindestens einmal in einer Inkarnation die Chance, diesem Wissen zu begegnen und es zu erkennen. Dies ist wohl der tiefere Sinn der Erzählung von Parzival, der sich unvermittelt im Gralstempel findet und vergißt, die entscheidende Frage zu stellen. Damit hat er seine Chance vorläufig verwirkt, und erst nach einer langen und mühevollen Zeit des Suchens ist es ihm vergönnt, den Gralstempel neu und diesmal wissend und erkennend zu betreten.

Damit wollen wir diese skizzenhaften und nach deiner Ansicht vielleicht allzu kurzen Gedanken abbrechen, die nur den Zweck hatten, dich in Verbindung mit der Frage nach dem Urwissen auf größere Zusammenhänge hinzuweisen. Wenn du willst und die nötige Geduld aufbringst, wirst du zu jeder Zeit den in diesen Mythen enthaltenen Reichtum für dich selbst erschließen können.

Als nächstes wollen wir uns nun der Aufgabe zuwenden, den kabbalistischen Baum des Lebens näher kennenzulernen.

Der Baum des Lebens

Wir betrachten
den Baum des Lebens

Bevor wir nun zum eigentlichen Ziel dieses zweiten Bandes, der Erklärung und dem Verständnis der kleinen Arkana des Tarot, gelangen, müssen wir uns noch eingehend mit dem kabbalistischen Baum des Lebens beschäftigen. Ich kann es dir nicht verargen, wenn du in deinem Bestreben, möglichst bald die Geheimnisse des Tarot ganz kennenzulernen, darüber ziemlich ungehalten bist und die Frage stellst, ob der Weg zu den kleinen Arkana des Tarot über den Baum des Lebens wirklich notwendig sei. Im Prinzip natürlich nicht, denn der Tarot wäre nicht das, als was wir ihn kennengelernt haben, wenn sein Verständnis nicht auch ohne besondere Hilfsmittel möglich wäre. Erinnere dich bei dieser Gelegenheit wieder an die Geschichte des Gefangenen im Verlies, der aus den 78 Karten alles Wissen der Welt entnehmen kann (erster Band, Seite 295). Es gibt also auch hier, wie in so vielem, was die Esoterik betrifft, zwei Wege: ein kurzer, steiler und ein längerer, der nur in allmählicher Weise den Höhenunterschied überwindet. Du hast nun die Wahl, entweder direkt die steile Felswand zu erklimmen, mit dem recht erheblichen Risiko, hoffnungslos darin hängenzubleiben und weder vorwärts noch rückwärts zu kommen, gar abzustürzen, oder den längeren Weg unter die Füße zu nehmen, der dich mit einiger Sicherheit zum Ziel bringt und dich, wer weiß, vielleicht auf seiner längeren Strecke noch mit Dingen und Ausblicken in Berührung bringt, die kennenzulernen sich lohnt. Ich glaube, dir versichern zu können, daß du die Beschäftigung mit dem Baum des Lebens nicht bereuen wirst. Der Baum des Lebens wird dich in eine Art und Weise der Weltbetrachtung einführen, die deinen Horizont beträchtlich erweitert und dich näher und tiefer in Verbindung mit den Gesetzen der göttlichen Schöpfungsordnung bringt. Schon dies allein macht unseren Weg lohnend und erstrebenswert.

Damit wenden wir uns der Frage zu, was denn nun eigentlich Tarot und Kabbala, und das heißt in diesem Fall der kabbalistische Baum des Lebens, miteinander zu tun haben. Auf diese Frage ist keine eindeutige Antwort möglich, sowohl der kabbalistische Baum des Lebens als auch der Tarot sind je ein System für sich, jedes für sich allein brauchbar und jedes gibt für sich allein die Möglichkeit, die Gesetze des Kosmos zu erkennen und das Leben mit ihnen in Übereinstimmung zu bringen. Die große kosmische Schöpfungsordnung ist einzigartig und einmalig. Wenn also zwei Systeme, die sich äußerlich so voneinander unterscheiden, wie der Baum des Lebens und der Tarot, jedes für sich ein Modell dieser kosmischen Schöpfungsordnung darstellen, dann zeigen sie also logischerweise nicht zwei verschiedene Dinge, sondern bilden nur zwei verschiedene Aspekte oder Betrachtungsweisen auf diese eine und einmalige kosmische Schöpfungsordnung. Andererseits bedeutet dies aber, daß beide Systeme vielleicht nicht gerade untereinander austauschbar, aber doch miteinander zu kombinieren sind. Sie bilden Korrespondenzen in der gleichen Weise, wie wir sie bei der Betrachtung von Bild X, dem »Rad des Schicksals«, bei den großen Arkana kennengelernt haben. Ob diese Zusammenhänge von Anfang an geplant waren oder sich, da beide Systeme ja ein Gleiches darstellen, von selbst ergaben, können wir heute nicht mehr feststellen. Historisch faßbar ist nur, daß der französische Okkultist Eliphas Lévi im 19. Jahrhundert der erste war, der die Korrespondenz und damit den Zusammenhang von Tarot und Kabbala erkannte und damit zur Aussage gelangte, daß Tarot und Kabbala beide letztlich das gleiche auf verschiedene Weise aussagen.

Wie sieht nun aber dieser Zusammenhang zwischen Tarot und Kabbala in der Praxis aus? Als Titelbild dieses Bandes findest du ein Bild vom Baum des Lebens. Ich empfehle dir, davon eine Kopie zu machen, damit du das Bild beim Lesen jederzeit betrachten kannst. Als erstes wirst du wahrscheinlich feststellen, daß der Baum des Lebens in keiner Weise dem Bild eines Baumes in der Natur entspricht. Du findest zehn Kreise, von denen links und rechts je drei und in der Mitte fünf übereinander angeordnet sind. Diese zehn Kreise werden durch Doppellinien miteinander verbunden. Diese Verbindungslinien werden »Pfade« genannt, und wenn du sie zählst, findest du zweiundzwanzig Pfade. Die Zahlen zehn und zweiundzwanzig geben dir bereits erste Hinweise und Korrespondenzen zum Tarot: Der Tarot enthält zweiundzwanzig große Arkana und je vier Reihen Zahlenkarten mit den Zahlen eins bis zehn. Die großen Arkana haben also offensichtlich einen Zusammenhang mit den zweiundzwanzig Pfaden, und die Zahlenkarten stehen in Verbindung mit den zehn Kreisen. Diese Kreise werden Sephiroth genannt (Einzahl Sephira). Unser deutsches Wort Sphäre leitet sich davon ab. Zu beachten ist, daß auch die zehn Sephiroth als Pfade bezeichnet werden. Sie bilden die Pfade eins bis zehn. Tarotbild I, »Der Magier«, wäre demnach der 11. Pfad, II »Die Hohepriesterin« Pfad 12 und so weiter.

Du kannst nun selbst versuchen, aus den Zahlenkarten des Tarot das Bild des Baums des Lebens in der folgenden Weise nachzubilden: Suche die vier Asse des Stabes, des Kelches, des Schwertes und der Münze heraus und lege sie oben in die Mitte des Tisches; dann suche die vier Zweien und lege sie rechts unterhalb der Asse, und gegenüber unterhalb links der vier Asse lege die vier Dreier. Genau auf die gleiche Art und Weise verfahre mit den anderen Zahlenkarten, bis du die Sephira des Baum des Lebens vor dir liegen hast und jedes Sephira aus vier Karten besteht. In gleicher Weise könntest du nun auch noch mit den großen Arkana verfahren, indem du sie als Pfade zwischen die einzelnen Sephira legst. Die Frage ist nur: Welcher Pfad entspricht welchem Bild der großen Arkana? Die Antwort auf diese Frage werden wir später kennenlernen und ebenfalls, in welcher Weise sich die Hofkarten in den Baum des Lebens integrieren lassen. Für den Moment kommt es nur darauf an, daß du das Grundprinzip erkennst und damit der Zusammenhang zwischen Tarot und Baum des Lebens für dich deutlicher wird.

Wir haben in einem früheren Kapitel davon gesprochen (siehe Seite 44), daß die kleinen Arkana objektiven Kräften entsprechen, während die großen Arkana subjektive Erfahrungen darstellen. Wir können daher einen ersten Analogieschluß ziehen, daß die zehn Sephiroth auf dem Baum des Lebens ebenfalls eine Darstellung der im Universum wirkenden objektiven Kräfte sind. Diese objektiven Kräfte in ihren Eigenheiten und speziellen Erscheinungsformen auf verschiedenen Ebenen kennenzulernen, wird die Hauptaufgabe des nun folgenden Teiles über den Baum des Lebens bilden. Der Vollständigkeit halber sei noch erwähnt, daß diese Zuordnung, nämlich Zahlenkarten der kleinen Arkana zu den zehn Sephiroth und die zweiundzwanzig großen Arkana zu den Verbindungspfaden nicht die einzige mögliche Art ist, den Tarot mit dem Baum des Lebens in Verbindung zu bringen. McGregor-Mathers (siehe im ersten Band, Seite 46) hat für den Orden »The Golden Dawn« ein System ausgearbeitet, das die kleinen Arkana in Verbindung mit dem Tierkreis bringt und den speziellen Kräften zuordnet, die durch die einzelnen Abschnitte des Tierkreises hindurch wirken. Persönlich muß ich allerdings gestehen, daß mich dieses System nicht überzeugt; zu vieles daran erscheint mir gewaltsam, dem Bett des Prokrustes ähnlich. Um mit diesem System arbeiten zu können, wird eine Gedankenakrobatik verlangt, die nicht jedermanns Sache ist. Persönlich neige ich zur Ansicht, daß, wo es um große kosmische Zusammenhänge geht, das Einfache und Faßbare auch das Richtige ist. Deshalb überzeugt mich die Verbindung des Tarot mit dem kabbalistischen Baum des Lebens mehr. Wer das andere System kennenlernen will, den verweise ich auf das große, umfassende Werk von Israel Regardie *The Golden Dawn* oder Robert Wang: *An Introduction to the Golden Dawn Tarot* (beide Weiser-Verlag, New York). Dieses letztgenannte Bändchen enthält nur die Dokumente aus der Gesamtheit der Schriften des »Golden Dawn«, die sich mit dem Tarot befassen.

Beim Baum des Lebens haben wir es also mit Kräften zu tun; mit den Kräften, die unseren Kosmos und letztlich auch uns selbst regieren und bestimmen, da wir selbst ja auch ein Mikrokosmos sind. Dies macht unseren Weg durch den Baum des Lebens automatisch zu einem magischen Weg. Es ist deshalb notwendig, daß ich das Wort der Warnung, das bereits im Vorwort des ersten Bandes ausgesprochen wurde, hier wiederhole und eingehender begründe.

Man kann die Aussage des Baums des Lebens nicht einfach lernen, wie man eine fremde Sprache lernt, weil es sich eben um Kräfte handelt. Kräfte fließen, strömen, wirken und bewirken etwas, wirken auf dich selbst und schaffen so Erfahrung; Erfahrung, die dich höchstwahrscheinlich verändern wird. Der Baum des Lebens ist ein magisches Bild, dazu bestimmt, diese Kräfte nicht nur graphisch darzustellen, sondern gleichzeitig auch das Geheimnis ihres Ursprungs, ihres Zusammenwirkens und auch ihres Bewirkens zu erhellen. Wie bereits erwähnt: Es sind die Kräfte, die unseren Kosmos bestimmen und regieren, und daher auch die gleichen Kräfte, die dein ganz persönliches Leben in irgendeiner Weise beeinflussen, und doch besteht hier ein großer, grundlegender Unterschied.

Obgleich das ganze Potential dieser Kräfte in jedem Menschen latent vorhanden ist, steht einem durchschnittlichen Menschen nur ein kleiner Teil dieses Kraftpotentials bewußt zur Verfügung. Dieses relativ geringe, ihm zur Verfügung stehende Potential genügt durchaus, um die Anforderungen seines täglichen Lebens zu bewältigen. Es genügt, um das zu sein, was einen durchschnittlichen Menschen verkörpert, der geboren wird, aufwächst, arbeitet, eine Familie gründet, im Rahmen seiner materiellen Möglichkeiten lebt, Nachkommen in die Welt setzt, eine bestimmte Stufe der beruflichen Karriere erklimmt und schließlich stirbt. Man darf nicht der Arroganz verfallen und behaupten, daß dies nichts sei oder zuwenig; wenn ein Mensch in seinen durchschnittlichen Lebensumständen glücklich ist, was will er mehr? Es ist ein Verbrechen, einen Menschen, der sich in der Ebene zufrieden und geborgen fühlt, zur Besteigung des Mt. Everest zu zwingen.

Um dies noch besser zu verdeutlichen, bitte ich dich, die Bilder XVII, XVIII und XIX der großen Arkana in einer Reihe vor dich hinzulegen. Im ersten Band haben wir dargelegt, daß diese drei Bilder unter anderem auch den Weg des Menschen zurück ins Leben darstellen: Zeugung, embryonales Dasein und Erwachen zur Bewußtheit. Welcher dieser drei Zustände ist der wertvollste? Antworte nicht voreilig, daß das Kind von Bild XIX der wertvollste und höchste Zustand sei, denn die Bewußtheit, das Wachwerden, wie es durch das Kind auf dem weißen Pferd verkörpert wird, kann nur entstehen, wo vorher Zeugung und embryonales Dasein war. Zur wachen Bewußtheit kann nur derjenige gelangen, der zuallererst gezeugt und dann im Zustand des Embryos gereift und der Bewußtheit entgegengeschlummert ist. Keiner dieser Zustände ist also wertvoller als der andere, sie alle bedingen einander und ergänzen sich. Darum ist die Grundvoraussetzung am Beginn eines jeden magischen Weges, und auch des unseren, die Demut, sich nicht besser und höher zu fühlen als andere, die diesen Weg nicht oder noch nicht gehen, und Toleranz, daß auch andere Lebensformen als die deine ihren Wert und ihre Berechtigung haben.

Der magische Weg – wir haben es bereits mehrmals erwähnt – ist nicht harmlos, ja, er kann recht gefährlich sein. Bevor ich dich auf deinem weiteren Weg durch den Baum des Lebens und den Tarot geleite, fühle ich mich deshalb verpflichtet, dir die möglichen Gefahren, denen du ausgesetzt sein könntest, konkret und in Einzelheiten vor Augen zu führen.

Gehen wir noch einmal davon aus, daß wir es im Baum des Lebens mit Kräften zu tun haben, und daß diese Kräfte, wenn auch minimal und latent, in dir verborgen wirksam sind. Es kann durchaus sein, daß du in der Art und Weise, wie du jetzt lebst, mit dir und deiner Umgebung im Gleichgewicht oder, wie man es esoterisch ausdrückt, in der Balance bist. Das kann sich und wird sich sehr wahrscheinlich ändern, sobald du daran gehst, dich näher mit dem Baum des Lebens zu beschäftigen. Eine Auseinandersetzung mit dem magischen Bild des Baums wird unweigerlich dazu führen, daß die kosmischen Kräfte in dir, die bisher nur schwach und langsam flossen, virulent werden, sich stärker bemerkbar machen und unaufhaltsam dazu führen, daß zwischen deiner Person und deiner Umgebung ein Spannungsverhältnis entsteht. Der Mikrokosmos, der du bist und den du darstellst, gerät in Kontakt und damit in den magischen Sog des Makrokosmos. Was dies bedeuten kann, möchte ich anhand eines praktischen Beispieles erläutern.

Stell dir einen Mann vor, der den Beruf eines Autoverkäufers ausübt. Wahrscheinlich ist er sogar ein recht erfolgreicher Verkäufer und engagiert sich mit seiner ganzen Person in diese Tätigkeit, von deren Nützlichkeit er bis in sein Innerstes hinein überzeugt ist. Die Kunden wissen, daß sie bei ihm gut beraten sind und verlangen immer wieder seine Dienste, was sich konsequenterweise auch in der materiellen Mehrung seines Wohlstandes zeigt. Der Mann hat nicht nur eine Familie und Kinder, vielleicht sogar auch ein Einfamilienhaus irgendwo draußen am Rande der Stadt; seine finanziellen Mittel erlauben es ihm auch, seinen Kindern eine höhere Schulbildung und damit den Weg zu den höheren sozialen Rängen zu eröffnen. Seine Ehe ist im herkömmlichen Rahmen gesehen glücklich. Überhaupt befindet sich unser Mann auf diese Weise wahrscheinlich im Gleichgewicht, in der Harmonie mit sich selbst und der engeren Umgebung, die seine Welt ausmacht. Alle seine Wünsche und Bedürfnisse, die er an das Leben stellt, bewegen sich im relativ engen Rahmen dieser näheren Umgebung.

Nehmen wir nun einmal an, unser Autoverkäufer kommt eines Tages in Berührung mit der Esoterik, mit dem Tarot, mit dem Baum des Lebens. Vielleicht geschieht dieser Kontakt nur spielerisch, er erfährt auf einer Party davon, oder die bunten Kartenbilder in der Auslage einer okkulten Buchhandlung interessieren ihn und er kauft sie; aber vielleicht ist es ganz einfach Neugierde, Neugierde auf etwas anderes als Autos, ein kaum spürbares Sehnen, aus dem Umkreis des bisher Gewohnten und Bekannten auszubrechen, sein Bewußtsein zu erweitern. Unser Mann beginnt sich also mit dem Tarot und dem Baum des Lebens zu beschäftigen, und dies hat nun unweigerlich zur Folge, daß die in ihm bisher latent vorhandenen kosmischen Kräfte angeregt werden, sich verstärken und mehr und mehr zur Auswirkung gelangen. Unser Mann gerät unter einen inneren Druck, ein undefinierbares Unwohlsein, nicht gerade Unzufriedenheit, aber doch ein erheblicher Spannungszustand bemächtigt sich seiner. Dies kann so langsam vonstatten gehen, daß dieser Prozeß zunächst gar nicht einmal richtig bemerkt wird. Dann aber geschieht eines Tages womöglich folgendes:

Unser Mann steht gerade in der Verhandlung mit einem möglichen Käufer eines neuen Wagens, und unter den bisherigen normalen Umständen würde dies für ihn überhaupt kein Problem bedeuten. Er würde dem Kunden die Vorzüge des Autos erläutern mit dem einzigen Ziel, daß der Kunde gerade dieses Auto kauft, weil dieses für den Verkäufer einen guten Abschluß bedeutet und das Auto nebenbei auch wirklich ein gutes Auto ist. Nun kommen aber unserem Autoverkäufer plötzlich Gedanken, die er bisher noch nicht hatte. Er fängt an, über den Benzinverbrauch dieses Wagens nachzudenken, er beginnt, Überlegungen anzustellen, wie gerechtfertigt es ist, daß ein einzelner Mann in einem so großen Wagen herumfährt, der unverhältnismäßig viel Kraftstoff verbraucht, Energie, die dann vielleicht an anderen, dringenderen Orten wieder fehlt. Er verkauft statt dessen dem Kunden lieber ein kleineres Modell mit geringerem Benzinverbrauch und dementsprechend auch geringerer Belastung der Umwelt.

Was ist geschehen? Unser Autoverkäufer hat durch seine Beschäftigung mit der Esoterik, mit dem Tarot und dem Baum des Lebens eine Bewußtseinserweiterung erfahren. Der relativ begrenzte Kreis seiner eigenen persönlichen Welt hat sich ausgeweitet, er hat entdeckt, daß es eine größere, kosmische Welt gibt, als deren Bestandteil er sich fühlt und für die er Mitverantwortung trägt. Ist unser Mann einmal an diesem Punkt angelangt, dann sind seine Tage als erfolgreicher Autoverkäufer gezählt. Es ist nur noch eine Frage der Zeit, bis er seinen Beruf von selbst aufgibt oder durch mangelnden Erfolg dazu gezwungen wird. Alles Weitere folgt dann mit logischer Konsequenz: Verlust des materiellen Wohlstandes, des Eigenheimes, und vielleicht dadurch bedingt Verlust der Familie, Scheidung. All dies sind nur Stationen zu dem Punkt, wo er sich wieder ganz am Anfang, am Nullpunkt befinden wird. Ein solcher Mann ist, mit den Augen der Umwelt gesehen, sozial erledigt, eine verkrachte, verlorene Existenz.

Äußerlich, exoterisch gesehen, ist unser Mann also am Punkte Null angelangt. Was aber heißt Null? Null ist »Der Narr«, und Narr heißt Möglichkeit, die Möglichkeit, aus der alles neu, wenn auch anders wieder werden kann. Zwei Wege stehen nun am Punkte Null unserem Mann offen. Entweder er kann den Tarot samt dem Baum des Lebens verfluchen, die Karten und die entsprechenden Bücher fortwerfen und versuchen, das Verlorene neu zu erringen. Aber auch ein anderer Weg steht ihm offen. Er kann versuchen, sein Leben neu zu gestalten, unter der Voraussetzung, daß es in Harmonie und Balance mit der großen, kosmischen Schöpfungsordnung verläuft. Das wird für ihn persönlich in keinem Fall mehr heißen, Autos zu verkaufen, sondern irgend etwas anderes tun, etwas, das auf der sozialen Prestigeskala wahrscheinlich nicht so hoch angesehen wird, das materiell weniger einbringt, das all das, was der Mann verloren hat, nicht ersetzen wird, aber das ihm doch eines geben kann, was er früher nicht gehabt hat: die Balance und die Harmonie der großen, kosmischen Ordnung, das Gefühl, daß sein Leben eingebettet ist in das große kosmische Ganze.

Zugegeben, nicht immer muß es so kommen. Ob und wie weit es auf diese Weise kommen kann, hängt davon ab, wie sehr dein Leben vorher in Übereinstimmung oder Nichtübereinstimmung mit der kosmischen Ordnung stand.

Aber auch ein anderer Weg ist denkbar und möglich. Sobald unser Mann fühlt, daß sich in ihm die großen magischen Kräfte zu regen beginnen, kann er sie zu ignorieren versuchen, zu unterdrücken, um so die Balance seines engeren, persönlichen Lebens nicht zu stören. Unterdrückung aber heißt Depression mit allem, was dieser Begriff beinhaltet.

Verstehe mich bitte nicht falsch. Ich habe alles dies nicht gesagt, um dich zu entmutigen und dich vom magischen Weg abzuhalten. Fasse es als eine Bitte auf, deinen jetzigen Standort zu überprüfen, das Risiko abzuschätzen, das du eingehst, wenn du es unternimmst, die kosmischen Kräfte in dir zu erwecken und in Verbindung zum großen Ganzen zu gelangen. Der magische Weg ist nach meiner Meinung der einzige Weg, den zu gehen für einen Menschen sich lohnt, sofern dieser Mensch bereit ist, den dafür nötigen Preis zu bezahlen. Der Preis, der zu entrichten ist, wird für jeden Menschen individuell festgelegt. So überlege dir nunmehr genau, bevor du weitergehst, welcher Preis von dir gefordert werden könnte und ob du willens und imstande bist, ihn zu entrichten.

Um es noch einmal zu sagen, der magische Weg durch den Baum des Lebens, den zu gehen wir uns nun anschicken, ist ein Weg, der zu Kontakten mit real wirksamen Kräften führt, und er muß deshalb in der richtigen Weise unternommen werden. Es gibt ein berühmtes magisches Leitwort, auf das du vielleicht bereits gestoßen bist. Wenn nicht, wird es bestimmt nicht mehr lange dauern, bis es soweit ist. Es heißt: »Tue, was du willst!« Ein wahrhaft verlockendes Wort, dazu geeignet, in dir den Eindruck zu erwecken, als liege dir die Welt zu Füßen, bereit, von dir ohne hemmende moralische oder ethische Regeln und Leitsätze genommen und beherrscht zu werden.

Nichts und niemand sei die Regel als du selbst. In der Tat ist dieser Satz auch von vielen bereits so verstanden worden, und die verheerenden Folgen sind nicht ausgeblieben, denn diesen Satz in der erwähnten Weise als Leitsatz benutzen heißt, sich selbst zum Maßstab der kosmischen Ordnung einsetzen, heißt letztlich, sich selbst als Schöpfer und Beweger des Weltalls fühlen. Und doch liegt in diesem Satz, wenn man ihn in der richtigen Weise hinterfragt, eine tiefe Wahrheit verborgen, die auch dir für deinen Weg, den du beginnst, von großem Nutzen sein kann. Betrachte diesen Grundsatz »Tue, was du willst«, nur als die eine Hälfte einer Polarität, deren andere lautet: » *Wisse, was du willst.*« Jeder Mensch will zu irgendeinem Zeitpunkt irgend etwas, mal dieses, mal jenes, dann wieder ein anderes. Aber nur ein Teil dieser Menschen, die etwas wollen, tun auch das, was sie wollen, und wiederum nur verhältnismäßig wenige dieser Tuenden wissen auch, was sie wollen und tun es dann. Der richtige Anfang eines jeden Wollens ist das Wissen. Das Wissen allein gibt die Möglichkeit zu entscheiden, ob das, was man will, in Einklang oder in der Disharmonie mit der großen, kosmischen Ordnung steht. Erst wenn dieser Umstand geklärt ist, kann getrost zur Tat geschritten werden, die dann aber auch konsequent und überzeugt ausgeführt werden darf im Wissen darum, daß ihr Ursprung und ihr Ziel im kosmischen Gesetz begründet ist. In diesem Sinne wollen wir nun unseren praktischen Weg durch den Baum des Lebens mit seinen Kräften beginnen.

Dieses Buch ist nicht als Lehrbuch, sondern als ein Lernbuch gedacht. Es geht nicht darum, den Inhalt aufzunehmen, zu speichern und ihn bei jeder möglichen passenden oder auch unpassenden Gelegenheit wieder abzurufen und von sich zu geben, sondern du sollst im Sinne des Steinzeitmenschen mit dem dir Anvertrauten arbeiten und umgehen. Du unterziehst dich einem Prozeß, und der ganze Mensch, nicht nur dein Gehirn, soll an diesem Prozeß beteiligt sein. Auf den letzten Seiten dieses Buches findest du zwei Darstellungen des Baums des Lebens. Auf der einen Seite nur die zehn Sephiroth ohne die verbindenden Pfade, und auf der anderen Seite den Baum des Lebens mit den zweiundzwanzig Pfaden. Diese beiden Zeichnungen sind dazu bestimmt, in beliebiger Anzahl fotokopiert zu werden, denn die Kopien sollen dir immer wieder als Arbeitsmaterial dienen. Für die Arbeit an diesem Buch solltest du also immer Schreib- und Zeichenmaterial, das heißt Farbstifte, Lineal und so weiter bereithalten. Du wirst diese Werkzeuge immer wieder brauchen.

Für die erste praktische Aufgabe benötigst du ein Blatt mit den zehn Sephiroth allein. Wir haben bereits festgestellt, daß diese zehn Sephiroth in einer ganz bestimmten Weise angeordnet sind, in drei Linien übereinander, links und rechts je drei und in der Mitte vier. Man nennt diese Anordnung die drei Säulen des Baums des Lebens. Als erstes wollen wir nun diese Säulen zeichnen. Umrahme jede dieser Gruppen der übereinanderstehenden Sephiroth mit einem Rechteck. Das linke Rechteck färbst du schwarz, wobei du die Kreise der Sephiroth weiß läßt. Das rechte Dreieck läßt du weiß. Das mittlere färbst du mit einem leichten Grau, wobei du wiederum die Kreise der Sephiroth frei läßt. Als nächstes bezeichnest du die einzelnen Sephiroth mit den ihnen zustehenden Namen. Beginne oben mit Kether. Schreibe die Namen nicht in die Sephira hinein, sondern daneben. Bei der schwarzen Säule auf die linke Seite und bei der rechten Säule auf die rechte Seite. Auch bei der mittleren Säule schreibst du die entsprechenden Namen rechts der betreffenden Kreise hin. Die Bezeichnungen der Sephiroth, wie wir sie auf unserem Blatt geschrieben haben, sind ihre hebräischen Namen. Ich schlage vor, daß wir auch in Zukunft mit diesen hebräischen Namen arbeiten, denn ihre deutschen Übersetzungen könnten in manchen Fällen für das Verständnis eher hindernd als fördernd wirken. Der Vollständigkeit halber seien aber die deutschen Namen zusammen mit den hebräischen hier angeführt:

Kether: Krone
Chockmah: Weisheit
Binah: Verständnis
Chesed: Barmherzigkeit
Geburah: Strenge
Tipharet: Schönheit
(manchmal auch »Tiphereth« geschrieben)
Nezach: Sieg
Hod: Ruhm
Jesod: Fundament
Malkuth: Reich.

Du wirst sicher sofort bemerken, wieviel in diese deutschen Bezeichnungen hineininterpretiert und hineingeheimnißt werden kann, so daß wir vorteilhafterweise bei den hebräischen Bezeichnungen bleiben.

Betrachte nun das Bild, das vor dir liegt, mit der schwarzen Säule links, der weißen Säule rechts und der grauen in der Mitte. Die zehn Sephiroth, die sich in diesen drei Säulen befinden, sind jedes für sich verschiedene Ausdrucksformen oder Emanationen ein und derselben Kraft. Wir wollen dies nun ausdrücken, indem wir die zehn Sephiroth mit den verschiedenen Farben ausmalen, die ihnen von der Tradition her zugeschrieben werden. Farben sind bestimmte Teile des Sonnenlichtes. Wenn du das Licht der

Sonne durch ein Prisma leitest, zerteilt es sich in verschiedene Farben; die gleiche Erscheinung erhältst du auch beim Betrachten eines Regenbogens. Wenn wir alle Farben wieder miteinander vereinigen, dann erhalten wir Weiß. Diese physikalische Erscheinung ist deshalb auch bestens geeignet, das Wesen der Sephiroth auf dem Baum des Lebens sichtbar zu machen, denn jede Farbe ist Vibration; jede Vibration ist von der anderen verschieden und deshalb deutlich unterscheidbar. Die oberste Sephira, Kether, lassen wir weiß. Das entspricht nicht ganz der Art, wie es dargestellt werden sollte, aber wir werden zu gegebener Zeit noch darauf zu sprechen kommen. Die nächste Sephira, Chockmah, erhält die Farbe Grau, Binah wird schwarz ausgefüllt und Chesed blau gefärbt. Geburah wird scharlachrot und Tipharet gelb, Nezach smaragdgrün, Hod orange und Jesod violett. Malkuth wird in einer etwas spezielleren Weise eingefärbt. Teile den Kreis von Malkuth durch ein Kreuz in vier Segmente. Diese vier Segmente füllst du je auf mit den Farben Gelb, Grün oder Braun, Blau und Schwarz. Malkuth ist also die Sephira, die auf einer Ebene mehrere Farben enthalten kann. Auch darauf werden wir noch zu sprechen kommen. (Du kannst in Malkuth auch die Farben Gelb, Blau, Weiß und Braun oder Grün verwenden).

Nachdem dies getan ist, betrachte eine Weile den Baum des Lebens mit den drei Säulen und den verschieden eingefärbten Sephiroth und lasse das Bild auf dich wirken. Auch mit dem Baum des Lebens verhält es sich genauso, wie wir schon bei der Betrachtung der großen Arkana festgestellt haben. Die bildlichen Erscheinungen, und das gilt auch für alles, was noch kommen wird, sollen nicht nur bedacht, sondern mit allen deinen Sinnen erfaßt und erspürt werden. Sei dir jetzt schon bewußt, daß du als Mikrokosmos, der ein analoges Abbild des Makrokosmos darstellt, auch selbst ein vollständiger Baum des Lebens bist. Deshalb ist es wichtig, diese Ganzheit schon von Anfang an lebendig und bewußt werden zu lassen.

Deine Empfindungen und Gedanken mögen sich vielleicht in der folgenden Richtung entwickeln: Du bemerkst den Kontrast zwischen den beiden äußeren Säulen schwarz und weiß, und dies ruft dir sogleich das Gesetz der Polarität in Erinnerung. Das bedeutet also, daß zwischen je zwei Sephiroth, nämlich: Chockma – Binah, Chesed – Geburah und Nezach – Hod ein polares Spannungs- oder Gegensatzverhältnis bestehen muß, während die mittlere Säule wiederum, die mit der grauen Farbe, entsprechend der Dämmerung, in der sich Licht und Dunkelheit mischen, den Ausgleich oder die Synthese der Gegensätzlichkeiten der beiden äußeren Säulen darstellt. Die Kabbalisten haben diesen drei Säulen Namen verliehen. So heißt die linke entweder die weibliche Säule oder die Säule der Strenge, die mittlere die Säule der Milde und die rechte die männliche oder die Säule der Gnade. Wir werden aber für unser Vorhaben und im Hinblick auf ein möglichst klares Erfassen der Struktur des Lebensbaumes noch andere Begriffe als männliche, weibliche und mittlere Säule gebrauchen. Auch dafür wird dir der Grund bald klar werden.

Als erstes Resultat unserer Betrachtung dürfen wir annehmen, daß wir auch im Lebensbaum zwei wichtige hermetische Gesetze wiederfinden: das Gesetz der Polarität und das Gesetz der Dreiheit. Bevor wir aber unsere Spekulationen in dieser Richtung weiterführen, wollen wir uns dem Wesen der Sephiroth zuwenden. Durch die verschiedenen Farben, die wir ihnen gegeben haben, erkannten wir sie in der Analogie der Lichtbrechung im Prisma als Teile oder Emanationen ein- und derselben Kraft. Wo aber liegt der Ursprung dieser Kräfte? Schon die Betrachtung des Bildes allein vermag dir die Antwort zu geben. Da alle Farben des Prismas zusammen Weiß ergeben, muß der Ursprung der Kraft ebenfalls in der Sephira zu finden sein, welche die Farbe Weiß hat, und dies ist Kether.

Kether ist also der Punkt oder die Sphäre, in der alle Energie des Universums zusammenfällt und konzentriert ist. Du kannst dir nun weiter vorstellen, daß in dieser unvorstellbaren Zusammenballung von Energie ein so ungeheurer Druck entsteht, daß er nach irgendeiner Seite hin einen Ausweg sucht. Ein Teil dieser Energie löst sich aus Kether heraus und bildet eine neue Sephira: Chockmah. Ziehe mit einem gelben Farbstift von Kether zu Chockmah hin eine gerade Linie. Aber auch in Chockmah ist die Energieballung noch zu dicht, der Druck zu groß, und Chockmah seinerseits entlädt sich wieder in Richtung auf Binah hin. Vollziehe auch dies wiederum mit einem gelben Strich. In gleicher Weise entlädt jede weitere Sephira ihren Energieüberschuß in analoger Weise: von Binah zu Chesed, von Chesed zu Geburah, von Geburah zu Tipharet, von Tipharet zu Nezach, von Nezach zu Hod, von Hod zu Jesod und von Jesod aus schließlich nach Malkuth. Vollziehe diesen Weg mit gelbem Farbstift. Als neues Element enthält dein Bild nun den zündenden Blitz, wie ihn die Kabbalisten nennen, der den Weg darstellt, auf dem sich die eine allumfassende Kraft in verschiedene Manifestationen aufteilt. Die Skizze, die du nunmehr vor dir liegen hast, sollte der folgenden Abbildung entsprechen.

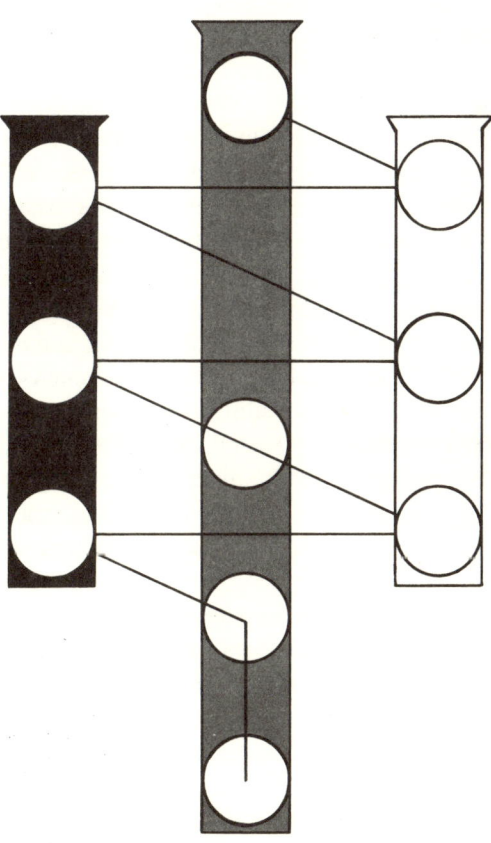

Ich weiß nicht, ob der Dichter Conrad Ferdinand Meyer mit dem kabbalistischen Gedankengut vertraut war, aber sein Gedicht *Der römische Brunnen* gibt ein sehr schönes poetisches Bild der Art und Weise, wie im kabbalistischen Baum des Lebens die Manifestation der Welt dargestellt wird.

Aufsteigt der Strahl, und fallend gießt
Er voll der Marmorschale Rund,
Die, sich verschleiernd, überfließt
In einer zweiten Schale Grund;
Die zweite gibt, sie wird zu reich,
Der dritten wallend ihre Flut,
Und jede nimmt und gibt zugleich
Und strömt und ruht.

Auf eine vielleicht geringfügige, aber sehr, sehr wichtige Besonderheit möchte ich dich noch hinweisen. Wir haben die Manifestation der verschiedenen Kräfte in einem extremen Zeitlupentempo bezeichnet. In Wirklichkeit ist dies natürlich nicht so gemeint; die Reihenfolge der Sephiroth bedeutet nicht unbedingt eine zeitliche Abfolge. Das wirkliche Geschehen können wir vielleicht annähernd erfassen, wenn wir uns vorstellen, daß jede Sephira eine verschieden gefärbte Glühbirne ist und der zündende Blitz das elektrische Kabel, das die verschiedenen Glühbirnen miteinander verbindet. Wenn nun bei Kether das Kabel unter Strom gesetzt wird, dann leuchten für unsere Begriffe alle Glühbirnen gleichzeitig auf. Hüte dich auch gleich zu Beginn davor, in der Reihenfolge der Sephiroth eine Wertskala zu erblicken; jede Sephira hat einen ihr eigenen spezifischen Wert, der allen anderen weder über- noch untergeordnet ist, auch wenn wir aus Gründen der praktischen Handhabung des Baums des Lebens oftmals gezwungen sind, die Sephiroth in höhere und tiefere einzuteilen. Dies liegt aber nicht im Wesen der Sephiroth begründet, sondern in unserer menschlichen, der materiellen Ebene zugeordneten Unzulänglichkeit, die uns zu dieser Vereinfachung und Darstellungsweise zwingt.
  Wenn du nicht bereits schon vorher auf das Problem gestoßen

bist, so hat dich sicher das zuletzt gebrauchte Bild des elektrischen Stromes, der das Licht von Kether entzündet, zur Frage gebracht, woher denn dieser elektrische Strom, das heißt die Kraft, überhaupt kommt. Damit sind wir beim vielleicht schwierigsten Problem des kabbalistischen Weltbildes angelangt, das wir nur sehr, sehr skizzenhaft im Rahmen dessen, was uns möglich und für das Verständnis des Tarot notwendig ist, behandeln können.

Auf dem Titelbild auf Seite 2 erblickst du oberhalb von Kether drei punktierte Halbkreise, von denen jeder einen Namen trägt: AIN, AIN SOPH, AIN SOPH AUR. Diese drei punktierten Halbkreise werden in der Sprache der Kabbalisten die drei Schleier der negativen Existenz genannt. Natürlich kannst du mit diesem Begriff nichts anfangen, und das mag wohl auch der Zweck dieser Benennung sein, denn damit soll ausgedrückt werden, daß alles, was jenseits von Kether ist, unserem menschlichen Begriffsvermögen absolut unzugänglich ist. Natürlich sind Versuche angestellt worden, durch die Jahrhunderte und Jahrtausende hindurch, in irgendeiner Weise annähernd zu erfassen, was *Ain Soph Aur* bedeuten könnte. Diese Versuche bilden einen Hauptteil der kabbalistischen Tradition. Da der Tarot im Zentrum dieses Buches steht und dessen eigentliches Thema ist, wollen wir uns mit Ain Soph Aur nur insofern befassen, als eine Verbindung mit dem Tarot vorhanden ist.

Wir haben festgestellt, daß Kether und alle folgenden Sephiroth eine Manifestation der Kraft bilden. Auf dieser Grundlage und nach dem Gesetz der Polarität können wir vielleicht *Ain Soph Aur* kurz definieren als das Nicht-Manifestierte, aus dem heraus sich alles entwickelt und in das zurück sich wiederum alles entwickelt. Dieses Unmanifestierte besteht offensichtlich aus drei Ebenen (vergiß nicht, daran zu denken, daß Ebenen nicht immer übergeordnet sind, sondern stets einander auch durchdringen), die mit den Namen Ain, Ain Soph und Ain Soph Aur bezeichnet werden. Die Bedeutung von Ain heißt »Nichts«, Ain Soph bedeutet »grenzenlos« und Ain Soph Aur heißt »grenzenloses Licht«. Bei der Betrachtung der drei Ebenen beziehungsweise der drei Schleier der negativen Existenz, die sich offensichtlich aus einem einzigen Wort heraus entwickeln, könnten wir vielleicht zu diesem Gedanken kommen: Zuerst ist das Nichts, dieses Nichts ist grenzenlos, und in diesem grenzenlosen Nichts ist Licht vorhanden. Alles zusammen ergibt dann das grenzenlose Licht.

Allerdings, und das ist nun etwas sehr Entscheidendes, ist dieses Licht nicht sichtbar, denn bedenke, Licht kannst du nur sehen anhand eines Objektes, das entweder erleuchtet oder beleuchtet ist, Licht an sich ist unsichtbar, und so herrscht denn auch in diesem grenzenlosen Licht grenzenlose Dunkelheit. Damit dieses Licht die »Möglichkeit« hat, sichtbar und damit faßbar zu werden, bedarf es eines Objektes, eines Gegenübers, das heißt es bedarf des Gesetzes der Polarität. In welcher Weise dies nun geschieht, darüber geben uns vielleicht die ersten Verse der Bibel einigen Aufschluß, und zwar im 1. Buch Moses, im 1. Kapitel die Verse 2–5: »Die Erde war aber wüst und öde, und Finsternis lag auf der Urflut, und der Geist Gottes schwebte über den Wassern. Und Gott sprach: Es werde Licht! Und es ward Licht. Und Gott sah, daß das Licht gut war, und Gott schied das Licht von der Finsternis. Und Gott nannte das Licht Tag, und die Finsternis nannte er Nacht.«

»Die Erde war aber wüst und öde, und Finsternis lag auf der Urflut.« Darin haben wir wahrscheinlich eine Darstellung von Ain. »Und der Geist Gottes schwebte über den Wassern.« Darin erkennen wir eine Darstellung von Ain Soph. »Und Gott sprach: Es werde Licht! Und es ward Licht.« Das ist Ain Soph Aur, allerdings mit einer sehr wichtigen Modifikation, die für alles Weitere von entscheidender Bedeutung ist. Es heißt: Gott sprach. Sprechen ist Ton. Ton ist genau wie das Licht Vibration, allerdings auf einer viel tieferen Schwingungsebene oder Frequenz. Verglichen mit den Lichtwellen sind die Schallwellen einer viel dichteren Manifestation zugehörig, das bedeutet, daß Gott, indem er spricht, all das, was in Ain Soph Aur enthalten ist, auf eine dichtere, niedrigere Ebene transformiert. Weiterhin heißt es »Gott *sah,* daß das Licht gut war.« Wir haben eben festgestellt, daß Licht nur gesehen werden kann, wenn etwas entweder erleuchtet oder beleuchtet ist. Wenn Gott sieht, dann setzt dies das Vorhandensein eines solchen Objektes voraus, was bedeutet, daß gleichzeitig das Gesetz der Polarität eingesetzt wird, wie es ja auch

82

in den folgenden Zeilen heißt: »Und Gott schied das Licht von der Finsternis. Und Gott nannte das Licht Tag, und die Finsternis nannte er Nacht.«

Aber noch eine weitere Einzelheit ist wichtig und bedarf der näheren Betrachtung. Es heißt nicht, Gott gab einen Ton von sich, sondern es heißt, und Gott *sprach*. Sprechen aber heißt Worte bilden, den Ton in eine Form bringen, die ein Bild verkörpert, ein Abbild. Damit ist eine weitere, noch deutlichere und dichtere Manifestation gemeint.

Wenn du dich in der Bibel einigermaßen auskennst, dann fällt dir jetzt sofort der Beginn des 1. Kapitels des Johannesevangeliums ein. Diese Eingangsverse haben einen unmittelbaren Bezug zu den Versen 2–5 des 1. Kapitels des 1. Buches Moses und führen deren Gedanken in eine bestimmte Richtung weiter. Der Verfasser des Johannesevangeliums will damit ausdrücken, daß er sich zur Aufgabe gestellt hat, darzustellen, wie sich die göttliche Kraft aus dem Ain Soph Aur heraus bis hinunter auf die materielle, menschliche Ebene manifestiert hat.

Ain Soph Aur ist also das Unmanifestierte, das durch die es durchdringende göttliche Kraft die Möglichkeit hat, sich in irgendeiner Form zu manifestieren. Ein Hilfsmittel dessen, was gemeint ist, ist vielleicht die Vorstellung eines Kreises mit unendlichem Radius, in dessen Zentrum sich Kether manifestiert.

Vielleicht ist dir aufgefallen, daß in unseren Gedankengängen über Ain Soph Aur verschiedentlich das Wort »Möglichkeit« aufgetaucht ist, ein Wort, das wir im ersten Band ausdrücklich in Verbindung mit Bild 0, »Der Narr«, gebracht haben. Damit wird klar, daß Bild 0 in Verbindung mit Ain Soph Aur steht. Allerdings kann nicht gesagt werden, daß Bild 0 Ain Soph Aur darstellt, denn da Ain Soph Aur das Unmanifestierte ist, kann es nicht in irgendeiner manifestierten Form, und ein Bild ist ja eine manifestierte Form, dargestellt werden. Genau wie die ersten Verse des Alten Testamentes Ain Soph Aur darstellen, im Moment des Überganges zur Manifestierung nach Kether, stellt auch das Bild des Narren Ain Soph Aur dar im Moment, in dem sich dieses zu Kether manifestiert. Die Farbe Weiß, insbesondere die weiße Sonne, das bereits formhaft Vorhandene, aber noch nicht Koordinierte des Bildes, das Chaos, in dem alles enthalten, aber noch nicht zu seiner Form gefunden hat, all das deutet darauf hin und steht in Verbindung mit Ain Soph Aur.

Wenn du das bisher Gesagte im Zusammenhang überdenkst, dann stellt sich dir vielleicht einmal mehr die wirklich berechtigte Frage, warum in der Reihe des Tarot das Bild 0 am Ende und nicht am Anfang steht? Die Antwort darauf wirst du dir, wenn du auf deinem magischen Wege weiterschreitest, eines Tages aus eigenem Wissen heraus selbst geben können. Für den Augenblick lenke ich deine Aufmerksamkeit nur darauf, daß Ain Soph Aur das Unmanifestierte ist, aus dem alles heraus sich manifestiert und in das hinein alles Manifestierte zurückfließen wird. Vielleicht erinnerst du dich auch an unser Beispiel vom Autoverkäufer, der, bevor er seinen magischen Weg beginnen kann, zum *Nullpunkt* gelangen muß, das heißt, er muß auf all das verzichten, was bisher im Widerspruch zur großen kosmischen Harmonie gestanden hat. Der Nullpunkt ist für ihn deshalb vorerst ein Ziel und kein Anfang.

Mehr über Ain Soph Aur zu sagen, finde ich nun müßig. Die Verse 2–5 des 1. Kapitels der Bibel, die Eingangsverse des Johannesevangeliums und das Bild 0 geben dir mehr als genug Material zu eingehender und langer Meditation, die dich, wenn du dich aufrichtig darum bemühst, zu wahrhaft tiefen Erkenntnissen bringen wird.

Die vier kabbalistischen Welten und die Symbolik des Baums des Lebens

Bevor wir mit der Betrachtung und der eingehenden Analyse der Sephiroth beginnen können, müssen wir noch die vier kabbalistischen Welten kennenlernen, ohne deren Verständnis ein Erfassen der sephirothischen Kräfte nicht gut möglich ist. Von deiner Arbeit im ersten Band der *Schule des Tarot* her sollte dir die Vorstellung von verschiedenen Ebenen, die eine Voraussetzung des esoterischen Weltbildes sind, vertraut sein. Auch daß diese Ebenen sowohl parallel als auch einander übergeordnet und auch simultan einander durchdringend sein können, diese Gedankengänge nachzuvollziehen dürfte jetzt für dich auch keine große Schwierigkeit mehr sein.

Die Kabbalisten teilen den Baum des Lebens so wie jede sich auf dem Baum befindliche Sephira in vier Ebenen ein, welche die vier kabbalistischen Welten genannt werden. Sie werden mit folgenden Namen in ihrer hierarchischen Reihenfolge benannt: Atziluth, Briah, Jetzirah, Assiah.

Ohne uns lange in philosophische Spekulationen zu verlieren, wollen wir uns, zum Erfassen und Begreifen dieser vier kabbalistischen Welten, anhand eines praktischen Beispieles orientieren. Stelle dir einmal vor, daß du die Absicht hegst, dir ein Haus zu bauen. Ganz am Anfang deines Vorhabens kommt der zündende Gedanke »Haus«, steht das Wort »Haus«, kurz, der Begriff »Haus« mit allem was mit diesem Wort gemeint ist. Dieses »Haus« hat noch keine spezielle Form, es ist einfach ein Haus, das du bauen willst, mit seinem ganzen Aussehen und allen seinen Funktionen, die ein Haus hat und erfüllen soll. Dieses Wort »Haus«, das noch keine Einzelheit eines speziellen Hauses und doch das Ganze des Hauses in sich enthält, dieses Wort »Haus« würde der Ebene von *Atziluth* entsprechen.

In einem nächsten Schritt wird der Begriff Haus zugleich

erweitert und in eine bestimmte Richtung gelenkt, jetzt handelt es sich nämlich um »mein Haus«. Und dieses »mein Haus« enthält nun schon ganz spezifische Eigenheiten, die nur eben diesem Hause zugehörig sind. Du weißt vielleicht schon, ob es ein Giebel- oder Flachdach haben wird, du bist dir möglicherweise über die Anzahl der Zimmer im klaren und weißt auch schon, auf welchem Bauplatz du es errichten wirst. Konkret und auf der materiellen Ebene ist von diesem Haus überhaupt noch nichts vorhanden, lediglich in deiner Imagination, auf deiner inneren Ebene nimmt es langsam Gestalt an. Dies ist die Welt von *Briah*.

Nachdem du auf solche Weise in dir das Bild deines Hauses »kreiert« hast, ist der Moment gekommen, sich in bezug auf die Realisierung deines Vorhabens auf eine andere Ebene zu begeben. Du suchst dir einen Architekten, mit dem du dein Projekt ausführlich besprichst. Der Architekt geht nun daran, deine Vorstellungen in die Form von Zeichnungen und Plänen zu übertragen, er ergänzt das, was du mangels Fachkenntnissen nicht entwickeln konntest, wie Heizungssystem, Kanalisation, statische Berechnungen und so weiter. Hier, auf der Ebene von *Jetzirah*, nimmt dein Haus zum ersten Mal materielle Gestalt an. Diese materielle Gestalt ist noch nicht diejenige des endgültigen Hauses, sondern die materielle Basis deines Hauses ist das Papier, auf dem der Plan gezeichnet ist, der Graphitstaub des Bleistiftes, die Restbestände der Tinte und so weiter. Und doch ist bereits anhand dieser Materialisation dein Haus zu erkennen, auch jemand Außenstehendes kann sich bereits ein festes, zutreffendes Bild davon machen.

Als letzte Stufe oder Ebene deines Vorhabens tritt nun der eigentliche Hausbau, die Realisierung auf dem materiellen Plan in Erscheinung. Der Baumeister nimmt seine Tätigkeit auf, und die verschiedenen Handwerker errichten aus verschiedenem Material dein Haus, bis es so konkret und *greifbar* dasteht und der Tag kommt, an dem du es bewohnst und in ihm wohnst und wirkst. Dies ist die Welt von *Assiah*.

In diesem Beispiel haben wir den einen Begriff »Haus« durch vier verschiedene Ebenen hindurch betrachtet. Allen vier Ebenen gemeinsam ist der Begriff »Haus«, jedoch in einer jeweils eigenen Weise, die sich von den anderen Ebenen durchaus unterscheidet. Bemerkenswert ist auch, daß nur auf der obersten und der untersten Ebene das Haus als Ganzes vorhanden ist. Auf der obersten Ebene in Atziluth, als Archetyp oder platonische Idee, auf der untersten Assiah, in seiner Gesamtheit auf der materiellen Ebene erbaut.

Bevor du nun im Text weiterliest, gebe ich dir den Rat, dieses kleine Spiel, das wir mit dem Begriff »Haus« abgehandelt haben, noch mit anderen Begriffen durchzuexerzieren. Scheue die Mühe nicht, denn es ist wichtig für alles, was später kommt, daß du beizeiten lernst, mit den vier kabbalistischen Welten umzugehen. Die Entdeckerfreuden und die Bewußtseinserweiterung, die du dadurch erfährst, werden dich übrigens für die Mühe reichlich entlohnen.

Wie wir bereits erwähnt haben, manifestiert sich das Energiefeld einer jeden Sephira innerhalb dieser vier Ebenen oder vier kabbalistischen Welten. Auf welche Weise dies geschieht und gehandhabt werden kann, erfahren wir im zweiten Teil dieses Kapitels, das sich mit der Symbolik des Lebensbaumes beschäftigt.

Aber auch der Lebensbaum selbst kann in diese vier Welten eingeteilt werden. Um dies zu verdeutlichen, nimm wieder eine Fotokopie mit den zehn Sephiroth ohne Verbindungspfade zur Hand. Verbinde jetzt mit einem Bleistift die drei obersten Sephiroth Kether, Chockmah und Binah zu einem Dreieck. Verfahre gleichermaßen mit den drei Sephiroth Chesed, Geburah und Tipharet und ebenso mit Nezach, Hod und Jesod. Du hast nun den Baum des Lebens vor dir, bestehend aus drei Dreiecken und einer einzelnen Sephira Malkuth. Von diesen drei Dreiecken weist eines mit der Spitze nach oben, nämlich das oberste, während die beiden anderen mit der Spitze nach unten zeigen. Vielleicht stört dich diese scheinbare Asymmetrie, und du erinnerst dich daran, daß du auf dem Titelbild (siehe Seite 2) unterhalb der beiden Sephiroth Chockmah und Binah ein drittes punktiertes Sephira ohne nähere Bezeichnung gefunden hast, das, wenn man es statt Kether mit Strichen verbinden würde, den Baum in einer vollkommenen Symmetrie zeigen würde: Kether und Malkuth, oben und unten je für sich allein, und dazwischen drei Dreiecke mit der Spitze nach unten. Bei dieser punktierten Sephira handelt es sich um Daath, die sogenannte verborgene Sephira. Eben um dieser Harmonie willen wurde von manchen Kabbalisten angenommen, daß sich unterhalb von Chockmah und Binah eine elfte, verborgene Sephira befinden müsse. Diese elfte Sephira ist für unser Vorhaben von keiner großen Bedeutung; wir begnügen uns damit, ihre eventuelle Existenz wahrzunehmen und werden im Anschluß an die Einzeldarstellungen der zehn Sephiroth noch darauf zurückkommen. Das heißt, wir benutzen den Baum des Lebens also vorläufig ohne Berücksichtigung von Daath.

Die Einteilung des Lebensbaumes in die Sephira Malkuth und die drei Dreiecke ergibt ein äußerst einfaches und dadurch leicht zu handhabendes Abbild der vier kabbalistischen Welten, das dich vielleicht gerade durch seine Einfachheit nicht ganz befriedigt, denn am Beispiel unseres Hausbaus und bei der Durchdenkung deiner eigenen Beispiele hast du sicher bemerkt, daß sich die vier kabbalistischen Welten in der Praxis ganz bestimmt nicht so klar und eindeutig voneinander unterscheiden und daß ihre Grenzlinien nicht in so eindeutiger Weise zu erkennen und festzulegen sind. Manche Kabbalisten geben deshalb noch eine andere Einteilung des Lebensbaumes, mit der sie diesen feineren Unterscheidungen gerecht zu werden suchen. Nimm wiederum ein Blatt mit den zehn Sephiroth und mache folgende Einteilung: Ziehe zwischen Kether und den beiden Sephiroth Chockmah und Binah einen langen, waagrechten Strich, einen ebenso langen waagrechten Strich ziehst du zwischen Chockmah-Binah und Chesed-Geburah und einen dritten Strich zwischen Jesod und Malkuth. Wiederum hast du ein Bild der vier kabbalistischen Welten: die oberste Ebene Aziluth besteht aus Kether allein, Briah aus den Sephiroth Chockmah und Binah und Jetzirah aus Chesed, Geburah, Tipharet sowie aus Nezach, Hod und Jesod, während Malkuth allein wiederum die Ebene von Assiah bildet.

Diese Darstellung gibt offensichtlich ein besseres Bild davon, wie sich die vier kabbalistischen Welten zueinander verhalten. Es läßt sich daraus besser ersehen, in welcher Weise sich zum Beispiel der Begriff »Haus« von der reinen archetypischen Idee her allmählich richtet und konkretisiert, von obenher in die »Atmosphäre« der Materialisation eindringt, bis schließlich das fertige Gebäude dasteht und seine Funktionen und Aufgaben wahrnimmt. Aus mancherlei Gründen und um der besseren und leichteren Handhabung willen wollen wir aber doch lieber bei den drei Dreiecken bleiben, die ihrerseits wieder andere Aspekte, die für unser Vorhaben von Bedeutung sind, besser darstellen. In der esoterischen Tradition haben diese drei Dreiecke besondere Namen. Das oberste wird allgemein das überirdische Dreieck genannt, das zweite das ethische und das unterste das astrale Dreieck.

Jeder Baum ist ein Lebewesen, das einem ständigen Wachstum und einer ständigen Veränderung unterworfen ist. Das gilt sowohl für den Baum des Lebens als auch für die Bäume der Natur. Wir sollten uns deshalb auch beizeiten daran gewöhnen, den Baum des Lebens als etwas Lebendiges zu betrachten, der, obschon in seiner Grundstruktur immer gleich, doch zu früheren Zeiten vielleicht ein anderes Bild gezeigt hat als uns heutigen Menschen, und der sich einer zukünftigen Generation wiederum in einer veränderten Weise darstellen wird. Wir dürfen deshalb mit gutem Gewissen und ohne vom richtigen Wege abzuweichen, manches, was für frühere Generationen von Kabbalisten Gültigkeit hatte, abändern und durch neue Triebe, Blätter und Blüten ergänzen. Dies ist legitim, solange der Baum bleibt, was er sein soll: ein Modell, eine magische Glyphe des Universums, der göttlichen Schöpfungsordnung. Aus diesem Grunde habe ich die drei Dreiecke für meinen Gebrauch mit anderen Namen bezeichnet, weil ich der Meinung bin, daß sie auf diese Weise von unserer heutigen Denkweise her besser verständlich und erfaßbar sind. So nenne ich das unterste Dreieck, bestehend aus Nezach, Hod und Jesod, das *psychologische* Dreieck, das Dreieck aus Chesed, Geburah und Tipharet das *esoterische,* und das überirdische, bestehend aus Kether, Chockmah und Binah, das *mystische* Dreieck. Eine nähere Erläuterung zu diesen Namen und zu ihrer praktischen Handhabung werde ich im dritten Teil dieses Bandes geben, der sich mit der praktischen Anwendung des Baumes des Lebens befaßt.

Auch die vier kabbalistischen Welten tragen neben ihren hebräischen Ausdrücken noch deutsche Bezeichnungen, die ihre Funktion näher umschreiben. So wird Aziluth die »Welt der Archetypen« genannt, Briah heißt die »kreative Welt«, Jetzirah die »Welt der Formen« und Assiah trägt den Namen »Welt der Aktion« oder die »materielle Welt«. Aber wie bei den Sephiroth werden wir auch hier im weiteren nur die hebräischen Namen gebrauchen. Ebenfalls erwähnt sei noch, daß die vier kabbalistischen Welten je mit einem Buchstaben des göttlichen Tetragrammatons bezeichnet werden: Aziluth mit Jod (י), Briah mit Heh (ה), Jetzirah mit Vau (ו) und Assiah mit Heh (ה). Für den Moment wollen wir noch nicht näher darauf eingehen, sondern dies erst dann tun, wenn wir uns mit den Hofkarten beschäftigen werden.

Einmal mehr sei gesagt, daß die Sephiroth auf dem Baum des Lebens Zentren sind, in denen sich objektive Kräfte manifestieren. Wir wollen nun darangehen, das Wesen dieser Kräfte so gut wie möglich zu analysieren und zu erfassen. Was ist eigentlich Kraft, Energie?

Eine Antwort auf diese Frage in einer einfachen, knappen Formel zu geben, ist schlichtweg unmöglich. Wo du auch hinblickst, in die Natur, die dich umgibt, oder in dich selbst, nirgendwo kannst du Kraft, Energie an sich erkennen. Du kannst Kraft immer nur an den Auswirkungen feststellen, an dem, was sie vollbringt und verändert. Das esoterische Weltbild und die Systeme, die es enthält, und zu denen ja auch der Tarot und die Kabbala gehören, haben nur den einen Zweck: diese im Universum wirkende Kraft im buchstäblichen Sinne zu erfassen und zu erkennen. Da dies auf direkte Weise nicht geschehen kann, müssen andere Wege dazu beschritten werden.

Stelle dir einmal vor, dein Körper, also du selbst, erfährst eine Krafteinwirkung. Die Kraft kannst du nicht feststellen, ihre Auswirkung aber sehr wohl. Sie äußert sich in Schmerz; ist die Krafteinwirkung groß gewesen, ergibt sich eine Verletzung; du siehst und nimmst Blut wahr, das fließt. Zudem kannst du durch die Krafteinwirkung eine Veränderung deiner Position erfahren haben, die du sowohl optisch als auch vom Gefühl her feststellen und wahrnehmen kannst. Es lohnt sich, über diese Grundgegebenheiten einmal gründlich nachzudenken, denn dies ebnet dir den Weg zum besseren Verständnis alles Folgenden.

Die Auswirkungen einer Kraft kannst du auf zweierlei Weise wahrnehmen: entweder kannst du sie subjektiv erfahren oder objektiv von außen her beobachten, ohne ihr selbst unterworfen zu sein. Aber in jedem Falle, ob du eine Kraft subjektiv erfährst oder objektiv beobachtest, es sind deine Sinne, die dir darüber Aufschluß geben, ob und in welcher Weise eine Kraft wirksam ist. Das esoterische Weltbild sieht im Kosmos das Zusammenspiel der verschiedenartigsten Kräfte. Deshalb ergibt sich die Aufgabe, dieses Zusammenspiel in irgendeiner Weise sinnlich faßbar zu machen, so daß durch sinnliche Erfahrung darüber Erkenntnis gewonnen werden kann, in welcher Art und Weise unser Universum aufgebaut ist, und welche Ordnung und welche Kräfte darin herrschen. Zu diesem Zwecke können alle fünf Sinne eingesetzt werden, wie zum Beispiel in den großen magischen Ritualen, wenn sie in der richtigen Weise vollzogen werden, die uns aber hier nicht weiter interessieren, oder auch nur einen Sinn allein ansprechen, zum Beispiel das Auge, wie beim Tarot. Der Tarot ist ein esoterisches System, das mit Hilfe des optischen Sinnes die Welt in ihrer Gesamtheit zu erfassen sucht. In welcher Weise dies geschieht, darüber, glaube ich, brauchen wir hier keine weiteren Worte zu verlieren. Wenn du den ersten Band gewissenhaft durchgearbeitet hast, sollte dir das längst klar sein. Du hast sicher auch erfahren, daß durch das Betrachten eines Tarotbildes dessen komplexe Symbole Kräfte in dir auslösen, die dann in einer bestimmten Weise ihre Wirkung zu entfalten beginnen und womöglich eine Veränderung herbeiführen können.

Beim kabbalistischen Lebensbaum und den mit ihm verbundenen kleinen Arkana ist die Sache komplizierter. Hier haben wir nicht ein gegebenes Bild, sondern ein mehr oder weniger abstraktes Schema, das wir erst selbst mit unseren Bildern füllen müssen. Dies erfordert natürlich einen ganz erheblichen Aufwand an intellektuellem und mentalem Training überhaupt. Um es noch einmal kurz zu sagen: Um in Kontakt mit den objektiven Kräften, die in den kleinen Arkana dargestellt sind, zu kommen, müssen wir zuerst die entsprechende Bilderwelt, womöglich noch auf verschiedenen Ebenen (die vier kabbalistischen Welten), aufbauen und errichten, um dann in dieser Konfrontation mit den Kräften in Berührung zu kommen.

Zugegeben, das hört sich recht schwierig und kompliziert an, wenn du aber das Schema des Lebensbaumes zugrunde legst, wird die Sache einfacher und auch ohne geistigen Höhenflug durchführbar. Der nötige Aufwand an Zeit, Geduld und Energie muß allerdings geleistet werden. Diese Art zu denken und geistig wie psychisch zu arbeiten, ist den meisten Menschen des 20. Jahrhunderts fremd geworden. Wir müssen sie uns daher mehr oder weniger mühsam wieder erarbeiten. Es lohnt sich daher, daß wir langsam und Schritt für Schritt vorangehen.

Zunächst vergegenwärtige dir noch einmal, daß der Baum des Lebens ein Abbild von zehn Grundkräften ist, die zusammen unseren Kosmos regieren und ordnen. Aber jede dieser zehn Grundkräfte kann sich ihrerseits wieder auf verschiedenen Ebenen und in verschiedener Weise manifestieren, das heißt zur Auswirkung gelangen. Diese verschiedenen Manifestationen dieser Grundkräfte werden hauptsächlich durch Bilder in einer analogen Weise dargestellt, wie wir dies bereits von den großen Arkana her kennen. Entsprechend der vier kabbalistischen Welten sind nun allerdings diese Bilder in verschiedene Klassen oder Ordnungen aufgeteilt. Wenn wir ein solches Bild betrachten, dann sagt es uns nicht nur etwas aus über das Wesen der manifestierten Kraft, sondern es zeigt uns gleichzeitig auch an, auf welcher Ebene sich diese Kraft manifestiert. Die Ordnungen oder Klassen, in denen die jeweiligen Bilder eingeteilt werden, heißen: *magische Bilder, Gottesnamen, Erzengel, Engel, astrologische Kraftprinzipien, Symbole, Körperzuordnungen, Farben.* Damit

92

sind allerdings diese Ordnungen nicht vollständig aufgezählt; es ist auch nicht notwendig, dies zu tun, denn wir werden in diesem Buch nur mit diesen Ordnungen arbeiten, die für den Tarot von Bedeutung sind. Wir werden nun jede dieser Klassifizierungen gesondert für sich beschreiben und charakterisieren. Ich hoffe, danach wird dir manches besser verständlich sein.

Das magische Bild

Das magische Bild ist zunächst einmal ein Bild, eine gegenständliche Darstellung, durch die das Ganze, der Hintergrund einer bestimmten Sache, zum Ausdruck gebracht werden soll. Die Definition »gegenständliche Darstellung« soll es deutlich vom Symbol unterscheiden. Der Beiname »magisch« sagt allerdings aus, daß dieses Bild eine Besonderheit hat, daß es dazu bestimmt ist, auf die Psyche eine verändernde Wirkung auszuüben, die dem sephirothischen Energiefeld entspricht. Die großen Arkana des Tarot sind, jedes für sich, solche magischen Bilder, die jedoch zu den Sephiroth des Baums des Lebens keine direkte Beziehung haben, auch wenn sie manchmal, wie zum Beispiel Bild 0 »Der Narr«, in bezug auf Ain Soph Aur/Kether eine solche Funktion ausüben können. Deine Arbeit mit den großen Arkana wird dich bereits mehr oder weniger intensiv mit der Wirkung solcher magischer Bilder in Berührung gebracht haben.

Die magischen Bilder, die die Kräfte der entsprechenden Sephiroth in ihrer Gesamtheit durch alle Ebenen hindurch repräsentieren und bei Anwendung von bestimmten Techniken erwekken sollen, sind nun allerdings nicht einfach irgendwelche Bilder oder Assoziationen, die beim Meditieren über die entsprechende Sephira spontan aus dem Unbewußten aufsteigen können. Die magischen Bilder auf dem Baum des Lebens sind von der Tradition über Jahrhunderte hinweg gebildet und gestaltet worden; sie enthalten die magische Erfahrung vieler Menschen, die ihre Energie auf die betreffende Sephira gerichtet haben, und sie sind, um einen Begriff der Psychologie C. G. Jungs zu gebrauchen, damit »Teil des kollektiven Unbewußten« geworden. Für die praktische Arbeit mit dem Baum des Lebens geben sie das Thema an, das derjenige, der mit dem Baum arbeitet, imaginativ entsprechend ausführen und bearbeiten muß, der Technik der musikalischen Komposition ähnlich.

In vielen Fällen wird die innere Evokation (Hervorrufung) der magischen Bilder für dich den ersten Zugang zur betreffenden Sephira sein. Da die magischen Bilder die Sephiroth durch alle Ebenen hindurch repräsentieren, gehören sie keiner der vier kabbalistischen Welten an. Sie stehen, und das ist nun Ansichtssache, entweder darüber oder sind Bestandteil aller vier Welten.

Der Gottesname

Auf der Ebene von Atziluth wird die Energie eines jeden Sephira durch seinen Gottesnamen diesmal nicht repräsentiert, sondern direkt ausgedrückt. Verstehe dies bitte in buchstäblichem Sinne!

In der hebräischen Sprache wird Gott höchst selten einfach nur mit einem solchen Sammelbegriff bezeichnet, wie ihn das Wort »Gott« in der deutschen Sprache darstellt. Die hebräische Sprache ist reich an vielfältigen Ausdrücken und Namen für Gott. Dies natürlich nicht aus Gründen der poetischen Bereicherung, sondern mit jedem Gottesnamen wird Gott in einer ganz besonderen Funktion oder unter einem speziellen Aspekt bezeichnet. Gott in seiner Gesamtheit kann nicht erfaßt werden, aber der Gottesname definiert und »erzeugt«, wenn er als Mantram gebraucht wird, eine ganz spezifische Schwingungsebene der göttlichen Energie. Ein Beispiel dafür haben wir im ersten Band auf Seite 71. Der den Menschen als Mann *und* Frau erschaffende Gott erscheint hier unter dem Namen Elohim, was eine Mehrzahlform ist. Damit wird zum Ausdruck gebracht, daß Gott unter anderem in sich die Polarität enthält. Für das rechte Verständnis der einzelnen biblischen Stellen ist es also unbedingt notwendig, daß man weiß, unter welchem Namen, das heißt unter welchem Aspekt und in welcher Energieform Gott hier in Erscheinung tritt. Die Übersetzer der Bibel in die westlichen Sprachen verfügen nur

94

über relativ wenig Ausdrücke, mit denen Gott bezeichnet werden kann, und deshalb sind wichtige und wichtigste Dinge aus dem Alten Testament gar nie in den Besitz und zur Kenntnis der christlichen Kirche und Theologie gelangt.

Zusammenfassend können wir sagen, daß auf der Ebene von Atziluth die sephirothische Kraft in ihrer Wirkungsweise durch den jeweiligen Gottesnamen zum Ausdruck kommt. Spricht oder »vibriert« man, wie der magische Ausdruck lautet, diesen Gottesnamen mit Stimme, so wird zusätzlich das betreffende sephirothische Energiefeld als Schwingungsebene erzeugt.

Der Erzengel

Auf der Ebene von Briah manifestiert sich die sephirothische Energie durch einen Erzengel. Im ersten Band auf den Seiten 118 bis 120 habe ich versucht zu erklären, was Erzengel und Engel sind. Vielleicht ist es nützlich, wenn du diesen Abschnitt noch einmal näher studierst.

In Atziluth ist die Energie ganz allgemein umfassend und alles durchdringend, analog der Atmosphäre, vorhanden. Sie kann sowenig in eine konkrete Form gebracht werden, wie dies bei der Atmosphäre der Fall ist, die sich lediglich durch Bewegung und Druck äußert. In Briah nimmt die sephirothische Energie eine konkrete Form an, die sich zunächst einmal als Konzentration in eine bestimmte Richtung hin manifestiert. Das Grundsätzliche aber ist, daß die Form als Phänomen sinnlich erkannt werden kann. Die Kabbalisten bezeichnen manchmal die Erzengel als die »Herren der Flamme«. Damit wird sehr gut zum Ausdruck gebracht, was gemeint ist. Feuer manifestiert sich, unserem Sprachgebrauch folgend, als Flamme. An den Flammen erkennen wir, daß an irgendeiner Stelle Feuer brennt. Die Flamme ist nicht identisch mit der Energieform Feuer, sondern sie ist ein Phänomen, das diese Energieform für das Auge erkennbar macht. Nähmen unsere Augen keine Flammen wahr, würden wir uns womöglich ohne Warnung mitten in das Energiefeld Feuer hineinbegeben und in den Oxydationsprozeß mit einbezogen werden, das heißt dieser Energie zum Opfer fallen. Die optische Erscheinung der Flamme zeigt uns also das Vorhandensein von Feuerenergie, und genau die gleiche Aufgabe erfüllt der Erzengel. Durch ihn wird die sephirothische Energie auf der Ebene von Briah zum ersten Mal formal und für unsere Sinne erkennbar. Darum ist er der »Herr der Flamme«.

Aus all dem geht hervor, daß der Zugang zur sephirothischen Energie über die Ebene von Briah, also des Erzengels, am besten und konkretesten zu handhaben ist, weil die Energie dort bereits Form angenommen hat, sich aber noch am geschlossensten und konzentriertesten manifestiert. Von jetzt an wird es vielfältiger und komplizierter. Vielleicht nimmst du unter dem Gesichtspunkt des eben Gesagten die Bilder VI, XIV, XV und XX der großen Arkana zur Hand, die ja eine Darstellung von vier Erzengeln enthalten, und beschäftigst dich mit ihnen noch einmal unter dem Blickpunkt von Briah.

Die Engel

Hier heißt es als erstes zu beachten, daß es nicht der Engel heißt, sondern die Engel. Im Erzengel ist die sephirothische Energie noch als Ganzes konzentriert. Die Engel als Erscheinung in der Mehrzahl zeigen an, daß auf der Ebene von Jetzirah eine Auseinanderfächerung der konzentrierten Energie stattfindet. Stelle dir wirklich bildhaft einen Fächer vor, der im zusammengefalteten Zustand dem Erzengel entspricht und beim Auseinanderfalten sich als »die Engel« manifestiert. Leite deine Aufmerksamkeit auch dem Umstand zu, daß erst der geöffnete Fächer eine merklich spürbare Wirkung in seiner Handhabung erzeugen kann. In Jetzirah vollbringt die sephirothische Energie noch nicht ihre eigentliche Wirkung, aber alle Vorbereitungen dazu werden getroffen (der Vorgang der Auseinanderfaltung des Fächers). Ruf dir auch wieder unser Beispiel vom Hausbau in Erinnerung. Das Stadium der Projektierung ist noch nicht abgeschlossen, aber es hat einen Entwicklungsstand erreicht, in dem es nicht mehr nur

96

von einem einzelnen bearbeitet werden kann. Jetzt braucht es Zeichner, Statiker, Bauführer und so weiter. Alle Tätigkeit auf der Ebene von Jetzirah dient der Vorbereitung des Werkes. In der magischen Arbeit zum Beispiel ist es das Stadium, in dem alles dazu Notwendige zusammengestellt und vorbereitet wird. Diese Vorbereitung kann nicht wichtig genug eingeschätzt werden, denn nur, wenn alles Nötige am rechten Ort vorhanden ist, kann das Werk ohne störende Unterbrechung, die womöglich zur Wirkungslosigkeit führen könnte, durchgeführt werden. Dies gilt übrigens auch für die bewußte, rituelle Gestaltung deines täglichen Lebens, zu der du jetzt mehr und mehr bewußt übergehen solltest, um den Baum des Lebens in dir lebendig werden zu lassen.

In Jetzirah befinden wir uns also auch auf der Ebene der Werkzeuge. Dies kommt übrigens auch sehr schön im Tarot durch die vier Asse zum Ausdruck. Die weiße Hand, die aus der Wolke herausragt, könnte dem Erzengel entsprechen, in der sich die atziluthische Kraft für unsere Sinne manifestiert und konzentriert und die uns gleichzeitig das magische Werkzeug auf die Ebene von Jetzirah weiterreicht. Die vier magischen Werkzeuge des Tarot sind als solche stets der Ebene von Jetzirah zugehörig. Ihre Handhabung geschieht allerdings auf der Ebene von Assiah, wie wir gleich sehen werden.

Die astrologischen Kräfte.
Die Symbole und körperlichen Zuordnungen.

Assiah ist nun die Ebene, auf der die sephirotischen Kräfte zu ihrer eigentlichen konkreten Auswirkung gelangen. Auf Assiah geschieht und verändert sich etwas. Assiah entspricht damit dem, was wir bisher als die materielle Ebene bezeichnet haben. Das bedeutet, daß sich die Kraft der jeweiligen Sephira durch und in etwas manifestiert, das ein Bestandteil dieser Ebene ist. Hier vor allem müssen wir bedenken, daß die Bilder des Baums des Lebens aus Epochen stammen, die sich erheblich von unserer Gegenwart unterschieden haben. Würde die Symbolik des Lebensbaumes heute geschaffen, so würden die Bilder und Symbole von Assiah vorwiegend aus der Welt der Elektronik oder aus anderen Gebieten unserer heutigen Technologie entnommen. Dies ist auch möglich; für deine späteren Arbeiten bist du ausdrücklich aufgefordert, dir solche Bilder aus dem dich jederzeit umgebenden Alltag heraus zu wählen, magisch aufzuladen und mit ihnen zu arbeiten, alles im Hinblick darauf, daß der Baum des Lebens ein lebendiges Wesen ist und bleiben soll. Aber vorher ist es notwendig, daß wir uns in die Tradition einleben und das aufnehmen, womit zahlreiche Generationen vor uns erfolgreich gearbeitet haben.

Unsere Vorfahren wurden mit Energie, Kraft und allen ihren Auswirkungen vor allem durch die Natur konfrontiert. In der Beobachtung der Natur erkannten sie, in welcher Weise gewisse Kräfte wirken und Resultate und Veränderungen auslösen. Sie sahen sich allerdings auch vor die Aufgabe gestellt, die sich fast ins Unermeßliche differenzierenden Kräfte in irgendein überblickbares und einigermaßen verläßlich zu handhabendes System zu bringen. Das System, das sich dem archaischen Menschen als erstes und natürlichstes anbot – wir haben es bereits mehrmals festgestellt –, war der Lauf der Gestirne. Der archaische Mensch hat deshalb aus dem Himmel, der ihm als der verläßlichste Repräsentant der kosmischen Schöpfungsordnung erschien, die einzelnen Begriffe und Bilder entnommen, um sie mit den in Assiah wirkenden Kräften zu identifizieren und aufzuladen. So wurde mit Saturn eine Kraftmanifestation in Verbindung gebracht, die bremst, hindert, hemmt, aber auch vertieft und konzentriert. Mars wurde zum Träger einer Energieform, die antreibt und beschleunigt; Jupiter zu einer Kraft, die erweitert, ausweitet; Venus verkörpert ausgleichende, harmonische Kraft und so weiter. Es ist ohne weiteres möglich, aus unserer heutigen Umwelt zum Beispiel das Bild eines Gaspedales und der Bremse eines Autos zu entnehmen, es magisch mit den seiner jeweiligen Funktion entsprechenden Energie aufzuladen und es dann erfolgreich im Baum des Lebens zu gebrauchen. Statt Gaspedal sagten die archaischen Menschen Mars und statt Bremse Saturn. Beide Bilder entsprechen je den gleichen Energiemanifestationen. Obwohl es verlockend wäre, wollen wir auch auf der Ebene von Assiah vorerst nicht von den Bildern der Tradition abweichen, auch schon aus Gründen, auf die ich bereits hingewiesen habe.

Auf der Ebene von Assiah werden die wirkenden Kräfte also mit astrologischen Begriffen zum Ausdruck gebracht. In der kabbalistischen Literatur wird dafür der Ausdruck »mundanes Chakra« verwendet, was von den meisten Autoren auch als ein etwas unglücklicher Begriff betrachtet wird, aber meiner Meinung nach mit unzutreffender Begründung weiter beibehalten wird. Ich möchte deshalb den Begriff »mundanes Chakra« ganz einfach mit »astrologisches Kraftprinzip» ersetzen. Damit sollte auf den ersten Blick klar sein, was gemeint ist.

Wenn du dich bereits mit den Grundlagen der Astrologie vertraut gemacht hast, dann wird dir dies für das Begreifen des Geschehens auf der Ebene von Assiah eine wesentliche Erleichterung sein. Wenn nicht, ist es sicher nützlich, wenn du dir mit Hilfe eines handlichen astrologischen Lehrbuches das nötige Wissen aneignest: nicht mit dem Ziel, ein Horoskop zu berechnen und auszuwerten, sondern um die Kraftprinzipien zu lernen, die durch Tierkreiszeichen und Planeten ausgedrückt werden.

Zusammenfassend sei also noch einmal gesagt, daß sich auf der Ebene von Assiah die jeweilige sephirothische Energie durch ein entsprechendes astrologisches Kraftprinzip ausdrückt und zur Auswirkung gelangt.

Dies ist aber nur *ein* Aspekt der Kraftmanifestation in Assiah. Eine weitere wird durch die Symbole ausgedrückt. Was Symbole sind, was sie ausdrücken und wie sie wirken, darauf, glaube ich, brauche ich hier nicht mehr weiter einzugehen. Alles dazu Notwendige wurde bereits im ersten Band *Das Rad des Lebens* dargelegt. Für den Fall, daß du dich noch einmal mit dem Stoff auseinandersetzen möchtest, verweise ich dich im ersten Band auf die Kapitel »Was ist Esoterik?«, besonders die Seiten 38 bis 42, sowie das Kapitel »Wie lesen wir das Buch des Thoth?«, speziell die Seiten 304 bis 310.

Aus der Tradition der Kabbala ist nicht so eindeutig zu erkennen, ob die Symbole wirklich der Ebene von Assiah zugeordnet werden können. Es sind manche Argumente denkbar, die den

Symbolen eine ähnliche übergeordnete Stellung zuweisen wie den magischen Bildern. Aber da diese Symbole ja in den allermeisten Fällen aus Elementen bestehen, die unserer materiellen Ebene entstammen, ist es meines Erachtens vertretbar und im Hinblick auf die spätere praktische Arbeit sogar hilfreich, wenn sie der Ebene von Assiah zugeordnet werden. Zudem wirst du, sobald deine Sinne dafür mehr und mehr geschärft sind, die Entdeckung machen, daß du laufend innerhalb deiner persönlichen Welt von Assiah mit diesen Symbolen konfrontiert wirst und sie nicht erst erschaffen mußt wie die magischen Bilder.

Von deiner bisherigen esoterischen Arbeit her ist dir der Grundsatz, daß der Mensch ein Mikrokosmos, also ein analoges Abbild des großen, des Makrokosmos, ist, eingehend vertraut. Das hat natürlich auch seine folgerichtige Auswirkung auf den Baum des Lebens. Es bedeutet, daß jeder Mensch für sich einen Baum des Lebens darstellt, mit allen Sephiroth und den drei Säulen. Dabei wird die Vorstellung zugrunde gelegt, als stehe man mit dem Rücken gegen den Baum des Lebens, so daß der männlichen Säule die linke und der weiblichen Säule die rechte Körperseite entspricht. Dies bedeutet vordergründig, daß die einzelnen Sephiroth bestimmten Körperpartien zugeordnet sind. Aber dahinter verborgen und im eigentlichen Sinne damit zum Ausdruck gebracht wird, daß alle sephirothischen Energien auch im Menschen vorhanden sind und je nachdem zur Auswirkung gelangen können. Daraus folgt, daß der Mensch durch gewisse Techniken die Möglichkeit hat, mit diesen in ihm vorhandenen Energien bewußt in Kontakt zu gelangen und sie nach Möglichkeit unter seine Kontrolle zu bringen. Darüber auch im dritten Teil des Bandes mehr.

Damit haben wir für das erste all das Material beisammen, das wir benötigen, um nun den Baum des Lebens Sephira für Sephira durchzuarbeiten. Aber vorher möchte ich, gleichsam als Zusammenfassung all dieser Ausführungen, noch zwei praktische Beispiele kabbalistischer Denkweise erläutern – das eine aus der Tradition und das andere unserer modernen Welt entnommen –, um zu zeigen, daß der Baum des Lebens einen wirklich umfassenden Wirkungsbereich hat.

Nimm einmal deine Bibel zur Hand und suche im 2. Buch Mose, Kapitel 2, die Verse 1 bis 6. Sie enthalten die bekannte Erzählung von der Berufung des Moses. Wir wollen sie im Lichte des eben Gelernten miteinander näher betrachten.

Moses erblickt einen brennenden Dornbusch, aber dies allein hätte noch nicht genügt, um sein Interesse zu wecken. In der heißen Wüste gehören brennende Büsche wahrscheinlich zu alltäglichen Ereignissen. Aber der Umstand, daß das Feuer den Dornbusch nicht verzehrt, erregt seine Aufmerksamkeit. Auf dem Dornbusch brennt also eine Flamme für sich. Das führt uns sogleich zum Ausdruck »Herr der Flamme« – Erzengel – Welt von Briah. Moses erlebt also, wo das Energiefeld am reinsten, konzentriertesten, aber gleichzeitig für unsere Sinne erkennbar wird. Die Flamme manifestiert sich nicht einfach in der Leere des Raumes, sondern auf den *Ästen* eines Dornbusches, in denen wir eine Darstellung von Jetzirah erblicken können. Würden die Äste des Dornbusches verbrennen, also durch die wirkende Kraft des Feuers eine Veränderung erfahren, würden sie sich damit als der Welt von Assiah zugehörig erweisen. Sie verbrennen aber nicht und bilden zusammen mit den Wurzeln im Boden die Verbindung von Briah zu Assiah hin. Stelle dir das Bild plastisch vor, um seine Bedeutung zu erfassen; kabbalistisch denken heißt *sehen* lernen, sowohl äußerlich als auch innerlich.

Moses selbst wird ausdrücklich auf den Boden von Assiah verwiesen. Daß mit der Aufforderung, seine Schuhe auszuziehen, noch etwas weiteres gemeint ist, werden wir zur gegebenen Zeit noch sehen. Dann, als letztes und höchstes, spricht Gott seinen Namen aus. Damit haben wir von Assiah bis hinauf zu Atziluth alle vier kabbalistischen Welten und den ganzen Baum des Lebens vor uns.

Auch Erscheinungen unserer modernen Welt können ohne weiteres mit dem Baum des Lebens und den vier kabbalistischen Welten in Verbindung gebracht werden. Nehmen wir dafür als Beispiel ein großes Industrieunternehmen, eine Aktiengesellschaft. Dieses Unternehmen wird von einem durch die Aktionärsversammlung bevollmächtigten Generalmanager geführt. Die Aktionäre über ihm sind in ihrer Vielfalt ebenso schwer zu erfassen wie die Differenziertheit und Kompliziertheit des Unternehmens auf der Ebene der verschiedenen Produktions- und Verkaufsvorgänge.

In der Person des Generalmanagers allein ist das Unternehmen wie in einem Brennpunkt faßbar und sichtbar. Wir erkennen im Generalmanager den Erzengel von Briah. Seine Aufgabe ist es, dem Willen der Aktionäre in der Art und Weise, wie er das Unternehmen führt, konkret Ausdruck zu verleihen, ihnen ist er verantwortlich. Aber was ist der Wille der Aktionäre? Er kann wegen deren Vielfalt kaum direkt erfaßt und formuliert werden, dieser Wille äußert sich eher in Stimmungen, in Atmosphäre, kann indirekt vielleicht an der Bewegung der Börsenkurse abgelesen werden. Diese unfaßbare »Aktionärsschaft« des Unternehmens bildet die Ebene von Atziluth. (Übrigens zeigt sich auch hier, daß der überschaubarste Zugang zu einer Sephira, respektive zum Baum des Lebens, über die Welt von Briah geht.) Der Generalmanager hat ein Kader (die Engel) unter sich, die auf der Ebene von Jetzirah nicht selbst am Produktionsvorgang und am Vertrieb direkt teilhaben, aber mit den entsprechenden Werkzeugen dafür sorgen, daß die Produktion zustande kommt. Die Angestellten und Arbeiter, die direkt in den Produktionsprozeß eingeschaltet sind, bilden zusammen mit ihren Maschinen, Gebäuden und so weiter die Welt von Assiah.

Auch die kleinen Arkana des Tarot von A. E. Waite können wir mit unserem bis jetzt angeeigneten Wissen in einer ersten Schicht lesen. Bei den vier Assen haben wir diesen Versuch bereits gemeinsam unternommen. Betrachte jetzt die Zahlenkarten; auf jeder von ihnen erblickst du eine Gemeinsamkeit, die sich wie ein roter Faden durch alle vierzig Bilder hindurchzieht. Jede Karte zeigt in irgendeiner Weise magische Werkzeuge, zeichnerisch hineinkomponiert in Elemente, die alle der Welt von Assiah zugehören, zum Beispiel Menschen, die die magischen Werkzeuge handhaben oder ihrer Wirkung ausgesetzt sind, manchmal auch nur damit konfrontiert, und so weiter. (Zwei Bilder, nämlich die Acht der Stäbe und die Drei der Herzen, zeigen keine Menschen, ihr Gegenstand ist aber eindeutig erkennbar ebenfalls der Ebene von Assiah zugeordnet.)

Wie wir bereits festgestellt haben, gehören die vier magischen Werkzeuge des Tarot der Ebene von Jetzirah an. Wir können von den Zahlenkarten die Aussage machen, daß sie von der Ebene von Jetzirah in und auf der Welt von Assiah als Kräfte ihre Wirkung entfalten. (Eine Ausnahme bilden die vier Asse. Sie stellen die Wirkung der Kraft von Briah zu Jetzirah hin dar. Inwieweit du in der Wolke auch die Verbindung zu Atziluth erblicken kannst, bleibt deinem eigenen Ermessen überlassen.)

Zum Schluß noch ein Versuch, die vier kabbalistischen Welten als Glyphe optisch faßbar zu machen.

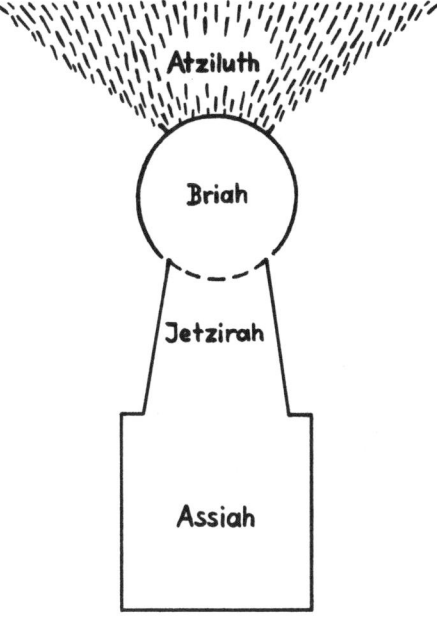

Wir sind nun soweit, daß wir mit dem Betrachten der einzelnen Sephiroth beginnen können. Dazu noch einige praktische Hinweise:

Der Baum des Lebens soll nicht gelernt, sondern bearbeitet werden. Einmal mehr mache ich dich auf die Kopienvorlage aufmerksam. Beschaffe dir eine genügende Anzahl von Fotokopien und gebrauche sie während der Lektüre intensiv und reichlich. Zeichne, male, schreibe alle die den Sephiroth zugehörigen Elemente in und um die betreffende Sephira. Erwecke deine visuelle Phantasie! Du sollst den Baum des Lebens und seine Elemente praktisch erleben, und das kannst du nur damit am besten. Ganz abgesehen davon, daß du dir auf diese Weise dein Studium lebendig und kurzweilig gestalten kannst. Noch einmal: Etwas vom Wichtigsten wird jetzt sehen lernen und aus dem Gesehenen wiederum die Bilder formen. Dies möchte ich dir besonders dann empfehlen, wenn du auch den Weg beschreiten willst, der im dritten Teil des Buches behandelt wird.

Die zehn Sephiroth

I. Das mystische Dreieck

1. Kether

Wir beginnen nun also unseren Gang durch den Baum des Lebens. Damit stellt sich sogleich die Frage: Wo beginnen wir? Bei einem Baum draußen in der Natur ist diese Frage sehr einfach zu beantworten. Wollen wir ihn erklettern, umfassen wir zuerst seinen Stamm, erklimmen ihn, um uns dann, soweit dies möglich ist, auf die einzelnen Äste hinauszuwagen. Der Baum in der Natur weist eine bestimmte Struktur auf, sein Stamm wächst aus der Erde heraus als Ganzheit und Zusammenhalt und verästelt und differenziert sich dann von einer bestimmten Höhe an. Auch der Baum des Lebens hat eine solche Differenzierung aus einem Ganzen heraus. Nur steht er, verglichen zum Baum in der Natur, genau um 180 Grad umgekehrt. Seine Ganzheit ist nicht unten, auf dem Boden zu finden, sondern oben, und je mehr er sich dem Boden nähert (das heißt der Welt von Assiah), verästelt er sich mehr und mehr, und das bedeutet, es wird differenzierter und komplizierter. Man kann den Baum des Lebens von zwei Seiten aus durchgehen, man kann unten bei Malkuth beginnen, was unserer natürlichen Welt von Assiah entspricht; in dem Fall beginnen wir dort auf der materiellen Ebene, wo wir uns in unserer Realität befinden. Der Nachteil ist, daß wir uns in Malkuth nicht nur in der uns vertrauten materiellen Ebene von Assiah befinden, sondern ebensosehr in der kompliziertesten Erscheinungsform der Kräfte des Baums des Lebens. Von unten zu beginnen ist auch der natürliche Weg für jede praktische Arbeit mit dem Baum, so wie sie im dritten Teil dieses Buches beschrieben wird. In der Praxis beginnen wir unseren Weg immer dort, wo wir uns gerade befinden, und das ist die Welt von Assiah, die Ebene unserer irdischen Realität.

Aber um den Baum zu verstehen, ihn rein intellektuell in seinem Aufbau zu erfassen, empfiehlt es sich, den umgekehrten Weg einzuschlagen. Das Prinzip des Baums des Lebens läßt sich besser verstehen, wenn wir vom Gesamten ausgehen. Haben wir erst einmal das Grundlegende begriffen, lassen sich die Einzelheiten und Differenzierungen besser aufnehmen und verstehen. Für unsere Zwecke beginnen wir deshalb unseren Weg oben im Baum und folgen dem Weg des entzündenden Blitzes. Das heißt: unser Weg beginnt mit Kether und endet in Malkuth.

Kether ist die erste der Sephiroth und wird deshalb auch mit der Zahl 1 bezeichnet. 1 bedeutet Anfang, Ursprung. Kether ist die Sephira, in der sich alles das, was von Ain Soph her möglich ist, manifestiert. Das bedeutet gleichzeitig, daß alles, was ist, in Kether vorhanden ist. Kether ist das alles Enthaltende. Die Kabbalisten geben ihr den Namen »das reine Sein«. Dies klingt recht gut und für manche Ohren sogar befriedigend, aber wir wollen und dürfen uns mit diesem Namen allein nicht zufriedengeben. Wir müssen das Wesen dieses reinen Seins noch näher erläutern.

Der Mensch kann sich, auch wenn er sich noch so bemüht, reines Sein an sich nicht vorstellen. Jedes Sein, das heißt also jede Existenzform, ist für den Menschen nur durch Form oder durch Aktivität erfaßbar. Beides aber, sowohl Form als auch Aktivität, sind Manifestationen der Energie, die in Kether noch nicht vorhanden sind. Das bedeutet praktisch für uns, daß wir uns dem Wesen von Kether nur auf Umwegen annähern können. Zu diesem Zweck ist es nützlich, wenn du dich vielleicht wieder mit der erwähnten Bibelstelle, 1. Buch Mose, Kapitel 1, Verse 2–5, beschäftigst und dir das dort Gesagte noch einmal in Erinnerung rufst. Dann wird dir sicher klarwerden, daß man diesem reinen Sein näher kommt und es vielleicht sogar auch intellektuell erfassen kann, wenn man sich dieses reine Sein als einen im Gang befindlichen Prozeß vorstellt. Das bedeutet wiederum: Das Wesen von Kether kann nur über den Fortgang der Manifestation als solcher aus der Welt von Ain Soph Aur her erfaßt werden.

Denke dir einmal einen Kreis mit unendlichem Radius. Ein solcher Kreis kann natürlich nicht bildhaft vorgestellt werden. Da der Radius des Kreises unendlich ist, ist sein Umfang für dich in jeder Beziehung unfaßbar. Dies würde der Dimension von Ain Soph Aur entsprechen. Aber dieser unendliche Kreis ist gleichwohl in einem einzigen Punkt für den menschlichen Geist konkret erfaßbar, nämlich in seinem Mittelpunkt, dort, von wo der unendliche Radius seinen Ausgang nimmt. Dieser Mittelpunkt des Kreises mit unendlichem Radius ist auch der Punkt, wo sich Kether manifestiert und damit in gewisser Weise für den menschlichen Geist greifbar wird.

Um den Vorgang der Manifestation etwas begreiflicher zu machen, stelle dir einmal vor, du würdest vor einer Wand stehen. Diese Wand bildet für dich ein unüberwindliches Hindernis. Sie hat keine Türe, keine Öffnung; du kannst höchstens vermuten, daß sich hinter dieser Wand etwas befindet, aber der Zugang dazu ist dir eben durch diese Wand verschlossen. Nun würdest du plötzlich erblicken, wie sich aus dieser Wand heraus eine Art Blase bildet, fast so, als würde sich von jenseits unter einem unendlichen Druck ein Teil der Wand herauswölben, bis sich in dieser Wand gewissermaßen eine Blase gebildet hat, die du sehen und befühlen kannst und von der du annehmen kannst, daß in ihrem Inneren Substanz von dem vorhanden ist, was sich jenseits der Wand befindet. Diese sich aus der Wand herausbildende Blase würde in etwa Kether entsprechen.

Was bereits im ersten Band gesagt wurde, gilt auch hier. Esoterische, und hier im speziellen kabbalistische Gedankengänge sind für die Menschen der heutigen Generation, deren Denkweise in einer so ganz anderen Art geschult wurde, nur unter Schwierigkeiten nachvollziehbar. Um dem Leser und Schüler diese Schwierigkeiten soweit irgendwie vertretbar zu erleichtern, werde ich mich bemühen, die kabbalistischen Gedankengänge nach Möglichkeit in anschauliche Bilder und Beispiele zu kleiden. Das bringt nun allerdings den Nachteil mit sich, daß dadurch auch manche Vergröberung und vielleicht sogar gewisse Verfälschungen in Kauf genommen werden müssen. Ein bekanntes Sprichwort sagt ja, daß Vergleiche immer hinken. Dies gilt auch für diesen Fall.

Aber ich nehme diese Nachteile absichtlich und bewußt in Kauf, weil es mir darauf ankommt, daß der Schüler zuerst mit gewissen Elementen und Grundvoraussetzungen vertraut wird. Es hat meiner Ansicht nach wenig Sinn, den Schüler gleich zu Anfang mit der reinen, erhabenen Lehre zu konfrontieren und dafür zu riskieren, daß er sich mit sehr großer Wahrscheinlichkeit schon am Anfang hoffnungslos im Dschungel abstrakten Denkens verirrt. Ein solcher Schüler wird nie sein Ziel erreichen. Sind aber erst einmal die Grundlagen und Elemente, wenn auch vielleicht in einer etwas vergröbernden und manchmal verfälschenden Form, erfaßt, dann wird der Schüler, wenn er seine Arbeit ernst nimmt und beharrlich auf seinem Weg weiterschreitet, ganz von selbst das eigentliche Wesen esoterisch-kabbalistischen Denkens und Sehens erfassen. Ich werde mich daher bei der Behandlung einer jeden Sephira nur so wenig wie nötig im Bereich des reinen, abstrakten Denkens aufhalten, sondern sobald wie möglich zur Ebene der Bilder und Symbole zu gelangen versuchen.

Der Gottesname

Der Gottesname von Kether heißt *Ehejeh*. Ins Deutsche übersetzt heißt dies: Ich bin. Diese Übersetzung bringt allerdings den eigentlichen Gehalt, wie er in der hebräischen Sprache gemeint ist, nicht zum Ausdruck. Dieses »Ich bin« muß, um seinem eigentlichen Sinne näherzukommen, in der deutschen Sprache etwas umständlicher umschrieben werden, vielleicht etwa so: »Ich bin der, der sich immerzu manifestiert.« Das bedeutet nun allerdings etwas ziemlich anderes als das reine »Ich bin«. Mit »ich bin« kann reiner, bewegungsloser Zustand ausgedrückt werden. In diesem Sinne kann auch ein Stein sagen »ich bin«, während der Ausdruck »ich bin der, der sich immerzu manifestiert« die Bewegung mit diesem reinen Sein unabtrennbar in Verbindung bringt.

Hier muß überhaupt einmal grundsätzlich darauf hingewiesen werden, daß die hebräische Sprache nicht dem gleichen Stamm entspringt wie die westlichen, indoeuropäischen Sprachen. Jede

Sprachfamilie, wie zum Beispiel die westlich-indoeuropäische, verfügt über eine gemeinsame Denk- und Gefühlsebene. Innerhalb einer einzigen Sprachfamilie lassen sich deshalb Texte wesentlich besser übersetzen, ohne daß Wesentliches von ihrem Inhalt, außer vielleicht Nuancen, verlorengeht. Ganz anders ist es nun, wenn es darum geht, Begriffe und Texte von einer Sprachfamilie in die andere zu übertragen. Hier kann oft nicht mehr direkt, das heißt von Ausdruck zu Ausdruck, übersetzt werden, sondern es müssen Umwege über Umschreibungen und Erläuterungen in Kauf genommen werden. Das wird in unserem Vorhaben noch öfters der Fall sein.

Dieser Gottesname Ehejeh ist übrigens auch der Name, mit dem sich Gott aus dem brennenden Dornbusch heraus Moses offenbart. Damit wird ausgedrückt, daß Moses bei seiner Berufung mit Gott gleich auf dessen höchster Ebene, gewissermaßen vom Urbeginn her, eben in Kether, in Kontakt tritt.

Der Erzengel

Der Erzengel, durch den sich die Energie von Kether auf der Ebene von Briah manifestiert, trägt den Namen *Metatron*. Die Kabbalisten bezeichnen diesen Erzengel mit einem Begriff, der in der deutschen Sprache als »Fürst der Fassung« wiedergegeben werden kann. »Fassung« ist hier wirklich in einem allumfassenden Sinne gemeint. Metatron ist der Erzengel, der auf seiner Ebene Briah eben alles enthält und umfaßt, da er ja Kether zugeordnet ist, so daß sein Name vielleicht auch erweitert werden kann als der »Fürst des Umfassenden«, das alles in sich enthält.

Der Name Metatron scheint eine Verbindung zur griechischen Sprache zu haben. Er kann jedenfalls abgeleitet werden aus dem Ausdruck »meta ton thronos«, was bedeutet, »deinem Throne nahe«. In der Tradition wird überliefert, daß Metatron einst in menschlicher Gestalt als Henoch auf der Erde weilte (1. Buch Mose, Kapitel 5, Verse 18–24). In der Bibel wird Henoch als Sohn des Jared bezeichnet. Der Name Jared steht in Verbindung mit dem hebräischen »jarad«, was herniedersteigen bedeutet.

Nach der Erzählung der Bibel starb Henoch nicht, sondern wurde von Gott in den Himmel entrückt, um fortan als Erzengel Metatron in Kether nahe dem Throne Gottes zu sein. Es lohnt sich, diese Erzählung gerade im Hinblick auf manche Aussagen des Tarot näher unter die Lupe zu nehmen.

Das Wort Henoch wird abgeleitet aus dem hebräischen »chanak«, was »einweihen« heißt. Damit wäre Henoch der Eingeweihte, dem Gott sich erwiesen hat, eine Widerspiegelung des Namens Ehejeh auf der irdischen, materiellen Ebene, also in der Welt von Assiah. Als Sohn des Jared ist aber Henoch nicht von allem Anfang an dieser irdisch-materiellen Ebene zugehörig, sondern ist im buchstäblichen Sinne herniedergestiegen. Der Mensch Henoch verkörpert also auf seine Weise eine Emanation der göttlichen Energie von Kether und repräsentiert sie auf der materiellen Ebene von Assiah. Aber worauf es nun ankommt, ist die Tatsache, daß Henoch nicht der Ebene von Assiah verhaftet bleibt, sondern wieder nach oben gezogen wird, um als Metatron »nahe Gottes Thron« zu sein.

Wenn wir diese Erzählung von allen Seiten her durchdenken und meditativ beleuchten, dann gelangen wir zu den genau gleichen Aussagen, wie wir sie im *Rad des Lebens* im Tarot kennengelernt haben. Ganz besonders Bild XXI der großen Arkana ist damit angesprochen. Ich fordere dich auf, dich auch hier wiederum von einer anderen Perspektive aus mit diesem Bild zu beschäftigen und besonders das zu beachten, was im ersten Band auf Seite 281 gesagt ist. Dort wird darauf hingewiesen, daß die Aufgabe des menschlichen Evolutionsweges darin besteht, die Persönlichkeit der momentanen irdischen, materiellen Existenz in Übereinstimmung und Harmonie mit der Individualität zu bringen, die dem einzelnen Menschen als kosmische Bahn gegeben ist. Somit würde der Mensch Henoch die Persönlichkeit ausdrücken, deren Ziel und Aufgabe es ist, zu Metatron zu werden und auf diese Weise so nah wie möglich zu Gottes Thron zu gelangen. Auch hier sind wir erneut darauf hingewiesen, daß alles im Kosmos zyklisch abläuft, gleich einem Ein- und Ausatmen oder einem Niedersteigen und Wiederaufsteigen. Noch deutlicher wird dies, wenn wir einen anderen Bestandteil der

Tradition in bezug auf den Erzengel Metatron näher ins Auge fassen, nach dem Metatron der Lehrer des Moses gewesen ist, der durch ihn die Kabbala empfing.

Es ist sicher notwendig, daß du auch hier wiederum nach bewährter Art das Buch für eine Weile aus der Hand legst, um über all das zu meditieren, vertraut damit zu werden und besonders in seiner bildhaften Weise in dir lebendig werden zu lassen.

Die Engel

Die Engel, die auf der Ebene von Jetzirah der Sephira Kether zugeschrieben werden, sind die *Chajoth ha Qadesch*, die vier »lebenden« Geschöpfe Löwe, Adler, Engel und Stier, mit denen wir ja auf mannigfaltige Weise bereits von den großen Arkana des Tarot her vertraut geworden sind. Dort haben wir sie als Repräsentanten und Korrespondenzen der vier Elemente Feuer, Wasser, Luft und Erde kennengelernt; als Kether zugeordnete Engel vertreten sie diese vier Elemente in ihrer allerhöchsten Urform. Über Wesen und Funktion dieser vier Elemente haben wir uns im ersten Band schon genügend ausgesprochen (siehe Seite 55, »Der Magier«), so daß wir hier nicht mehr weiter darauf einzugehen brauchen. Halte indessen fest, daß diese vier Elemente auch schon in Kether als solche, voneinander getrennt, vorhanden sind. Im übrigen empfehle ich dir, im Lichte des bisher Gelesenen alle die Bilder der großen Arkana (VII, X, XXI), die das Wesen von Kether in irgendeiner Weise enthalten, im Lichte dieses neu hinzugekommenen noch einmal näher zu betrachten. Richte dein Augenmerk vor allem darauf, daß es die vier *lebenden* Geschöpfe heißt, und versuche zu ergründen, was damit gemeint sein könnte.

Das astrologische Kraftprinzip
und die Symbole

Um die Manifestation von Kether auf der Ebene von Assiah besser kennen- und verstehenzulernen, müssen wir uns an das eingangs dieses Abschnitts Erwähnte zurückerinnern, daß der Geist des Menschen nicht fähig ist, reines Sein wahrzunehmen, sondern Existenz nur als Form und Aktivität erfassen kann. Kether aber ist, soviel wissen wir nun, weder das eine noch das andere. So stellt sich uns nun die recht interessante Frage, wie sich die Energie von Kether auf der Ebene von Assiah manifestieren kann. Der Antwort gelangen wir vielleicht näher, wenn wir uns einmal darüber klarzuwerden versuchen, was eigentlich mit Form und mit Aktivität gemeint ist.

Form ist Begrenzung. Dies ist ja eben das Wesen der Form, daß sie einen festen Umriß gibt, innerhalb dessen das durch die Form Dargestellte wahrgenommen werden kann. Aktivität kommt aus dem Begriff aktiv und steht damit engstens mit dem Gesetz der Polarität in Verbindung. Aktivität geschieht immer im Hinblick auf den anderen Pol. Wo Aktivität herrscht, da geschieht immer polarer Kraftfluß zwischen zwei gegensätzlichen Polen, durch den etwas bewirkt wird. Jede Aktivität führt also in diesem Sinne genommen zu einem Resultat, zu einer Auswirkung. All das ist, um es noch einmal zu sagen, in Kether nicht enthalten. Kether ist reine Manifestation, das heißt ein Prozeß.

Wesen dieses Prozesses ist aber, daß er nicht dem Gesetz der Polarität unterworfen ist, das in Kether noch nicht zur Manifestation gelangt ist. Indessen ist der Prozeß der Manifestation doch mit Bewegung verbunden. Wenn wir dieser speziellen Bewegung näher kommen wollen, dann helfen uns vielleicht die Bilder einer brodelnden Lavamasse oder, auf banalerer Ebene, einer kochenden Suppe. In der Tat sind die *brodelnde Lavamasse* in einem Vulkankrater und die *kochende Suppe* durchaus Symbole, die, wenn sie auch nicht der Tradition entstammen, doch sehr gut für Kether gebraucht werden können, denn kochen, brodeln, ist ja Bewegung an sich, die noch kein speziell gerichtetes Ziel hat.

Das Prinzip der astrologischen Kraft, durch die Kether zur

Auswirkung gelangt, ist das sogenannte *Primum mobile,* was gleichzusetzen ist mit die allererste oder die Ur-Bewegung.

Vielleicht hast du etwas Mühe, dieses Primum mobile in das astrologische Weltbild einzuordnen, und doch ist es gerade dort in seiner anschaulichsten Form zu finden. Du weißt ja, daß sich die Gestirne des Himmels zu Sternhaufen, Galaxien, verbinden, wie ja die Erde der Galaxie der Milchstraße zugehörig ist. Betrachtet man solche Galaxien durch das Fernrohr, erblickt man sie häufig in der Gestalt von Spiralnebeln, das heißt: von einem festen Kern aus scheinen sich die einzelnen Gestirne, offenbar durch Rotation des Kernes bedingt, in langen Armen nach außen hin zu bewegen. Das bedeutet: Zu irgendeinem Zeitpunkt in der Geschichte des Kosmos gerät der Sternhaufen in eine rotierende Bewegung, die sich zur Gestalt des Spiralnebels ausbildet.

Vom astrologischen Weltbild aus gesehen ist der Spiralnebel also nicht nur die höchste, über Planeten und Fixsterne angeordnete Einheit, sondern sein Wesen drückt das Primum mobile von Kether in anschaulicher Weise aus. Der Spiralnebel ist auch das natürliche Vorbild des Bildsymboles geworden, das Kether repräsentiert, die *Swastika,* wie es mit einem Sanskrit-Ausdruck heißt, oder in der deutschen Sprache besser bekannt, aber auch viel mehr belastet: das Hakenkreuz. Die Swastika gibt in der Tat ein sehr gutes Symbol für einen Spiralnebel, und einmal mehr müssen wir uns fragen, wie die archaischen Menschen ohne Fernrohre und sonstige technische Hilfsmittel ihr Wissen über das Aussehen und Wesen von Spiralnebeln erwerben konnten, da solche mit bloßem Auge nicht sichtbar sind.

Aber die Swastika ist ebenfalls ein sehr treffendes Beispiel dafür, wie manche Symbole durch eine falsche magische Aufladung ihrem ursprünglichen Zweck entfremdet und ihre Energien damit in eine ganz andere Richtung gelenkt werden. Nur im Osten hat die Swastika ihren ursprünglichen Symbolwert als Lebensrad, als Darstellung des Primum mobile, des Uranfanges aller Lebensmanifestationen, noch rein erhalten können. Die magische Entfremdung, die sie durch den Nationalsozialismus für so ganz anders geartete Ziele erhalten hat, macht sie für die meisten Europäer als Symbol am Baum des Lebens für einige Zeit unbrauchbar. So schön und treffend die Swastika das Wesen von Kether auch auszudrücken vermag, wir müssen aus diesem Grunde vorwiegend mit den anderen Symbolen arbeiten.

Eines dieser Symbole haben wir bereits kennengelernt. Es ist der *Punkt,* aus dem heraus der unendliche Radius nach Ain Soph Aur hinein seinen Ausgang nimmt oder umgekehrt: der Punkt, in dem sich Ain Soph Aur hineinmanifestiert. Der Punkt an sich hat weder Ausdehnung noch irgendeine Dimension, er ist weder Form noch Aktivität und daher bestens geeignet, als Symbol für das reine Sein zu dienen.

Ein weiteres Symbol ist die *Krone,* die der Sephira auch ihren Namen gegeben hat. In dem Bild der Krone kommt eine sehr wesentliche Eigenschaft von Kether zum Ausdruck. Ein König trägt seine Krone auf dem Kopf; sie ist nicht Bestandteil seines Kopfes, sondern sie hält nur die Verbindung mit ihm und verlängert den Kopf in den über ihm befindlichen Raum hinein. Somit kommt im Symbol der Krone vor allem die enge Verbindung zum Ausdruck, die die Sephira Kether mit Ain Soph Aur hat. (Vergleiche wieder 1. Buch Mose, 1; 2–5.) Im weiteren ist die Krone Statussymbol des Königs. Ein König ist hierarchisch innerhalb seines Volkes am höchsten gestellt, ja in seiner ursprünglichen Funktion ist er über das politische Führertum hinaus noch die priesterliche Verbindung zur Transzendenz. Einer solchen König-Priester-Figur sind wir in der Gestalt von Melchisedek begegnet. Durch das Symbol der Krone wird somit das hierarchisch Höchste und gleichzeitig der Umstand, daß dieses hierarchisch Höchste in irgend einer Verbindung zu einem noch Höheren steht, das aber der materiellen Ebene nicht mehr angehört, sondern transzendent ist, zum Ausdruck gebracht.

Gemäß der Tatsache, daß der Baum des Lebens ja ein lebendiges Wesen sein will, dürfen wir auch ohne weiteres die bereits erwähnten Symbole der brodelnden Lavamasse und der kochenden Suppe hier anfügen. Überhaupt bist du aufgefordert, nach Möglichkeit eigene Symbole für jede Sephira zu finden, die deiner täglichen Umwelt entstammen können. Gerade an solchen neuen und modernen Symbolen kann dir der Baum des Lebens am intensivsten zum Erlebnis gebracht werden.

Ein solches neues Symbol könnte zum Beispiel auch die *Perle* sein, die uns mit ihrer weißen Brillanz zum Element der Farbe von Kether hinüberführt: der Brillanz. In unserer Ausmalung des Lebensbaumes haben wir Kether weiß gelassen, da Kether alle Energien und Kräfte in sich enthält, wie alle Farben des Spektrums in der Farbe Weiß enthalten sind. Und doch bringt die bloße Farbe Weiß das Wesen von Kether nicht in allen Teilen gerecht zum Ausdruck. Man sollte statt Weiß viel eher den Ausdruck Brillanz wählen, denn der Begriff Brillanz umfaßt noch zwei Eigenschaften: die der Strahlung und die des Glanzes der Widerspiegelung. Kether als erste Sephira ist noch sehr nahe an Ain Soph Aur; es ist dessen erste und stärkste Emanation, hat aber gleichzeitig auch die Tendenz, in dieses Ain Soph Aur zurückzufluten. Das bedeutet, daß, obwohl Kether das Strahlende im höchsten Maße verkörpert, es gleichzeitig auch die Tendenz aufweist, die Kräfte, die von ihm ausströmen, unvermittelt wieder in sich zu absorbieren. Dies kommt auf der mythologischen Ebene sehr schön zum Ausdruck durch die verschiedenen archaischen *Götterväter,* die allesamt der Sephira Kether zugeordnet werden und die die Tendenz haben, ihre eigenen Kinder wiederaufzuessen, wie am Beispiel des Saturns beziehungsweise Kronos deutlich wird.

Die Körperzuordnungen

Vom menschlichen Körper wird der Sephira Kether nicht der Kopf als Ganzes, sondern nur dessen oberster Teil, der Scheitel oder das Schädeldach, zugeordnet, der Teil also, der in der östlichen Spiritualität den Namen »tausendblättriger Lotus« trägt. Auf den ersten Blick hin erscheint es dir vielleicht seltsam, daß Kether nicht mit dem Kopf oder gar mit dem Gehirn des Menschen identifiziert wird. Aber nach dem, was du jetzt über den Gehalt des Symboles der Krone weißt, dürfte es dir nicht weiter schwerfallen, diesen Umstand zu begreifen. Kether manifestiert sich oberhalb des Kopfes und kommt mit ihm nur eben an der Stelle des Scheitels in Berührung. In diesem Zusammenhang verweise ich dich auch auf eine Stelle im Neuen Testament (Apostelgeschichte, Kapitel 2, Vers 3), die Erzählung des Herniederfahrens des Heiligen Geistes an Pfingsten, und du wirst sofort erkennen, daß sich im Vers 3 der Heilige Geist wie eine Flamme, das heißt in seiner briahtischen Form, als Kether oberhalb des Schädeldaches manifestiert. Wie wir noch öfters sehen werden, ist nicht nur das Alte Testament im kabbalistischen Sinne geschrieben, sondern auch im Neuen Testament offenbaren viele Stellen, wie eben die vorliegende, ihren wahren Gehalt erst dann, wenn man sie kabbalistisch *sehen* lernt.

Das magische Bild

Im magischen Bild ist das Ganze der betreffenden Sephira, alles, was in ihr enthalten ist, ihr ganzes Energiefeld, durch alle Ebenen hindurch noch einmal in einem Bild fokussiert. Bei Kether ist es das Bild eines *alten Königs mit einer Krone auf dem Haupt, dessen Gesicht aber nur im Profil gesehen wird.* Er ist der »Älteste der Alten«, der »Älteste der Tage«, wie er auch an verschiedenen Stellen in der Bibel erwähnt wird (zum Beispiel Daniel 7; 9–10). Seine Erscheinung als *alter* König zeigt an, daß er derjenige ist, der von Anbeginn an war und ist. Seine Erscheinung als König verweist ihn an die höchste Stelle des Lebensbaumes. Die Krone, die er auf seinem Haupt trägt, ragt, wie wir bereits erläutert haben, in die Dimension von Ain Soph Aur hinein. Die gleiche Bedeutung hat auch die andere, uns nicht sichtbare Seite seines Gesichtes. Durch die weiße Farbe seines Bartes erweist er sich als Kether zugehörig. Dazu hat der Bart aber noch eine andere Aussage. Er wächst aus dem Gesicht heraus, der *Bart* selbst in seinem Wachstum ist ein Symbol der Emanation überhaupt. Infolgedessen bringt der weiße Bart zum Ausdruck, daß in Kether der Emanationsprozeß nicht abgeschlossen ist, sondern daß er, so wie ein Bart wächst, weitergeht. In diesem alten König mit dem weißen Bart, im magischen Bild von Kether, hast du sicher schon das gängige Gottesbild deiner Kindheit wiedererkannt, das, je nachdem, vielleicht bis in deine erwachsenen Tage hinein lebendig geblieben ist.

Wir haben Kether kennengelernt als erste Manifestation aus dem Ain Soph Aur heraus, als die Sephira, die alles in sich enthält und aus der heraus alles Weitere entstehen wird. Sie enthält in sich die gesamte göttliche Kraft in noch ungeformter und nicht aktivierter Weise, sie ist das reine Sein. Diese Kraft wird weiter emanieren und entlang des Weges des zündenden Blitzes Sephira um Sephira schaffen, bis hinunter in die Sphäre von Malkuth, die Ebene der irdisch-materiellen Welt, auf der wir Menschen uns jetzt befinden. Alles, was auf unserer irdischen, materiellen Ebene vorhanden ist, trägt in irgendeiner Weise die Kraft von Kether in sich. Aber diese Kraft von Kether wird auf der materiellen Ebene in Malkuth nicht einfach stehenbleiben und erstarren, sondern ihrerseits wieder hinaufsteigen zu Kether, sich von neuem in Kether ergießen und, wer weiß, von neuem zurück in das Ain Soph Aur fließen. Wir sind hier auf anderen Wegen bei den gleichen Gedankengängen angelangt, die uns schon von der Betrachtung der Bilder XXI, 0 und I der großen Arkana her vertraut sind. Auch Bild XIX, das »Gericht«, läßt sich hier noch miteinbeziehen, und die weiße Farbe der Berge erhält vielleicht aus diesem Aspekt her eine ganz neue und aussagekräftige Bedeutung. Diesem zyklischen Pulsieren der Kraft sind wir bereits schon im Bild der Himmelsleiter Jakobs begegnet (1. Mose 28; 10–22) sowie in der Erscheinung des Urknalls mit dem sich ausdehnenden und wieder in sich zusammenstürzenden Universum. Auch das Gleichnis vom verlorenen Sohn gehört in diesen Zusammenhang, wie ich später noch näher erläutern werde.

Für den Moment aber möchte ich deine Aufmerksamkeit noch einmal auf das Wort »Karma« lenken, das auch aus dieser Sicht in ganz neuer Weise verstanden werden kann. Eines der speziellen kabbalistischen Symbole, die auch Kether zugeordnet sind, ist der *Funke*. Jeder Mensch kann sich als Funke des einen göttlichen Feuers betrachten, das von diesem im Moment äußerlich getrennt ist, so wie die Funken von einem prasselnden Feuer durch die Luft fliegen, der aber dazu bestimmt ist, sich eines Tages wieder mit dem göttlichen Feuer zu vereinen. Das bedeutet, daß sich der

Mensch von Malkuth her, wo er im Moment das Bild des göttlichen Funkens verkörpert, Stufe um Stufe wieder hinaufarbeiten muß, bis hin zu Kether. Das Erklimmen einer jeden Stufe sollte gleichzeitig eine Mehrung, eine Anreicherung seiner eigenen Kraft bedeuten. Lies einmal im Neuen Testament von dieser Sicht her das Gleichnis von den anvertrauten »Talenten« (Matthäus 25; 14–30).

Dieses Gleichnis ist nicht, wie es exoterisch fast glauben machen könnte, eine Stützung und Preisung der kapitalistischen Wirtschaftsordnung, sondern darin wird das Wesen des Karmas zum Ausdruck gebracht. Der Herr, das ist der alte König von Kether, und die einzelnen Talente sind Funken, die der König den Menschen von seinem Feuer gibt. Jeder Mensch ist nun dazu angehalten, auf seinem Evolutionswege zurück zu Kether diese Funken zum Leuchten zu bringen, sie zu mehren, bis sie wieder zur erhellenden und leuchtenden Flamme werden, die sich mit dem göttlichen Lichte vereint. Zwei der Diener tun dies, indem sie das ihnen anvertraute Geld vermehren und vervielfachen, um es auf diese Weise ihrem Herrn, dem König von Kether, zurückzugeben. Der dritte Diener indessen verharrt stur auf der Ebene, auf der er sich eben befindet. Er verliert nichts, was auch denkbar wäre, aber er gewinnt auch nichts dazu, und da sein Verhalten ihn dem göttlichen Lichte um keinen Schritt näher bringt, bleibt sein Los eben die Dunkelheit. Alles, was ein Mensch in jeder seiner Inkarnationen tut, bringt ihn dem göttlichen Feuer näher oder entfernt ihn davon. Tun heißt in diesem Sinne nicht Handlung, sondern umfaßt alles und jedes, wie der Mensch als Persönlichkeit seine ihm von Kether geliehene Energie einsetzt und zur Auswirkung bringt. Gelingt es uns, diese Energie von Kether in uns zu vermehren, zu verdichten, erklimmen wir den Baum des Lebens allmählich von Stufe zu Stufe nach oben. Gebrauchen wir die uns von Kether geliehene Energie in einer nicht Kether gemäßen Weise, dann schlagen wir den umgekehrten Weg ein.

Hier begegnen wir wiederum dem Rolltreppengesetz, das wir bereits auf den Seiten 204 und 205 des ersten Bandes angesprochen haben. Karma aufarbeiten heißt also, in jeder Beziehung gegen die Abwärtsbewegung der Rolltreppe angehen, ja, trotz ihrer Abwärtsbewegung auf ihr an Höhe gewinnen. Mit jeder von uns erreichten Stufe wächst unsere Kraft, wird die uns von Kether zur Verfügung gestellte Energie reicher und vielfältiger, und das bedeutet: Wir können sie auch auf eine andere Weise gebrauchen als auf den niederen Ebenen des Baumes. Vor jeder Inkarnation wird die Energie, die der Mensch aus der Persönlichkeit, die er vorher verkörpert und durch die Transformation des Todes hindurch mitgebracht hat, neu gemischt, wie uns Bild XIV lehrt, um in dieser neugemischten Form eine neue Stufe auf der himmlischen Leiter zu erklimmen.

Über alle diese Dinge, die ich hier bewußt mehr angedeutet als ausgeführt habe, solltest du lange und eingehend meditieren. Sie gehören zum Wichtigsten, was dir auf deinem Weg durch den Lebensbaum begegnet. Du solltest sie auf deine eigene, dir entsprechende Weise in das Leben der Persönlichkeit integrieren, die du jetzt auf dieser Stufe verkörperst. Alles, was du bist, und alles, was du warst, ist Kraft aus Kether geliehen, die von dort ausgegangen ist und dorthin zurückkehren soll. Auch dies ist ein Gegenstand, den ich dir jetzt zum Abschluß der Betrachtung von Kether eingehend zur Meditation empfehle. Betrachte auch wieder das Bild XVI, den »Turm«. Mit Leichtigkeit erkennst du nun in den drei Fenstern oben im Turm das mystische Dreieck des Baums des Lebens, und das Symbol der Krone enthüllt sich dir nun auch in seiner eigentlichen und wahren Bedeutung. Beschäftige dich auch mit diesem Bild XVI wieder intensiv, von all dem ausgehend, was in diesem Abschnitt gesagt wurde. Neues und Wichtiges wird dir auch in diesem Bild dadurch zu eigen werden.

2. Chockmah

Chockmah, die zweite Sephira, ist die erste Emanation, die, nach dem Bild des römischen Brunnens, aus Kether buchstäblich herausströmt. Chockmah wird dadurch zum Prinzip der Emanation an sich und vertritt dies durch alle Ebenen hindurch. Bildlich ausgedrückt bedeutet das: Aus dem Punkt von Kether wird eine Linie, wobei jedoch als besonders wichtig zu beachten ist, daß sich diese Linie aus dem Punkt heraus als *Richtung* ergibt und nicht etwa als Verbindung zwischen zwei Punkten. Damit werden wir auch gleich mit einem wesentlichen Merkmal von Chockmah konfrontiert, mit der *Richtung an sich,* die sich ins Unendliche verliert, wenn sie nicht auf etwas stößt, das dieser Richtung Form und Halt gibt. Wir begegnen hier also wieder einem ähnlichen Prinzip wie in Kether, dem Mittelpunkt des Kreises mit dem unendlichen Radius nach Ain Soph Aur hinein. Und doch ist zu beachten, daß die unendliche Richtung von Chockmah genau in die Ain Soph Aur entgegengesetzte Richtung führt. Diese Unendlichkeit, die Ain Soph Aur entgegengesetzt ist, ist für das Ganze des Baums des Lebens, wie wir noch sehen werden, von entscheidender Bedeutung. Es ist positive Existenz.

Halten wir grundsätzlich zunächst einmal fest, daß aus Kether, in dem alle Energie insgesamt enthalten ist, Energie ausfließt in eine bestimmte Richtung und daß sich aus dieser Emanation heraus eine neue Sephira mit Namen Chockmah bildet, deren Grundprinzip eben die gerichtete Kraft ist.

Der Gottesname

Der Chockmah zugeordnete Gottesname ist das heilige Tetragrammaton *Jod Heh Vau Heh*. Mit der Grundbedeutung des Tetragrammatons haben wir uns schon im ersten Band (Seiten 158 und 196 bis 199) etwas eingehender befaßt, so daß wir auf diesen Ausführungen aufbauen können, um den Gottesnamen von Chockmah besser zu verstehen.

In manchen Büchern, die sich mit dem Baum des Lebens befassen, wird statt des Tetragrammatons Jod Heh Vau Heh dem Sephira der Gottesname Jehovah zugeordnet. Jod Heh Vau Heh und der Name Jehovah drücken grundsätzlich das gleiche aus. Es ist vielleicht doch von einiger Bedeutung, wenn wir den Gründen nachgehen, die zu diesem Unterschied geführt haben.

Wie wir bereits wissen, wurde das Tetragrammaton als so heilig und allen anderen Gottesnamen an Kraft übergeordnet angesehen, daß dessen mantrischer Gebrauch, das heißt seine Aussprache, verboten war oder nur bei besonderen Gelegenheiten (vgl. ersten Band, Seite 76) stattfand. In den biblischen Texten sind die vier Buchstaben des Tetragrammatons geschrieben, aber im kultischen Gebrauch, das heißt bei der Vorlesung der Texte in der Synagoge, wurde statt des Tetragrammatons immer der Ausdruck Adonai verwendet, was »der Herr« bedeutet. Auch Luther hat in seiner deutschen Bibelübersetzung das Tetragrammaton immer mit dem Ausdruck »der Herr« bezeichnet. Bekanntlich besteht das hebräische Alphabet nur aus Konsonanten, und die Vokale der Sprache müssen in der Praxis ergänzt werden.

Solange das Hebräische eine lebendige, gesprochene Sprache war, bildeten sich daraus keine weiteren Schwierigkeiten. Dies änderte sich mit der Emigration des jüdischen Volkes nach der Zerstörung des Tempels. Je mehr das Hebräische zu einer Sprache des religiösen Kultus wurde, um so dringender zeigte sich offenbar das Bedürfnis, seine korrekte Aussprache in irgendeiner Weise festzuhalten. Dies geschah so, daß man mit Punkten, die in verschiedener Anordnung unter die Buchstaben der biblischen Texte gesetzt wurden, die Vokalaussprache festlegte. Beim Tetragrammaton wurden nun die Vokalpunkte des Namens Adonai hinzugefügt. Aus der Kombination dieser beiden Namen ergab sich dann ein neuer, dritter: Jehovah.

Dieser Umstand blieb offenbar längere Zeit außerhalb des engeren jüdischen Kultes unbemerkt (erst der Franziskaner Galatin kam dieser Kombination auf die Spur und bildete daraus den neuen Gottesnamen Jehovah), so daß sich im Christentum und im Rahmen des populären kirchlichen Lebens Jehovah als durchaus eigenständiger Gottesname einbürgerte. Die Fachtheologen sprechen das Tetragrammaton meistens als Jahwe aus, während dafür im esoterischen Gebrauch die reinen Buchstabennamen Jod Heh Vau Heh ausgesprochen werden oder einfach die Bezeichnung Tetragrammaton gewählt wird. Da der Ausdruck Jehovah durch den langen populären Gebrauch während vieler Generationen ebenfalls mit magischer Kraft aufgeladen worden ist, läßt sich seine Zuordnung in den Baum des Lebens in gewisser Weise vertreten. (Dies geht aber aus Gründen, die ich noch erläutern werde, auf keinen Fall für Jahwe.) Die Übertragung des Tetragrammatons in unsere Sprache lautet: »Ich bin der, als der ich mich erweise.« Damit ist schon ein deutlicher Unterschied festgelegt zum Gottesnamen von Kether (»Ich bin der, der sich immerzu manifestiert«), weil in dem Ausdruck »erweisen« bereits eine Richtung auf etwas hin angedeutet wird. Dies wird für die Ebene von Briah noch von einiger Bedeutung sein.

Ich möchte hier noch eine Interpretation des Tetragrammatons anführen, die auf die Theosophin H. P. Blavatsky zurückgeht, und die mir für das Verständnis des Geschehens auf der Ebene der Gottesnamen des obersten Dreieckes nicht ohne Bedeutung erscheint. Nach Frau Blavatsky kann das Tetragrammaton auch als eine Zusammensetzung aus zwei Wörtern gelesen werden, nämlich aus Jah, dieses Wort wird vom hebräischen Buchstaben Jod allein gebildet, und den drei anderen Buchstaben, die Havah oder Eva gelesen werden können. Da ja der hebräische Buchstabe Jod ein Phallussymbol ist, würde in dieser Leseart das Tetragrammaton eine Vereinigung des Männlichen mit dem Weiblichen sein. Indessen muß auch hier berücksichtigt werden, daß auf der Ebene von Chockmah das Gesetz der Polarität noch nicht vorhanden ist. Das Männliche und das Weibliche wären also in

Chockmah auf eine Art miteinander vereinigt, die nicht dem Gesetz der Polarität entspricht. Dies ist für alles Folgende von besonderer Bedeutung.

Damit verlassen wir für das erste die Ebene des Gottsnamens von Chockmah, um später auf der Ebene der Engel noch einige ergänzende Ausführungen zu machen.

Der Erzengel

Der Erzengel, durch den sich die Energie von Chockmah auf der Ebene von Briah manifestiert, heißt *Raziel*. Dieser Name bedeutet Herold, das heißt »einer, der von Gott ausgesandt ist«. Damit wird ebenfalls im Prinzip der Aussendung eine Richtung angedeutet, die von einem ganz bestimmten Punkt aus ihren Ausgang nimmt. Nach einer kabbalistischen Legende steht Raziel täglich auf dem Berg Horeb und gibt *rundum* mit seiner die Atmosphäre der Erde in Schwingungen versetzenden Stimme die Geheimnisse der Welt kund. Die Vorstellung der von Raziel durch seine Stimme in Schwingung versetzten Atmosphäre, die so zum Träger seiner Botschaft wird, kann bildhaft dargestellt werden durch die Wasserringe, die entstehen, wenn man einen Gegenstand in ein stillstehendes Gewässer wirft. Dieses Bild führt uns sogleich zum Tarotbild XVII, »Der Stern«, wir werden zu einem späteren Zeitpunkt sehen, daß gerade auch dieses Bild uns in bezug auf Chockmah einiges zu sagen hat.

Eine weitere Legende berichtet, daß, nachdem Adam aus dem Paradies vertrieben worden war, sich der Erzengel Raziel freundschaftlich um den Verstoßenen kümmerte und ihm ein geheimnisvolles Buch aushändigte, das die Gesetze der kosmischen Schöpfungsordnung enthielt. Diese Gesetze wurden dargestellt durch den Lauf der Gestirne am Himmel. Durch aufmerksame Betrachtung des Sternenhimmels war es dadurch möglich, Einblick in das Wesen der kosmischen Schöpfungsordnung zu erhalten. Auch hier stoßen wir wieder auf einen Umstand, auf den ich schon mehrmals hingewiesen habe: daß der archaische Mensch, wenn er überleben wollte, darauf angewiesen war, sich im Ablauf der kosmischen Zyklen zurechtzufinden, namentlich in dem für Ackerbau und Jagd besonders wichtigen Wechsel der Jahreszeiten. Wir fanden dies in den Widdersymbolen von Bild IV, »Der Herrscher«, ausgedrückt, im achtzackigen Stern von Bild VII, »Der Wagen« und ebenfalls in dem bereits erwähnten Bild XVII, »Der Stern«.

Die Tradition erzählt weiter, daß sich dieses geheimnisvolle Buch von Adam weitervererbte über Noah, Abraham, Jakob, Levi, Moses, Josua bis hin zum König Salomo, dem König der Weisheit (Chockmah, das heißt Weisheit), dem Erbauer des ersten Tempels, in dem sich nun die Geheimnisse dieses Buches zum ersten Mal auf der Ebene von Assiah, das heißt auf der irdisch-materiellen Ebene, in Form und Aktivität manifestierten. Auch in der Fortsetzung dieser Legende begegnen wir dem Prinzip der Richtung, die von Raziel-Adam ihren Ausgang nimmt, sich über die Urväter hin bis zum Tempel erstreckt, um dann nach der Zerstörung des Tempels über das Vehikel des jüdischen Volkes in alle Welt zu gehen.

Die Engel

Die Chockmah zugeordneten Engel werden *Ophanim* genannt. In unsere Sprache übertragen bedeutet dieser Name »die Räder«. Das Rad ist ein zu einem ganz bestimmten Zweck gebildeter Kreis. Das Rad ist ein Hilfsmittel, das zur Fortbewegung dient; mit dem Rad können wir uns, von einem Punkt ausgehend, in eine bestimmte Richtung fortbewegen. Die Spur, die dabei vom Rad im Boden hinterlassen wird, manifestiert sich wieder, bildlich gesehen, als Linie. Damit begegnen wir auf der Ebene von Jetzirah den gleichen Prinzipien, wenn auch mit ganz anders gearteten Bildern dargestellt.

In einem Bild der großen Arkana, in Bild X, »Rad des Schicksals«, sind deshalb mit Chockmah verbundene Elemente zum Ausdruck gebracht. Auf diesem Bild begegnen wir zunächst einmal dem Rad selbst. Dieses Rad zeigt sich als Träger des Tetragrammatons Jod Heh Vau Heh. Die sich auf oder in einer

Wolke befindenden vier lebenden Geschöpfe schaffen auf diesem Bild die Verbindung von Chockmah zu Kether, wo sie ja, auf der Ebene von Jetzirah, die vier Elemente als Engel repräsentieren. Damit werden wiederum, aber diesmal von einer anderen Seite her als im ersten Band (Seite 159) beschrieben, die vier Buchstaben des Tetragrammatons als Symbole und Glyphen der vier Elemente gekennzeichnet. Aber gleichzeitig befindet sich auf dem Rad, vermischt mit den Buchstaben des Tetragrammatons, noch das Anagramm *Taro,* das heißt Tarot.

Wir haben also auf diesem Bild ganz klar dargestellt, wie sich das göttliche Tetragrammaton (gemäß der Bedeutung, die es hier erhält: »Ich bin der, der sich durch die vier Elemente erweist«) in den Tarot transformiert, der seine Wirkung ebenfalls durch die vier Elemente in der Form der vier magischen Werkzeuge auf die Ebene von Assiah (das heißt die Welt, in der wir leben), hinunter erstreckt. Auch hier begegnen wir der Begriffskette Unterweisung – Offenbarung in einer Art, die für uns äußerst wichtig ist. Der Begriff Ophanim stammt überdies von einer sprachlichen Wurzel mit der Bedeutung, von »etwas umgeben« oder »einkreisen«. Das, was eingekreist wird, ist der Mittelpunkt des Kreises, die Nabe; damit sind wir wiederum beim Tarot angelangt, dem *Rad des Lebens.* Auch die acht Speichen des Rades auf Bild X weisen ja in Richtung auf dessen inneren Kreis samt seinem Mittelpunkt hin. Wenn dir die Bedeutung dessen nicht bereits vorher klargeworden ist, dann wirst du es jetzt erfassen.

Auch hier, in der Welt der »Räder«, begegnen wir der Begriffskette der Erweisung – Unterweisung – Offenbarung in einer Art, die für das wahre Verständnis der Bedeutung des Tarot für uns Menschen äußerst wichtig ist.

Ein kleiner Hinweis am Rande: Nicht umsonst trägt das Bild vom »Rad des Schicksals«, das uns das Wesen des Tarot so deutlich sichtbar macht, die Zahl X, die Anzahl der Sephiroth am Baum des Lebens.

Das astrologische Kraftprinzip

Nachdem wir uns so eingehend mit der Bedeutung des Rades für die Sephira Chockmah beschäftigt haben, fällt es uns nicht weiter schwer, zu verstehen, warum der «Tierkreis als Ganzes die Kräfte von Chockmah auf der Ebene von Assiah zur Auswirkung bringt. Die Ekliptik, wie der Tierkreis auch genannt wird, umgibt unseren Planeten wie ein Rad, das sich in einer fortlaufenden Umdrehung befindet, wenn wir es von der Erde aus betrachten. Das Rad der Ekliptik vollführt jeden Tag eine volle Umdrehung. Wenn wir uns nun noch zusätzlich vor Augen halten, daß sich der Planet Erde nicht nur um sich selbst und um die Sonne dreht, sondern zusammen mit der Sonne noch eine bestimmte, gerichtete Bewegung innerhalb des Weltalls ausführt, dann haben wir auch hier wieder das imaginäre Bild einer Radspur, die unser Planet als Linie im Kosmos hinterläßt.

Die Energie von Chockmah, die sich durch das göttliche Tetragrammaton durch die vier Elemente erweist, erfährt nun im Tierkreis auf der Ebene von Assiah noch eine weitere Differenzierung. Der Tierkreis besteht aus zwölf Zeichen, von denen jedes den Elementen Feuer, Wasser, Luft und Erde zugeteilt ist. Auf diese Weise werden je drei Tierkreiszeichen dem gleichen Element zugeordnet: Widder, Löwe, Schütze dem Feuer; Stier, Jungfrau, Steinbock der Erde; Zwilling, Waage, Wassermann der Luft; Krebs, Skorpion, Fische dem Wasser. Vier solche elementar zusammengehörigen Tierkreiszeichen können durch gerade Linien miteinander verbunden werden, die ein Kreuz ergeben, zum Beispiel das fixe Kreuz, bestehend aus Löwe, Wassermann, Stier und Skorpion. Vier Elemente, drei Kreuze, 3 x 4 ergibt 12, die Anzahl der Tierkreiszeichen, und gleichzeitig auch die Anzahl der Möglichkeiten, in der die vier Buchstaben des Tetragrammatons in verschiedener Weise angeordnet werden können. Bei Bild XIV, der »Mischung«, haben wir auf Seite 198 des ersten Bandes den Gedanken einer solchen Umstellung des göttlichen Tetragrammatons bereits einmal aufgegriffen, als Mittel des Ausdrukkes verschiedener, übereinander gelagerter Ebenen und – vielleicht – als magisches Mittel, Zugang zu diesen Ebenen zu erhalten. Auf der Ebene von Assiah sind die vier magischen Werkzeuge des Tarot im Tierkreis wirksam, und zwar in einer je dreifach differenzierten Weise.

Aber damit sind die Möglichkeiten des Tierkreises als Ausdruck des astrologischen Kraftprinzips der Energie von Chockmah noch längst nicht erschöpft. Nach der Vorstellung der Alten bildet der Tierkreis das Durchgangstor der Kräfte, die aus dem Kosmos heraus auf die Erde strahlen und einwirken. In diesem Zusammenhang ist es vielleicht interessant, darauf hinzuweisen, daß der erst im Satellitenzeitalter entdeckte sogenannte van Allen-Gürtel, die Zone, in der sich die magnetischen Kräfte der Erde um den Planeten konzentrieren, in seiner Lage ziemlich genau der Ekliptik, also dem Tierkreis entspricht.

Für den Esoteriker, der bereits einige Vorkenntnisse mitbringt, stellt sich hier sicher die Frage, ob nicht auch ein Zusammenhang mit dem sogenannten Astral-Licht besteht, das, nach Eliphas Lévi, als Träger des Lebensprinzipes unseren Globus umgibt, und das er die »große Schlange« nennt. Nach meiner Meinung trifft dies nicht zu, denn das Astral-Licht, so wie es durch die Tradition beschrieben wird, enthält nicht nur Strahlung an sich, sondern besteht zu einem großen Teil auch aus der Reflexion dessen, was es von der Erde her empfängt. Das Prinzip von Chockmah aber ist die reine Strahlung. Die Reflexion spielt hier, wie übrigens im ganzen Baum des Lebens, eine andere Rolle als beim Astral-Licht.

Die Symbole

Das natürliche Symbol der gerichteten Kraft von Chockmah ist der *Zweig*, der aus der Erde wächst und sich zum Stab entwickelt. Zweig und Stab führen uns das Prinzip der gerichteten, aus einem Punkt (dem Samenkorn) entspringenden Linie am besten vor Augen. Das Symbol aber, das die Chockmah-Kräfte, alle in sich vereinigt, am besten zum Ausdruck bringt, ist der *Phallus*. In ihm ist zunächst einmal die Eigenschaft des Auf*richtens* vorhanden. Der erigierte Penis, der Phallus, wird durch den Vorgang des

Aufrichtens zum Stab. Dann schließlich, wenn der Phallus ejaku-
liert, das heißt das Sperma ausstößt, manifestiert sich in diesem
Vorgang wiederum die reine Chockmah-Kraft. Das Produkt dieser Ejakulation, das *männliche Sperma*, ist eine Erscheinung auf
der materiellen Ebene, die das Wesen von Chockmah am deutlichsten zum Ausdruck bringt.

Bevor wir hier weiterfahren, müssen wir uns sicherlich darüber
klarwerden, inwiefern der Rückgriff auf sexuelle Symbolik, und
dazu noch in einer so direkten Art, am Platz und vielleicht sogar
notwendig ist. Die englische Okkultistin Dion Fortune hat einmal
die These aufgestellt, daß das Geschehen auf der Ebene des
obersten Dreieckes im Baum des Lebens nur vom Wesen der
Sexualität her zu erfassen sei (und natürlich gilt auch das Umgekehrte, daß das Wesen der Sexualität nur vom Geschehen auf
dieser Ebene her ganz verständlich wird). Auch ein Okkultist der
neueren Zeit, William G. Gray, hat sehr deutlich erklärt, daß
Sexualität und Spiritualität voneinander untrennbar sind.
    Sexualität und Spiritualität sind demnach verschiedene Aus-
drucksformen für dasselbe, wenn sie sich auch auf verschiedenen
Ebenen manifestieren. Das bedeutet für uns praktisch, daß, wenn
wir uns auf dem Gebiet der körperlichen Sexualität bewegen, die
Ebene der Spiritualität nie weit entfernt ist oder sein sollte, und
umgekehrt. Die Beachtung dieser Grundsätze können sowohl für
deine persönliche Sexualität als auch für deine Spiritualität von
großem Nutzen sein, denn dadurch kann sich für dich ein Tor zu
einem intensiveren Erleben sowohl deiner Sexualität als auch
deiner Spiritualität öffnen, was wiederum zu einer Bewußtseins-
und Horizonterweiterung führt.
    Erinnern wir uns daran, daß wir dem obersten Dreieck den
Namen »das mystische Dreieck« gegeben haben. Wenn wir die
Schriften mancher mittelalterlicher Mystiker und Mystikerinnen
lesen, fällt uns sofort auf, in welchem Maße sie mehr oder weniger
verhüllt oder auch direkt von einer sexuellen Bildhaftigkeit erfüllt
sind. Die Schulwissenschaft erklärt diese Tatsache meist mit
der Triebunterdrückung, hervorgerufen durch das klösterliche

Leben, die sich auf diese Weise ein Ventil zur Erleichterung verschaffte. Mir erscheint aber viel glaubhafter, daß diese Mystiker sehr wohl erkannten, daß sich die Visionen, die ihnen auf der Ebene von Atziluth des Baums des Lebens geschenkt wurden, nur durch solche sexuelle Bilder einigermaßen annähernd in die Welt von Assiah hinunter transformieren lassen. Auch wir werden uns, besonders im Geschehen auf der Ebene von Chockmah und Binah, dieser sexuellen Ausdrucksmöglichkeiten bedienen, ohne aber einen einzigen Augenblick zu vergessen, daß wir uns der Sprache von Assiah bedienen müssen, um Vorgänge auf der Ebene von Atziluth zu erläutern. Wir dürfen also nicht bei den sexuellen Bildern allein steckenbleiben, sondern müssen bestrebt sein, gewissermaßen hinter sie zu blicken, ohne nun aber wieder in das andere Extrem zu verfallen, das darin besteht, diese sexuellen Bilder und Symbole nur noch im übertragenen Sinne zu gebrauchen, ohne Beziehung für unsere eigene, persönliche, körperliche Ebene. Auch der Gehalt der Chockmah-Symbolik von Phallus und Sperma kann erst in seiner Bedeutung voll erfaßt werden, wenn wir Binah behandelt haben.

Eng verwandt mit dem Phallus, dem Stab, sozusagen ein Symbol dieses Symbols, ist der *aufrecht stehende Stein*. Die aufrecht stehenden Steine sind ein besonderes Merkmal der sogenannten Megalithkulturen, die allesamt eine sehr frühe, archaische Epoche der Menschheitsgeschichte, namentlich im westlichen, europäischen Bereich darstellen. Diese aufrecht stehenden Steine haben immer eine besondere Faszination auf die Menschen ausgeübt, war man sich doch von jeher darüber klar, daß mit ihrer Aufrichtung ein ganz besonderer Zweck verbunden war, der vorwiegend im kultischen Bereich gesucht wurde. Am bekanntesten unter diesen aufrecht stehenden Steinen ist Stonehenge in England. Die neuere Forschung hat unter Zuhilfenahme von modernen Computermethoden auf recht überzeugende Weise darlegen können, daß diese Steine neben einem möglichen kultischen Zweck vornehmlich auch als Observatorien dienten, um den Lauf der Gestirne am Himmel zu beobachten und zu berechnen. So dienten sie hauptsächlich auch dazu, ganz bestimmte Daten, wie den Eintritt der Sonne in das Zeichen Widder, den Frühlingsbeginn und andere Daten, die mit dem Wechsel der Jahreszeiten zusammenhingen, festzulegen. Wie wichtig dies für den archaischen Menschen, für sein Überleben in einer ihm feindlichen Umwelt war, darauf habe ich schon mehrmals hingewiesen.

Das Interessante ist aber nun, daß wir hier von neuem auf eine ganz organische Weise in Berührung mit dem heiligen Buch des Erzengels Raziel kommen, das die Geheimnisse der kosmischen Schöpfungsordnung in der Sprache der Gestirne am Himmel enthält. Das bedeutet, daß das archaische Megalith-Zeitalter in ganz besonderem Maße mit der Sephira Chockmah und deren Energiefeld verbunden war. Der Megalith-Mensch hatte ein viel direkteres Verhältnis zur Sonne (Kether) als wir heutigen Menschen; er stand dem Wesen der Sonne näher und vermochte all das, was durch die Sonne zum Ausdruck kommt, wegen der Nähe von Chockmah zu Kether besser zu erfassen, als wir das heute imstande sind. Es war die Zeit, in der sich überall auf der Erde die Sonnenkulte manifestierten, die allesamt durch solche aufragende Steine gekennzeichnet sind.

Eng mit dieser Symbolwelt verbunden ist natürlich auch das Bild eines *Turmes,* das ebenfalls als Symbol von Chockmah gilt. Auch der Turm von Bild XVI hat natürlich damit zu tun, aber wir werden auf dieses Bild später, ebenfalls nach der Behandlung von Binah, noch eingehender zu sprechen kommen, um seine Bedeutung im Lichte von Chockmah zu erläutern.

Von den erwähnten Sonnenkulten her gesehen, sind wir auch sehr nahe verbunden mit dem Bereich des Lichtes, das ebenfalls in gewisser Weise ein Symbol von Chockmah ist. Hier muß nun allerdings noch einmal darauf hingewiesen werden, daß Licht nicht immer gleich Licht ist, und daß wir ja bereits verschiedene Manifestationen des Lichtes kennengelernt haben. Das Licht von Chockmah ist nicht das potentiell vorhandene, aber unsichtbare Licht von Ain Soph Aur, es ist auch nicht das durcheinander flutende Licht von Kether, das sich in der Brillanz äußert, sondern in Chockmah äußert sich *Licht als Strahlung,* die ja ebenfalls

Richtung ist, die von einem Punkt ausgeht. Alles von einem Punkt aus Strahlende, das heißt auch die *Radioaktivität,* kann demnach als Symbol Chockmah zugeordnet werden. Auch der Schall, der von einer Tonquelle ausgeht, ist eine Erscheinungsform der Energie von Chockmah, der wir ja bereits auf der Ebene von Briah in der rundum erschallenden Stimme des Erzengels Raziel begegnet sind.

Von diesem Prinzip her wird es dir nicht schwerfallen, überall in der Natur und in deiner täglichen Umwelt Chockmah-Symbole zu finden, wie etwa das *fließende Wasser* eines Baches (aber aufpassen: das Wasser ist das Symbol von Chockmah, nicht das Bachbett), das *Wachstum der Pflanzen,* die sich der Sonne entgegenstrecken, die *Quelle,* die aus dem Boden entspringt, sowie der Teil des Springbrunnens, der »aufwärtsspringend sich ergießt«. Damit sind natürlich längst nicht alle Möglichkeiten erschöpft; auch hier gilt einmal mehr: Wenn du suchst, wirst du finden.

Die Körperzuordnungen

In der Tradition ist es die linke Schläfe, die Chockmah zugeordnet ist. Hier befinden wir uns nun im Unterschied zu Kether wirklich in der Sphäre des Gehirns, dessen linke Hälfte demnach Chockmah repräsentieren dürfte. Die *Ausatmung* ist eine Körperfunktion, in der Chockmah zum Ausdruck kommt, ebenso die Blick*richtung.* Besonders dieses letztere wird in bezug auf Binah noch seine besondere Bedeutung erhalten.

Wir begegnen hier übrigens zum ersten Mal einer Schwierigkeit, die uns immer wieder beschäftigen wird. Aus methodischen und didaktischen Gründen müssen wir jede Sephira für sich allein betrachten, aber wir werden immer wieder auf die Tatsache stoßen, daß manche Eigenschaft einer Sephira nur in Verbindung mit der ihr auf der anderen Säule gegenüberliegenden Sephira und unter deren Hinzunahme richtig verstanden und beschrieben werden kann. Dies zeigt uns, daß zwischen den einzelnen Sephiroth eine sehr subtile Reflektierung besteht, auf die wir zu gegebener Zeit noch näher eingehen müssen, und daß jedes Sephirothpaar ganz deutlich das Gesetz der Polarität repräsentiert.

Auf das engste verbunden mit der Ejakulation des männlichen Spermas ist der Orgasmus. So stellt sich ganz von selbst die Frage, ob nicht auch der Orgasmus ein Ausdruck der Energie von Chockmah ist. In der Tat kommen im *Orgasmus,* der ja im Sprachgebrauch des öfteren mit dem Begriff des Explodierens beschrieben wird, sehr starke Chockmah-Kräfte zur Auswirkung. Aber dies ist nur seine Chockmah-Seite. Der Orgasmus enthält einen ebenso starken Binah-Aspekt. Als Phänomen gehört der Orgasmus ganz sicher der Ebene Chockmah-Binah an. Für die meisten Menschen ist und bleibt er die einzige ihnen vorbehaltene Möglichkeit, für Sekunden oder Bruchteile von Sekunden die Ebene von Atziluth zu erreichen. Wie aber der Orgasmus in den Baum des Lebens integriert und aus dessen Sicht verstanden werden kann, das *sehen* wir wiederum erst dann, wenn wir die Sephira Binah begriffen haben.

Die Farbe von Chockmah, ausgedrückt durch die Schwingungsebene von Briah, äußert sich in *Grau,* weil in Chockmah für die weiße Brillanz von Kether bereits die Einwirkungen von Binah her wirksam werden.

Das magische Bild

Eine bärtige männliche Figur, das Gesicht dem Betrachter zugewandt. (Der Mann an sich.)

Wir haben Chockmah kennengelernt als Richtung, die sich von einem Punkt her erstreckt, sich als Linie äußert, aber auch rundum wirksam werden kann. Alles, was Richtung in diesem Sinne verkörpert und darstellt, kann für das Sehen und meditative Erleben der Chockmah-Kraft herangezogen werden. So kannst du zum Beispiel Bild I der großen Arkana, »Der Magier«, vor dich hinlegen und über seine aufrecht stehende Gestalt meditieren, über den Stab in seiner Hand sowie über die Richtungen, in die seine Hände weisen. Ein weiterer Vorschlag zu einer solchen Meditation sind die Räder des Wagens von Bild VII. Auch die Wellenringe auf Bild XVII, die vom Krug, der Wasser zu Wasser gießt, erregt werden, ergeben eine gute Meditationsvorlage, die dich vielleicht besonders zu den sexuellen Ausdrucksmöglichkeiten der Energie von Chockmah führen wird. Suche aber auch andere Bilder und Symbole aus deiner täglichen Umwelt, die nicht der sexuellen Sphäre entstammen, um Chockmah-Kräfte in ihnen kennen und erkennen zu lernen, wie zum Beispiel Blick, Rede, Ausstrahlung, die elektromagnetischen Wellen eines Senders und so weiter. Einmal mehr: wer sucht, wird finden.

3. Binah

Die von Chockmah ausgehende, gerichtete Kraft würde sich im Unendlichen und damit letztlich im Chaos und in der Anarchie verlieren, träfe sie nicht auf ein Gegenüber, auf ein ihr entgegengesetztes Kraftfeld, das diese Chockmah-Kräfte aufnimmt, verwandelt, umformt und ihnen damit eine *Form* gibt. Dieses Kraftzentrum ist Binah. Wir können sogar soweit gehen und sagen, daß die reinen Chockmah-Kräfte gewissermaßen in Binah »sterben«, um in einer neuen und anderen Form wieder zu erstehen. Im Aufeinandertreffen von Chockmah und Binah – und erst hier – wird das Gesetz der Polarität in seiner Gültigkeit für die kosmische Schöpfungsordnung eingesetzt. Logischerweise wird sich, wie wir sehen werden, fast gleichzeitig daraus auch das Gesetz der Dreiheit emanieren und seinen ihm zukommenden Platz einnehmen. Es ist dabei zu beachten, daß beide Gesetze nicht erst hier auf dieser Ebene geschaffen werden und entstehen, sondern daß sie bereits von Anbeginn an vorhanden sind als Synthese in dem »Alles zusammen« von Kether, dort allerdings in einer anderen Form und auf einer anderen Ebene.

Aber erst auf der Ebene von Chockmah und Binah, in der Auswirkung auf die untere Ebene von Chesed und Geburah, erhalten diese beiden Gesetze ihre begreifbare Manifestation und somit ihre Gültigkeit. Dies mag vielleicht mit ein Grund gewesen sein für die Einführung der verborgenen Sephira Daath. Die Konsequenzen und Auswirkungen des Gesetzes der Polarität, wie sie sich aus dem Zusammenklang von Chockmah und Binah ergeben, können sich nicht gut ausschließlich wieder zurück nach Kether ergießen. Damit bliebe letztlich der Baum des Lebens in seiner Gesamtheit unvollendet. Oder anders ausgedrückt: Die göttliche Schöpfungsordnung würde sich nicht in einem Baum des Lebens aus zehn Sephiroth bis hinunter in die Sphäre von Malkuth erstrecken, sondern würde sich mit einem Baum innerhalb des mystischen Dreieckes begnügen, mit all den damit verbundenen Begrenzungen. Eine der Funktionen von Daath sollte deshalb vielleicht sein, diesen Umstand, die Inkraftsetzung der Gesetze der Polarität und der Dreiheit, gewissermaßen auf der eigentlichen, gemäßen Ebene, auf der sie sich abspielen sollte, nicht real darzustellen, sondern in der Reflexion von Kether her gesehen auf dieser unteren Ebene kenntlich zu machen. Dies ist natürlich nichts mehr als nur eine Spekulation, aber auf diese Weise klärt sich jedenfalls manches, das mit Daath in Verbindung gebracht wird, wie wir später sehen werden.

Um das Wesen von Binah zu begreifen, besonders auch im Hinblick auf Chockmah, müssen wir uns wieder konkreter Bilder bedienen, die vorwiegend dem engeren Bereich der Sexualität entstammen. Kehren wir zurück zur bildlichen Darstellung der Chockmah-Kraft durch die Ejakulation des Spermas.

Das männliche Sperma ist eine an sich diffuse, formlose Flüssigkeit, die aber im höchsten Maße mit Vitalkraft aufgeladen ist. Diese Vitalkraft kann sich, wenn sie einmal von Chockmah entströmt ist, wieder in einer ihr gemäßen diffusen Weise mit allen ihr entsprechenden Kräften des Kosmos, die bereit sind, sie aufzunehmen und zu integrieren, verbinden. Das würde einem Zurückfluten nach Kether entsprechen, ausgedrückt durch das Bild des Göttervaters, der seine eigenen Kinder frißt. Das Sperma kann sich aber auch in der körperlichen Vereinigung mit einer Frau, mit einer Eizelle, vereinigen, die ihrerseits mit weiblicher Vitalkraft geladen ist. Nach dem Gesetz der Dreiheit kann auf diese Weise ein neues drittes, ein Kind, entstehen. Auch wenn kein Kind im biologischen Sinne entsteht, so wird doch durch diese Vereinigung etwas Neues: ein Kraftpotential, das sowohl vom Mann als auch von der Frau für eine ihnen gemäße Weise genutzt werden kann.

Mit der bloßen Vereinigung der männlichen Chockmah-Kräfte mit den weiblichen Kräften von Binah ist aber nur ein Teil ausgedrückt, und nicht einmal der signifikanteste, wie er sich von der Sephira Binah her gesehen darbietet. Erst das Geschehen innerhalb des Uterus, der Gebärmutter, bringt das volle Wesen von Binah zum Ausdruck. Das diffuse Sperma, aus Chockmah entströmt, erhält in und durch Binah Form. *Form und Formgebung ist das Wesen von Binah.* Damit haben wir auch zum ersten Mal das Grundprinzip des Baums des Lebens, nämlich die Vereinigung von polar entgegengesetzten Kräften durch verschiedene Ebenen der Manifestation hindurch, in seiner reinsten atziluthischen Form zum Ausdruck gebracht. Es ist daher notwendig, daß wir das Wesen dieses Grundprinzips von verschiedenen Seiten noch eingehender betrachten.

Nimm bitte zu diesem Zweck und um der Anschaulichkeit willen wiederum die Zeichnung zur Hand, die den Baum des Lebens mit den drei Säulen zeigt. Wir erkennen darauf, daß Chockmah und Binah je die oberste Sephira der rechten beziehungsweise linken Säule bilden. Zwischen diesen beiden Sephiroth bildet sich das Gesetz der Polarität: Chockmah ist Ausdruck der rein männlichen, aktiven Kraft, während Binah die rein weibliche, passiv aufnehmende Kraft verkörpert. Aus diesem Grunde werden in der Tradition die beiden Säulen auch die männliche oder die weibliche Säule genannt.

Diese Bezeichnung, obwohl sie korrekt ist, kann aber, wie die Erfahrung zeigt, auf den unteren Ebenen des Baumes, wo sich die entsprechenden Kräfte mehr und mehr differenzieren, zu erheblichen Verwirrungen und Schwierigkeiten im Verständnis führen. Diese Schwierigkeiten lassen sich am besten bewältigen, wenn man den beiden Säulen schon von Anfang an andere Namen gibt, nämlich der männlichen Säule den Namen *Säule der belebenden Kraft* und der weiblichen Säule den Namen *Säule der formgebenden Kraft,* oder abgekürzt, Säule der Belebung beziehungsweise Säule der Formgebung. Wir werden später sehen, daß jede Sephira auf den beiden Säulen in irgendeiner Weise das Prinzip der Belebung beziehungsweise der Formgebung vertritt, die nach unserer gängigen psychologischen Betrachtungsweise nicht immer mit den Bezeichnungen, was männlich und was weiblich ist, übereinstimmen muß.

Damit hätten wir die Funktion der beiden äußeren Säulen des

Baums des Lebens vorerst einmal geklärt. Was ist nun aber die Aufgabe der mittleren Säule? Um dies zu begreifen, betrachten wir einmal mehr die reinen Prinzipien der Kraftfelder Chockmah und Binah. Ich habe bereits erwähnt, daß die von Chockmah ausgehende, gerichtete Kraft, würde sie nicht auf einen ihr entgegengesetzten Pol stoßen, sich unentwegt weiter ausbreiten würde, um sich schließlich im Grenzenlosen, das heißt im Chaos, zu verlieren.

Mache einmal folgendes Experiment: Fülle einen großen Krug mit Wasser, gehe nach draußen und kippe dieses Wasser mit einer schnellen Bewegung auf einen steinernen Boden; dann betrachte das Resultat. Es kann ohne weiteres mit dem Namen Chaos bezeichnet werden. Das Wasser ist nach allen Seiten hin regellos verspritzt, und du hast ein Miniaturmodell dessen vor dir, was geschehen würde, wenn sich die gerichtete Chockmah-Kraft im Chaos verlieren würde. Aus dieser Erfahrung können wir eine Grundregel ableiten, die lautet: Alle männliche Kraft, die ihrem Wesen nach gerichtet ausströmt und sich auf ihrem Wege nicht mit einer polar entgegengesetzten weiblichen Kraft verbindet, endet letztlich im Chaos, das heißt bewirkt Chaos.

Etwas analoges geschieht nun auf der Seite von Binah. Das Kraftfeld von Binah ist dazu bestimmt, die sich ungehemmt ausbreitende Energie aufzufangen, sie abzubremsen und sie in eine bestimmte umgrenzte Form zu bringen, in der das Belebende als Leben existieren kann. Wenn die Binah-Kraft aber auf keine belebende Chockmah-Kraft stößt, dann wird sich ihre hemmende, bremsende Wirkung immer stärker manifestieren, bis hin zur Erstarrung und absoluten Bewegungslosigkeit, und das bedeutet »Tod«. Dies ist auch der eigentliche Grund, warum die Frau und das weibliche Prinzip in vielen Kulturen und Mythen mit dem Tod in Verbindung gebracht werden.

Zusammenfassend können wir also sagen: Ungehemmte Chockmah-Kraft endet im Chaos. Binah-Kraft, die sich, ohne auf eine polare Gegenkraft zu stoßen, auswirken kann, führt letztlich zum Tode. Chaos und tödliche Erstarrung sind aber Bereiche, die in reiner absoluter und extremer Äußerung jedes Funktionieren der kosmischen Schöpfungsordnung verunmöglichen. Damit diese Schöpfungsordnung Bestand haben kann, müssen sich die reinen Kräfte von Chockmah und Binah gegenseitig im Gleichgewicht, oder auch anders ausgedrückt, in der Balance halten. Das Chaotische von Chockmah muß über die Formgebung zum Leben werden, und die tödliche Erstarrung von Binah muß über die Belebung zur Form werden, dem Behälter des Lebens. Beides gelingt nur, wenn sich die beiden Energieprinzipien miteinander verbinden und verbünden. Der Ort, wo diese Verbindung geschieht und den Zustand der Balance, des Ausgleiches erreichen sollte, ist die mittlere Säule, die Säule des Gleichgewichtes. Zuviel Chockmah ist Chaos und Anarchie und zuviel Binah ist Tod.

Auch einen anderen Satz, der der Tradition der Kabbala entstammt, können wir jetzt in seiner vollen Bedeutung verstehen: »Der Vater ist der Geber des Lebens, die Mutter ist die Bringerin des Todes.« Das kann geradezu wörtlich aufgefaßt werden, denn bereits unvermittelt nach der Geburt beginnt für den Menschen der lange Akt des allmählichen Sterbens.

Ein weiteres kabbalistisches Bild, wodurch gelegentlich das Wesen von Binah zum Ausdruck gebracht wird, sind die beiden Wörter AMA und AIMA. In diesen beiden Namen zeigen sich die beiden Seiten von Binah. Mit dem Namen AMA wird die große, dunkle Mutter bezeichnet, das heißt das weibliche Prinzip, bevor es von der belebenden männlichen Feuerkraft durchdrungen wurde, die durch den Buchstaben Jod symbolisiert wird. Durch dessen Hinzufügung wird aus AMA AIMA, und damit wird die lebensspendende Mutter gekennzeichnet, in deren Schoß sich das Embryo zur Form des Menschen heranbildet, der nun (ebenfalls ein Vorgang der Kraft aus Chockmah) im Akt der Geburt ans Licht der Welt tritt. Diese beiden Aspekte des Weiblichen, AMA und AIMA, sind auch in den Tarotbildern II und III, »Hohepriesterin« und »Herrscherin«, enthalten.

Wenn wir uns schon auf dem Feld der hebräischen Buchstaben und des Begriffes Mutter bewegen, so möchte ich die Gelegenheit nutzen, dich darauf hinzuweisen, daß es innerhalb des hebräischen Alphabets drei Buchstaben gibt, die als die Mütter oder die Mutterbuchstaben bezeichnet werden. Diese drei »Mütter« sind Aleph, Mem und Schin.

Aleph repräsentiert das, was von einem Ursprung her strahlt, Kether, und ist nicht umsonst an die Anfangsstelle des Alphabets gerückt. Du wirst die Bedeutung Alephs in diesem Sinne sofort spüren und erfahren, wenn du den Vokal A mit deiner Stimme laut ertönen läßt.

Ganz anders ist die Wirkung von Mem, das unserem M entspricht. Summe dieses M und du wirst spüren, wie die Vibrationen, die dadurch erregt werden, in dir zurückgehalten werden. Seine Kraft erstreckt sich nicht nach außen, sondern wird nach innen gelenkt und konzentriert. Der Buchstabe Mem wird auf diese Weise sofort als der Sphäre von Binah zugehörig erkannt.

Schin, der dritte Buchstabe in dieser Dreiheit, der lautlich unserem »sch« entspricht, vertritt als Symbol die Bedeutung von Feuer und Licht. Durch seine Aussprache werden wir auch sofort an das Zischen einer brennenden Flamme erinnert.

Warum aber, wirst du dich nun fragen, werden diese drei Buchstaben, die ja sowohl Männliches als auch Weibliches vertreten, als die drei Mütter bezeichnet? Um diese Frage zu beantworten, setze sie auf der Zeichnung von den drei Säulen an deren Spitze: Schin oberhalb von Chockmah, Mem oberhalb von Binah und Aleph in gleicher Weise oberhalb von Kether. Damit stehen die drei Buchstaben als »Mütter« an der Spitze der drei Säulen und bezeichnen gleichzeitig dadurch deren Wesen. Schin, als Symbol des strahlenden Feuers, die männliche oder belebende Säule, Mem die weibliche oder formgebende Säule, und Aleph, als erster Buchstabe des Alphabets, kennzeichnet die mittlere Säule.

Der Gottesname

Der Gottesname von Binah lautet *Jod Heh Vau Heh Elohim.* Seine Bedeutung kann wiedergegeben werden durch die Umschreibung »Gott, die Göttin«, »Gott als weiblich-männliche Gottheiten«.

Der Name besteht aus zwei Teilen: aus dem uns bereits bekannten Tetragrammaton sowie dem Gottesnamen »Elohim«.

Elohim weist wiederum eine sprachliche Besonderheit auf. Einerseits heißt Eloah die Göttin, aber daran angehängt ist die männliche Mehrzahlendung -im. Dadurch wird das Wort Elohim sowohl von männlichen als auch von weiblichen Elementen geprägt und sagt ungefähr das gleiche aus wie AIMA. Oder anders ausgedrückt: Die männlichen Chockmah-Kräfte werden von Binah aufgefangen und geborgen, das heißt integriert.

Auf die Erklärung von H. P. Blavatsky zum Tetragrammaton, die ich bei der Behandlung des Gottesnamens von Chockmah erwähnt habe, weise ich dich erneut hin. Auch sie ist geeignet, das Wesen des Gottesnamens von Binah näher zu erfassen.

Mit diesen Ausführungen, die vielleicht mehr Andeutungen sind, möchte ich absichtlich meine Aussagen über den Gottesnamen von Binah beenden. Mit allem, was du bisher über die Namen, über das Tetragrammaton und über den Namen Elohim erfahren hast, solltest du jetzt imstande sein, das Wesen von Binah, wie es durch seinen Gottesnamen auf der Ebene von Atziluth ausgedrückt wird, bis in seine Tiefen hinein selber zu erarbeiten. (Vgl. auch Band I, Seite 71.)

Der Erzengel

Der Erzengel von Binah ist *Zaphkiel,* was am besten mit der Bezeichnung »der Betrachter Gottes« oder auch in einem anderen Sinne »das Auge Gottes« wiedergegeben werden kann. Die Manifestation der Kräfte von Binah auf der Ebene von Briah können sehr gut durch all das, was in dem Wort »Betrachtung« enthalten ist, begriffen werden. Man kann nur etwas betrachten, das vorhanden ist. Es muß in einer Art vorhanden sein, die der Ebene unserer fünf Sinne, und das heißt in diesem Falle unserem Auge, zugänglich ist. Das betrachtete Objekt muß also eine Form haben, die sich optisch durch Begrenzung manifestiert, das heißt eine Form, in der unsere Augen das Objekt aufnehmen können. Damit sind wir wieder beim Begriff der Form und der Formgebung angelangt. Aber gleichzeitig merken wir, daß wir es mehr und mehr mit einem Wechselspiel zu tun bekommen, denn wo etwas betrachtet wird, muß es auch jemanden geben, der betrachtet. Auch darin erkennen wir wieder das Zusammenspiel von Chockmah und Binah. Wir verstehen auch, daß mit der anderen Übertragungsart des Wortes Zaphkiel, das »Auge Gottes«, eben auch auf dieses Wechselspiel hingewiesen werden soll. Damit aber befinden wir uns schon tief im Gebiet der Kontemplation sowie, vor allem, der Visualisierung.

Ich habe bereits gesagt, daß die Erschaffung von Bildern und deren betrachtende Aufnahme ein wichtiger Bestandteil der praktischen Arbeit mit dem Baum des Lebens ist. Ziel unserer praktischen Bemühungen, die vor allem im dritten Teil dieses Bandes behandelt werden, wird sein, unsere Gedanken nicht einfach mehr nach Chockmahscher Art frei herumfluten zu lassen, sondern in bestimmte, anschauliche und anschaubare Formen zu bringen, diese Formen wiederum zu betrachten und auf sich einwirken zu lassen. Spätestens hier erkennen wir erneut, daß offenbar jede Sephira am Baum des Lebens polar doppelt besetzt ist, also eine männliche und eine weibliche Seite aufweist. Chockmah, zum Beispiel, die männliche Sephira an sich, ist in bezug auf Kether weiblich, indem sich die Kraft von Kether nach Chockmah hinein ergießt. Binah wiederum, das Haupt der weiblichen, also formgebenden Säule, nimmt die männliche Chockmah-Kraft auf, birgt sie und gibt ihr eine bestimmte Form. Aber diese bergende, formgebende Kraft darf nicht die Oberhand behalten, sonst würde sie sich zu Erstarrung und Tod ausweiten. Das bedeutet, zum Beispiel biologisch gesehen, daß das Embryo geboren wird, also emaniert, und damit Binah für die ihr nächstfolgende Sephira Chesed männlich wird. Es ist dieses Wechselspiel, das auch sehr gut mit einer gegenseitigen Reflektierung der einzelnen Sephiroth untereinander wiedergegeben werden kann, worauf uns der Erzengel Zaphkiel aufmerksam machen will, der sich einerseits als der Betrachter und im anderen Sinne wieder als das Auge Gottes darstellt. Es würde weit über das Ziel dieses Buches hinausführen, auf dieses Wechselspiel der Reflektierung näher einzugehen, aber es bildet einen ganz wesentlichen Bestandteil der Vorgänge im Baum des Lebens. Es sei daher ausdrücklich deiner eigenen Entdeckerfreude überlassen.

Die Engel

Die Engel von Binah sind die *Aralim,* und das bedeutet die »Throne«. Der Thron ist sicher uns heutigen Menschen nicht mehr mit der gleichen Bedeutung verbunden, wie dies für frühere Generationen der Fall war. Das heißt, daß wir vielleicht auf dieser Ebene nicht mehr so unbedingt direkten Zugang dazu haben, was mit den Thronen ausgedrückt werden soll. Wir können die Bedeutung vielleicht noch am ehesten erschließen, wenn wir für diesmal nicht vom Bild ausgehen, sondern uns dem Bild von der Bedeutung her nähern, die es Binah gemäß ausdrücken soll.

Binah ist das Prinzip der Formgebung. Der Thron muß also irgendwie mit dem Prinzip der Form verbunden sein, und es gilt für uns, diese Bedeutung zu dechiffrieren, bevor wir den Thron in den Baum des Lebens integrieren können. Der Thron, abgesehen von seiner besonderen Funktion und Repräsentation, ist zunächst einfach ein Stuhl. Einen Stuhl braucht man zum Sitzen. Die Sitzhaltung des Menschen drückt sich in einer ganz besonderen Weise aus, der sich der Stuhl in seiner Form anpaßt. Damit rückt der Thron von seiner Bedeutung her in die Nähe des Kelches, dessen Funktion und Aufgabe ja auch ist, etwas aufzunehmen und ihm die Form zu geben, in der es ruhen kann. Wenn wir dieses Prinzip nun auf den Thron übertragen, so dürfen wir, glaube ich, schon das Bild von Stab und Kelch in der Weise anwenden, daß der König den Stab mit seiner männlich-aktiven Potenz verkörpert, und der Thron den weiblich-passiven Kelch, der diese männliche Kraft aus Chockmah in sich aufnimmt und birgt und ihr gleichzeitig auch die Form gibt.

Die archaischen Religionen der Megalith-Zeit, die wir schon anhand der aufgerichteten Steine bei Chockmah erwähnt haben, kennen auch den liegenden Stein in der Funktion eines Sitzes der Götter. Hierbei wird der liegende Stein ganz offenbar im Gegensatz zum aktiv männlichen, aufgerichteten Stein, als weiblich betrachtet. In einem gewissen übertragenen Sinne haben wir diese Polarität auch noch beim christlichen Kirchenbau mit Turm und dem eigentlichen Kirchengebäude. Der Stein, der der göttlichen Kraft als Sitz angeboten wird, erweist sich dadurch ganz klar als Binah zugehörig, um der herniedersteigenden göttlichen Kraft oder dem Gotte selbst als ruhende, formende Basis zu dienen.

In den balinesischen Tempeln zum Beispiel befinden sich große Sessel, die während des Tempelfestes den Göttern als Sitz dienen sollen. Götter, die sitzen können, werden damit ganz klar als in einer dem Menschen analogen Form existent angenommen. Auch der Stuhl, auf dem der englische König in der Westminster Abbey gekrönt wird, enthält in seinem Innern einen großen Stein. Um dies noch zu verdeutlichen, dürfen wir an dieser Stelle bereits einen Vorausblick auf die Pfade machen und feststellen, daß der 11. Pfad, der Kether und Chockmah miteinander verbindet, dem Magier zugeordnet ist, und der 14. Pfad mit dem Herrscher den Verbindungsweg zwischen Chockmah und Binah darstellt. Lege einmal diese beiden Bilder nebeneinander und betrachte sie. Auf dem Bild des Magiers, also auf dem 11. Pfad, haben wir die Kraft von Chockmah in ihrer reinen und absoluten Form dargestellt, nicht nur im Stab des Magiers, sondern durch seine ganze Haltung samt Armen. Auf Bild IV indessen, das den zum Vater gewordenen Magier zeigt und das dem Pfad 14 zugeordnet ist, zeigt sich ganz deutlich im Thron der Einfluß der von Binah herüberflutenden Kräfte, wie sich in der Darstellung des Herrschers zeigt, der mehr in dem Thron als formgebendes Prinzip eingebettet ist, als daß er auf dem Thron sitzt. Wie wir von der Analyse dieses Bildes her wissen, geht es hier um soziale Ordnung, die dem vom Magier in Binah erzeugten Leben erst die Möglichkeit zum Wachsen und Gedeihen gibt. Die Aralim werden übrigens auch als »die Statthalter Gottes« bezeichnet, die in stellvertretender Funktion statt seiner auf dem Throne sitzen.

Das astrologische Kraftprinzip

Wer sich in der Astrologie bereits einigermaßen auskennt, wird bereits vermuten, daß das astrologische Kraftprinzip, in dem die Energie von Binah zum Ausdruck kommt, am treffendsten und besten durch *Saturn* ausgedrückt wird. Saturn verkörpert Hemmung, Verzögerung, Bremsung, aber auch Formgebung, Vertiefung und Konzentration. Dies zeigt sich ja auch in seiner Erscheinung als Planet, mit seinem Ring, der den Begriff der Umfassung sehr treffend zum Ausdruck bringt.

Die Auswirkungen der Saturnkraft werden von manchen Astrologen vorwiegend negativ gesehen, ja, frühere Generationen nannten ihn sogar das große Übel. Wenn er im Übermaß in einem Horoskop wirksam ist, dann können wohl von ihm Einflüsse ausgehen, die in mancher Weise an AMA, die große, dunkle Urmutter erinnern, die ihre Kinder nicht aus ihrem Schoß entläßt. Aber für die Harmonie eines erfüllten, menschlichen Lebens ist Saturnkraft genauso notwendig wie das Bremspedal für ein Auto. Denken wir immer daran: Auch auf der Ebene von Assiah, und gerade da, führen die ungebremsten, hemmungslosen Chockmah-Kräfte ins Chaos. Das bedeutet, wir sollten auch in unserem persönlichen Lebensbereich die gute, formgebende und formerhaltende Kraft des Saturn nutzen und nur dort gegen sie angehen, wo sie zur Sterilität, zu unbeweglichem Konservativismus und allzugroßer Engherzigkeit und Starre führt. Hier haben wir nun das erste Mal die Gelegenheit, den Weg des Ausgleichs der Kräfte zu gehen und uns auf die mittlere Säule auszurichten, das heißt in die Balance zu kommen.

Die Symbole

Das natürliche Symbol von Binah ist der *Kelch,* auch in seiner Form als *Schale,* den wir bereits als eines der vier magischen Werkzeuge kennen. Auch alle Symbole und Bilder, die in irgend einer Weise die *weiblichen Geschlechtsorgane* zum Ausdruck bringen, sind Symbole von Binah. (Beachte aber, daß nicht die Geschlechtsorgane selbst Binah zugeordnet sind, das gilt übrigens auch für Chockmah, sondern nur ihre symbolhafte Darstellung.) Ein solches Symbol ist zum Beispiel das Yoni, das wir zusammen mit dem Lingam auf der Vorderseite des Wagens von Bild VII kennengelernt haben. Auch bestimmte *Muschelformen* können hier genannt werden, und eventuell die *Nuß* als ein Uterussymbol. Bild II, »Die Hohepriesterin«, enthält mit Säulen und Vorhang ein Binah-Symbol. (Vgl. Band I, Seite 74.)

Binah wird von den Kabbalisten auch oft als *Mara, das bittere Salzmeer,* bezeichnet (2. Mose: 15; 23). Das salzhaltige Wasser des Meeres entspricht in äußerst treffender Weise dem dunklen, tödlichen AMA-Aspekt von Binah. Von den Flüssen der Erde wird unentwegt Salz in den Ozean transportiert. Das Wasser verdunstet wieder und schwebt in der Atmosphäre zurück auf das Land, um sich dort als Regen wieder zu ergießen. Das Salz aber bleibt gelöst in den Fluten des Meeres, auf ewige Zeiten. Es gibt wahrhaftig kaum ein Bild, das den dunklen, tödlichen AMA-Aspekt von Binah besser zum Ausdruck bringen könnte als dieses. Mara, die Bittersee, die alles verschlingt und nichts wieder hergibt, ein Symbol des Todesaspektes von Binah. Das *stille, ruhende Wasser,* das unter seiner Oberfläche so viel enthält, ist ein Symbol von Binah. Sobald es bewegt wird, wie zum Beispiel durch den Wind, oder sich sonstwie Wellen bilden, zeigt dies seine Vereinigung mit den Chockmah-Kräften an. Ein weiteres Mal sei auf das Wasser von Bild XVII verwiesen. Das *Meer,* das alles enthält und in dem alles endet, erblicken wir auch durch den Vorhang der Hohepriesterin hindurch, die dadurch noch mehr in die Nähe des AMA-Aspektes gerückt wird.

Ein weiteres Symbol, das auch in Verbindung mit Wasser steht, ist die *Zisterne,* die in manchen wasserarmen Ländern das Regenwasser sammelt. Zu den neueren Symbolen von Binah können wir auch die *Brunnenröhre* zählen, das heißt nur die Röhre, die dem fließenden Wasser (Chockmah) Richtung und Form gibt. Im aufwärtsstrebenden Strahl des Springbrunnens, in dem das Wasser gen Himmel schießt, haben wir ein Symbol von Chockmah kennengelernt. Das Becken, das die niederfallenden Tropfen wieder auffängt, gehört in die Sphäre von Binah. Auch die geometrische Form des *Dreiecks* ist eine symbolhafte Darstellung von Binah, die diese Sephira besonders unter dem Aspekt ihrer Emanation darstellt. Aus dem Punkt (Kether) emaniert die Linie Chockmah. Die Linie als solche, also Chockmah, verkörpert die Eindimensionalität, während drei Linien (drei, die Zahl von Binah), die sich miteinander zu einem Dreieck verbinden, zur zweidimensionalen Fläche werden und in diesem Sinne eine Erweiterung der Emanation darstellen.

Als ein Binah-Symbol, das ganz aus der Welt der modernen Technik entstammt, können wir den *Benzinmotor* nehmen, das heißt speziell den Teil, der mit Zylinder oder Hubraum bezeichnet wird. Dieser Zylinderraum verhindert, daß sich das explodierende Benzin-Luft-Gemisch chockmahhaft-chaotisch verlieren kann und schafft aus ihm die vorwärtstreibende und antreibende Kraft des Motors. In diesem Beispiel zeigt sich Binah unter dem Aspekt der Umformung. Natürlich verkörpert auch jede *Gußform* (vgl. den technischen Ausdruck Matrix dafür, der unverkennbar von Mater = Mutter abgeleitet ist) die Sephira Binah. Es gibt unzählige Möglichkeiten, den Wirkungen und Ausdrucksweisen der Kraft von Binah in unserer Welt von Assiah zu begegnen. Auch hier kommt es jetzt darauf an, daß du mehr und mehr *sehen* lernst.

Die *Farbe* von Binah auf der Ebene von Briah ist naturgemäß *Schwarz,* denn so wie Weiß alle Farben enthält und abstrahlt, verschluckt Schwarz alle Farben des Spektrums, ohne sie wieder zu reflektieren.

Die Körperzuordnungen

Der Sephira Binah wird am menschlichen Körper die *rechte Schläfe,* das heißt die rechte Gehirnhälfte, zugeschrieben. Auch die *Einatmung* ist ein Vorgang, in dem sich ganz klar Binah zeigt. Ferner ist auch kein *Orgasmus* ohne Binah denkbar und möglich. Binah regiert den Teil in der körperlich-sexuellen Begegnung, in dem sich das Energiefeld auflädt. Ohne diesen binahhaften Teil ist kein chockmahhaftes Entladen der orgiastischen Kräfte möglich.

Das magische Bild

Das magische Bild von Binah zeigt naturgemäß eine *reife Frau,* die Matrone. Manchmal wird sie aus dem Meer aufsteigend dargestellt, mit einem Kelch oder einer Schale in der Hand. Aber dieses magische Bild kann sich auch entpersonifiziert als *Mondsichel* zeigen, die mit nach oben gerichteten Spitzen über den nachtdunklen Wassern des Meeres schwebt. In der Mondsichel zu Füßen der Hohepriesterin ist ein Teil dieses magischen Bildes deutlich enthalten. Es ist ganz natürlich, wenn uns in diesem Zusammenhang auch das Bild der aus dem Meer geborenen Aphrodite in den Sinn kommt. Überhaupt kommen wir hier mehr und mehr wieder in die Sphäre des Spiels hinein, die uns erlaubt, die verschiedenen Bilder und Teile von Bildern miteinander in Beziehung zu setzen und daraus Erkenntnis zu schöpfen.

II. Das esoterische Dreieck

4. Chesed

Chesed ist, dem Weg des zündenden Blitzes folgend, die erste Sephira des esoterischen Dreiecks. Von Chesed an bewegen wir uns also in einer anderen Sphäre, die sich in ihren Manifestationen und Anschauungen stark von denen durch das reine Sein geprägten Prinzipien des mystischen Dreiecks abhebt. Die Aufgabe dieses esoterischen Dreiecks ist, das, was sich auf der Höhe des mystischen Dreiecks im Sinne von Atziluth manifestiert hat, auf eine von der irdisch-materiellen Ebene her faßbare Weise darzustellen. Praktisch bedeutet dieses: ab hier beginnt die Sphäre der Konkretisierung und der Realisierung. Aber um diese beginnende Konkretisierung und Realisierung zu erfassen, braucht es allerdings bereits einiges an Kenntnissen und Voraussetzungen, die allerdings durch konsequente und geduldige Schulung erworben werden können.

Wir können hier wieder ein Beispiel einfügen, das unserer täglichen Umwelt entnommen ist. Wenn der elektrische Strom die Generatoren und Dynamos des Kraftwerkes verläßt, dann wird er in Hochspannungsleitungen über weite Strecken transportiert. In diesen Hochspannungsleitungen herrscht eine Spannung von 220 000 Volt. In dieser Form der Hochspannung kann der elektrische Strom für praktische Anwendung nicht gehandhabt werden. Jeder Kontakt in irgendeiner Weise, falls er von jemandem ausgeführt würde, der für diesen speziellen Zweck nicht ausgebildet ist, würde unweigerlich in Verbrennung und Zerstörung enden. Stelle dir einmal plastisch vor, was geschehen würde, wenn du den

Eingangsstecker deines Transistorradios direkt mit einer Hochspannungsleitung in Kontakt bringen würdest, mit dem Zweck, deren Energie für dein Transistorradio zu nutzen. Damit der elektrische Strom praktisch genutzt werden kann, muß er Stufe um Stufe heruntertransformiert werden, zum Beispiel in die gängige Haushaltsspannung von 220 Volt. Aber auch diese Spannung ist für viele elektronische Geräte noch zu hoch, so daß dieser Haushaltsstrom durch einen Netzadapter noch einmal bis in den Bereich weniger Volts hinuntertransformiert werden muß.

Der Weg durch die verschiedenen Dreiecke und Ebenen des Baums des Lebens ist durchaus mit einer solchen stufenartigen Heruntertransformierung zu vergleichen. Wir begegnen auf allen Ebenen des Baumes immer wieder dem gleichen Prinzip, das sich aber, der speziellen Eigenheit der Ebene entsprechend, in immer neuer, anderer Ansicht darstellt. So beginnt auf der Ebene von Chesed-Geburah die Sphäre der Verdinglichung. Wenngleich diese Verdinglichung vorerst noch sehr dünn ist, verdichtet sie sich aber zunehmend, je mehr sie sich nach unten hin erstreckt, bis sie in Malkuth die uns gängig bekannte und für jedermann täglich erlebbare Form erreicht. Was die Sphäre dieser Verdinglichung betrifft, so bilden Chesed und Malkuth zwei Sephiroth, die zueinander die äußerste Distanz innerhalb dieser Sphäre der Verdinglichung aufweisen.

Um noch ein wenig tiefer in dieses Bild einzudringen, können wir uns durchaus eine hohe Wolkenschicht vorstellen, oberhalb derer sich die drei Sephiroth Kether, Binah und Chockmah befinden, die infolge der Wolkenschicht für unsere Augen und auch für jedes technische Hilfsmittel unsichtbar und damit unerreichbar sind. Chesed wäre demnach die erste Sephira, die sich unterhalb dieser Wolkenschicht zeigt, aber sie ist von unserem Beobachtungsstandort noch soweit entfernt, daß wir sie mit bloßem Auge nicht erkennen können und dazu der Hilfe eines Fernrohrs bedürfen. Erst mit Hilfe dieses optischen Instrumentes, das die schwachen Lichtstrahlen in einem Brennpunkt sammelt und vergrößert, können wir mehr über das Wesen von Chesed erkennen. Praktisch bedeutet dies, daß sich also nur jemand auf der Ebene des esoterischen Dreiecks zurechtfinden kann, ja, überhaupt feststellen kann, daß es diese Ebene gibt, wenn er über ein »Fernrohr« verfügt. Das ist sicher nicht bei jedermann der Fall. Es läge nun nahe, hier in die Art des diskriminierenden Denkens zu verfallen, wie sie leider oft in esoterischen Kreisen anzutreffen ist und die sich darin äußert, daß sich Menschen, denen eine höhere Erkenntnisstufe möglich ist, über andere, die noch nicht soweit sind, erhaben fühlen. (Wenn ich für meine Person den Begriff der »Todsünde« überhaupt verwenden würde: diese Art des Denkens würde ich als Todsünde des Esoterikers bezeichnen.) Sich in dieser Sphäre zu bewegen, ist nicht nur das alleinige Privileg einiger weniger, sorgfältig auserwählter Adepten, die sich dadurch getrost den übrigen Menschen als überlegen vorkommen dürfen, sondern *jeder* Mensch ist dazu bestimmt und berufen, wenn die Zeit für ihn reif ist, in diese Sphäre vorzustoßen.

In der Realität des Alltags wird es natürlich fast immer so sein, daß, wie ja der Name Esoterik schon beinhaltet, immer nur relativ wenige sein werden, die sich auf ihrem Weg in dieser Sphäre befinden, aber das heißt, sie sind nur insofern weiter vorangeschritten auf ihrem Weg, als sie früher aufgebrochen sind. Alle Menschen sind im Grunde für diesen Weg bestimmt, aber nicht alle starten zum gleichen Zeitpunkt. Es gibt auch manche, die sich mehr beeilen, andere lassen sich Zeit, andere müssen wiederum, durch bestimmte Umstände bedingt, gewisse Stationen auf ihrem Wege einmal oder mehrmals wiederholen, bis sie zur nächsthöheren Stufe vordringen können. Das führt dazu, daß sich das große Feld der Menschen, die auf dem Wege sind, sehr stark auseinanderzieht.

Der Kontakt und die Auseinandersetzung mit der Esoterik ist offenbar ein Bestandteil der letzten Phase, die ein Mensch als Individualität auf der irdisch-materiellen Ebene zu durchlaufen hat. Diese Phase kann sich noch über eine längere Zeit hin erstrecken und durch verschiedene inkarnierte Persönlichkeiten hindurchführen. Aber nach meiner persönlichen Beobachtung scheint es sich wirklich so zu verhalten, daß, wenn ein Mensch in Kontakt mit der Esoterik kommt und dieser Kontakt sogar in irgendeiner Weise zündet, dieses Ereignis den Eintritt in die letzte

Phase seines Weges auf der irdisch-materiellen Ebene einleitet. Das bedeutet, daß nur solche Menschen in den Bereich der Esoterik vorstoßen, die auf natürliche Weise die ihnen auf ihrem früheren Evolutionswege zugeteilten Aufgaben gelöst haben und nun bereit und fähig sind, sich den Aufgaben des höheren Bereiches zuzuwenden. In der Sprache des Baums des Lebens ausgedrückt würde dies heißen: Sie haben die Sphäre des unteren psychologischen Dreiecks verlassen oder sind eben daran, sie zu verlassen (der Übergang kann sehr fließend sein im Sinne von Hin- und Rückfließen) und sind bereit, in den Bereich des oberen esoterischen Dreiecks vorzustoßen. In der Esoterik ist dafür der etwas unglückliche Ausdruck »alte Seelen« geprägt worden, womit ausgedrückt werden soll, daß diese Seelen bereits schon einen längeren Weg hinter sich haben und somit älter sind als andere. Wenn du den ersten Band der *Schule des Tarot* durchgearbeitet hast und auch im zweiten bis zu dieser Seite gelangt bist, dann darfst du dich getrost zu den »alten Seelen« zählen, denn andernfalls würdest du das Buch längst gelangweilt weggelegt haben.

Es ist überhaupt eine Beobachtung, die ich immer wieder machen kann, daß Menschen wirklich nur dann mit der Esoterik in Berührung kommen, wenn es für sie Zeit ist. Im anderen Falle sind sie meist wie mit Blindheit geschlagen und außerstande, das zu erkennen, was ihnen direkt vor den Füßen liegt. Sie können auch buchstäblich darauf gestoßen werden und sind doch nicht imstande, es zu erfassen. Diejenigen aber, für die es Zeit ist, werden oft von den unmöglichsten Orten hergeholt und unter den an sich unmöglichsten Umständen damit in Berührung gebracht, einfach weil es jetzt für sie Zeit ist. Sie werden imstande sein, diese Dinge ganz allmählich zu verstehen, zu integrieren; zu erfahren, wie sich unter diesem Einfluß ihr Leben nach und nach zu verändern beginnt, vielleicht da auch immer wieder über mehrere Inkarnationen hinweg, aber letztlich mit eiserner Konsequenz auf *das* Ziel hingerichtet, worauf es letztlich ankommt. Wenn du es nicht bereits selbst erfahren hast, dann bereite dich darauf vor. Es ist nicht leicht, eine »alte Seele« zu sein. Nicht umsonst müssen wir uns durch einen langen Weg auf dieses Stadium vorbereiten, bevor wir soweit sind, später einmal über den Abyss, den Abgrund, hinübergezogen zu werden.

Um auf unser Beispiel zurückzukommen: Die beiden Bände der *Schule des Tarot* sind bewußt so aufgebaut, damit du sie als Fernrohr im erwähnten Sinne gebrauchen kannst.

Das Hinuntersteigen auf eine untere Ebene führt also, wie ich bereits gesagt habe, dazu, daß eine untere Sephira das gleiche Prinzip wie die auf der Säule oberhalb sich befindende Sephira, aber in anderer Weise, ausdrückt. Für uns heißt das im speziellen Falle: Auch in Chesed müssen analog die gleichen Kraftprinzipien wirksam sein wie in Chockmah, nur zeigen sie sich anders. Das läßt sich zunächst einmal definieren, indem die gerichtete Energie von Chockmah in Chesed zur *Aus*richtung wird. Das heißt, sie wird für einen bestimmten Zweck in einer bestimmten Richtung auf einen bestimmten Punkt hin ausgerichtet. Dies sagt an und für sich noch nicht viel aus, soll aber zeigen, daß wir es in irgendeiner Art mit einer Begrenzung zu tun haben, die aber nicht in irgendeiner Weise als Formgebung von der weiblichen Säule her zu verstehen ist. Bekümmere dich nicht, wenn dir das im Moment noch etwas schwierig erscheint. Die nachfolgende Erläuterung der entsprechenden Bilder und deine Beschäftigung mit ihnen wird dir rasch zeigen, was gemeint ist.

Die Ausrichtung, die in Chesed der belebenden Energie von Chockmah gegeben wird, geht durch Chesed hindurch in eine bestimmte Richtung, nämlich nach unten in die dichteren Sphären. Der Begriff der Ausrichtung ist demnach gleichzusetzen mit dem Begriff der Navigation, und Navigation ist nur möglich, wenn man sich an etwas halten, sich nach etwas orientieren kann. Der Navigator braucht einen festen Punkt. In früheren Zeiten waren das die Sterne des Himmels, später war es das Leuchtfeuer, und heute sind es die Funkstationen, die diesen Zweck erfüllen. In dieser Weise erfüllt Chesed die Funktion einer Funkstation, deren Emanationen vom Navigator angepeilt werden können, um daraus den für sein Fahrzeug (Vehikel) richtigen Kurs zu bestimmen.

Für den esoterischen Bereich heißt dies: Durch Chesed hindurch wird die kosmische Schöpfungsordnung, wie sie sich im Rahmen des mystischen Dreiecks manifestiert hat, für den Menschen faßbar gemacht, wobei aber zu beachten ist, daß Chesed diese Ordnung allein noch nicht repräsentiert. Dazu bedarf es erst der gegenüberliegenden Sephira Geburah und vor allem der Synthese von Chesed und Geburah in Tipharet.

Am besten wirst du die Eigenart von Chesed kennenlernen, wenn wir uns nun, dem Wesen von Chesed gemäß, den einzelnen Konkretisierungen dieses Energieprinzipes zuwenden, wie sie sich in Gottesname, Erzengel, Engel und Symbolen darstellen.

Der Gottesname

Der Gottesname von Chesed besteht aus den beiden hebräischen Buchstaben Aleph und Lameth und wird *El* ausgesprochen. El ist der Gottesname, womit »*der* Gott überhaupt« ausgedrückt wird. Es ist der Gott, in dem alle Dinge enthalten sind. Durch El werden wir gewahr, was das Wesen des mystischen Dreiecks ist. El ist der Gott, der über alle anderen Gottformen hinweg und durch sie hindurch die Richtung bestimmt, auf die es ankommt. Er ist der Gott, »aus dessen Hände alles Gute kommt«. Das im ersten Band auf Seite 312 angeführte Zitat des Thomas van Kempen richtet sich an die Gottform El von Chesed.

Ein anderer Aspekt von El ist, daß er überhaupt auf dieser unteren Ebene in Erscheinung tritt. Nur die Überwindung der Trennungslinie zwischen dem mystischen und dem esoterischen Dreieck hat ja zur Folge, daß sich das aus Ain Soph Aur Emanierende und alles, was damit verbunden ist, das ganze Prinzip der kosmischen Schöpfungsordnung, wie es sich im mystischen Dreieck Kether, Chockmah, Binah manifestiert, für menschliche Sinne überhaupt faßbar wird und als die kosmische Schöpfungsordnung erkannt werden kann. Das gilt namentlich auch für den Umstand, daß es nicht nur ein »von oben nach unten« gibt in dieser Schöpfungsordnung, sondern gleicherweise auch ein »von unten nach oben«. Kosmische Energie ergießt sich also nicht nur von Kether nach Malkuth hinunter, sondern es gibt auch eine evolutionäre Kraft, die dafür sorgt, daß sich aus Malkuth heraus, zum Beispiel über Mineralreich, Pflanzenreich, Tierreich bis hin ins Menschenreich, Leben entwickeln und nach immer höheren Stufen ausrichten kann. Einmal mehr sind wir beim Bild von Jakobs Himmelsleiter angelangt. Das Bewußtsein all dessen erfährt der Mensch durch den Gottesnamen El. Das kommt auch sehr deutlich in der angeführten Stelle von Jakobs Himmelsleiter zum Ausdruck (1. Buch Mose, Kap. 28, Vers 19). Jakob nannte den Ort seines Traumes Beth-El, was »Haus Gottes« bedeutet, eben Gott in seiner Form von El. (Du verfügst jetzt bereits über alle Hilfsmittel, die es dir erlauben, das Geschehen, das im vorangehenden Vers 18 erzählt wird, durch die Bilder des Lebensbaumes gesehen, zu entschlüsseln und zu interpretieren.)

Der Erzengel

Der Erzengel von Chesed heißt *Zadkiel* und bedeutet »der Gerechte Gottes«. Dieser Name ist abgeleitet vom hebräischen Wort Zedeq, das »Gerechtigkeit« bedeutet. Gerechtigkeit ist hier nicht zu verstehen im preußischen Sinne »Jedem das Seine«, sondern gerecht meint hier viel mehr recht sein, richtig sein, und legt den Akzent auf die Harmonie. Die kosmische Schöpfungsordnung ist gerecht und richtig, weil sie in der Balance ist und funktioniert (sofern der Mensch keine Störungen verursacht). Aber in ausbalancierter Weise ist sie gerecht, gut und daher in Ordnung.

Wie bereits erwähnt, begegneten wir dem Wort Zedeq in der Erzählung von Melchisedek. Als König der Gerechtigkeit weist sich Melchisedek als Repräsentant der Sephira Chesed aus. Nach der Erzählung der Bibel erhält Abraham durch ihn Kenntnis vom *Höchsten* Gott (also El), dessen Diener und Repräsentant Melchisedek ist. Wir sehen also, wie sich in der Erzählung von Abraham und Melchisedek das Wesen von Chesed offenbart, und wir werden es später, sobald wir die Symbole behandeln, noch tiefer erfahren.

In der Gestalt des Erzengels Zadkiel lernt der Mensch auf der

Ebene von Briah in Chesed die Gerechtigkeit, Richtigkeit und Harmonie der kosmischen Schöpfungsordnung kennen und wird dazu aufgerufen, sich mit ihr auseinanderzusetzen.

Die Engel

Die Engel von Chesed heißen *Chasmalim*, »die hell Leuchtenden«. Schon dieser Name allein weist sie aus als der belebenden, männlichen Säule zugehörig. Nur was leuchtet – ob selbst oder reflektierend, spielt hier keine Rolle –, also im Licht ist, kann wahrgenommen, gesehen und erkannt werden. Schon vom sprachlichen Ausdruck her gesehen zeigt sich im Wort »leuchtend« eine Verminderung, eine Abmilderung der Strahlungskraft. Man kann sich dem, was leuchtet oder beleuchtet, ohne Gefahr, verbrannt und aufgezehrt zu werden, nähern und ist so imstande, das Wesen und die Art des solcherart Leuchtenden oder Beleuchteten zu erkennen. Zwischen Chockmah und Chesed besteht als Ausdruck der verschiedenen Ebenen, auf denen sie sich manifestieren, etwa der gleiche Unterschied wie zwischen einer hell lodernden Fackel und einem milden, aber stetig leuchtenden Licht, wie etwa der Kerze, die sich zudem vielleicht noch im gläsernen Gehäuse einer Lampe befindet.

Das Wort *mild* ist übrigens eine deutsche Übersetzung von Chesed und zeigt an, daß sich die Kräfte der männlich belebenden Säule in Chesed in einer milderen Form zeigen, so daß wir uns ihnen ohne Angst, Schaden zu erleiden, nähern können. Licht als »Leuchtung« steht nie allein für sich da; indem es beleuchtet, will es gesehen werden. Damit rückt der Begriff Kommunikation auch in den Bereich von Chesed. Die Engel von Chesed, die Chasmalim, sind bereit zur Kommunikation, sind bereit, wie übrigens auch alle anderen Engel des esoterischen Dreiecks, mit uns Verbindung aufzunehmen, mit uns zu kommunizieren, nicht nur sich wahrnehmen lassen, sondern auch uns wahrzunehmen. Wir sind also auch in dieser Beziehung herabgestiegen vom Bereich der reinen Offenbarung und der reinen Anbetung, wie er sich auf der Ebene des mystischen Dreiecks zeigte.

Die Symbole

Für die Symbolik von Chesed ist es bedeutsam, daß hier die Ebene der Dreidimensionalität beginnt. Dies wird ausgedrückt durch das Grundsymbol von Chesed, die Pyramide, die hier in ihrer dreieckigen Form (also nicht die ägyptische, die das Quadrat als Grundriß hat) zum Ausdruck kommt. In der Sephira Binah repräsentiert das Dreieck die Zweidimensionalität. Dieses Dreieck wird nun, indem es sich zu einer Pyramide zuspitzt, in die dritte Dimension hinübergeführt und drückt durch seine vier Ecken gleichzeitig die Zahl der Sephira Chesed aus. Ebenso dem Wesen von Chesed gemäß begegnen wir hier einer Anzahl von Symbolen, die wir bereits bei anderen Sephirot gefunden haben, die sich aber nun in einem neuen Licht, in einer neuen Beleuchtung zeigen.

Das zeigt sich etwa im *Stab,* dem wir hier in einer dreifachen Ausführung begegnen, nämlich als reinen Stab, dann in seiner Form als *Zepter* und schließlich als *Krücke.* Auf der Chesed direkt übergeordneten Sephira Chockmah repräsentiert der Stab die reine männliche, phallische Kraft. Im Hinblick darauf, daß Chesed innerhalb seines Energiefeldes die Verdinglichung, die Konkretisierung, die der Wahrnehmung dient, vollziehen soll, dürfen wir das reine Symbol des Stabes hier als den *Zeigestab* nehmen, der unsere Aufmerksamkeit in eine ganz bestimmte Richtung auf etwas hinlenken soll. In dieser Weise wird der Stab zu einem speziellen Ausdruck der belebenden Kraft im Sinne Cheseds.

Das Zepter ist ein Zeichen des Königtums, das ja in der magischen Bilderwelt dieser männlich belebenden Säule eine große Rolle spielt. Ich glaube, wir dürfen, ja sollen es in seiner Form nehmen, wie es auf Bild IV des Tarot von A. E. Waite dargestellt ist, in der Form des Ankh, des ägyptischen Henkelkreuzes. Das Henkelkreuz ist das Symbol des immerwährenden Lebens, des Lebens, das war, das ist und das sein wird. Auf Chesed betont es zudem besonders den Aspekt des Lebens innerhalb der großen kosmischen Schöpfungsordnung, ja, ist vielleicht Ausdruck des Lebens dieser kosmischen Schöpfungsordnung überhaupt.

Einen anderen Aspekt des Stabes zeigt uns die Krücke. Sie ist ein Hilfsmittel zur Ausbalancierung, wenn die Kräfte auf natürliche Weise nicht mehr dem Gleichgewicht entsprechen können. Die Krücke tritt also immer da in Funktion, wo sich der Mensch nicht mehr allein auf seinen zwei Beinen halten kann und deshalb der Hilfe von außen bedarf. Damit zeigt die Krücke, daß, wenn der Mensch in irgendeiner Weise aus der Balance geraten ist und er sich nicht mehr imstande sieht, durch eigenes Bemühen und eigene Anstrengung dieses Gleichgewicht zu finden, er durchaus darauf hoffen kann, von Chesed her und durch Chesed Kraft zu erhalten, die ihm wieder dazu verhilft, die Balance zu erlangen. Ich verweise dich in dieser Beziehung auf das Bild IX, »Der Eremit«, das in besonders schöner Weise den Stab in dieser Funktion zeigt, und zwar noch im Lichte, in der Leuchtung oder Beleuchtung von Chesed.

Ein weiteres traditionelles Symbol von Chesed ist das *gleicharmige Kreuz*. Wir kennen es bereits als Darstellung der vereinigten vier Elemente. In und durch Chesed hindurch gewinnt es indessen noch eine andere Bedeutung. Auf der Ebene des mystischen Dreiecks zeigen sich die vier Elemente in ihrer reinen Form an sich. Jetzt, in Chesed, am Beginn der Sphäre der Verdinglichung, der Materialisation, werden diese vier Elemente zu den vier magischen Werkzeugen des Tarot, die in Chesed durch das gleicharmige Kreuz symbolisiert werden.

Ein traditionelles Symbol von Chesed ist auch die *Kugel*. Sie wird von manchen als die vollkommenste Form überhaupt bezeichnet. Das freie Wirken der Kräfte aufeinander im Weltall und innerhalb der kosmischen Schöpfungsordnung führt dazu, daß alle Dinge die Tendenz haben, sich in der Form einer Kugel zu manifestieren. Damit wird die Kugel zum Symbol der Harmonie und Ausgewogenheit der kosmischen Schöpfungsordnung, die dadurch in Chesed für unsere Begriffe faßbar werden.

Neben diesen traditionellen Symbolen können wir auch noch andere, mehr unserer heutigen Erlebniswelt entstammende, in Betracht ziehen. Die *sprudelnde Brunnenröhre* zum Beispiel ist ein Symbol, das Chesed sehr gut zum Ausdruck bringt. Der Brunnenröhre sind wir ja schon begegnet bei der Verbindung von Chockmah und Binah, wobei wir festgestellt haben, daß das fließende Wasser Chockmah darstellt und die es umfassende Röhre eine Darstellung von Binah ist. Sobald nun das Wasser als Strahl die Brunnenröhre verläßt, wird es zugänglich, es gewinnt sozusagen eine neue Ebene, und wir können es trinken. So versinnbildlicht der Brunnenstrahl das Wesen von Chesed als Symbol.

Damit stehen überhaupt direkt die Vorgänge in Beziehung, die mit Essen und Trinken verbunden sind. Wenn wir essen und trinken, nehmen wir etwas auf, das der Welt außerhalb von uns entstammt. In unserem Körper wird es verwandelt und umgewandelt und schließlich zu einem Teil unseres Selbst gemacht. Durch Essen und Trinken bleiben wir am Leben. Essen und Trinken ist deshalb seit jeher zum Symbol einer von außen her dem Menschen zugeführten göttlichen Kraft geworden. In der reinsten Ausdrucksweise begegnen wir diesem Symbol vielleicht im Mythos vom Gral, der seine Ritter speist und ihnen alle nötige Kraft zukommen läßt, die sie für ihr Werk brauchen. Aber auch in der bereits mehrfach erwähnten Erzählung von Melchisedek kommt dieses Symbol sehr deutlich zum Ausdruck. Abraham erhält von Melchisedek Wein und Brot dargereicht, als sichtbares Zeichen seiner Verbindung mit dem höchsten Gott. Wein und Brot sind seitdem auch Elemente der christlichen Eucharistie und des Abendmahles geworden und verkörpern innerhalb des christlichen Kultes die Sephira Chesed. Überhaupt alles, was mit dem Wort Sakrament bezeichnet wird, gehört in den Bereich von Chesed und sollte, wenn es rituell richtig gestaltet ist, das Wesen von Chesed zum Ausdruck bringen.

Während dies für Eucharistie und Abendmahl noch einigermaßen der Fall ist, ist mir indessen kein offizielles kirchliches Ritual bekannt, das für die Taufe, die ebenso stark die Kräfte von Chesed verkörpert, diesen Umstand entsprechend zum Ausdruck bringt. Wir begegnen hier einer immer wieder festzustellenden Tatsache, daß altes Wissen innerhalb der zur Institution erhobenen Religionen entweder nur fragmentarisch überliefert wird oder völlig verlorengehen kann.

Eng verbunden mit der Erscheinung des Priesterkönigs und des Sakramentes ist die Eichel, die du in der Art, wie wir sie auf

Seite 99 des ersten Bandes behandelt haben, sofort als ein Symbol von Chesed erkennen wirst. Damit kommen wir in die Sphäre des »Hierophanten« (Bild V), der die Sphäre von Chesed vielleicht am reinsten vertritt. Sein Name sagt ja schon aus, daß er heilige Dinge erklärt. Aus diesem Grunde hat er auch das Zepter (Symbol von Chesed), das die vier kabbalistischen Welten und den Lebensbaum als Zeichen des Hinuntersteigens von oben nach unten und von unten nach oben darstellt. Das Zepter des Hierophanten kann also im weitergeführten Sinne als eine symbolische Darstellung der Jakobsleiter aufgefaßt werden. Überhaupt ist in Bild V, »Der Hierophant«, sehr viel Material zu Chesed enthalten, das selbst zu erschließen ich dir als Aufgabe gebe, um dem Wesen dieser Sephira noch näher zu kommen. Dazu noch ein Hinweis: Beachte die Farben der Gewänder, die der Hierophant trägt. Blau ist die Farbe der Sephira Chesed, Rot die Farbe der gegenüberliegenden Sephira Geburah.

Die Körperzuordnungen

Chesed wird der *linke Arm* oder, direkter noch, die linke Schulter zugeordnet. In der Regel verfügt der Mensch nicht über die Fähigkeit, beide Arme gleich stark zu gebrauchen. Für die meisten Menschen (Linkshänder natürlich ausgenommen) ist der rechte Arm der Arm der Aktion, der Ausführung, womit das Werkzeug geführt wird. Der linke Arm hat helfende, unterstützende Funktion. Er ist für die ausführende Kraft des rechten Armes der Zuträger. In dieser Unterstützung zeigt sich auch wieder, diesmal auf der körperlichen Ebene, der Symbolgehalt der Krücke.

Das astrologische Kraftprinzip

Jupiter ist der Planet, mit dem sich Chesed in der Welt von Assiah manifestiert. Jupiter wird in der hebräischen Sprache auch Zaddik, das heißt der Gerechte, genannt, womit wir diesem Begriff im

160

Bereich von Chesed ein weiteres Mal begegnen. Jupiterkräfte sind Kräfte, die Erweiterung ausdrücken, Ausweitung, Bewußtseinserweiterung, Aufbau, Vermehrung. Es sind auch die Kräfte, die im Sinne von Chesed letztlich die Materialisation bewirken. Das Jupiterprinzip kann am besten mit den drei Begriffen wachsen, blühen und gedeihen ausgedrückt werden. Gemäß dem alten lateinischen Spruch »vivat crescat floreat«, wo die Dinge wachsen, blühen und gedeihen, um den ihnen gemäßen Platz innerhalb des Kosmos einzunehmen, dienen die Chesedschen Kräfte dem Funktionieren der kosmischen Schöpfungsordnung. Durch die Jupiterkräfte wird auch die ganz besondere Stellung von Chesed innerhalb des Baums des Lebens bezeichnet. Chesed ist sozusagen die Relaisstation, durch die sich die Energien auf eine höhere Ebene und, in der umgekehrten Weise, von einer höheren Ebene auf die unteren Ebenen ausweiten. Damit wird die Funktion der Sephira Chesed als Grenz- und Durchgangsstation zwischen dem mystischen Dreieck und den beiden unteren einmal mehr festgelegt.

Das magische Bild

Auch in seinem magischen Bild zeigt sich Chesed als eine Verdichtung dessen, was das magische Bild von Chockmah verkörpert. In Chockmah haben wir den reifen, zeugungsfähigen Mann. Das magische Bild von Chesed ist ein *mächtiger König, der mit Krone und Zepter auf einem Thron sitzt.* Hier wird also die männliche Kraft an sich in einen ganz besonderen Dienst gestellt, wie sie eben früher ein König für sein Volk verkörperte. Wir müssen auch da berücksichtigen, daß dieses magische Bild von dieser Seite her gesehen für uns heutige Menschen viel von seiner Wirkung verloren hat. Aber aus einem anderen Aspekt betrachtet, kann es seine Wirkung voll und ganz zur Entfaltung bringen. Im inthronisierten König von Chesed haben wir alle Elemente des oberen mystischen Dreiecks handgreiflich vor Augen: die Krone von Kether, den Stab von Chockmah (das Zepter) und den Thron von Binah. Somit erfüllt das magische Bild auf dieser Ebene die

Funktion von Chesed, das sichtbar und faßbar zu machen, was das Wesen des obersten mystischen Dreiecks ist.

Für die meditative Bearbeitung der Sephira Chesed durch Bilder der großen Arkana des Tarot eignet sich besonders, wie schon erwähnt, Bild V, »Der Hierophant«. Aber auch Bild IV, »Der Herrscher«, zeigt ja direkt das magische Bild von Chesed. In Stab und Lampe von Bild IX, »Der Eremit«, findest du ebenfalls Symbole, die Chesed zugeordnet sind. Vielleicht ist dir in diesem Zusammenhang schon die Frage aufgetaucht, warum ich für meine Hinweise, die sephirothischen Kräfte und ihre bildhaften Ausdrücke in den Bildern der großen Arkana zu suchen, diese großen Arkana nach außen hin so aus dem Zusammenhang ihrer numerischen Reihenfolge reiße, teilweise nur einzelne Bildelemente aufgreife und zudem noch gleiche Bilder in verschiedener Weise gebrauche, wie zum Beispiel bei IV, »Der Herrscher«. Um dies zu verstehen, müssen wir daran denken, daß die Bilder der großen Arkana Ausdruck subjektiver Kräfte sind, die erfahren werden. Als solche stellen sie selbst Mikrokosmen dar. Sie enthalten also die verschiedensten Elemente, wie dies auch in uns Menschen, in unserer Persönlichkeit der Fall ist. Diese verschiedenen Elemente können nun als Gesamtheit, eben als Mikrokosmos, betrachtet werden, oder jeweils für sich allein, und dazu dürfen sie aus dem Zusammenhang gelöst werden. Sie werden dann jeweils mit einem anderen Akzent gesehen. Man kann ja eine menschliche Persönlichkeit auch von verschiedenen Aspekten her betrachten, zum Beispiel von seiner Nationalität, von seinem Geschlecht oder von seiner Stellung in Beruf und Gesellschaft und so weiter. Aber immer ist es derselbe Mensch, der auf diese verschiedene Weise betrachtet wird. In der genau gleichen Weise verfahren wir mit den Bildern der großen Arkana, wenn wir sie in Beziehung bringen zu den Energiezentren der zehn Sephiroth. Dabei dürfen wir uns stets vor Augen halten, daß wir ihre eigentliche Integrierung im Baum des Lebens, wie sie in den Verbindungspfaden der Sephiroth gegeben ist, erst noch vor uns haben. Dann werden die großen Arkana wiederum eine andere

Funktion übernehmen. Für den Moment aber scheue nicht davor zurück, sie sozusagen als Steinbruch zu gebrauchen, der dir den Rohstoff liefert, woraus du für dich deine persönliche Bilderwelt für den Baum des Lebens und seine zehn Sephiroth errichten kannst.

5. Geburah

Von allen Sephiroth am Baum des Lebens bereitet Geburah uns vielleicht im ersten Anlauf etwas Mühe. Aber auch aus keiner anderen Sephira heraus können wir das Wesen des Baums des Lebens besser erfassen als von Geburah her, besonders in ihrer Beziehung zur gegenüberliegenden Chesed. Wer sich der Sephira Geburah unbelastet und nur mit geringer Kenntnis der Struktur des Baums des Lebens nähert, der wird von Geburah einen äußerst negativen Eindruck erhalten. Es kann der Eindruck entstehen, als ob Geburah eine Verkörperung all dessen ist, was wir böse, schlecht, zerstörerisch nennen und daß die Sephira an sich ein Energiefeld darstellt, in dem sich alle bösen und negativen Kräfte sammeln.

Für sich allein betrachtet kann Geburah ohne weiteres diesen Eindruck erwecken, aber eben nur, wenn wir es isoliert aus dem Ganzen des Baumes herausnehmen. Je tiefer wir jetzt in die Sphäre der Verdichtung gelangen, um so differenzierter werden sich die Kräfte jeder einzelnen Sephira präsentieren, um so mehr müssen wir auch das Wesen der Sephira zum Verständnis herbeiziehen, die sich auch innerhalb der gleichen Ebene auf der anderen Säule gegenüber befindet. Für uns bedeutet dies, daß wir Geburah nur in ihrer Wirklichkeit erfassen können, wenn wir vorher Chesed begriffen haben. Die Schwierigkeit mit Geburah kann noch stärker werden, wenn wir uns vor Augen halten, daß sich Geburah mit all ihren aktiv-zerstörerischen Kräften in der Mitte der weiblichen Säule befindet, denn Geburah scheint nicht nur all dem zu widersprechen, wie sich in der populären Anschauung das Wesen der Weiblichkeit äußert, sondern, und das gewinnt hier mehr an Gewicht, sie scheint auch in einem starken

Gegensatz zum Prinzip von Binah zu stehen. Binah ist passives Aufnehmen, Konzentrieren, Bergen, Umfassen, gemäß ihrem saturnischen Prinzip. Im Gegensatz dazu ist das Wesen von Geburah sehr stark expansiv, aktiv, vorwärtsdrängend, sich in einer Art ausdrückend, die eigentlich die Eigentümlichkeit der gegenüberliegenden männlichen Säule ist. Wer bei der Bearbeitung und Aneignung des kabbalistischen Denkens in der Sphäre von Geburah ins Schleudern kommt, für den werden mehr oder weniger die noch folgenden Sephiroth auf den unteren Ebenen schwer oder überhaupt unzugänglich. Vor allem, um diesen Schwierigkeiten zu begegnen und die organisch-lebendig gewachsene Struktur des Baums des Lebens auch dort zu begreifen, wo sie sich in einer verwickelteren und komplizierteren Form äußert, habe ich die Namen männliche beziehungsweise weibliche Säule abgeändert in die Bezeichnungen »die Säule der belebenden Kraft« und »die Säule der formgebenden Kraft«. Diese beiden Bezeichnungen werden uns jetzt helfen, das Wesen der Sephira Geburah besser zu verstehen.

Wir haben bereits auf der oberen Ebene des mystischen Dreiecks erkannt, daß, wenn sich die Kräfte einer Sephira ungehindert entfalten können, sich dies zuletzt in einer pervertierenden, destruktiven Weise äußert. Wir haben den Satz geprägt: Zuviel Chockmah führt ins Chaos und zuviel Binah bedeutet Erstarrung, Tod. Erst wenn beide Kräfte aufeinandertreffen und sich gegenseitig ausbalancieren, kann das entstehen, was wir Leben nennen. Entsprechend dem ersten hermetischen Gesetz »wie oben so unten« begegnen wir diesem Prinzip auf allen Ebenen des Baums des Lebens, also auch auf der Ebene zwischen Chesed und Geburah. Das Wesen von Chesed äußert sich auf der Ebene von Assiah durch die Jupiterkraft, der Kraft der Ausdehnung, der Erweiterung, der Vermehrung, alles Ausdrücke, die uns im Grunde positiv berühren und die ja auch der Grund waren, weshalb die Astrologen Jupiter früher als das große Glück bezeichnet haben. Was geschieht nun aber, wenn sich diese jupiterischen Kräfte der Ausdehnung und Vermehrung ungehindert verströmen können?

Nehmen wir als Beispiel aus der Ebene von Assiah den menschlichen Körper. Sobald das Kind geboren ist, wächst sein

Körper, bis er die ihm gemäßen Proportionen eines erwachsenen Menschen erreicht hat. Dann wird das Wachstum mehr und mehr abgebremst und kommt schließlich zum Stillstand. Der erwachsene Mensch ändert seine Körpergröße kaum mehr. Etwas Analoges geschieht, wenn dem menschlichen Körper eine Wunde zugefügt wird. Der Heilungsprozeß setzt ein, die zerstörten Körperzellen werden erneuert, die Wunde wächst zu, und die neuen Körperzellen fügen sich ganz genau in die dem Körper gegebene Form ein. Verläuft der Heilungsprozeß glatt und ungestört, dann bleibt nicht einmal, oder kaum, eine Narbe zurück. Beide Beispiele zeigen uns, daß in unserem Körper zwei Prinzipien am Werk sein müssen, die wir mit Leichtigkeit als Äußerung der Kraftprinzipien der männlichen wie der weiblichen Säule erkennen können: Eine der weiblichen oder formgebenden Säule zugehörige Kraft, die dafür besorgt ist, daß sich dieses Wachstum genau innerhalb der vorgegebenen Form abspielt und die den Wachstumsprozeß genau in dem Augenblick abschaltet, wenn die Form erfüllt ist, das heißt in unserem Beispiel, das Erwachsenenalter erreicht oder der Heilungsprozeß vollendet ist.

Wie wir wissen, sind im Bereich des menschlichen Körpers diese beiden Kraftprinzipien nicht immer so harmonisch aufeinander abgestimmt. Es kann manchmal vorkommen, daß die Wachstumskräfte der belebenden Säule zu langsam arbeiten oder sich, namentlich im Alter, zu früh erschöpfen oder überhaupt nicht imstande sind, ihre Aufgaben zu erfüllen, oder, auf der anderen Seite, daß die Kräfte der formgebenden Säule zu früh eingreifen oder zu spät. Am deutlichsten und in der destruktivsten Weise zeigt sich ein solches mangelndes Gleichgewicht in der Krankheit, die wir Krebs nennen. Bei der Krebserkrankung beginnt im Körper irgendwo ein unkontrolliertes, stetiges Wachstum von Körperzellen, die sich in keiner Weise an die vorgegebene Form halten. Offenbar sind die ausgleichenden Kräfte von der formgebenden Säule her nicht mehr imstande, dieses ungebremste Wachstum unter Kontrolle zu bringen. Immer mehr Lebensenergie wird von diesen unkontrolliert wachsenden Zellen absorbiert, die dann in anderen, vital wichtigen Teilen des menschlichen Körpers fehlt. Der Mensch wird immer schwächer und schwächer, bis er zuletzt stirbt. Der Baum des Lebens eines solchen Menschen ist infolge einer fehlenden, korrigierenden Kraft vollständig aus dem Gleichgewicht geraten und wird schließlich zu Fall gebracht.

Diese korrigierende Kraft ins Spiel zu bringen und der wuchernden Jupiterkraft von Chesed Einhalt zu bieten, ist die Aufgabe, die Geburah im Baum des Lebens zu erfüllen hat. Kann der Mensch, um bei unserem Beispiel der Krebserkrankung zu bleiben, selbst diese Kraft aus Geburah nicht mehr ins Spiel bringen, dann muß sie ihm von außen her zugeleitet werden, damit sie in der richtigen Weise eingreifen kann. In diesem Falle ist es das Messer des Chirurgen, das die aus der Form und der Balance geratenen Teile des menschlichen Körpers operativ entfernt. Damit wird allerdings verletzt, verwundet, Schmerz zugefügt, und es fließt Blut, es wird also vom Ganzen her gesehen zerstört. Aber gleichzeitig hat die Zerstörung dessen, was aus der Balance geraten ist, bei erfolgreicher Operation den Effekt, daß der Mensch wieder geheilt ist.

Ein anderes Beispiel, an dem wir das Wesen von Geburah auch ablesen können: Nehmen wir an, du hast einen Bauplatz gekauft, um dir ein Haus zu bauen. Auf diesem Baugrund steht ein altes, verlottertes, unbewohnbar gewordenes Haus. Du kannst dein neues Haus erst errichten, wenn der Baugrund entsprechend vorbereitet ist. Also beauftragst du eine Abbruchfirma, das baufällige Haus abzureißen, seine Trümmer zu beseitigen sowie den Boden in entsprechender Weise für den Neubau vorzubereiten. Diese Firma mit Namen Geburah erscheint mit ihren Maschinen und Arbeitskräften am Ort und vollbringt dieses Werk. Erst wenn die Firma Geburah ihre Arbeit getan hat, kann die andere Firma, die sich Chesed nennt, daran gehen, dein neues Haus zu errichten und in einen Zustand zu bringen, in dem du es bewohnen kannst.

Diese zwei Beispiele zeigen dir die zwei Aspekte, unter denen die Kraft von Geburah wirkt. Geburah korrigiert das, was aus der Balance geraten ist, und zerstört und beseitigt, was die Neuwerdung behindert. Ohne Geburah wäre ein organisch immerwährendes Leben unmöglich. Geburah greift nur dann ein, wenn etwas droht, aus der Form zu geraten, und in diesem korrigierenden Sinne vertritt Geburah das grundlegende, formgebende Prinzip von Binah, der oberen Ebene. Geburah erweist sich damit zu Recht als der formgebenden weiblichen Säule zugehörig.

Ich glaube, wir sind nun mit den Grundlagen von Geburah soweit vertraut, daß wir darangehen können, anhand der Bilder und Symbole unser Wissen darüber zu vertiefen.

Der Gottesname

Der Gottesname von Geburah heißt *Elohim Gibbor*. Dem allgemeinen Wesen dieser Sephira gemäß ist auch dieser Gottesname nicht ganz leicht zu erfassen. Wir können nicht, wie dies bisher mehr oder weniger der Fall war, den Sinngehalt dieses Gottesnamens in einem oder mehreren Ausdrücken unserer Sprache einigermaßen direkt wiedergeben. Um Elohim Gibbor zu erfassen, müssen wir ihn von verschiedenen Seiten her betrachten und seine Bedeutung auf diese Weise gewissermaßen einkreisen.

Sein erster Teil, das Wort Elohim, ist auch bereits Bestandteil des Gottesnamens, der der Geburah unmittelbar übergeordneten Sephira Binah zu eigen ist. Alles, was den Ausdruck Elohim betrifft, haben wir also bereits an dieser Stelle erläutert, so daß wir hier nicht mehr weiter darauf einzugehen brauchen. Einzig sei vielleicht noch auf den Umstand hingewiesen, daß in der Endung -im auch auf dieser Ebene der weiblichen Säule eine ausgesprochen männliche Komponente zugeordnet ist: Auf der Ebene von Binah als Ausdruck des hellen, lebensspendenden AIMA-Aspekts betrachtet, der das in Binah zur Form heranwachsende Leben nicht in tödlicher Umklammerung festhält, sondern durch den chockmahhaften Akt der Geburt ins Licht der Welt entläßt. Auf der Ebene von Geburah könnte diese männliche Komponente, die in gleicher Weise durch die Endung -im ausgedrückt ist, ein Hinweis auf die expansive Form der Kraft von Geburah sein, eine Kraft, die durchaus auch imstande sein sollte, von sich aus die Initiative zu ergreifen, wenn sich die Notwendigkeit dazu ergeben sollte. Diese expansiven und initiativen Möglichkeiten der Kraft von Geburah scheinen allerdings auch mit ein Grund zu sein, daß

168

sich auf der Ebene zwischen Chesed und Chockmah das Gleichgewicht offensichtlich als äußerst labil und störanfällig erweist. Im Initiationsritual des Ordens »The Golden Dawn« wurde der Neophyth auf diesen Umstand mit folgenden Worten aufmerksam gemacht: »Zuviel Geburah ist Grausamkeit, zuviel Chesed ist Schwäche.« Dieser Hinweis wurde wahrscheinlich gegeben, um dem Neophythen klarzumachen, wie wichtig es für seinen weiteren Evolutionsweg ist, den Vorgängen auf dieser Ebene seine ganz besondere Aufmerksamkeit zu schenken, weil offenbar da die Gefahr am größten ist, die Balance zu verlieren. Damit erweist sich die Ebene von Geburah und Chesed als ein Schlachtfeld ständiger Auseinandersetzungen. Ständig werden hier irgendwelche Konflikte ausgetragen, wird um die Balance gerungen. Diese Auseinandersetzungen werden mit äußerster Härte geführt, in denen letztlich, wie wir gesehen haben, Sieg oder Niederlage eine ganz besondere Rolle spielen. Deshalb ist es auch nicht weiter verwunderlich, daß der Name Gibbor den Begriff von Durchsetzung, Überwindung beinhaltet. In der modernen Bibelsprache wird dieser Name vorwiegend mit »der allmächtige Gott« wiedergegeben, was allerdings nicht ganz korrekt ist, denn Gibbor meint in seinem eigentlichen Sinne »die alles überwindende Kraft des Gottes, der zuletzt doch Sieger bleibt«.

Diese Interpretation oder Übersetzung, einfach so für sich stehengelassen, würde nun allerdings nicht ganz dem Prinzip der Balance entsprechen. Damit würde Geburah zu einer Kraft, die letztlich immer die Möglichkeit hätte, über Chesed den Sieg davonzutragen, das heißt Chesed soweit zurückzudrängen, daß sie nicht mehr in der ihr gemäßen Weise zum Zuge kommen könnte, was natürlich verheerende Auswirkungen für die Balance und damit für den ganzen Baum des Lebens zur Folge haben würde.

Erinnern wir uns bei dieser Gelegenheit daran, daß das Wort Elohim von Eloah stammt und in dieser Einzahlform eigentlich die »Göttin« heißt. In diesem Zusammenhang gewinnt eine offenbar sehr alte und uns auf den ersten Blick seltsam anmutende kabbalistische Tradition einige Bedeutung. Diese Tradition erwähnt eine Göttin des Krieges und der Liebe mit dem Namen

Anah oder Anatah. Diese Anah soll die Gattin von Jod Heh Vau Heh sein. Einer der auf sie angewandten Namen lautet »die Jungfrau, die voll Erbarmen ist«. Dieses Wesen der Anah, das durch den Stamm Eloah im Gottesnamen enthalten ist, sorgt offenbar dafür, daß die sieghafte und alles überwindende Kraft von Gibbor zur rechten Zeit vom Erbarmen durchdrungen wird, der auf diese Weise bewogen wird, Krieg und Streit zur rechten Zeit zu beenden, so daß die von Chesed her fließenden Kräfte wieder das ihrige dazu beitragen können, daß der Baum des Lebens auf der mittleren Säule im Gleichgewicht bleibt. Auf jeden Fall sorgt Anah dafür, daß die Kraft der Zerstörung nicht das letzte Wort behält.

Der Erzengel

Der Erzengel von Geburah trägt den Namen *Kamael*. Auch sein Name entstammt dem Bereich des Feuers und des Lichtes. Er kann übertragen werden mit »das verbrennende Feuer Gottes«. Damit ist ein sehr starker Gegensatz zum Feueraspekt von Chesed gesetzt. In Chesed erscheint das Feuer als Licht. Nicht das Brennende und Verbrennende des Feuers kommt dort zur Auswirkung, sondern seine Funktion als Licht. Damit wird die Ebene zwischen Chesed und Geburah zur ausgesprochenen Feuer-Ebene, auf der sich die beiden Ausdrucksformen des Feuers, die lichtgebende und die verbrennende, in einer ständigen Auseinandersetzung miteinander befinden. Ein intensives meditatives Befassen mit diesem Bild der Feuer-Ebene kann mehr zum Ausdruck bringen über das Wesen von Chesed und Geburah als tausend Worte.

Manchmal wird Kamael auch als »die rechte Hand Gottes«, die das Schwert führt oder die Fackel wirft, bezeichnet.

Die Engel

Die Engel von Geburah sind die *Seraphim*. Dieser Name wird in der moderneren Ausdrucksweise mit »Feuerschlangen« wiedergegeben. Zeigt sich im Kamael vor allem der brennende und verbrennende Aspekt des Feuers, so kommt in den Seraphim dessen reinigende Kraft zum Ausdruck. Das 6. Kapitel des Buches Jesaia, in dem die Berufung des Propheten geschildert ist, bringt dies sehr schön zum Ausdruck. In den Versen 6 und 7 ist geschildert, wie einer der Seraphim mit einer glühenden Kohle die Lippen des Propheten reinigt. Überhaupt ist dieses Kapitel 6 ganz erfüllt von der Energie Geburahs, die der Prophet nicht nur durch die Art seiner Berufung und Reinigung am eigenen Leibe erlebt, sondern dessen Auftrag es auch ist, dem Volk Israel den Gott Elohim Gibbor zu verkünden. Das ganze prophetische Buch Jesaia steht mitten im intensivsten Kräftespiel auf der Feuer-Ebene von Chesed/Geburah, was sich unter anderem darin äußert, daß es unentwegt Worte enthält, die entweder dem Energiefeld von Geburah oder dem von Chesed entstammen.

Das astrologische Kraftprinzip

Das astrologische Kraftprinzip, durch das Geburah in die Ebene von Assiah hineinwirkt, äußert sich durch *Mars*. Mars bedeutet zunächst einfach Energie an sich, die Kraft, die einwirkt und Spuren hinterläßt in irgendeiner Weise. Aber die Energie ist auf dieser Ebene schon so weit heruntertransformiert, daß sie sich nicht mehr gänzlich in einer zerstörenden und ausschließlich korrigierenden Weise äußert. Gewiß, diese Aspekte sind auch noch vertreten, aber gleichzeitig ist Mars auch die Kraft, die antreibt, die Dinge in Gang hält und vorwärts bringt. Wo Mars am Werk ist, da geschieht etwas. In Mars zeigt sich die der formgebenden Säule zugeteilte Kraft von Geburah als Ereignis, als Geschehen, als Auswirkung, im buchstäblichen Sinne gemeint. Mars ist die Kraft, mit deren Hilfe etwas produziert wird.

Die Symbole

Das klassische Symbol von Geburah ist das *Schwert,* hier nicht im Sinne des rundum Kahlschlagens gemeint, sondern mehr in seiner Funktion als Messer, das wegschneidet, was zuviel ist, das zurechtstutzt. Durch das Schwert wird korrigiert, was nicht der Richtung des Zeige-Stabes von Chesed folgt. Das geometrische Symbol von Geburah ist das Fünfeck, das *Pentagon.* Es ist wahrscheinlich kein Zufall, daß das Gebäude, in dem sich das amerikanische Kriegsministerium befindet, die Form und den Namen eines Pentagon hat. Ein weiteres, dem Schwert verwandtes Symbol von Geburah ist der *Speer,* mit dessen Spitze abgehalten wird, was zu ungestüm nach vorne drängt. Ebenso sind die *Kette* und die *Fessel* Geburah-Symbole, deren Sinn ganz offensichtlich ist. Das unter den traditionellen Symbolen am wenigsten bekannte ist die *fünfblättrige Rose.* Du findest sie im Banner des Todes auf Bild XIII der großen Arkana, das sich dadurch als ein Bild erweist, das im hohen Maße das Wesen von Geburah darstellt. Das *Skalpell des Chirurgen,* das wir bereits erwähnt haben, ist eine moderne Erscheinungsform des Schwertes von Geburah; auch alle *Desinfektionsmittel, Antibiotika* und so weiter können das Wesen von Geburah in modernen, der heutigen Zeit entnommenen Begriffen ausdrücken. Auch *Bulldozer* und *Abbruchhammer* können, wie wir im einleitenden Beispiel gesehen haben, die Energie von Geburah zum Ausdruck bringen. Wieder mehr der traditionellen Bilderwelt entstammt das *Fegefeuer,* das sich durch den Namen Purgatorium nicht als das verbrennende, sondern als das reinigende Feuer erweist.

Auch das Buchstabensymbol *I. H. S.* ist ein Symbol von Geburah. Hinter diesen drei Buchstaben verbirgt sich der lateinische Satz »in hoc signum vinces«, auf deutsch: »In diesem Zeichen wirst du siegen.« Nach der Legende hatte der römische Kaiser Konstantin vor der alles entscheidenden Schlacht die Vision dieses Satzes, der ihn auf das Christuskreuz hinwies. Aufgrund des errungenen Sieges führte Konstantin schließlich das Christentum als Staatsreligion ein. Manchmal wird der Sinn der drei Buchstaben auch wiedergegeben mit »Jesus hominum salvator«,

»Jesus, der Retter oder Erlöser der Menschen«. Auch das christliche Ostern steht ganz im Zeichen von Geburah. Der auferstehende Christus verkörpert den über alles siegende Elohim Gibbor. Nach der Ostererzählung wälzte ein Engel (Kamael) den Stein vom Grabe (Binah-Symbolik), aus dem dann Christus in der Form des Elohim Gibbor hervorging. Interessant ist in diesem Zusammenhang auch, daß sich der auferstehende Christus zuerst Frauen, namentlich der Maria Magdalena, offenbarte. Es könnte damit sehr wohl der Anah-Aspekt integriert sein.

Die Farbe von Geburah, ausgedrückt durch die Ebene von Briah, ist *Rot*.

Die Körperzuordnungen

Das Prinzip von Geburah zeigt sich am menschlichen Körper durch den *rechten Arm,* der bei der Mehrzahl der Menschen der aktive, handelnde Arm ist, mit dem das Schwert und die Werkzeuge gehandhabt werden.

Das magische Bild

Das traditionelle magische Bild, in dem das Wesen von Geburah als Ganzheit zum Ausdruck kommt, ist ein mächtiger Krieger in seinem Streitwagen. Auch dieses magische Bild entstammt natürlich dem Erfahrungsbereich einer sehr viel früheren Zeit und hat deshalb als solches für uns nur noch bedingt Wert. Freilich kann man seinen Inhalt auch in Bilder der modernen Kriegstechnologie übersetzen, den Streitwagen vielleicht zum Panzer machen, und so weiter. Inwieweit dies etwas bringt, mußt du im Rahmen deiner praktischen Arbeit selbst herausfinden. Sollten dir die Kriegsmotive als Grundlage und Elemente des magischen Bildes Mühe bereiten, kannst du als magisches Bild von Geburah auch das Bild des auferstehenden Christus heranziehen. Vielleicht in der Form, wie ihn Matthias Grünewald gemalt hat. In diesem Falle solltest du aber, wie überhaupt immer, wenn du christliche

Bildsymbolik für deine Arbeit im Baum des Lebens heranziehst, das beachten, was ich speziell zu diesem Punkte im dritten Teil des Bandes noch zu sagen habe.

Ob wir überhaupt noch mit der Verknüpfung des Baums des Lebens mit Bildern, die ausgesprochen von christlichem und das heißt hier vor allem kirchlichem Inhalt her geprägt sind, arbeiten können, scheint mir aus mancherlei Gründen fraglich geworden zu sein. Es sind damit gewisse Gefahren verbunden, mit denen ich dich zuerst noch vertraut machen möchte. Sei aber versichert, daß dies auf keinen Fall bedeutet, daß der Baum des Lebens sowie die Kabbala und der Tarot im Gegensatz zum Christentum stünden. Im Gegenteil, das Christentum als solches ist, wie wir noch sehen werden, ganz aus dem Baum des Lebens heraus entstanden.

Wenn du dich meditativ mit der Sephira Geburah auseinandersetzen möchtest, dann brauche auch jetzt am besten Bilder aus der Reihe der großen Arkana, die von der Kraft Geburahs geprägt sind. In Bild VIII (nach der Zählung von Waite XI), der »Gerechtigkeit«, wirst du nicht nur im Schwert ein Symbol von Geburah entdecken, sondern auch in vielen anderen Elementen, auf die ich dich jetzt sicher nicht mehr aufmerksam zu machen brauche. Bild XIII, »Tod«, haben wir bereits als Träger des Symbols der fünfblättrigen Rose erwähnt. In diesem Bild zeigt sich Geburah vor allem unter dem Aspekt der Transformation, des Sterbens, damit Neues werden kann. Auch Bild XVI, »Der Turm«, enthüllt sich dir erst jetzt, von Geburah her gesehen, in seiner vollen Bedeutung. Im Blitz erkennst du den reinen Ausdruck der korrigierenden Kraft von Geburah. Der Turmbau als solcher auf dem Gipfel eines Berges entspricht der Grenzüberschreitung und hat damit eine Störung des Gleichgewichts zur Folge. In der roten und blauen Farbe der Kleider der stürzenden Menschen erkennst du jetzt die Farben von Chesed und Geburah, und der die Stürzenden begleitende Feuerregen wird, wie wir das bereits im ersten Band dargelegt haben, zum Ausdruck des Segens durch Chesed. Es mag überhaupt hilfreich sein, wenn du den entsprechenden Text im ersten Band (Seiten 221 bis 230) noch einmal durchliest. Nicht zuletzt werden dich die Worte des Jesaia-Buches für das Geschehen auf der Ebene Geburah/Chesed hellhörig und hellsichtig machen.

6. Thipharet

Thipharet ist die Sephira, die die Kräfte, die ihr von Chesed und Geburah zufließen, ausgleicht und in Harmonie und Schönheit in sich vereinigt. Dieser Ausgleich der von der belebenden und der formgebenden Säule ausgehenden Kräfte ist Aufgabe und Inhalt der Sephiroth, die sich im Bereich der mittleren Säule befinden.

Thipharet erhält aber zusätzlich noch eine Sonderstellung, als sie der Mittelpunkt, das Zentrum des ganzen Baums des Lebens überhaupt ist. In dieser Position fällt ihr die Aufgabe zu, alle Kräfte des Baumes in sich zu sammeln und – je nach dem – nach unten oder nach oben weiterzuleiten. Thipharet erfüllt also gewissermaßen die Funktion einer Relaisstation oder eines Frequenzumsetzers, im gleichen Sinne, wie wir diesen Vorgang im ersten Band im Kapitel »Was ist Esoterik?« kennengelernt haben.

Keine Energie kann so, wie sie aus ihrem Ursprung her geschaffen ist, den ganzen Baum durchlaufen, ohne in irgendeiner Weise umgewandelt, das heißt transformiert zu werden. Denke dabei wieder an das Beispiel des Batterie-Transistorradios, das jemand an eine Hochspannungsleitung direkt anzuschließen versucht. Aber die Umformung gilt natürlich nicht nur für die Bewegung von oben nach unten, sondern – für uns Menschen des irdischen Plans fast noch aktueller – auch von unten nach oben. Wollen wir in die obere Region des Baums gelangen, müssen wir das Spannungsfeld unserer eigenen Energie entsprechend hinauftransformieren. Ein Vorgang, der im bereits erwähnten Gleichnis Jesu von den anvertrauten Talenten eine wichtige Rolle spielt. In diesem Zusammenhang erkennen wir die Arbeit an unserem Karma als den Prozeß eines solchen Hinauftransformierens. Jeder Tod einer unserer Persönlichkeiten – Tod ist ja Transformation – sollte im Idealfall zur Folge haben, daß wir in der nächsten Inkarnation über ein dementsprechend höheres Spannungspotential verfügen, das uns den Aufenthalt auf einer höheren Stufe erst ermöglicht. Thipharet ist die Sephira, die eine solche Transformation ermöglicht und den Weg dazu zeigt. In Thipharet als der Kontaktstelle des hermetischen Gesetzes »wie oben, so unten« sollten für uns die Dinge, die die kosmische Schöpfungsordnung betreffen, in einer Weise sichtbar werden, die es uns ermöglicht, ihr eigentliches Wesen zu erkennen und dementsprechend für unseren weiteren Weg zu integrieren. Thipharet hat deshalb eine große Bedeutung für alle Bereiche des religiösen beziehungsweise esoterischen Lebens und die damit verbundenen Begriffe und deren praktische Handhabung. Dies gilt am Beispiel des Baums des Lebens – der ja speziell der westlichen Welt zugeordnet ist – ganz besonders auch für das Christentum, wie wir sehen werden.

Auf der Höhe von Thipharet teilt sich der Baum des Lebens, unabhängig von den vier kabbalistischen Welten, in zwei Hälften, eine obere und eine untere. Die Trennungslinie dieser beiden Hälften geht mitten durch Thipharet hindurch, und die Sephira wird dabei gewissermaßen zu einer Linse oder einem Spiegel, der das untere nach oben und umgekehrt reflektiert oder weitergibt. Dies gilt überhaupt für alle Sephiroth einschließlich Daath, die sich auf der mittleren Säule befinden. Jedes dieser Sephiroth wirkt in gewisser Weise als Reflexion beziehungsweise Umsetzerstation nach oben wie nach unten. Aber nur Thipharet hat die Sonderstellung als Mitte des Baumes. Seine Aufgabe kann deshalb am besten mit der Ausrichtung auf diesen Mittelpunkt hin verglichen werden. *Zentrierung* ist also der Begriff, der das Wesen von Thipharet am treffendsten zum Ausdruck bringt.

Der Gottesname

In Thipharet ist der Gottesname ein mehrfach zusammengesetzter und lautet *Jod Heh Vau Heh Eloah Va Daath*. Das macht ihn zum kompliziertesten und umfangreichsten Namen des ganzen

Baumes, was uns aber nicht weiter erstaunt, nachdem, was wir über das Wesen von Thipharet bereits kennengelernt haben. Es ist ein Name, der auf ganz subtile Weise das Weibliche und Männliche miteinander harmonisiert und integriert. Die Bedeutung kann etwa mit »der Alleswissende« wiedergegeben werden. Dabei gilt es aber zu beachten, daß das »allwissend« nicht im Sinne eines »großen Bruders« aufgefaßt werden darf, dessen Fernsehauge überall wacht und der deshalb über alles und jedes informiert ist, was wir tun, ein Aspekt des Gottesbildes, den vielleicht manche unter uns mehr oder weniger bewußt noch von der Kindheit her mit sich herumtragen. Das »Allwissend« kommt vielmehr in die Nähe vom Begriff Urwissen, in dem alles vorhanden und enthalten ist. Beachte auch, daß ein Bestandteil des Gottesnamens von Thipharet das Wort Daath ist. Sobald wir die Sephira dieses Namens in ihren Grundzügen kennengelernt haben, wirst du die eigentliche Bedeutung des Gottesnamens von Thipharet noch besser verstehen.

Auf Thipharet befinden wir uns in einer Sphäre, in der die Dinge sichtbar und damit auch erkennbar werden. Darin besteht die weitere Entwicklung auf dem Wege des zündenden Blitzes von oben nach unten. In Chesed werden die Dinge ins Licht gesetzt und beleuchtet. Geburah sorgt dafür, daß ihre Form erhalten und sichtbar bleibt. Aber erst in der Sphäre von Thipharet gelangen wir dazu, die Dinge nicht mehr nur als Phänomen wahrzunehmen oder durch Geburah mehr oder weniger schmerzlich zu erfahren, sondern in ihrer wahren Bedeutung und ihrem Wesen nach zu erkennen. Thipharet ist der Ort, wo aus der Beleuchtung in gewissem Sinne die Erleuchtung werden kann, wobei sich diese Erleuchtung ihrem Wesen nach grundsätzlich von der Erleuchtung unterscheidet, wie sie auf der Ebene des mystischen Dreiecks unter Umständen zuteil werden kann.

Tetragrammaton Aloah Va Daath hat also sehr viel mit Klarheit und, von da aus weitergeführt, mit Erkenntnis zu tun. Das Leuchten von Chesed wird hier wirklich zum erhellenden Licht, nachdem Geburah alles, was diese Helligkeit und damit Erhellung beeinträchtigen könnte, aus dem Wege geräumt oder in seine Schranken gewiesen hat. In Thipharet sind wir aufgerufen, uns in die Betrachtung des göttlichen Lichtes zu versenken, um uns von ihm erhellen und letztlich erleuchten zu lassen, damit wir erkennen können. Erkenntnis aber bedeutet Wissen, das Wissen um den Mittelpunkt, auf den hin wir ausgerichtet sind. Es ist ein Wissen von innen heraus, aus dem Innersten des Baums des Lebens. Insofern könnte sich Thipharet, so wie es sich durch seinen Gottesnamen ausdrückt, als das an die Oberfläche gehobene Daath erweisen.

Wenn du später bei fortgeschrittener Kenntnis den Gottesnamen von Thipharet noch einmal unter dem eben geäußerten Gesichtspunkt eingehend analysierst, wirst du verstehen, daß er sehr wohl in diese Richtung weist.

Der Erzengel

Der Erzengel von Thipharet ist *Michael*. Die Bedeutung dieses Namens kann wiedergegeben werden mit »einer, der wie Gott ist«. Damit ist nun ganz sicher nicht gemeint, daß Michael identisch mit Gott ist; noch viel weniger ist hier das Prinzip der Analogie in der Weise aufgenommen, daß man in Michael eine Erscheinung oder gar Inkarnation Gottes auf einer unteren Ebene erblicken könnte. Vielmehr bedeutet dies, daß anhand der Erscheinung, in der sich Michael darbietet, und anhand der Sphäre, über die er regiert, vieles über das Wesen Gottes erschlossen werden kann. Als einer der vier großen Erzengel des Tetragrammatons ist Michael der Träger des Buchstabens Jod, in dem der belebende Funke, das Feuer, die Phalluskraft ausgedrückt wird. Daher wird er in der kabbalistischen Tradition auch mit dem Namen »Fürst des Lichtes« bezeichnet. Dementsprechend ist Michael nicht der Träger des Schwertes, das Raphael zugeordnet ist, sondern sein Attribut ist der Stab in der Form eines Speeres. Als »Fürst des Lichtes« ist er Repräsentant des heiligen Jods, in dem sich die Sonnenkraft manifestiert. Sonnenkraft aber ist der Wirkungskanal, durch den sich göttliche Kraft überhaupt ergießt, die göttliche Kraft an sich, auf der sich die kosmische Schöpfungsordnung aufbaut.

Die Engel

Die Engel von Thipharet sind die *Malachim*. Dieser Name bedeutet »Boten«, aber nicht so sehr im buchstäblichen Sinne; vielmehr wird mit diesem Namen zum Ausdruck gebracht, daß der König durch sie sein Land regiert, so daß der treffendere Ausdruck vielleicht »die Regenten« sein würde. Hier, auf der Ebene der Engel, kommt die Ausrichtung auf einen Punkt hin als Synthese von Geburah und Chesed am deutlichsten zum Ausdruck. Thipharet selbst stellt ja innerhalb des Ganzen des Baums des Lebens einen solchen Mittelpunkt dar, auf den hin alles ausgerichtet ist und der seinerseits ja auch wieder in den ganzen Baum des Lebens hinausstrahlt.

Daß wir uns in Thipharet im Zentrum der kosmischen Schöpfungsordnung befinden, zeigt sich auch auf eine andere Weise. Chesed ist gerichtete Kraft von der männlichen, belebenden Säule, die sich in der obersten Sphäre der Materialisation als reine Bewegung äußert. Geburah als die Kraft der gegenüberliegenden formgebenden Säule wirkt in einer Art auf diese Bewegung ein, daß sie Form gewinnen kann. Beide Prinzipien zusammen ergeben die Gravitation, durch die unser Kosmos in Thipharet zusammengehalten wird. Die Malachim achten als Regenten darauf, daß die kosmische Schöpfungsordnung in der ihr gemäßen Weise funktionieren kann und geben als Boten Aufschluß über sie.

Das astrologische Kraftprinzip

Das dem Wesen von Thipharet gemäße astrologische Kraftprinzip ist natürlich die *Sonne*. Durch sie verkörpert sich nicht nur der lichthafte Aspekt von Thipharet, sondern auch das Prinzip der Zentrierung, insofern, als sie der Mittelpunkt unseres Planetensystems ist. Sonne, das bedeutet auf der Ebene von Assiah Lebenskraft an sich, Vitalität, die gesunde Konstitution eines Menschen, die dafür sorgt, daß alle den Menschen innewohnenden Kräfte, Organe und so weiter, sich in einer dem Ganzen dienenden Weise miteinander verbünden und verbinden.

Das Gestirn Sonne selbst ist der Kanal, durch den unser Planetensystem an die große kosmische Energie angeschlossen ist. Aber die Sonne ist nicht Zentrum und Ursprung des Kosmos, sie repräsentiert und widerspiegelt in gewisser Weise dieses Zentrum nur für die Ebene unseres Planetensystems. Insofern erfüllt sie die Funktion von Thipharet, als sie die große Kraft, die dem Universum zugrunde liegt, auf unserer Ebene zum Ausdruck bringt und damit gleichzeitig für uns erkennbar macht. In diesem Sinne ist sie eine Reflexion von Kether auf eine untere Ebene, während Kether selbst an ganz anderer Stelle vorhanden ist.

Die Symbole

An erster Stelle der traditionellen Thipharet-Symbolik steht das *Lamen,* der Brustschild des Priesters und Magiers, den wir bereits im ersten Band, Seite 125, unter den Namen Urim und Thummim kennengelernt haben. Das Lamen zieht der Priester oder der Magier über die Brust, um während eines Rituals damit zu zeigen, von welchem Kraftzentrum aus er arbeitet. Das Lamen ist zu diesem Zweck mit dem Zeichen und Symbol versehen, die diesem Energiefeld zugeschrieben werden. Das Lamen des jüdischen Hohepriesters, das nach einigen Bibelstellen zweifach beschriftet und mit den Namen der zwölf Stämme Israels versehen war, zeigte offenbar an, daß der jüdische Hohepriester in diesem Falle von der Ebene von Chockmah aus arbeitete (die Zahl 2 als Nummer der Sephira und 12 als Zahl des Tierkreises). Aber nicht diese Funktion allein macht das Lamen zum Symbol von Thipharet. Das Lamen hatte die Aufgabe, dem Priester und Magier jederzeit im Bewußtsein festzuhalten, auf welcher Ebene der Kraft er sich befand. Eine solche Bewußtseinserhaltung ist für jede magische Operation und für jede kultische und rituelle Handlung im religiösen Bereich, wie etwa kirchliche Zeremonien und so weiter, von höchster Bedeutung. Ein Magier, Priester oder Pfarrer, der sich nicht jederzeit darüber im klaren ist, auf welcher Kraftebene er sich momentan im Laufe des von ihm geleiteten Rituals befindet, muß, wenn sich dies auf längere Zeit immer

181

wiederholen sollte, mit nachteiligen Folgen für sein psychisches Wohlbefinden rechnen. Gerade für solche kann deshalb der Baum des Lebens, anhand dessen eine solche Orientierung jederzeit möglich ist, zu einem unentbehrlichen Werkzeug ihrer Arbeit oder ihres Berufes werden.

Ein weiteres, mit klassisch zu bezeichnendes Symbol von Thipharet ist das *Rosenkreuz*. Es hat seit jeher auf dem Gebiet der Esoterik eine derart zentrale Rolle gespielt (es ist schon von daher als Thipharet-Symbol erwiesen), daß es im Laufe der Zeiten mit den verschiedenartigsten Differenzierungen und Bedeutungen aufgeladen wurde. Für das Rosenkreuz gilt das gleiche, was ich schon im Hinblick auf die Astralebene im ersten Band behauptet habe. Es gibt wahrscheinlich keine zwei Esoteriker, für die das Rosenkreuz das gleiche bedeutet. Ich kann dir deshalb auch nur meine eigene, persönliche Interpretation darlegen.

Grundlage des Rosenkreuzes ist für mich die Bedeutung des Kreuzes als solches, nämlich die Verbindung von Gegensätzen im Sinne der Polarität. Diese vereinigende Polarität indessen erzeugt einen Kraftfluß, und die durch die Vereinigung der polaren Gegensätze geschaffene oder freigewordene Energie soll ihre Früchte tragen und im Sinne der kosmischen Schöpfungsordnung zur Auswirkung gelangen. Diese Auswirkung ergibt sich für mich in Thipharet aus der vereinigenden Wirkungskraft der Feuer-Licht-Ebene zwischen Geburah und Chesed. Aus dem Kreuz heraus wachsen Rosen und verkörpern damit das Prinzip von Chesed: wachsen, blühen und gedeihen. Dieses Wachsen, Blühen und Gedeihen zeigt sich in Form der Rose, die eine vielfältige, vielblättrige Blüte hat und die durch die Einwirkung der Kräfte von Geburah in eine Form gebracht wird, die sich auf der Ebene von Thipharet als Schönheit erweist. Die Dornen der Rose sind für mich ein direktes Symbol der formgebend-korrigierenden Kräfte von Geburah. Aber, wie gesagt, das ist meine persönliche Deutung, und ich ermuntere dich ausdrücklich dazu, für dich deine eigene, individuelle zu suchen und zu finden. Thipharet ist schließlich auch der Ort, wo der Kontakt und die Verbindung zwischen der »Persönlichkeit« und der »Individualität« erfolgt.

Eine weitere Kreuzform, der wir auf Thipharet begegnen, ist das sogenannte *Kalvarienkreuz*. Es ist das Kreuz, das die Verbindung von Gegensätzen durch ein Opfer darstellt. Aus dieser Sicht heraus wird es auf ganz natürliche Weise zum Kruzifixus, zum Kreuz, an dem Jesus hängt. Auf das Kalvarienkreuz und seine Verwendung innerhalb der esoterischen Arbeit werde ich an anderer Stelle noch näher eingehen. Für den Moment gilt das gleiche wie für das Symbol der Swastika: es ist mit Vorsicht zu gebrauchen. Befasse dich statt mit dem Kalvarienkreuz viel eher mit dem *Zirkelkreuz,* dem Sonnenkreuz oder auch manchmal keltisches Kreuz benannt. Es besteht in einem Kreuz mit gleich langen Armen, das von einem Kreis umschlossen ist und uns schon von diesem äußeren Erscheinungsbild her wiederum in die Nähe unserer Rota bringt.

Das Sonnenkreuz stellt an sich auch ein Mandala dar. Das Mandala ist das Symbol, das Zentrierung, auf einen Mittelpunkt hin ausgerichtet sein, am stärksten zum Ausdruck bringt. Die Forschungen, die C. G. Jung der Form des Mandalas gewidmet hat, zeigen das Mandala in eindrücklicher Weise als ein der Sephira Thipharet zugehöriges Symbol. Auch der Punkt, der als Mittelpunkt von einem Kreis umschlossen ist (ebenfalls eine Mandalaform), weist uns besonders auf den Umstand hin, daß Thipharet eine Widerspiegelung von Kether auf einer unteren Ebene ist. Kether ist der Punkt, von dem aus sich der unendliche Radius in den Bereich von Ain Soph Aur erstreckt. Auf der Ebene von Thipharet hat dieser Radius seine Unendlichkeit und damit Unfaßbarkeit verloren und umrundet nun, als ein durch unsere Sinne wahrnehmbarer Kreis, diesen Mittelpunkt und vertritt damit auch wieder das Prinzip der Zentrierung.

Ein Symbol von ganz besonderer Eigenart, das aber einen wichtigen Aspekt von Thipharet zum Ausdruck bringt, ist der *Pyramidenstumpf.* Die Pyramide als solche, die das Transzendieren von einer Ebene in die andere zum Ausdruck bringt, haben wir bereits auf der Ebene von Chesed eingehend behandelt. In Thipharet begegnen wir nun dem Pyramidenstumpf, der dem unteren Teil einer Pyramide entspricht, deren obere Hälfte weggeschnitten ist. Damit ist in dem Stumpf ein Körper entstanden, der an seiner Basis und an seiner Oberfläche über zwei in der Form je gleich aussehende Flächen aufweist, die sich aber in der Größe voneinander unterscheiden. Ob du zu diesem Zweck die dreiseitige oder vierseitige Pyramide nimmst, bleibt deinem Belieben überlassen. Der aus der dreiseitigen Pyramide entwickelte Stumpf weist sechs Ecken auf, die mit der Zahl von Thipharet korrespondieren. Der aus der rechteckigen Grundfläche abgeleitete Pyramidenstumpf hat andererseits sechs Seiten und steht damit in Verwandtschaft mit dem Kubus, einem anderen Thipharet-Symbol, wie wir gleich sehen werden.

Da du wahrscheinlich kaum die Gelegenheit hast, dich jetzt auf die obere Fläche eines solchen Pyramidenstumpfes zu stellen, versuche dies im Geiste. Schließe für einen Moment die Augen und stelle dir vor, du stündest auf der oberen Fläche eines Pyramidenstumpfes. Dann blicke, wiederum mit dem geistigen Auge, rundum, und du wirst wahrscheinlich feststellen, daß sich für dich unwillkürlich die schrägen Linien des Pyramidenstumpfes nach oben hin fortsetzen und zur Spitze vereinigen. Das bedeutet: Du baust die Pyramide als Gedankenform zu Ende. Damit ist der Pyramidenstumpf zum Symbol der Zweiteilung des Baums des Lebens in Thipharet geworden. Der materiell faßbare Pyramidenstumpf verkörpert die untere Hälfte von Malkuth bis Thipharet und die Gedankenform zur Pyramidenspitze hin die obere Hälfte Thipharet bis Kether.

Aber noch in einem anderen Sinne hat dieses Symbol seine Bedeutung. Nach alter esoterischer Tradition vermag sich der Mensch aus eigener Kraft, das heißt mit der Energie, die ihm von der Ebene von Assiah und teilweise von Jetzirah her zur Verfügung steht, im Baum des Lebens nur bis zur Höhe von Thipharet emporzuarbeiten. Weiter gelangen kann er nur, wenn ihm Hilfe »von oben« her zuteil wird. Diese Tradition wird sinnlich faßbar im Symbol des Pyramidenstumpfes.

Zu dem traditionellen Symbol von Thipharet gehört, wie bereits kurz erwähnt, auch der *Kubus*. Er zeigt an, daß wir nun im Bereich von Thipharet wirklich bereits auch die Grenzlinie zu Assiah hin, zur materiell-irdischen Ebene, überschreiten. Die Materie und die durch sie bestimmte Ordnung kommt ab Thipharet nun voll zur Auswirkung. Anders ausgedrückt, das Reich der Materie, so wie wir es kennen und uns in ihm bewegen, reicht von Malkuth, das ihre Basis bildet, bis hinauf in den Bereich von Thipharet. Die sechs Seiten des Kubus repräsentieren die Zahl 6, die Thipharet in der Reihenfolge des zündenden Blitzes einnimmt.

Die Farbe von Thipharet, ausgedrückt durch die Ebene von Briah, ist, dem Sonnenhaften entsprechend, *Gelb*.

Die Körperzuordnungen

Traditionell wird Thipharet am menschlichen Körper der Bereich der *Brust* zugeordnet, was natürlich in enger Verbindung mit dem Symbol und dem Ritualgegenstand des Lamens steht. Persönlich finde ich, daß der Begriff der Brust mehr in der Richtung des sogenannten Solar-Plexus, des Sonnengeflechtes, ausgeweitet werden sollte, ein dichtes Geflecht des sympathischen Nervensystems, das etwa auf der Höhe der Magengegend oberhalb des Nabels liegt. Für den menschlichen Körper erfüllt der Solar-Plexus viele Funktionen, die mit Thipharet in Verbindung stehen, und manche Esoteriker halten den Solar-Plexus für das eigentliche Hellsehorgan, was in übertragenem Sinne auch wieder auf seine Thipharetzugehörigkeit hinweisen würde. Ich überlasse es wiederum dir, welcher Ansicht du dich hier anschließen möchtest.

Das magische Bild

Thipharet hat als einzige Sephira ein magisches Bild, das dreifach besetzt ist. Es sind also drei magische Bilder, die, äußerlich betrachtet, voneinander verschieden sind, doch, wie wir gleich sehen werden, in ihrem innersten Wesen im Zusammenhang stehen. Bei diesen drei Bildern handelt es sich um einen *majestätischen König,* um ein *Kind* und um einen *geopferten Gott*. Um das Wesen und den Zusammenhang dieser drei Bilder zu entschlüsseln, müssen wir von der Funktion ausgehen, die Thipharet im Baum des Lebens zu erfüllen hat.

Thipharet ist der Mittelpunkt des Baumes und gleichzeitig die Verbindungsstelle von dessen oberer mit der unteren Hälfte. Seine Lage im Baum des Lebens führt dazu, daß es als Funktion die Arbeit einer Relais- oder Umsetzerstation zu übernehmen hat. Praktisch bedeutet das: In Thipharet wird für uns, die wir uns auf Malkuth befinden, sozusagen in eine andere Frequenz umgesetzt, das sichtbar und erkennbar, was oberhalb Thipharet unseren Blicken und unserem Begriffsvermögen entzogen ist. Daraus können wir schließen, daß die drei magischen Bilder von Thipharet aus dem magischen Bild von Kether abgeleitet werden können, denn Thipharet ist ja der Ort, wohin die Energie von Kether in einer für Malkuth faßbaren Form projiziert wird.

Das magische Bild von Kether ist ein alter König mit einem weißen Bart und einer Krone auf seinem Haupt, dessen Gesicht nur im Profil gesehen wird (die andere Gesichtshälfte ist Ain Soph Aur zugewandt). Wenn wir uns nun dieses magische Bild von Kether deutlich vorstellen und es mit einem Begriff kennzeichnen wollen, dann bietet sich als erstes das Wort »Erhabenheit« an. Der König von Kether ist im wahrsten Sinne des Wortes erhaben über den ganzen Baum des Lebens, das heißt, er steht über dem Ganzen. Wie die Krone und die verborgene Seite seines Gesichtes ebenfalls zeigen, ist er zu einem Teil sogar noch mit Ain Soph Aur verbunden, das uns wegen seiner negativen Existenz sowieso unzugänglich ist.

Für uns bedeutet dies nun praktisch, daß wir versuchen müssen, vorerst mit der Sprache, das magische Bild von Kether in eine für uns auch von Malkuth aus faßbare Form zu bringen. Erhaben heißt, darüber stehen. Ein erhabener König ist ein König, der hier im wahrsten Sinne des Wortes entrückt ist, unzugänglich, weil sein Darüberstehen alles andere übersteigt. Wenn wir nach einem Wort suchen, das sinngemäß auf unserer Ebene etwas Analoges ausdrückt wie erhaben, ohne aber dessen Unzugänglichkeit zu vermitteln, dann stoßen wir auf das Wort majestätisch, das auch die ranghöchste Stufe bezeichnet, aber gleichwohl noch mit der hierarchischen Basis in Verbindung bleibt. (Vergiß auch hier niemals, daß die traditionellen Bilder und Symbole am Baum des Lebens zu einer Zeit geschaffen wurden, als das Königtum die allgemein verbreitete Staats- und Gesellschaftsform war. Deshalb sind manche Gedankengänge für uns spätere Menschen nicht mehr so leicht nachzuvollziehen, und ganz bestimmt würde unsere Generation andere Bilder auf den Baum des Lebens projezieren, um dessen Aussagen darzustellen.)

Der erhabene König von Kether wird also in Thipharet zum »majestätischen« König, der, von Malkuth aus, gesehen und verehrt werden kann. Dieser Wandel von erhaben zu majestätisch kommt buchstäblich einer Heruntertransformierung gleich, der wir ja bereits mehrmals begegnet sind. Diese Heruntertransformierung kommt nun im zweiten magischen Bild von Thipharet, im Kind, noch deutlicher zum Ausdruck. Wenn sich der alte König von Kether hinunterbegibt auf die untere Ebene des Baumes, und Thipharet ist ja die Schnittstelle der beiden Hälften des Baumes und in dieser Eigenschaft ebenfalls der materiellen Sphäre zugehörig, so ist das Hinuntersteigen des Königs von Kether einer Degradation vergleichbar, oder, vielleicht noch besser ausgedrückt, einer Verkleinerung. Wenn der alte König nach Thipharet hinuntersteigt, dann macht er sich selbst kleiner, als er in Wirklichkeit ist. Er wird gewissermaßen wieder zum Kind, von seiner Perspektive aus gesehen. Diese Reduzierung wird dargestellt in der zweiten Ausdrucksweise des magischen Bildes von Thipharet, im Kind.

Aber nun kommt noch ein dritter Faktor hinzu, der dem ganzen Prozeß des Heruntertransformierens eigentlich seinen Sinn gibt. Der alte König von Kether ist in jeder Beziehung erhaben. Das bedeutet auch, daß er in keiner Weise darauf angewiesen ist und von niemandem gezwungen werden kann, sich auf die Ebene von Thipharet zu begeben. Wenn dies dennoch geschieht, kann dies nur als die Folge eines eigenen, souveränen Entschlusses des alten Königs von Kether erfolgen.

Praktisch bedeutet dies: Der alte König von Kether, der es in keiner Weise nötig hat, seine Sephira zu verlassen, da Kether sowieso das höchste zu erstrebende Ziel im Baum des Lebens darstellt, begibt sich freiwillig auf die Ebene von Thipharet und bringt damit ein Opfer. Dies führt zum dritten Ausdruck des magischen Bildes, zum geopferten Gott.

Gehen wir aber noch einen Schritt weiter in unserer Ableitung und kommen wir auf den Umstand zurück, daß Thipharet die Schnittstelle zwischen zwei voneinander verschiedenen Hälften des Baums des Lebens darstellt. Diese beiden Hälften bilden ihrem Wesen nach Gegensätze, Thipharet ist die Sephira, auf der diese Gegensätze vereinigt werden. Als Symbol der Vereinigung von Gegensätzen dient ja bekanntlich das Kreuz. Deshalb wird in manchen kabbalistischen Traditionen der geopferte Gott in Thipharet auch als der gekreuzigte Gott dargestellt.

Ich nehme an, daß dir all das bisher Gesagte nicht so ganz unbekannt vorkommt und daß deine Überlegungen möglicherweise in ganz bestimmte Richtungen gehen. Du hast ganz recht: das dreifache magische Bild von Thipharet stellt nichts anderes dar als das Wesen des Christus, wie es in der Bibel überliefert ist. Der alte König von Kether »er wird ein Kindlein klein« wird zum Kind in der Krippe an Weihnachten. Der geopferte Gott ist der gekreuzigte Christus an Karfreitag, der an Ostern als Elohim Gibbor sein Grab verläßt, um fortan von seiner Gemeinde als majestätischer König, als Herr der Welt, verehrt zu werden.

Daß meine Erläuterungen nicht einfach aus der Luft gegriffen sind, sondern daß es sich wirklich so verhält, das wird dir sofort klar, wenn du in deiner Bibel im Johannes-Evangelium die Kapitel 13 und 14 aufmerksam durchliest. Dieser Text ist in seinem ganzen Gehalt überhaupt nur verständlich, wenn man ihn mit dem Baum des Lebens in Verbindung bringt und davon ausgeht, daß die Bibel Jesus Christus als das magische Bild von Thipharet kennt, durch das Kether auf die irdische Ebene von Malkuth, wo die Menschen sich befinden, herunterreflektiert wird.

Auch die in diesem Kapitel 13 enthaltene Erzählung von der Fußwaschung empfehle ich dir, nach der Betrachtung von Malkuth, noch einmal durchzulesen, um sie im Lichte des dort Erfahrenen in ihrer ganzen, wahren Bedeutung zu erkennen.

Wir haben nun bereits soviel Material kennengelernt, das uns ganz eindeutig darauf hinweist, daß das Christentum, der Baum des Lebens und der Tarot miteinander in Verbindung stehen und im Grunde das gleiche aussagen. Ich möchte dir deshalb empfehlen, bei deiner Arbeit mit dem Baum des Lebens und mit dem Tarot stets auch deine Bibel in Reichweite zu halten, darin zu lesen und das Gelesene mit dem Baum des Lebens und dem Tarot in Beziehung zu bringen. Du wirst staunen, welch neue und reiche Erkenntnisse dir zuteil werden, und wie manches Bibelwort, das selbst für professionelle Theologen dunkel und unverständlich bleibt, plötzlich zu sprechen beginnt und seinen wahren Gehalt offenbart.

Um dem Wesen von Thipharet über die Betrachtung von Bildern aus der Reihe der großen Arkana noch näherzukommen, bieten sich dafür drei Bilder an. Zunächst einmal auf ganz natürliche Weise Bild XIX als Darstellung der Sonne. Wir finden darin nicht nur die Sonne als Verkörperung des astrologischen Kraftprinzipes von Thipharet, sondern begegnen auch dem magischen Bild des Kindes. Das auf dem Leib des Kindes gebildete, nach abwärts weisende Dreieck aus Brustwarzen und Bauchnabel, das wir als esoterisches Zeichen des Wassers bereits erklärt haben, bekommt hier nun noch eine weitere und tiefere Bedeutung. Es wird zur Darstellung des esoterischen Dreiecks, gebildet aus Geburah, Chesed und Thipharet, wobei die untere Spitze der Lage des Solar-Plexus entspricht. Auf diese Weise wird gezeigt, wie im Kind die Kräfte der oberen Ebene auf die untere hinabgebracht werden. Die Mauer im Hintergrund kann ebenfalls ein Hinweis sein auf die Zweiteilung des Baums des Lebens innerhalb der Sephira Thipharet.

Ein weiterer Thipharet-Aspekt zeigt sich uns in Bild XIV, nämlich der Mischung und Umgießung von Kräften in eine neue, andere Form, in der sie für uns zugänglich werden. Entsprechend der magischen Bilder dieser Sephira. Auch hier kommt die Stellung von Thipharet auf der Grenzlinie zwischen zwei Ebenen sowie ihre Ansiedlung auf dem mittleren Pfad in den verschiedenen Ebenen Wasser und Erde sowie in der Darstellung des Pfades, der zur aufgehenden Sonne von Kether führt, sehr deutlich zum Ausdruck.

Bild XXI wiederum zeigt uns Thipharet als Sephira der Zentrierung, des Mittelpunktes, auf den alle Kräfte hinführen und von dem alle Kräfte ausgehen. Dies ist verkörpert in der Gestalt des tanzenden Androgyn inmitten des Kranzes. Achte dabei darauf, daß das Prinzip der Zentrierung oder Ausrichtung auch in der Gesichtshaltung der vier lebenden Geschöpfe am Rande des Bildes zum Ausdruck kommt. Löwe und Stier wenden ihre Gesichter dir, dem Betrachter, zu. Zwischen Löwe und Stier erstreckt sich die mittlere Säule von Kether nach Malkuth, und da du selbst in Malkuth angesiedelt bist, betrifft dich der Kraftstrom über diese Säule auch am direktesten. Engel und Adler als Ausdruck der männlichen und weiblichen Kraft, der belebenden und der formgebenden Säule, stehen in einer Wechselbeziehung zueinander. Verbindest du die vier lebenden Wesen mit Linien untereinander, erhältst du ein Andreaskreuz, dessen Schnittpunkt sich genau im Solar-Plexus des Androgyn befindet.

III. Das psychologische Dreieck

7. Nezach

Mit der Erreichung der Sephira Nezach steigen wir erneut eine Ebene tiefer. Das zeigt sich sogleich darin, daß sich die Welt von Assiah jetzt in ihrer ganzen Beschaffenheit als der Träger der Kraft zeigt, die von den in ihrem Bereich befindlichen Sephiroth ausgeht. Praktisch bedeutet das, daß die Kräfte sowohl der belebenden als auch der formgebenden Säule ihrem Prinzip nach die gleichen bleiben, sich aber analog, wie wir das schon beim esoterischen Dreieck gesehen haben, auch hier, im Bereich des psychologischen Dreiecks, noch einmal anders zeigen. Diese tiefere oder, vom Aspekt der Durchdringung her gesehen, andere Ebene äußert sich vor allem darin, daß wir nun auch unseren Sprachgebrauch erneut ändern müssen. Jede Ebene hat die ihr gemäße Sprache, die dazu geeignet ist, das Wesen der auf der jeweiligen Ebene zur Auswirkung gelangenden Kräfte adäquat darzustellen. Auf der höchsten Ebene des mystischen Dreiecks mußten wir uns einer Sprache bedienen, deren Ausdrücke aus dem Bereich der Sexualität stammen. Auf der Ebene des esoterischen Dreiecks war es vor allem eine religiöse Ausdrucksweise, die uns das Wesen der drei Sephiroth Chesed, Geburah und Thipharet näherbrachte. Jetzt, auf dem untersten Dreieck, wird das Geschehen vor allem mit Ausdrücken der psychologischen Sprache erfaßt und beschrieben.

Die größere Dichte von Assiah und zum Teil auch schon von Jetzirah bewirkt, daß die Kraft der belebenden Säule, auf der sich ja Nezach als deren unterste Sephira befindet, nicht mehr in gleicher Weise einheitlich betrachtet werden kann, wie dies noch bei Chesed oder Chockmah der Fall war. Die Kraft der belebenden Säule äußert sich in Nezach wie durch ein Prisma hindurch, das das einheitliche Licht der Sonne in die einzelnen Farben des Spektrums aufteilt. Jede Farbe im Spektrum ist Licht und gleichzeitig nur ein Teil des großen, ganzen Lichtes. Genau gleich verhält es sich mit der belebenden Kraft in Nezach.

In Nezach manifestiert sich die Kraft der männlichen, belebenden Säule als Emotion, Triebe, unkontrollierte Gefühlsregungen und so weiter. Das bedeutet: Der ganze emotionale Bereich ist Nezach zugeordnet. In Nezach erlebst und erfährst du diese Kräfte in einer Art, die dem Emotions- und Gefühlsbereich entstammt, ohne daß dir vorerst noch etwas über deren Ursprung und Zusammenhang klar wird. Für die meisten Menschen ist das Wesen von Nezach nicht leicht zu erfassen. Das rührt nicht davon her, daß es an sich eine schwierige Sephira ist, sondern eher davon, daß unsere heutige Zeit der von Nezach her strömenden Energie gegenüber disharmonisch und feindlich gesinnt ist. Das kann dazu führen, daß unsere Begegnung mit den Kräften von Nezach oft in einer unbalancierten, das heißt qliphotischen Form erfolgt, während die ausbalancierte Form von Nezach, so wie sie eigentlich vom Baum des Lebens her gemeint ist, in unserer Gesellschaft nicht leicht zum Ausdruck kommen kann. Daran erkennen wir auch, daß geschichtliche und kulturelle Epochen einen wesentlichen Einfluß auf die Lebensäußerungen des Baums des Lebens ausüben können.

Willst du einmal erleben und erfahren, was Nezach ist, und das finde ich persönlich besser, als sich noch in lange Erläuterungen darüber zu verlieren, dann nimm einen möglichst großen Bogen weißes Papier und viele Farbtöpfe mit Fingerfarben. Dann begib dich in einen Raum, in dem du wenig Schaden anrichten kannst, oder noch besser, ins Freie, ziehe dich nackt aus (das gehört dazu und ist sehr wichtig) und beginne nun einfach, Farben und Papier miteinander in Verbindung zu bringen. Versuche nicht, irgend etwas gegenständlich darzustellen, sondern verlasse dich ganz auf die aus deinem Innern hervorsteigenden Triebe, Gefühle, Emotionen und so weiter. Laß dich in deinem Tun ganz von ihren

192

Kraftströmen leiten und tragen. Das, was du dann am Ende, wenn der Strom deiner Emotionen und Gefühle zur Ruhe gekommen ist, betrachten kannst, nicht nur auf dem Papier, sondern auch auf deinem Körper, das ist Nezach.

Der Gottesname

Der Gottesname von Nezach heißt *Jod Heh Vau Heh Sabaoth.* Dieser Name kann etwa wiedergegeben werden mit »Herr der Vielen« oder »Herr der Menge«. In der Bibel heißt er meistens »Herr der Heerscharen«.

Wir begegnen also auch im Gottesnamen von Nezach dem Prinzip der Differenzierung, der Aufteilung ein und derselben Kraft in verschiedene, sich voneinander unterscheidende Kraftäußerungen. Schon die beiden Hälften dieses Namens zeigen dies deutlich. Das Tetragrammaton ist selbst eine Synthese der vier Elemente. Der Ausdruck Sabaoth führt diese Aufteilung fast ins Unendliche weiter. Wo sich Kräfte in so vielfältiger Weise tummeln können, da ist Leben, Leben im höchsten Maße, und darum ist der Grundaspekt von Jod Heh Vau Heh Sabaoth auch der Gott des Lebens oder vielmehr der lebendige Gott. Unsere Emotionen und Gefühlsregungen sind es, durch die wir uns lebendig und damit als lebend empfinden. Daher erfahren wir in unserer Gefühlswelt und durch unsere Emotionen die Gegenwart dieses lebendigen Gottes am stärksten und unmittelbarsten.

Der Erzengel

Dem Wesen von Nezach gemäß zeigt sich auf der Ebene von Briah auch der Erzengel nicht mehr in einer eindeutig bestimmenden Form. Der Erzengel von Nezach erscheint je nachdem unter drei Namen: *Haniel, Phaniel* und *Auriel.* Jeder dieser Namen verkörpert einen bereits gefundenen Aspekt von Nezach. Übersetzt lautet der Name Haniel »ich bin Gott«. Haniel ist als Form des Erzengels deshalb die Verkörperung des »lebendigen Gottes«.

Phaniel bedeutet »das Gesicht Gottes«. Die Tatsache, daß Gott nun plötzlich ein Gesicht hat, ist ganz speziell Ausdruck von Nezach durch die Ebene von Jetzirah hindurch auf der Ebene von Assiah. Vielleicht kommen wir der eigentlichen Bedeutung dieses Namens noch näher, wenn wir den Namen Phaniel übertragen mit »die *Gesichtszüge* Gottes«. Die Gesichtszüge eines Menschen geben uns auf nonverbale Weise Zugang zu seinem gefühlsmäßigen und emotionalen Zustand. In den Gesichtszügen eines Menschen, die über eine vielfältige Ausdrucksmöglichkeit verfügen, können wir den Ausdruck seiner Emotionen und Gefühlsregungen erkennen. Das ist in jeder Beziehung ganz und gar Nezach.

Etwas schwieriger zu verstehen ist der Aspekt von Auriel, unter dem sich der Erzengel von Nezach auch darbieten kann. Auriel in seiner Bedeutung »das Licht Gottes« vertritt in der Zuordnung des Tetragrammatons das Element Erde. Wir haben ihn im ersten Band in Bild XV in seiner Projektionsform als Teufel kennengelernt. Die großen Arkana als subjektiver Erfahrungsweg des Menschen machen uns auf diese Weise auf eine Gefahr aufmerksam, die mit den Energien von Nezach verbunden ist und immer wieder geschieht: sie werden verteufelt. In Bild XV ist eine ausdrückliche Warnung davor, sich durch diese Verteufelung Nezachscher Kräfte blockieren zu lassen. Auriel ist der Lichtträger, daran gibt es nichts zu rütteln, und seine ausdrückliche Aufgabe ist es, das Licht als Strahlung und Energie in die untere Sphäre der männlich belebenden Säule zu tragen und dort zum Ausdruck zu bringen. Diese Aufgabe wird ihm nicht leicht gemacht durch die Art und Weise, wie wir Menschen mit der Energie von Nezach in mancherlei Weise umzugehen pflegen.

Die Gefahr von Nezach kann darin bestehen, daß wir seine Energieformen nicht zur Förderung unserer Kreativität benutzen, sondern daß wir der Triebgebundenheit verfallen können und, wenn wir uns nur von unseren Emotionen leiten lassen, ganz der Blockade anheim fallen. Auch hier, am unteren Ende der männlich belebenden Säule, kommt dadurch noch einmal, auf seine eigene Weise natürlich, das potentiell Chaotische von Chockmah zum Ausdruck.

Die Engel

Die Engel der Sephira Nezach sind die *Elohim*. Mit den Elohim beziehungsweise mit dem Ausdruck und dem, was er beinhaltet, haben wir uns bereits mehrere Male ausführlich auseinandergesetzt, so daß es dir hier in der Sphäre von Nezach nicht mehr allzuviel Mühe bereiten dürfte, ihre Funktion und Aufgabe zu erfassen. Zunächst einmal ist auch hier wichtig, daß im Ausdruck Elohim das Doppelgeschlechtliche zum Ausdruck kommt. Wir werden überhaupt erfahren, daß es eine Eigenart der Sphäre ist, in der wir uns jetzt befinden, daß sich die Geschlechter in einer seltsamen Weise, offensichtlich dem Gesetz der Polarität folgend, zu vermischen beginnen, obschon das Grundprinzip jeder Sephira noch immer eindeutig das Grundprinzip der Säule zum Ausdruck bringt, der sie angehört, im Falle Nezach also der Säule der männlich belebenden Kraft.

Die Elohim, die wir, der Sphäre entsprechend, in der sie nunmehr wirken, am besten mit »Götter oder Göttinnen« wiedergeben (beide Ausdrucksformen, sowohl die männliche als auch die weibliche, entsprechen in irgendeiner Weise der Sephira Nezach), verkörpern die vielfältigen Aspekte und Ausdrucksformen der Kräfte von Nezach. Schon auf dieser Ebene erweist sich Nezach als die Sephira der Polarität. Wir werden sehen, daß sich dies auch in anderer Weise bestätigt. Die Elohim sind die personifizierten Götter und Göttinnen aller Religionen, die in irgendeiner Weise ein Naturprinzip verkörpern, aber innerhalb der Sphäre von Nezach noch anonym wirken. Sie sind auch die naturbelebenden Geister des Animismus, wie die Flußgötter, die Quellnymphen und so weiter. Auch die Elementale, die Geister der Elemente, manifestieren sich jetzt in Nezach. Das ist aber noch nicht der Ort, auf dem der magische Kontakt zu ihnen hergestellt wird, oder besser, hergestellt werden sollte.

Vor allem aber verkörpert Nezach auf der Ebene der Elohim die Welt des Künstlers, die Quelle, aus der seine Inspiration emporsteigt. Es ist die Welt der Farben, der Klänge und der Wortrhythmen, bevor sie Gestalt annehmen. Richard Wagner hat übrigens diesen Aspekt von Nezach in seiner Autobiographie

Mein Leben ganz hervorragend beschrieben in der Schilderung, wie sich in ihm, anläßlich einer Italien-Reise, als er krank von einer Wanderung zurückkehrte, das Vorspiel zum »Rheingold« in einem Durcheinanderwogen des Es-Dur-Dreiklangs ankündigte, »als ob ich in ein starkfließendes Wasser versänke«. Dieses Erlebnis hatte eine so überwältigende Wirkung auf ihn, daß er das einzig Richtige tat, nämlich nach Hause fahren, um diese eruptiven Kräfte von Nezach mit Hilfe der Energie von Hod zu bearbeiten und damit seinen Baum des Lebens, seine Gesundheit, wieder in die Balance zu bringen. Die Schilderung dieser Heimreise ist ganz und gar Nezach:

»Sogleich beschloß ich, nach Zürich zurückzukehren, und die Komposition meines großen Gedichtes zu beginnen. Ich telegraphierte an meine Frau, um ihr dies anzuzeigen und mein Arbeitszimmer bereithalten zu lassen. Noch am gleichen Abend stieg ich in die Diligence, welche die Riviera di Levante hinab nach Genua führte. Noch hatte ich auf dieser, den ganzen andren Tag fortgesetzten Reise Veranlassung, schöne Eindrücke von dem Lande zu gewinnen; namentlich war es die Farbe aller sich darbietenden Phänomene, welche mich entzükkend anregte: das rote Steingebirge, die Bläue des Himmels und des Meeres, das lichthelle Grün der Pinien, selbst die blendende Weiße eines Zuges von Stieren, wirkten so drastisch auf mich, daß ich mit Seufzen mir sagte, wie traurig es doch sei, daß ich dies alles nicht zur Veredelung meiner sinnlichen Natur genießen können sollte. In Genua fühlte ich mich wieder so angenehm angeregt, daß ich plötzlich glaubte, zuvor nur einer törigen Schwäche nachgegeben zu haben, mein ursprüngliches Vorhaben auszuführen beschloß, und bereits wegen einer Reise-Gelegenheit der mir so sehr gerühmten Riviera die Ponente entlang nach Nizza in Unterhandlung trat. Kaum hatte ich diese ursprünglichen Vorsätze wieder aufgenommen, als ich aber auch inne ward, daß, was mich zuletzt erfrischt und heilsam belebt hatte, nicht die Wiederkehr meiner Freude an Italien, sondern der Entschluß zur Aufnahme meiner Arbeit gewesen war. Denn sobald ich diesen zu ändern Willen zeigte, trat auch sofort der alte Zustand in allen Symptomen der Dysenterie wieder ein. Nun verstand ich mich, sagte die Reise nach Nizza ab, und kehrte unaufhaltsam auf dem nächsten Wege über Alessandria und Novara, den jetzt ganz gleichgültig vor mir liegen gelassenen Borromeischen Inseln vorbei, über den Gotthard nach Zürich zurück.«

An diesem Beispiel sehen wir übrigens, daß sich die Kräfte des Baums des Lebens nicht nur in einer rein abstrakten Form äußern, sondern daß sie sehr handgreiflich auf dich Einfluß nehmen können. Je mehr du dich durch deine Arbeit mit der Lebenskraft des kabbalistischen Baums des Lebens verbindest und dadurch diese Kraft zum Bundesgenossen gewinnst, um so mehr wirst du beobachten und erfahren, wie die Bilderwelt des Baums des Lebens, seine Erzengel, Engel und Symbole, ganz real in deinem Alltagsleben in Erscheinung treten und sich materiell manifestieren können.

Nezach ist also die ursprüngliche Welt des Künstlers in der Form des Marmorblocks von Michelangelo, der durch die Kraft der weiblich formgebenden Säule, durch Geburah und Hod hindurch, alles Überflüssige wegschlagen muß, bis die Gestalt des David in ihrer vollen Schönheit dasteht. Gleichzeitig erfahren wir daraus, daß sich Kunst, um ein Kunstwerk zu werden, nicht allein auf die Sphäre von Nezach beschränken darf, sondern dazu die Hilfe von Hod benötigt.

Das astrologische Kraftprinzip

Das astrologische Kraftprinzip von Nezach zeigt sich in der Wirkung des Planeten *Venus*. Venus zeigt sich hier in Nezach hauptsächlich unter ihrem Aspekt Venus – Aphrodite. Anläßlich der Besprechung von Bild III, »Die Herrscherin«, im ersten Band (Seite 82) habe ich darauf hingewiesen, daß Venus ursprünglich eine altitalienische Gartengöttin war, die viel mehr mit dem Prinzip der Fruchtbarkeit verbunden ist als mit der Liebe. Aber in

Nezach kommt nun auch der andere Aspekt der Venus, eben Venus – Aphrodite, in ihrer Eigenschaft als Göttin der Liebe, voll zum Ausdruck. Wichtig ist dabei, daß wir auch diesen Aspekt als Wirkung und Auswirkung der Polarität erkennen lernen, der Kraft also, die zwischen zwei verschieden gearteten Polen fließt und sich auf diese Weise auch als ein Ausdruck der Lebendigkeit, des Lebendigseins von Nezach erweist. Nezach ist überhaupt ein ausgesprochenes Reservoir der Kraft am Baum des Lebens, aus dem wir aus den bereits erwähnten Gründen leider momentan nicht mehr in dem Maße schöpfen können, wie es uns eigentlich zur Verfügung stünde.

Von den Begriffen Kunst und Kreativität her wissen wir aber, daß auch der andere Aspekt der Venus, wie er in Bild III, »Die Herrscherin«, zum Ausdruck kommt, in Nezach ebenfalls vorhanden ist. Nezach ist die Sephira, die die Venuskraft in ihrem größten Umfang und in ihrer größten Potenz verkörpert. Dabei zeigt sich, daß Liebe und Fruchtbarkeit, auch wenn beide Aspekte durch Venus ausgedrückt werden, einmal in ihrem Garten und dann in ihrer Verkörperung als Aphrodite, nicht unbedingt das gleiche sind, ein Umstand, an den wir uns bei der Bearbeitung des 27. Pfades zwischen Hod und Nezach wieder erinnern sollten.

Die Symbole

Der Erscheinung der Vielfältigkeit, die auf dieser Ebene auch ausgesprochen zur Verschiedenartigkeit wird, begegnen wir bei den Symbolen. Die traditionellen Symbole von Nezach sind *Lampe, Gürtel* und *Rose*. In der Lampe zeigt sich noch einmal der Licht- und Strahlungsaspekt der männlich belebenden Säule. Aber wir dürfen annehmen, daß in der Sphäre von Nezach diese Lampe eine ganz besondere Gestalt hat und auf keinen Fall mit einem Scheinwerfer zu vergleichen ist. Es gibt sogar verschiedene Gründe dafür, daß wir uns diese Lampe in der Form einer *Öllampe*, oder besser gesagt eines Öllämpchens, vorstellen sollten, weil im Gegenstand der Öllampe verschiedene Dinge zusammentreffen, die dem Wesen nach zu Nezach gehören.

198

Die Öllampe brennt mit kleiner Flamme und wird damit zum Ausdruck des Lichtes, das im gleichen Maße, wie es die belebende Säule herniedersteigt, an Intensität verliert. Die kleine, konzentrierte Flamme des Öllämpchens ist der genaue polare Gegensatz zum Licht von Chockmah. Das Ewige Licht im Innern einer Kirche verkörpert diesen Lichtaspekt von Nezach sehr deutlich. Es ist das Licht, das übrigbleibt, wenn alles religiös-rituelle Geschehen zu Ende gekommen ist, und überbrückt die Zeit, bis dieser Prozeß von neuem seinen Anfang nimmt. Hier begegnen wir in einer verdinglichten Form dem Lichtträger Auriel mit allem, was mit Auriel verbunden ist. Als die kleine, reduzierte Flamme der Öllampe wird das Licht auch zum Symbol seiner selbst, das nach Assiah hineinwirkt. Auch das die Flamme nährende Öl hat Eigenschaften, die Nezach zugehörig sind.

In der heutigen Zeit vertritt das Öl vor allem als Schmiermittel die Sephira Nezach. In dieser Eigenschaft sorgt es dafür, daß alles rund läuft, daß die Kräfte der Maschinen wirken und arbeiten können, daß die Aktionsmöglichkeiten der Elohim gewährleistet sind. Für unsere Zeit des ausgehenden 20. Jahrhunderts ist ja das Öl zum Energieträger schlechthin geworden, von dem unser ganzes wirtschaftliches System und, damit verbunden, unser Lebensstandard abhängt, durch den wir ja vorwiegend unser Leben, unser Lebendigsein erfahren und ausdrücken können. Damit ist gleichzeitig ein Beispiel gegeben, in welchem Maße unsere Zeit dem qliphotischen Einfluß der Kräfte von Nezach ausgeliefert ist.

Aber, um zum Bild der Öllampe zurückzukehren: Das sich in der Lampe befindende Öl war früher das Olivenöl. Die Olive ist eine *grüne* Frucht und trägt damit die gleiche Farbe wie Nezach auf der Ebene von Briah. Es gibt noch andere Gebiete, in denen das Öl Eigenschaften von Nezach aufweist, die Kosmetik ist nur eines davon.

Der Vollständigkeit halber sei übrigens noch erwähnt, daß die Lampe als Symbol von Nezach auch unter einem alchemistischen Gesichtspunkt betrachtet werden kann, wie es ja überhaupt möglich ist, den ganzen Baum des Lebens von dieser Seite her zu bearbeiten. Aber gemäß dem Prinzip, das ich schon im ersten

Band der *Schule des Tarot* anwandte, auf alchemistische Beziehungen nur dort einzugehen, wo dies absolut notwendig erscheint, verzichte ich auf die Erläuterung dieses Aspektes. Tarot und Baum des Lebens aus der überaus reichhaltigen und tiefsinnigen Perspektive der Alchemie her zu erschließen ist etwas, was ich der Eigeninitiative des Lesers und Schülers überlasse, wenn er sich dazu berufen fühlt.

Ein weiteres traditionelles Symbol von Nezach ist der *Gürtel,* seit jeher eng verbunden mit den zwei Aspekten der Venus, der Venus-Aphrodite und der Venus, die die Kreativität zum Ausdruck bringt. Mit dem Gürtel läßt sich ein Gewand (auch dies natürlich vor allem aus der Sicht des nach antiker Manier bekleideten Menschen gemeint) öffnen oder schließen. Die Handhabung des Gürtels entscheidet also darüber, ob sich ein Körper nackt oder bekleidet darbietet. Diese beiden Aspekte, derjenige der Bekleidung und derjenige der Nacktheit, spielen in Nezach eine wesentliche Rolle. Die Herrscherin auf Bild III zeigt durch die Art ihrer Bekleidung den Fruchtbarkeitsaspekt der Venus. Durch ihn erweisen sich die wirkenden Kräfte der Elohim als kreativ. Damit wird auch Schwangerschaft zu etwas, das nicht gänzlich Nezach zugeordnet ist, aber von dort her seinen Ausgang nimmt, wie sich dies deutlich in den Pfaden 27 und 29 zeigt.

Der in Nezach stärker zur Geltung kommende Aspekt der Venus ist derjenige der Venus-Aphrodite, mit dem wir konfrontiert sind, wenn Venus ihren Gürtel gelöst hat. Wir haben bereits im ersten Band mehrfach festgestellt, daß die Nacktheit im Tarot eine ganz besondere Bedeutung hat. Sie zeigt den Menschen »an sich«. Dieses »an sich« ist ein Ausdruck, der das Wesen der durch die Elohim wirkenden Kräfte anzeigt, bevor sie sich dem ordnenden Prinzip von Hod unterworfen haben. Nackt sieht jeder Mensch mehr oder weniger gleich aus. Was er darstellt und in der Ordnung der Welt ist, das zeigt sich erst durch seine Kleidung, durch die das ordnende Prinzip von Hod wirksam geworden ist. Deshalb ist Nacktheit als solche ausgesprochen der Sephira Nezach zugeordnet. Wir werden darauf bei der Betrachtung der Körperzuordnungen noch näher eingehen.

Ein weiteres klassisches Symbol von Nezach ist die *Rose.* Wir sind ihr in der Kombination mit dem Kreuz bereits in Thipharet begegnet; manches, was dort gesagt wurde, gilt auch für ihre Bedeutung in Nezach. Die Rose als vielblättrige Blüte wird damit schon einmal zum Ausdruck der Elohim, der vielfältig wirkenden Kräfte. Als Ganzes bis hin zum Rosenstrauch verkörpert sie ganz allgemein das Sinnenhafte der Sephira Nezach. Dazu gehören auch ihre Dornen, die auf einen Aspekt hinweisen, den wir bisher noch vernachlässigt haben. Ferner dürfen wir annehmen, daß die Rose von Nezach, im besonderen die rote Rose, getränkt ist vom Blut des Adonis. Blut wird ja ganz allgemein als Verkörperung der Lebendigkeit und Träger der Lebenskraft angesehen.

Auch das der Venus verbundene Symbol der *Taube* drückt in ihrer schwebenden Form einen bestimmten Aspekt von Nezach aus. Die schwebende Taube ist das Symbol der Polarität. Die Taube ist ein Wesen, das sowohl im Himmel als auch auf der Erde zu Hause ist. In ihrer schwebenden Haltung drückt sie die Polaritätsspannung zwischen diesen beiden Ebenen aus. Auch ihre ausgebreiteten Flügelspitzen können als Sinnbild der Polarität betrachtet werden. Indessen sollte zwischen dem Symbolgehalt der schwebenden Taube und dem des Kreuzes deutlich unterschieden werden.

Mit Rose und Taube kommen wir nun mehr und mehr in eine Symbolwelt hinein, die sich, ebenfalls dem Wesen von Nezach gemäß, deutlich von den abstrakten und geometrischen Formen der übrigen Sephiroth unterscheidet. Die Bilder werden nun lebendiger und naturhafter. Das gibt sehr gut Aufschluß darüber, in welcher Sphäre wir uns nunmehr befinden.

Ein weiteres Symbol, das ich auf der Sephira Venus erblicke, ist der *Panther*. Er verkörpert zunächst einmal das Prinzip der Lebendigkeit in seiner animalischen Form. Sinnenhaftigkeit (und das ist nicht unbedingt gleichzusetzen mit Sinnlichkeit) ist ein wesenhaftes Merkmal von Nezach. Der Mensch erfährt Lebendigkeit durch seine Sinne, also körperhaft. Jeder dieser Sinne birgt in sich die polare Spannweite zwischen Lust und Schmerz. Beides, Lust wie Schmerz, sind also Auswirkungen von Nezach. In diesem Sinne ist der Panther eine Weiterführung der Symbolbedeutung der Rose. Beide Bilder drücken Lust (in der Form von sinnenhafter, sinnlich erfaßbarer Schönheit) aus, und in beiden ist auch durch die Dornen der Rose beziehungsweise durch die Zähne und Klauen des Panthers der Schmerz und die Verletzung, das fließende Blut enthalten. Gleichzeitig ist der Panther auch das Symbol der sich ungebändigt auswirkenden Leidenschaft, eine ebenfalls Nezach entströmende Kraft. Eine Weiterführung dieses Gedankenganges führt unmittelbar zum nackten Menschen, dessen Körper, befreit von jeder schützenden oder hemmenden Umhüllung, für Lust wie für Schmerz, für Zärtlichkeit wie für Verletzung, offen zugänglich ist.

Wenn wir nun an den Anfang dieser Symbolreihe noch den grünen *Smaragd* setzen, dann haben wir eine lückenlose Darstellung der Evolution des Lebens in all seinen Äußerungen: Der Smaragd verkörpert das Mineralreich, die Rose führt uns in die Pflanzenwelt, und Panther und Taube sind beide auf ihre verschiedene Weise Repräsentanten des Tierreichs. Am Ende dieser Reihe steht schließlich der Mensch an sich, der nackte Mensch. Jede dieser Stufen drückt auf ihre Weise Nezachsches Leben und Nezachsche Lebendigkeit aus.

Als ein weiteres Nezach-Symbol können wir vielleicht noch das *Labyrinth* anführen, in dessen Unübersichtlichkeit und Undurchschaubarkeit wir in nezachhafter Weise scheinbar ziellos herumirren.

Körperzuordnungen

Sitz von Nezach am Körper des Menschen ist das *Becken* unter Ausklammerung der Geschlechtsorgane, als deren Träger es lediglich funktioniert. Das Becken ist von seiner Funktion her gesehen das Zentrum der Emotionen, bevor sie die eigentliche Gefühlsebene erreichen, die auf der Höhe der Brust (also Thipharet) liegt. Im Becken erleben wir – oder sollten es wenigstens – Lust, Aggression, Lebensfreude überhaupt, und durch das Becken drücken wir diese – oder sollten es wiederum – nach außen wahrnehmbar aus. Leider haben die meisten Menschen den Kontakt zu ihrem Becken und damit zu Nezach in sich selbst verloren. Das hängt zum Teil damit zusammen, daß Becken und Geschlechtsorgane mehr oder weniger als identisch angesehen werden und damit das Becken gänzlich mit den eigentlichen sexuellen Bereichen in Zusammenhang gebracht wird, was aber auf dem Baum des Lebens ausdrücklich nicht der Fall ist.

Dies ist mit Auswirkung davon, daß unsere gegenwärtige Zeit Nezach gegenüber so falsch und feindlich eingestellt ist. Der Baum des Lebens der westlichen Welt und der von ihr beeinflußten Kulturen läuft heute Gefahr, auf allen seinen Ebenen sein Gleichgewicht nach der Seite der weiblich formgebenden Säule zu verlieren. Das wirkt sich natürlich zunächst und vor allem für den einzelnen Menschen auf der Ebene Hod – Nezach aus. Verkrampfung und Sperrung im körperlichen Bereich statt Gelöstheit und Beschwingtheit der frei fließenden Kräfte der Elohim sind die Folge.

In diesem Zusammenhang scheint es mir notwendig, noch einmal auf das Thema Nacktheit zurückzukommen, die ja ganz dem Wesen Nezachs gemäß ist. Im Zustand der Nacktheit kommen die Kräfte von Venus und der Elohim am besten zum Zuge. Das braucht nun nicht in erster Linie rein sexueller Natur zu sein, obwohl ja der nackte Körper ein Mittel der erotischen Stimulation und Belebung ist. Aber im Zustand der Nacktheit sind wir für den Kontakt mit den elementaren Naturkräften am ehesten bereit und dazu fähig. Die Haut kann in diesem Zustand am besten ihre Funktion als Organ sowohl des Empfindens und Empfangens als auch des Aussendens und Übermittelns von Kräften erfüllen. Längere Zeit nackt sein heißt, sich natürlich und lebendig fühlen. Leider haben wir nicht nur falsche sexuelle Hemmungen, sondern vor allem die brutalen Normen einer künstlich, von wirtschaftlichen Interessen geprägten Ästhetik haben für viele Menschen Schranken aufgebaut, die nur mit großer Anstrengung und letztlich im Vertrauen auf die Durchsetzungskraft der Natur überwunden werden können. Aber sie sollten überwunden werden und müssen es, wenn wir die ausbalancierte Form Nezachs in Form von positiven energetisierenden Lebensgefühlen wieder erfahren und erleben wollen.

Das magische Bild

Das magische Bild von Nezach besteht aus einer *wunderschönen nackten Frau* – die mit einem Bart versehen ist. In der Frau erkennen wir ohne weiteres Venus, die Nacktheit erscheint uns ebenso klar. Was aber soll der Bart?

Wie bereits erwähnt, befinden wir uns nun in einer Sphäre, die (obwohl sie noch ganz dem ihr eigenen polaren Prinzip verhaftet bleibt) mehr und mehr auch von Merkmalen des polar entgegengesetzten Geschlechtes geprägt wird. Das ist in Anbetracht der ständig durch den ganzen Baum des Lebens aufeinander und ineinander wirkenden polaren Kräfte in dieser Sphäre an der Basis der Säule nur zu verständlich. Besonders in Nezach hat sich dieser weibliche Einfluß in Form von Bildern so stark manifestiert, obwohl Nezach durch seine frei fließenden Kräfte gänzlich das Prinzip der männlich-belebenden Säule zum Ausdruck bringt, daß irgendwie und irgendwo eine Korrektur um der Balance willen notwendig wird. Dies scheint nun im magischen Bild durch den Bart zu geschehen, der einerseits ein ausgesprochen männliches Attribut ist, andererseits einmal mehr auch auf dieser Sphäre das freie Strömen von Energien als Emanationen darstellt.

In dieser Beziehung ist es vielleicht noch interessant zu erwähnen, daß in einigen Tempeln rund um das Mittelmeer, besonders im Süden von Frankreich, dem Gebiet, in dem später die Katharer wirkten, eine bärtige Venus verehrt wurde.

Auch hier kommt es nun wieder darauf an, daß du die Kräfte von Nezach in deiner alltäglichen Umgebung aufspürst, erkennst und erlebst. Aus der Bilderreihe der großen Arkana zeigt vielleicht Bild III, »Die Herrscherin«, Venus unter ihrem kreativen Aspekt am deutlichsten. Bild XVII, das ja ebenfalls stark von Venus geprägt ist, enthüllt seine Beziehung zu Nezach vielleicht am besten in seiner Funktion als Pfad, der Nezach mit Hod verbindet. Ein weiteres Motiv, das das Kräftespiel von Nezach sehr stark zum Ausdruck bringt, ist in Bild I das Gestrüpp der Rosen und Lilien, das den Tisch des Magiers umgibt. Auch hier erkennst du nun, daß die Kombination der Rose mit der Lilie die in Nezach zum Ausdruck kommende Vermischung der Polarität ausdrücken soll. Dem Aspekt der Venus-Aphrodite gehst du am besten anhand des Bildes VI, »Die Liebenden«, nach. Dieses Bild wird dich ganz von selbst zu Bild XV führen, das dir die Triebkräfte und Emotionen von Nezach in einer ganz besonderen Weise vor Augen führen wird. Vergiß dabei auch nicht, den Aspekt zu betrachten, daß sich im Teufel der Erzengel Auriel, der Lichtträger von Nezach, verbirgt. Als Ganzes gesehen ist dieses Bild vielleicht, von Nezach her betrachtet, eine Warnung, was geschehen kann, wenn der Mensch nur aus Nezach heraus lebt und in einer totalen Triebgebundenheit der Verführung von Nezach erliegt. Für archaischere Generationen mag diese Blockierung und Verfallenheit an Nezach eine wichtige Rolle gespielt haben, aber für unsere Zeit halte ich sie aus den oben erwähnten Gründen im Moment für keine so große Gefahr.

8. Hod

Hod ist die unterste Sephira auf der formgebenden weiblichen Säule und bringt, wie dies Nezach für die männlich belebende Säule vollzieht, innerhalb des psychologischen Dreiecks die Kräfte der weiblichen belebenden Säule zum Ausdruck. Diese zeigen sich in Hod als Ordnung, Formulierung, Systematisierung, Kodifizierung. Hod kann ganz allgemein als die Sephira der Ordnung bezeichnet werden. Zwischen dem Prinzip der Form und dem Begriff Ordnung bestehen nun aber erhebliche Unterschiede, worin die Distanz, in der sich Hod von Binah befindet, zum Ausdruck kommt. Auf seinem Weg der Säule entlang nach unten macht das Prinzip der Form, wie analog dasjenige der belebenden Kraft auf der gegenüberliegenden Säule, in gewisser Weise eine Metamorphose durch. Das Prinzip als solches bleibt erhalten, aber es äußert sich auf dieser untersten Sephira der Säule, wie übrigens auf jeder der darüberliegenden, auf seine eigene, spezielle Weise.

Ähnlich wie in Nezach, wo die Kräfte nicht mehr aus sich selbst heraus zur Wirkung kommen können, sondern eines Mediums bedürfen, durch das sie sich ausdrücken können, muß es auch in Hod etwas geben, das sich ordnen, klassifizieren, systematisieren läßt. Wir begegnen hier wiederum, diesmal aber von der anderen Seite her, einem Phänomen, das für diese Ebene von besonderer Bedeutung ist: der allmählichen und nur durch besondere Aufmerksamkeit festzustellenden Durchdringung des Männlichen mit dem Weiblichen.

Ja, diese Durchdringung kann scheinbar so weit gehen, daß auf den ersten Blick der Eindruck entstehen kann, daß auf der männlichen beziehungsweise weiblichen Säule die Prinzipien des anderen Geschlechts die Oberhand gewonnen haben und sich die eigentliche polare Zugehörigkeit auf eine seltsame Weise, wie am Beispiel der bärtigen Venus, äußern kann. Wir werden aber sehen, daß dies in keinem Fall so ist, sondern daß sich, wenn man einmal die Struktur des Baums des Lebens in ihrer Art begriffen hat, die jeder Säule zugeteilten Kraftprinzipien auch auf dieser untersten Ebene vollauf ihre Vorherrschaft und Gültigkeit bewahren.

Auf Hod ist zunächst alles angesiedelt, was bereits vorhanden ist, zum Beispiel die von Nezach den Weg des zündenden Blitzes entlang herüberströmenden, noch anonymen Kräfte, die nun in Hod ihre endgültige Form und ihren Namen erhalten. Was in Nezach sinnlich fühlbar und spürbar ist, wird in Hod geistig (nicht spiritualistisch) faßbar und erkennbar. Man gewinnt Überblick, Formulierung, oder, aus einem anderen Aspekt heraus betrachtet, Kodifizierung. Dies sind die Schlüsselwörter, die das Wirken der in Hod konzentrierten Energie am deutlichsten wiedergeben. Der Todesaspekt von Binah äußert sich in Hod in einer besonderen Art des Konservierens, die auf die Erhaltung der Form um der Form willen den höchsten Wert legt. Aus diesem Grunde muß Hod jeder Kraft, die auf irgendeine Veränderung oder Entwicklung hin tendiert, energisch Widerstand leisten. Dadurch äußert sich der Todesaspekt der weiblichen Säule auf der Ebene von Hod in Sterilität, wie sich analog im Bereich der männlichen Säule die belebende Kraft in Nezach als Fertilität äußert.

Auch hier begegnen wir einer scheinbaren Umpolung männlicher und weiblicher Phänomene, die mit Begriffen einer volkstümlichen Psychologie nur schwer erfaßbar wird, und die eher dazu neigt, diese Dinge, und nicht nur diese, umgekehrt zu sehen. Aber von der Struktur des Baums des Lebens als Ganzem her gesehen, die wir nun bereits einigermaßen überblicken können, sind die Energieäußerungen von Hod und Nezach, die Begriffe, mit denen sie erfaßt werden, absolut logisch und verständlich. Ich glaube, wir brauchen aus diesem Grunde keine weiteren Worte zu verlieren und können uns den speziellen Energiemanifestierungen zuwenden.

Der Gottesname

Der Gottesname von Hod heißt *Elohim Sabaoth*. Die beiden Wörter, aus denen er sich zusammensetzt, sind, jedes für sich allein, für uns keine Unbekannten mehr. Elohim ist in gewisser Weise der Leitname, der allen Gottesnamen auf der weiblichen Säule zu eigen ist, und das Wort Sabaoth ist auch Bestandteil des Gottesnamens von Nezach, wo wir es bereits hinlänglich untersucht haben. Um aber dem Wesen von Hod gerecht zu werden, müssen wir vielleicht den Ausdruck die »Vielfältigen«, wie er Nezach angemessen ist, umwandeln in die »Viel*gestaltigen*«. Beides wird auf seine Weise der Grundbedeutung des Wortes Sabaoth, das einfach die Menge, die Vielen heißt, gerecht, in der einen Weise im Lichte Nezachs gesehen, in der anderen in demjenigen von Hod. Näher auf den Gottesnamen von Hod einzugehen, halte ich nicht für angebracht; es müßte manches bereits Gesagte wiederholt werden, und außerdem würdest du einer wertvollen Gelegenheit beraubt, dich nun selbst anhand des bisher Erfahrenen in der Praxis der Dechiffrierung des Baums des Lebens zu üben.

Der Erzengel

Der Hod zugeschriebene Erzengel ist *Raphael*. Dieser Name, in unsere Sprache übertragen, bedeutet in etwa »der Arzt Gottes«. Durch diesen Namen weist sich Raphael als jemand aus, der mit Heilung zu tun hat; er ist vor allem der Heiler von Wunden. Heilen bedeutet wiederherstellen. Mit dem Wort wiederherstellen kommen wir in den Bereich der Ordnung, denn wiederherstellen bezeichnet die Herbeiführung eines ursprünglichen Zustandes. Darin verkörpert Raphael einen Aspekt des Ordnungsprinzips von Hod.

Raphael ist aber auch der Träger des Schwertes Gottes. Das Schwert auf der weiblichen Säule hat eine besonders wichtige Bedeutung, wie analog dazu der Stab im Bereich der männlich belebenden Säule. In Hod wird das Schwert in einer ganz anderen

Weise gebraucht als in der Sphäre von Geburah, wie ja auch Geburah und Hod, obwohl beide der weiblichen Säule zugehörend, einander in einer eigentümlichen Weise widersprechend sind. Um des gleichen formgebenden Prinzips willen *schlägt* Geburah Wunden, während Hod sie durch Raphael *heilt*.

Es braucht schon die ganz besondere Betrachtungsweise des Baums des Lebens, um solche Gegensätze in ihrem natürlichen Zusammenhang zu erkennen und zu verstehen. Gehen wir sie mit den uns vertrauten Schemata an, dann bleiben sie uns schlichtweg unverständlich und damit unzugänglich. In Hod hat das Schwert endgültig die Funktion des magischen Werkzeuges erreicht, wie wir es vom Tarot her kennen. Auf Seite 59 des ersten Bandes sind wir ihm begegnet als Symbol des Scheidens und Unterscheidens, des Einteilens als Ausdruck dessen, was der Mensch mit der Kraft seines Geistes und seines Verstandes vollbringt. In dieser Weise vertritt das Schwert das Element Luft, das Element des Geistes, des Verstandes, des Intellektes.

An dieser Stelle möchte ich den Leser, der gewillt ist, später seine Studien fortzuführen und auszuweiten, darauf aufmerksam machen, daß einige esoterische Schulen den Versuch unternommen haben, die unteren vier Sephiroth des Baums des Lebens (Malkuth, Jesod, Hod, Nezach) mit je einem der vier Elemente in Verbindung zu bringen. Der *Golden Dawn* zum Beispiel bringt Malkuth in Verbindung mit Erde, Jesod mit Luft, Hod mit Wasser und Nezach mit Feuer. Keiner dieser Versuche ist meiner Ansicht nach überzeugend, denn damit wird die Tatsache übersehen, daß wir uns in einer Sphäre befinden, wo offensichtlich die Polaritäten sehr stark und manchmal fast nicht einmal mehr voneinander trennbar ineinander verwoben sind. Die vier Elemente als solche sind aber reiner Ausdruck polarer Kräfte und können deshalb nicht einfach in einer solch reinen, unvermischten Form den einzelnen Sephiroth zugeteilt werden. Wenn man schon das Wesen der unteren vier Sephiroth unter Zuhilfenahme der vier Elemente näher bezeichnen will, dann sehe ich vielmehr in Malkuth die vereinigten vier Elemente, in Jesod eine Mischung von

Wasser und Luft, in Nezach eine Mischung aus Erde und Feuer und in Hod eine Mischung aus Luft und Erde. Ich finde es angebracht, den Leser jedesmal genau darüber zu orientieren, wo ich aufgrund meiner eigenen Arbeiten und Bemühungen zu anderen als in den gängigen Traditionen festgelegten Ergebnissen gekommen bin. Damit ist es der Freiheit des Lesers und Schülers überlassen, welcher Ansicht er sich selbst anschließen will.

Raphael vertritt also das Prinzip der Ordnung vom Kopf, vom Intellekt her. Er systematisiert, und damit begegnen wir in Raphael dem Prinzip der Ordnung als System, das möglichst alles zu erfassen und einzuordnen versucht. Der Natur Raphaels entsprechend, zeigt sich dieses System vor allem als Gedankenform, zum Beispiel in der Philosophie.

Die Engel

Die Engel der Sephira Hod sind die *Bene Elohim*. Wörtlich übersetzt bedeutet dies die »Söhne der Götter«, aber besser heißt es wohl, unter Berücksichtigung der Doppelgeschlechtlichkeit des Wortes Elohim, die »Kinder der Götter und Göttinnen«. Einmal mehr sind wir wieder bei der bereits mehrfach zitierten Bibelstelle 1. Mose 1,27 angelangt und haben gleichzeitig nun auch einen neuen Aspekt zu deren Verständnis gewonnen.

Der Ausdruck »Bild«, wie ihn Luther in seiner Übersetzung wiedergibt, der seiner wahren Bedeutung gemäß eher Gleichnis, Parabel, bedeutet, erweist sich nun als das formende, ordnende Prinzip von Hod. Hier ist es, wo der Mensch seine endgültige Form als Mann *und* Frau erhält, wie durch den Gebrauch des Wortes Elohim einmal mehr dargelegt wird. Erst ab hier, vom Sephira Hod aus, können wir den Menschen als ganzheitliches Wesen in Betracht ziehen. Von Nezach her ist er mit einer Vielfalt von Kräften ausgestattet, die in Hod ihre Ordnung, Form und Benennung erhalten haben, so daß der Mensch nun, sowohl von der Form als auch von der Kraft her gesehen, bereit ist und über alle die dazu notwendigen Voraussetzungen verfügt, sich in Jesod mit den Bildern der Seele erfüllen zu lassen. Das heißt, die eigentliche Menschwerdung kann erst dann erfolgen, wenn die beiden äußeren Säulen des Baums des Lebens, die wir nun auch als die Säulen Boas und Jachin erkennen, vollständig errichtet sind und miteinander Stabilität bilden. Erst dann kann Jesod als das »Fundament« seine Aufgabe wahrnehmen und den Baum des Lebens ausbalanciert und stabil in Malkuth verankern. Dieser Umstand ist für jede praktische esoterische Arbeit besonders wichtig.

Hier ist übrigens auch einer der vielen Berührungspunkte zwischen Esoterik und Psychotherapie, denn das eben Gesagte gilt uneingeschränkt auch für den Erfolg einer jeden psychotherapeutischen Bemühung, wenn es sich auch in einer etwas anderen Terminologie ausdrückt.

Das astrologische Kraftprinzip

In Assiah äußert sich Hod durch das vom Planeten *Merkur* vertretene astrologische Kraftprinzip. Merkur regiert alles, was mit Form und Gestalt im geistigen, intellektuellen Sinne zu tun hat. Intellektuelle, verbale Ausdrucksfähigkeit, mündlich wie schriftlich, ja Kommunikation überhaupt, all das fällt in das Gebiet des Merkur. Seine Kraft formuliert und systematisiert die Dinge auf der irdisch-materiellen Ebene. Aber darin allein erschöpft sich Merkur nicht. Merkur ist, wie wir wissen, die römische Form des griechischen Hermes, der ja auf dem Gebiet der Esoterik eine ganz besondere Bedeutung erlangt hat. Hier befinden wir uns auch auf der Ebene der sogenannten Hermetischen Gesetze.

Von da aus gesehen ist die Ansiedlung des Hermes Trismegistos innerhalb der Sphäre von Hod durchaus begreiflich und logisch. Aber durch Hermes, der eine Emanation des Gottes Thoth ist, verbindet sich auch alles, was mit diesem in Zusammenhang steht, mit Hod. Hod wird dadurch auch zum Ort der Magie, wo die Form für die Bilder geschaffen werden, die dann in Jesod mit der Lebenskraft von Nezach erfüllt werden. Obschon die Emotion (eine Nezach zugeteilte Kraft) nach der Tradition ein Zustand ist, in dem magisches Geschehen möglich wird, darf sie doch wegen der chaotischen Verwurzelung der Kräfte von Nezach nie von dieser Sephira aus allein geschehen, sondern es braucht dazu die bildende, gestaltgebende und damit kontrollierende Kraft von Hod. (Das gilt ganz besonders auch für die im Kapitel »Meditation« beschriebene Technik.)

Nach meiner Auffassung war es ein entscheidender Fehler im System des »Golden Dawn«, daß seine Neophyten bei der Erteilung der einzelnen Grade zuerst nach Jesod geführt wurden, bevor sie die Initiation von Hod und Nezach erfuhren. Dadurch erhielten sie offenbar nie ganz das richtige Verhältnis zu dieser Sephira und auch nicht die Kontrolle über deren Kräfte. Die Folge davon war ein astrales Aus- und Herumflippen, um es modern auszudrücken, was wesentlich zum Niedergang des Ordens beigetragen hat. Das gleiche gilt übrigens auch für die Praxis der Psychotherapie. Zuerst muß das Dreieck Malkuth, Nezach, Hod geschlossen und ausbalanciert werden, bevor Jesod (in der psychologischen Sprache annähernd etwa dem Unbewußten entsprechend) seine helfende und heilende Wirkung entfalten kann.

Aus all dem geht schon deutlich hervor, daß wir uns im Bereich des psychologischen Dreiecks auf einer Ebene befinden, wo die esoterischen, hermetischen Prinzipien auch für unsere tägliche Psychologie Gültigkeit und Wirksamkeit erlangen. Die Ebene zwischen Nezach und Hod erweist sich damit als die Transformationsebene von der hermetisch bestimmten Esoterik zu unserer Psychologie. Daraus ergibt sich ein neuer Hinweis, warum der große Gott Thoth auf Bild XVII, das ja diese Ebene als Erfahrungsweg darstellt, in der Gestalt des Ibisvogels persönlich in Erscheinung tritt. Was im weiteren noch über den Gott Thoth und Hermes Trismegistos in Hod ausgeführt werden kann, wäre nur eine Wiederholung alles dessen, was im ersten Band im Kapitel »Was ist Esoterik?« und im besonderen auf den Seiten 39 bis 42 bereits dargelegt wurde.

Die Symbole

Traditionelles Symbol der Sephira Hod ist zunächst einmal der *Name* an sich, ja, die Namen überhaupt. Was einen Namen hat, wird identifizierbar und kann, Hod gemäß, eingeordnet und systematisiert werden. Dies gilt ganz besonders für die vielfältigen Kräfte, wie wir sie noch in anonymem Zustand in Nezach kennengelernt haben. Hier, in Hod, erhalten sie nun ihren Namen und dadurch ihre Formen und Gestalten als Götter, Nymphen, Geister und so weiter. »An ihrem Namen sollst du sie erkennen« ist ein Prinzip, das ganz besonders dem Wesen von Hod entspricht.

Eng verbunden mit dem Namen ist das *Mantram*. Ein Mantram kann aus einem Wort, einer Silbe oder auch aus einem oder mehreren Sätzen bestehen. Seine Aufgabe ist es, wenn man es in einer bestimmten Weise ausspricht, zu vibrieren, wie der technische Ausdruck lautet, ein bestimmtes Vibrationsfeld oder eine Schwingungsebene entstehen zu lassen, die die dem Mantram innewohnende Bedeutung äußerlich wahrnehmbar, fühlbar herstellt. Alle Gottesnamen am Baum des Lebens sind Mantras in diesem Sinne; das gilt teilweise auch für die Erzengel und Engel. Das Mantram als Symbol von Hod weist uns ausdrücklich auf die Bedeutung der Vibration als Mittel der Ordnung und Unterscheidung von verschiedenen Ebenen voneinander. Gleichzeitig ist damit das Mantram als magisches Wort dem Hermes-Thoth in Hod verbunden.

Ein weiteres traditionelles Symbol, dessen Bedeutung sicher nicht allgemein bekannt ist, ist der sogenannte *Apron*. Es handelt sich dabei um eine schräg diagonal geschnittene Schürze, die die Lendengegend bedeckt. Der Apron ist ein Abbild des Schurzes, den der Handwerker, speziell der Maurer, bei seiner Arbeit trägt. Der Handwerker schafft ja buchstäblich durch seine Hände Form und Gestalt. Wahrscheinlich soll der Apron auch an den Bau des salomonischen Tempels erinnern, in dem das Urwissen der Menschheit Form und greifbare Gestalt angenommen hat. Es gibt auch Überlieferungen, die den Apron mehr in den Bereich des Magischen versetzen, wo er analog zum Lamen, dem Brustschild des Priesters, die Mondregion des Magiers, das heißt seine Geschlechtsorgane, verdecken soll. Diese Ableitung hat für die Sephira Hod insofern Bedeutung, als sich Hod, der Gott der Magie, hier in der Form des Ibisvogels mit dem mondsichelförmigen Schnabel manifestiert.

Als weitere Symbole von Hod können natürlich sämtliche *Gesetzbücher* beziehungsweise Gesetzestafeln, Verfassungen und so weiter herangezogen werden. »Es steht geschrieben« ist ein Mantram, das ausgesprochen Hod zugehörig ist. Überall, wo man sich auf diesen Satz beruft und ihn mantrisch gebraucht, macht sich gerne auch die Sterilität von Hod bemerkbar.

In den gleichen Bereich fallen natürlich auch alle mathematischen und physikalischen *Formeln,* die allesamt das Wesen von Hod sehr präzis ausdrücken. Indessen dürfen sie nicht mit den Symbolen verwechselt werden. Symbole sind Träger einer lebendigen Kraft und dadurch selbst lebendig und entwicklungsfähig. Das entzieht sie dem starren, konservierenden Bereich von Hod und macht sie eher der Sephira Jesod zugehörig. Im weiteren wirst du selbst eine Unmenge von Dingen ausfindig machen können, die das Wesen von Hod entsprechend vertreten und wiedergeben.

Das magische Bild

Das magische Bild von Hod stellt sich in der Form eines oder des *Hermaphroditen* dar. Das Wort Hermaphrodit ist eine Zusammensetzung aus Hermes und Aphrodite. Auch der Hermaphrodit ist ein Wesen, das weder Mann noch Frau ist, dem uns bereits bekannten Androgyn vergleichbar, obwohl es sich von diesem in ganz wesentlicher Weise unterscheidet.

Nach einer Legende soll das Kind von Hermes und Aphrodite zunächst männlichen Geschlechtes gewesen sein. Es wurde von den Najaden aufgezogen, den weiblichen Wassergeistern. Als er erwachsen war, zog er, von unbändiger Neugierde angetrieben, überall in der Welt umher, um alles und jedes kennenzulernen (das heißt in seiner Gestalt und Form zu erfassen). Als er einst in einer Quelle badete, verliebte sich deren Nymphe Salmatis derart in ihn, daß sie die Götter bat, ihre beiden Körper in einen einzigen zu vereinen. So wurden sie zum zwittergeschlechtigen Hermaphroditen.

Der Androgyn ist ein Ausdruck der Vereinigung der polar entgegengesetzten männlichen und weiblichen Kräfte, die zu einem Kraftfluß zwischen den Polen führt, dessen Vollkommenheit wir im tanzenden Androgyn von Bild XXI dargestellt finden.

Der Hermaphrodit ist das genaue Gegenteil davon. Bei ihm führt die Vereinigung der männlichen und weiblichen Polarität nicht zu einem Kraftfluß, sondern zu einem Stillstand und Aufhörens des Fließens jeglicher Kraft. Der Hermaphrodit wird damit zum Ausdruck der Sterilität, die das Wesen von Hod ebenso prägt wie Nezach die Fertilität, die Fruchtbarkeit, zum Ausdruck bringt. Der natürliche Partner von Venus-Aphrodite (Nezach) ist Mars (Geburah) und nicht Hermes-Thoth, der ja zudem selbst der weiblichen Mondsphäre angehört. Für denjenigen, der sehen gelernt hat, ist aus diesem Mythos vom Hermaphroditen sehr viel herauszulesen, das an dieser Stelle nicht unbedingt in Worte gefaßt werden muß. Wer Augen hat zu sehen, der sehe. Im Hermaphroditen zeigt sich der tödliche Aspekt der weiblichen Säule als Konservativismus, der um der Erhaltung des Bewährten, Bestehenden willen sich von jedem belebenden Krafteinfluß fernhält. Dies ist die negative Seite der Kodifizierung, der Ordnung, das »Law-and-Order«-Prinzip, das so leicht jede soziale Entwicklung verhindert. Auch das sind Prinzipien, die alle dem Gott Thoth zugeschrieben werden, dem Gott, der schreibt, rechnet und ordnet.

Als praktische Übungen über die Sephira Hod sind die Meditationen über Begriffe wie Form, Ordnung, Gesetz, Einordnung, Gestalt und so weiter nützlich. Aus der Bilderreihe der großen Arkana können dazu Bild I, Thoth in der Form des »Magiers«, Bild IV, »Der Herrscher«, der sich uns ein weiteres Mal mit den Prinzipien von Ordnung und Einordnung auseinandersetzen läßt, und ferner auch Bild VI, »Die Liebenden«, durch das wir dem Wesen des Erzengels Raphael näherkommen können, herangezogen werden.

Hod ist die unterste Sephira auf der weiblich formgebenden Säule. Damit haben wir alle Sephiroth, aus denen die beiden äußeren Säulen des Baums des Lebens bestehen, einer eingehenden Betrachtung unterzogen. Es ist, bevor wir weitergehen, vielleicht angebracht, diese beiden Säulen noch einmal als Ganzes und im Zusammenhang zu betrachten.

Wir haben miteinander festgestellt, daß jede Säule ein ganz bestimmtes Prinzip von Kraft vertritt, und daß sich dieses Kraftprinzip auf den verschiedenen Ebenen der Säulen, die durch die Sephiroth dargestellt sind, auch auf ganz verschiedene Weise äußert. Jede dieser Äußerungen kann so verschieden von den anderen der gleichen Säule sein, daß sie uns manchmal direkt paradox zueinander erscheinen, und es vielleicht schwerfallen dürfte, diese Äußerungen, wenn wir jede Sephira für sich allein betrachten, so ohne weiteres mit den Begriffen männlich und weiblich zu bezeichnen. Geburah und Hod beispielsweise äußern sich in einer Art und Weise, die wir auf den ersten Blick wohl viel eher dem männlichen Geschlecht zuordnen würden; das gleiche gilt analog vielleicht auch für Nezach im Bereich der männlichen Säule, und vielleicht sogar auch für Chesed, die sehr leicht mit dem mütterlich nährenden Prinzip verwechselt werden kann. Und doch erkennen wir im Zusammenhang, daß keine einzige Sephira auf diesen Säulen etwas anderes tut, als dem ihrer Säule gemäßen Kraftprinzip auf der ihr zugeteilten Ebene zum Durchbruch zu verhelfen, auch wenn sich diese Auswirkungen an der Basis der Säulen fast in ihr polares Gegenteil zu verwandeln scheinen.

Bevor du nun weitergehst, rate ich dir, dich noch einmal eingehend mit jeder Säule als Ganzem zu befassen. Betrachte zum Beispiel jede Säule in ihrer senkrechten Anordnung und beobachte die Gleichheit ihres Prinzips auf jeder Stufe. Beobachte zum Beispiel auch, in welch verschiedener Art sich der Todesaspekt der weiblichen Säule auf jeder Ebene äußern kann

216

und desgleichen der Aspekt des Chaos auf der männlichen. Erfühle und erlebe die Spannweite der oberen Sephiroth zu den unteren und umgekehrt. Manches wird dir noch verständlicher, wenn du die Sephiroth wie Spiegel betrachtest, die sich gegenseitig reflektieren. Du wirst dann zum Beispiel herausfinden, in welchem Maße der Fertilitätsaspekt von Nezach eine Auswirkung der Reflektierung von Nezach in Binah ist, und wie andererseits die Bilder und Inhalte von Hod, die mit der Magie in Bezug stehen und die ja, als auf Veränderung ausgerichtet, ausgesprochen Hod-feindlich sind, eine Reflektierung der Kraft von Chockmah in Hod sind. Überhaupt: Diese gegenseitigen Verbindungen der einzelnen Sephiroth durch Reflexion über diagonale Verbindungen und Ebenen ist ein sehr wichtiger Aspekt für das gesamte Verständnis des Baums des Lebens. In diesen so umfassenden und so differenzierten Bereich tiefer einzudringen fehlt hier der Raum, und so sei es ausdrücklich deiner eigenen Entdeckerfreude überlassen.

Auch eine nähere Betrachtung der verschiedenen Gottes- und Engelsnamen, insbesondere auf ihre Gemeinsamkeiten und Zusammensetzungen hin, wird dir noch manches Geheimnis im Baum des Lebens enthüllen. Solche Übungen vor allem werden dich dazu bringen, den Baum des Lebens später einmal in gewisser Weise als deinen höchst persönlichen Computer zu gebrauchen, der dir in der Verbindung mit dem Tarot auf die meisten Fragen und Probleme deines Lebens die richtige Antwort zu geben weiß.

9. Jesod

Von allen Sephiroth am Baum des Lebens ist Jesod vielleicht die am schwierigsten zugängliche und von ihrem Gehalt her am kompliziertesten zu erfassen. Ihre Bilder- und Symbolwelt ist von einer beinahe paradox zu bezeichnenden Gegensätzlichkeit und auf den ersten Blick hin vielleicht sogar Unvereinbarkeit durchdrungen. Dies mag uns schwer verständlich erscheinen, wenn wir daran denken, daß Jesod ja der Sephira Malkuth, dem Boden der irdisch-materiellen Welt, auf dem wir stehen, am nächsten gelegen ist. Also müßten doch auch die Symbole und Bilder der einzelnen Sephiroth, je mehr wir uns dieser Ebene nähern und je dichter die Sphäre der Materialisierung wird, um so begreiflicher, oder, im buchstäblichen Sinne des Wortes, begreifbar werden. Als gesamthafte Tendenz gesehen ist aber das Gegenteil der Fall. In der Höhe, in der »Krone« des Baumes, erscheinen uns die Dinge noch am deutlichsten und am überschaubarsten, während sie sich, je weiter wir heruntergestiegen sind, um so komplizierter und oft auch schwieriger durchschaubar zeigten. Jesod ist nun die Sephira, in der dieser Umstand am deutlichsten in Erscheinung tritt. Dies müssen wir zu Beginn unserer Betrachtung einfach als Voraussetzung zur Kenntnis nehmen. Warum dies bei Jesod der Fall ist, wird sich dann im Verlaufe unserer Analyse ganz von selbst herausstellen.

Was Jesod ist und welche Funktion sie am Baum des Lebens erfüllt, erfährst du am besten, wenn du wieder einmal den Baum des Lebens als gesamtes Bild betrachtest. Es geht zunächst nur darum, zu erkennen, wo sich Jesod im Baum des Lebens eigentlich befindet, und was wir aus dieser rein äußerlichen Position bereits erkennen und ableiten können. Jesod befindet sich auf der mittleren Säule, unterhalb der formgebenden und der belebenden Säule. Das bedeutet: Jesod ist die Sephira, die als erste die Gesamtheit dessen in sich enthält und aufgenommen hat, was in den beiden äußeren Säulen, der belebenden und der formgebenden, enthalten ist. Bei Thipharet, die wir als das Zentrum des Baums gezeichnet haben, ist das noch nicht der Fall, weil hier sowohl Nezach als auch Hod noch nicht zur Emanation gekommen sind.

Bisher haben wir immer vom Baum des Lebens gesprochen, aber in Wirklichkeit haben wir uns lediglich mit den einzelnen Säulen beschäftigt. All das, was bisher gesagt worden ist, hat eigentlich mit dem Begriff eines Baums, so wie wir ihn verstehen und in der Natur erblicken, nicht viel zu tun. Jetzt erst, in Jesod, werden die drei Säulen wirklich zum *Baum* des Lebens. Du erkennst dies sehr deutlich beim Betrachten der untenstehenden Illustration. Jesod ist sozusagen der Auffangpunkt, in den sich durch den 28. und 30. Pfad die Energieströme der belebenden und der formgebenden Säule ergießen, die dann durch den 32. Pfad als Stamm nach Malkuth hinuntergeleitet werden. Erst in dieser Darstellung werden die drei Säulen zum Schema eines Baums mit Stamm, Ästen und Krone.

Schon dies allein sagt sehr viel über das Wesen von Jesod aus. Von dieser äußereren Betrachtungsweise her gesehen, können wir Jesod als »belebte Form« bezeichnen. Drei Säulen, die nebeneinander stehen (siehe Abb. auf Seite 220), sind nach unseren gewohnten Vorstellungen unbelebt, während der Baum als Angehöriger der Pflanzenwelt auch nach gewohnten Vorstellungen bereits zu den belebten Wesen zählt.

Leben in einer faßbaren, konkreten Form ist ein Grundprinzip von Jesod. Dies wird erst möglich durch die Verknüpfung der beiden äußeren Säulen. Das Prinzip des Lebens ist das erste von drei Grundprinzipien, aus denen sich der Gehalt von Jesod zusammensetzt. Der Schlüsselsatz zu diesem Grundprinzip heißt: Leben wird konkret, das heißt faßbar, begreifbar, und dies durchaus im buchstäblichen Sinne dieser Worte.

Überlegen wir uns einmal, wodurch und woran wir erkennen, ob etwas lebt oder nicht lebt. Wir brauchen dazu unsere Sinne, vor

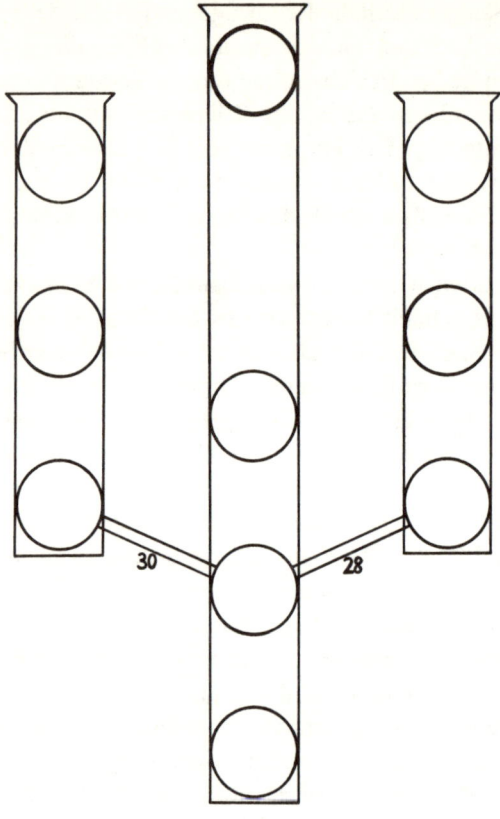

allem die Augen. Wir könnten vielleicht voreilig sagen, daß sich Leben durch Bewegung äußert. Das stimmt, aber auch eine Maschine, ein Fahrzeug bewegt sich und ist doch, nach unseren Begriffen, nicht belebt. Es muß also noch etwas anderes geben, wodurch sich Leben als Leben zu erkennen gibt. Ein Merkmal des Lebens ist, daß es sich fortpflanzen kann, daß belebte Wesen ihre Lebenskraft, die in ihnen ist, weitergeben können und aus ihnen neues Leben hervorgeht. Diese Eigenschaft haben Maschinen und Fahrzeuge nicht. Wir dürfen uns also bereits darauf vorbereiten, daß Zeugung und alles, was mit Erzeugung neuen Lebens zusammenhängt, in Jesod eine wichtige Rolle spielt.

Es gibt aber noch weitere Merkmale, an denen erkennbar wird, ob ein Ding zu den belebten oder unbelebten Wesen gehört. Unser menschliches Leben zum Beispiel äußert sich zu einem großen Teil auch darin, wie wir auf unsere Umwelt, auf die uns berührenden Reize reagieren und welche Reaktionen wir auf die von uns ausgehenden Aktionen entgegennehmen. In diesem Prinzip der Aktion und Reaktion erleben gerade wir Menschen Leben und Lebendigsein.

An dieser Stelle kannst du nun allerdings mit Recht den Einwand erheben, daß das Gesetz von Aktion und Reaktion auch bei den als unbelebt bezeichneten Maschinen und Fahrzeugen zur Anwendung gelangen kann. Das stimmt. Es ist gerade ein Prinzip auch der Maschinen und der Apparate unserer heutigen Technik, daß sie auf Aktionen in einer ganz bestimmten, festgelegten Weise reagieren. Aber genau in dem Wörtchen »festgelegt« liegt der Unterschied, auf den es ankommt.

Der Mensch reagiert nicht immer in einer von vorne herein berechenbaren und feststellbaren Art und Weise. Der Mensch hat die Möglichkeit, in weiten Bereichen seines Lebensraums seine Aktionen oder Reaktionen seiner Entscheidungsfreiheit gemäß selbst zu bestimmen und auszuführen. Der Unterschied zwischen dem Menschen und einer Maschine besteht in dieser Beziehung darin, daß eine Maschine, selbst ein Computer, auf eine ganz präzise, im voraus festgelegte Weise reagieren und oft sogar entscheiden muß. Tut das die Maschine nicht mehr in der festgelegten Weise, ist sie defekt und muß repariert werden. Der Mensch indessen ist in seinen Aktionen und Reaktionen unberechenbar; er hat die Möglichkeit, auf einen Reiz einmal so und ein anderes Mal anders zu reagieren. Es gibt auch Menschen, bei denen man nur auf gewisse »Knöpfe zu drücken« braucht, um eine ganz genau im voraus berechenbare Reaktion hervorzurufen. Aber solche Menschen werden auch im Alltag eher mit unbelebten Robotern verglichen als mit lebendigen Wesen.

In diesem Bereich gehört auch, daß das Leben ganz bestimmten Gesetzen und Regeln folgt, daß doch im großen und ganzen eine übergeordnete Ordnung vorhanden ist, die Entstehung, Ablauf und Ende des Lebens kennzeichnet, obwohl, wie wir eben festgestellt haben, die Entscheidungskraft auf dem Gebiet der Aktion und Reaktion vorhanden ist. Später, wenn du dich mehr in das Wesen der Pfade auf dem Baum des Lebens eingearbeitet hast, wirst du erkennen, daß alle Pfade, die auf Jesod zuführen, einen Aspekt dieser übergeordneten Lebensgesetze darstellen. Alle Tarotbilder, die diesen Pfaden zugeordnet sind, haben in irgendeiner Weise mit diesem Prinzip des Lebens zu tun. Wo Leben ist, da ist selbstverständlich auch das Gesetz der Polarität in seinem sexuellen Aspekt männlich-weiblich vorhanden. Wir dürfen uns also bereits auch darauf gefaßt machen, daß die Durchdringung des Männlichen mit dem Weiblichen, die Vereinigung dieser beiden Polaritäten, in Jesod eine wichtige Bedeutung haben, nicht nur, weil Jesod der Verknüpfungspunkt der männlichen und der weiblichen Säule ist, sondern auch, weil wir in Jesod das Fundament des Lebens überhaupt finden.

Damit kommen wir zum Wort »Fundament«: Jesod bedeutet Fundament. Um zu verstehen, warum die Sephira Jesod mit der Bezeichnung Fundament versehen wurde, gehen wir am besten auch hier wieder anschaulich und bildhaft vor.

Ein Fundament ist die Verbindungsstelle zwischen Erdreich und Gebäude. Wenn wir sagen, ein Haus ruht auf seinen Fundamenten, dann meinen wir damit, daß die Fundamente, die Grundsteine, die auf den Boden gelegt wurden, den Kontakt zwischen dem Haus und dem Erdreich schaffen. Genau diese Funktion hat auch in gewisser Weise Jesod für den ganzen Baum des Lebens. Jesod ist die Kontaktstelle, wo all das, was wir in der Struktur des Baums des Lebens bisher kennengelernt haben, in Kontakt tritt mit dem Erdreich (Malkuth heißt ja das »Reich«). Wenn wir das äußere Bild des Baums des Lebens betrachten, sieht es nicht danach aus, da ja zwischen Jesod und Malkuth noch der 32. Pfad, sozusagen als Stamm des Baumes, vorhanden ist. Aber dieser 32. Pfad trägt das Bild des »Narren«, das Bild 0. Was dies bedeutet, darauf werden wir näher eingehen, wenn wir auch Malkuth miteinander betrachtet haben und dann noch einmal die Struktur des Baumes als Ganzes ins Auge fassen. Aber du bist wiederum aufgefordert, wenn du willst, dir jetzt schon deine Gedanken darüber zu machen.

Ein weiteres Merkmal, woran wir das Vorhandensein von Leben oder Nicht-Leben feststellen können, ist die gegenseitige Erkennung. Dieses Prinzip der gegenseitigen Erkennung geht durch alle uns belebt erscheinenden Welten hindurch. Am deutlichsten tritt es, ganz Jesod gemäß, in der Paarung zutage. Die Lebewesen sind fähig, einander zu erkennen, festzustellen, daß sie von der gleichen Art sind. In der ungeheuren Vielfalt der verschiedenen Arten und Erscheinungen von Leben auf unserer irdisch-materiellen Ebene werden sich immer die Angehörigen einer ganz bestimmten Spezies miteinander paaren, um wiederum das Leben weiterzugeben. Das bedeutet, daß sie fähig sein müssen, einander gegenseitig als Angehörige ein und derselben Art, wenn auch von verschiedener Polarität, zu erkennen. Dieses Prinzip der gegenseitigen Erkennung funktioniert durch alle Entwicklungsstufen des Lebens hindurch, auch dort, wo wir nicht mehr von der sinnlichen Wahrnehmung, so wie wir sie verstehen, sprechen können. Das bedeutet: Es muß also im ganzen Bereich des Lebens so etwas wie ein gegenseitiges Senden und Empfangen einer ganz bestimmten Frequenz vorhanden sein, das es den Lebewesen ermöglicht, zu erkennen, daß sie der gleichen Art und Spezies angehören, aber von verschiedener Polarität sind. Das Prinzip der gegenseitigen Erkennung ist also eng verbunden mit dem Prinzip der Reflexion, der Widerspiegelung.

Erkennen, faßbar werden, Reflexion, das sind Schlüsselwörter, die uns zu den Bildern führen. Im ersten Band, im Kapitel »Was ist Esoterik?«, wurde anhand des Beispiels eines Telefongesprächs zwischen zwei Kontinenten der Versuch unternommen, zu erklären, in welcher Weise etwa die Verbindung von der Transzendenz zu unserer irdisch-materiellen Ebene funktionieren könnte. In Jesod erkennen wir nun den Ort, wo sich die für uns nicht faßbaren Vibrationen, die dennoch Träger der Botschaft sind, im Telefonhörer wieder zu Schallwellen formen, die es uns ermöglichen, den Inhalt der Botschaft in einer uns gemäßen Form zu vernehmen. Damit erleben wir Jesod als den Verknüpfungspunkt unserer irdisch-materiellen Ebene mit der Transzendenz.

Das bedeutet, daß Jesod in etwa mit dem Unbewußten in uns

verglichen werden kann, da es ja auch für jeden Mensch individuell die Verbindungsstelle zur Transzendenz ist, deren Sprache die Bilder sind, wie uns die nächtlichen Träume und die Mythen zeigen. Damit wird auch klar, daß alles, was bisher über den Baum des Lebens gesagt worden ist, über Jesod lief und in die Form von Bildern gekleidet ist. Das große Gesetz des Hermes, »wie oben, so unten«, zeigt sich uns durch Jesod hindurch. Wenn du dir vorstellst, daß du mit deinen Füßen auf dem Erdreich auf Malkuth stehst und sich hoch über dir der Baum des Lebens erstreckt, dann kannst du eigentlich nur drei Sephiroth direkt sehen. Jesod, dir am nächsten, und in größerer Ferne Nezach und Hod. Alle anderen Sephiroth sind deinem direkten Anblick entzogen.

Drei Sephiroth sind deinem direkten Blick zugänglich: Nezach, das sich dir als ein Prinzip der belebenden Kraftströme zeigt, und Hod, in dem du das Prinzip der eingrenzenden und auch begrenzenden Form erkennst. Beide, sowohl Nezach als auch Hod, geben aber nur einen Teil vom Baum des Lebens wieder; das Ganze des Baums erkennst du nur in und durch Jesod hindurch. Deshalb zeigt sich uns das Wesen des Baums des Lebens eben in einer Jesod gemäßen Form, in einer Form der Bilder, der Reflektion und als Prinzip des Lebens. Hier wird jetzt deutlich, in welchem Maße die den einzelnen Sephiroth zugeordneten Bilder und Symbole nicht materiell reale Fakten und Tatsachen sind, sondern Gleichnisse, in denen das wirkliche Geschehen, das uns direkt nicht zugänglich ist, widerspiegelt wird.

Indem wir das Wesen von Jesod erfassen, erkennen wir auch den Grund, warum die verbale Form der Überlieferung so häufig mißverstanden und in ihren Auswirkungen korrumpiert wurde. Auch die verbale Überlieferung in den heiligen Büchern, wie sie zum Beispiel in der Bibel enthalten ist, sind Bilder, die in die Form von Erzählungen gekleidet sind. Bei Erzählungen liegt nun immer die Gefahr nahe, daß sie als Berichte, das heißt als Darstellung eines realen Geschehens, aufgefaßt werden. Dies führt in eine ganz falsche Richtung.

Wollen wir die Texte der heiligen Bücher der Menschheit richtig verstehen, dann müssen wir sie als Bilder auffassen und unsere Fähigkeit entwickeln, aus den Worten wieder das ursprüngliche Bild, das ihnen zugrunde liegt, zu rekonstruieren. Die verbale Sprache ist, entwicklungsgeschichtlich gesehen, eher eine späte Stufe der Menschheit. Die ursprüngliche Sprache ist die Sprache der Bilder, der Sprache, die auch unser Unbewußtes noch vorwiegend spricht und versteht. Analog dazu sind auch die Bücher, die sich der verbalen Sprache bedienen, eine verhältnismäßig späte Fassung des Urwissens der Menschheit, während die anderen Bücher, wie das Buch des Thoth, das sich der Bildsprache bedient, dem Quell dieses Urwissens näher ist.

Damit stehen wir einmal mehr vor der Frage: Was ist ein Bild? Bereits im ersten Band haben wir uns mit dieser Frage aus einer gewissen Perspektive auseinandergesetzt, und es ist vielleicht gut, wenn du dich dort noch einmal mit den Seiten 305 bis 310 näher befaßt.

Eine erste Antwort auf unsere Frage könnte darin bestehen, daß wir das Bild einfach von seiner materiellen Beschaffenheit her betrachten. Das ist nichts weiter als ein Stück Papier, Leinwand und so weiter, sowie irgendwelche stofflichen Partikel, die eine ganz bestimmte Spektralfarbe des Lichtes wiedergeben. Das Bild, wie eben zum Beispiel ein Bild aus dem Buche des Thoth, ist also zunächst nichts weiter als ein Konglomerat verschiedener materieller Stoffe. Erst unser Gehirn macht aus diesem Konglomerat das Bild, indem es Beziehungen, Analogien entdeckt und durch Vergleich mit anderen, bereits bekannten und analogen Strukturen diesem materiellen Konglomerat einen ganz bestimmten Sinn und eine Zuordnung gibt. Damit vollzieht sich in unserem Gehirn nichts anderes als der Vorgang der Reflexion, indem materielle, optische Phänomene mit den dort vorhandenen und gespeicherten immateriellen Bildern verglichen werden und dementsprechend eine Sinngebung erfolgt. Der Speicher, in dem diese Bilder seit Urzeiten aufbewahrt und von einer Generation zur anderen weitergegeben werden, entspricht also in etwa dem, was C. G. Jung das kollektive Unbewußte nannte.

Unsere moderne Technologie hat uns die Möglichkeit gegeben, zwei Beispiele zu wählen, die diesen Vorgang recht anschaulich zur Darstellung bringen. Der Fernsehempfänger ist die eine Analogie dieses Vorgangs. Ein Elektronenstrahl, für unsere Sinne nicht wahrnehmbar, trifft auf eine bestimmte materielle Schicht und leuchtet dort als Punkt auf. Das Zusammenspiel und die für unser Auge simultane Erscheinung einer ungeheuren Vielfalt solcher verschiedenen Lichtpunkte erzeugt auf dem Bildschirm das für unsere Sinne wahrnehmbare Bild.

Damit können wir auch fast den ganzen Baum des Lebens in die Analogie des Fernsehens einbeziehen. Das Fernsehstudio, wo eine Sendung als Direktübertragung ausgestrahlt wird, würde der Sphäre von Kether entsprechen, die verschiedenen Umsetzerstationen, durch die die elektromagnetische Schwingung überall hin verbreitet wird, den einzelnen Sephiroth, und Jesod wäre der Fernsehempfänger, der das Geschehen in anloger Weise als Bild für dich sichtbar und erkennbar macht, während der Stuhl, auf dem du vor dem Bildschirm sitzt, Malkuth entsprechen würde.

Aber auch eine andere Form der Bildübertragung, das Kino, gibt uns ziemlich genau Aufschluß über einen weiteren Aspekt von Jesod. Das Bild im Kino entsteht, indem Lichtstrahlen auf eine Leinwand treffen und von dieser reflektiert werden. Solange der Projektor nicht läuft, bleibt die Leinwand leer: wenn der Projektor läuft und keine Leinwand vorhanden ist, dann schießen seine Lichtstrahlen ins Leere hinaus, ohne die Möglichkeit zu haben, sich auf einem Träger zu einem Bild zu formen. Darin erkennst du sofort, daß der Projektor Nezach entspricht und die Leinwand Hod, und daß nur die Kombination von beiden, nämlich Projektor *und* Leinwand, Jesod ergibt. Ein weiterer Unterschied zwischen Kino und Fernsehen ist, daß die Bilderwelt des Films keine simultane Übertragung eines Geschehens ermöglicht. Der Film gibt seine Bilder immer nur zeitverschoben weiter, er zeigt nur, was in der Vergangenheit einmal geschehen ist. Gerade auch damit gibt uns der Film ein Analogiebeispiel für eine weitere wichtige Funktion, die Jesod zu erfüllen hat. Wir haben Jesod bereits mit dem großen Speicher verglichen, in dem die Urerfahrung der Menschheit und damit das Urwissen in der Form von Bildern gespeichert ist.

226

Nach der esoterischen Tradition geht nichts, was in der Welt je einmal vorhanden war und ist, verloren. Jedes Geschehen, jede Tat, jeder Gedanke bleibt erhalten. Sie werden abgespeichert und entfalten von dort aus durch die magische Kraft, die ihnen inne wohnt, das heißt die Energie, die sie im Grunde sind, einen Einfluß auf unsere Welt aus. Diese durch Generationen der Menschheit hin aufgespeicherte Kraft kann durchaus imstande sein, den Baum des Lebens unserer Erde nach der einen wie nach der anderen Seite aus der Balance zu bringen. Vielleicht liegt darin auch der Schlüssel zum Verständnis des desolaten Zustandes unserer Welt, die wirklich alle Zeichen des Aus-der-Balance-geraten-Seins aufweist.

Der Baum des Lebens kennt weder Gut noch Böse, er kennt nur die Zustände balanciert und unbalanciert. Das, was wir das Böse nennen, ist erst eine Auswirkung, eine Folge des unbalancierten Zustandes, gleichgültig, nach welcher Seite hin dieses Ungleichgewicht zeigt, ob in Richtung der formgebenden oder in Richtung der belebenden Säule hin. Das Gute ist eine Auswirkung und Folge der Balance, wenn sich die beiden äußeren Säulen des Baums des Lebens im Gleichgewicht befinden. Damit enthüllt sich auch eine ganz neue Bedeutung des bekannten und rätselhaften Jesuswortes: »Die Sünden der Väter werden heimgesucht an den Kindern bis ins dritte und vierte Glied.« Praktisch bedeutet das, daß wir herausfinden müssen, wo der Baum des Lebens unserer Welt aus dem Gleichgewicht geraten ist, um dann das zu tun, was diesem Ungleichgewicht entgegenwirkt.

Dieser Speicher, der alles enthält, was je getan und gedacht worden ist, trägt in der Tradition der Esoterik ganz bestimmte Namen. Eliphas Lévi nannte diesen Speicher »das Astrallicht« und stellte ihn sich als eine unsichtbare Region vor, die unsere Welt umgibt, ähnlich dem Tierkreis. Dieses Astrallicht empfängt die von der Erde ausgehende Energie und *reflektiert* sie wieder auf die Erde zurück. Paracelsus gebraucht dafür den Ausdruck »siderisches Licht«, und die Theosophen sprechen von Akasha und im speziellen Sinne sogar von der Akasha-Chronik. Aus diesem Astrallicht empfängt die Erde und empfangen damit auch wir Menschen die Energie, die unsere Welt in Gang hält, entweder in einer balancierten oder unbalancierten Form. Damit wird dieses Astrallicht analog, oder vielleicht sogar identisch, mit unserer Sephira Jesod. »Es kann die Spur von meinen Erdentagen nicht in Äonen untergehen.« Wie wahr ist doch dieser Satz, den Goethe seinen Faust sprechen läßt. Aber im unmittelbaren Zusammenhang damit spricht Goethe den Schlüsselsatz des ganzen Dramas aus: »Dürft' ich zum Augenblicke sagen: verweile doch, du bist so schön!« Damit verlangt er das Unmögliche. Er verlangt, daß die Maschinerie des Kosmos angehalten wird und daß die erstarrende, versteinernde Kraft von Binah ihre totale Herrschaft antritt, deren tödlicher Umklammerung Faust dann auch sofort verfällt.

Mit dem Ausdruck »Maschinerie der Welt« haben wir einen neuen Ausdruck gebraucht, um das Wesen von Jesod auszudrücken. Jesod hat also auch die Funktion, durch seine gespeicherte, das heißt reflektierte Energie, unsere Welt, den ganzen Kosmos, in Gang zu halten. Damit schließt sich ein Kreis, und wir erkennen den Zusammenhang, den Jesod als »Maschinerie des ganzen Universums« zur generativen Fortpflanzung hat, die ja auch als Prinzip des Lebens überhaupt ein Teil von Jesod ist.

Im Wesen von Jesod liegt aber auch, daß es sich als Sphäre der Bilder mehr und mehr sträubt, sein Wesen in abstrakte Gedanken und Worte fassen zu lassen. Vieles, was über diese Sephira im Moment noch schwer verständlich und vielleicht unklar ist, wird deutlicher erkennbar, wenn wir es durch das Wesen seiner spezifischen Bilder erfassen, denen wir uns jetzt zuwenden wollen.

Der Gottesname

Der Gottesname von Jesod heißt *Schadai el Chai* und bedeutet der »allmächtige, lebende Gott«. Schaddai el Chai ist der oberste Herr des Lebens in der Bedeutung des sich fortpflanzenden Lebens. Im Wesen der Fortpflanzung zeigt sich einer der wichtigsten Unterschiede zwischen Mensch und Tier. Die meisten Tiere spüren den Drang, sich fortzupflanzen, also die Kraft ihrer Sexualität, nur zu ganz bestimmten Zeiten ihres Lebens, die sich in einer rhythmischen Folge ergeben. Der Mensch kennt keine Brunstzeit; ihm bleibt es vorbehalten, seine Sexualität, wenn er einmal die Pubertät erreicht hat, während seines ganzen Lebens in einem kontinuierlichen Strömen jederzeit zur Verfügung zu haben. Sie wird sich während eines ganzen Lebens nicht immer in der gleichen Art und in einer sich immer wiederholenden Form ausdrücken, aber das Strömen der menschlichen Sexualität ist während eines ganzen Lebens jederzeit spürbar und irgendwie lebbar.

Wenn du einmal in der Natur das Hereinbrechen der Brunstzeit über die Tiere beobachten konntest, dann ist dir sicher aufgefallen, mit welcher Urgewalt die Kraft der Sexualität über das Tier hereinbricht. In der Zeit, in welcher sich der Geschlechtstrieb mit all seinen Ansprüchen durchsetzt, steht das Tier ganz unter dessen Einfluß und nimmt dadurch ein Verhalten an, wodurch es ganz und gar in seinen sonstigen Lebensgewohnheiten verändert wird. Seine ganze Energie wird auf einen Punkt hin konzentriert und geleitet; das Tier läßt jede Vorsicht fahren, und während der Brunstzeit gibt es für das Tier nichts anderes mehr, als eben diese Kraft in einem Ausmaß zu leben und zur Auswirkung gelangen zu lassen, die bis an den Rand der Selbstzerstörung gehen kann, ja, sie bisweilen sogar überschreitet, wie etwa bei den Bienen, wo die männliche Drohne an der physischen Anstrengung des Begattungsaktes stirbt. Durch dieses totale Hingegebensein an die Kräfte der generativen Fortpflanzung ist das Tier auch in einem gewissen Maße verletzbar. Es fürchtet Gefahren nicht mehr, die es sonst sehr wohl erkennen und meiden kann.

In der Tierwelt ist die Brunstzeit ein Schutz, denn die Einwirkung und das Ausgeliefertsein an eine solch übermächtige Kraft kann nicht ständig ertragen werden, ohne daß das einzelne Wesen und die ganze Gattung daran zugrunde gehen. Wenn die Brunstzeit abklingt, kann das Tier, das sie überlebt hat, wieder zu seinen gewohnten Lebensumständen zurückkehren, ohne durch die Einwirkungen der sexuellen Triebkräfte gestört zu werden.

Der Mensch hat keine Brunstzeit. Das bedeutet aber in keiner Weise, daß die sexuellen Triebkräfte bei ihm weniger stark in Erscheinung treten und damit zu keiner Gefahr für ihn werden wie beim Tier. Der Mensch kann durchaus, wie das Tier, diese totale und absolute Hingebung an die Triebkraft der Sexualität erleben. Wer es kann, zählt dies zu den Höhepunkten und schönsten Augenblicken seines Lebens. Aber im Gegensatz zum Tier, dessen Sexualität mit einer ungeheuren Wucht nur auf einen einzigen Punkt hin geleitet wird und das darum des Schutzes bedarf, hat der Mensch breitgefächerte und durchschattierte Möglichkeiten, seine Sexualität zu leben. Vom Sex über Eros bis hin zur Spiritualität gibt es für den Menschen sehr viele Möglichkeiten und Kanäle, in die sich die Wucht dieser alles durchdringenden und alles in Gang haltenden Kraft ergießen kann.

Das Tier kann seine Sexualität nicht spirituell einsetzen, wohl aber der Mensch. Damit sind wir wiederum, wenn auch auf einem anderen Wege, zur Identität von Sexualität und Spiritualität gelangt. Das fertile Leben, die Fruchtbarkeit also, ist das *Fundament* für alles andere Leben überhaupt, und die Sexualität steht im Dienste dieses Lebens. Ich verweise dich hier wiederum auf Bild XV, wo sich in der lässig dargereichten Hand des Mannes bei sonstiger totaler Kommunikationslosigkeit ebenfalls der tiefste Punkt zeigt, zu dem ein Mensch in dieser Beziehung gelangen kann, wo Sexualität nur noch auf den reinen Konsum beschränkt ist, ohne sie als das Fundament, als die Maschinerie des Universums zu leben und zu erleben. In diesem Bild XV ist Sexualität gerade noch der Funke, der noch nicht erlöscht und den der Mensch durch den minimalen Kontakt seines Schwanzes mit der Fackel des Lichtträgers empfängt. So ist dieser Funke und die dargebotene Hand auf der Ebene des abgesunkenen Menschen das Analoge zur Fackel des Teufels.

Schaddai el Chai verkörpert indessen den göttlichen Aspekt der Sexualität. Dieser Gottesname hat den gleichen Gehalt und die gleiche magische Aufladung wie das Ankh, das Henkelkreuz, das Symbol des sich ewig erneuernden Lebens, des Lebens, das war, das ist und das sein wird. Als Ort, wo die belebende und die formgebende, nunmehr wirklich männliche und weibliche Säule miteinander in Kontakt treten und ihre ganzen Kräfte im Fundament miteinander vereinen, wird Jesod zur Brücke, über die dieses Leben hinunter nach Malkuth gelangt. Dieser Aspekt von

230

Jesod kommt sehr treffend und auch sehr schön zum Ausdruck in der Oper *Die Frau ohne Schatten* von Richard Strauss, wo am Ende des ersten Aktes der Textdichter Hugo von Hofmannsthal die Stimmen der Wächter über die nächtliche Stadt erklingen läßt:

»Ihr Gatten, die ihr liebend euch in Armen liegt,
ihr seid die Brücke, überm Abgrund ausgespannt,
auf der die Toten wiederum ins Leben gehen!
Geheiligt sei Eurer Liebe Werk!«

Schaddai el Chai heiligt die Vereinigung der Polarität in der Form der Sexualität. Der Klang seines Namens läßt das Schwingungsfeld entstehen, worin sich die Sexualität als die Kraft entfalten kann, die das Universum sowohl körperlich-materiell als auch spirituell belebt und in Gang hält.

Der Erzengel

Der Erzengel von Jesod ist *Gabriel*. Der Name Gabriel bedeutet »Gottesstärke« oder »der Starke Gottes«. Gabriel hat die spezielle Funktion, als Gottesbote zu dienen und den Menschen Gottes Willen zu verkünden. Durch ihn *erfahren* die Menschen, was Gott will. In diesem Sinne erscheint Gabriel auch in der bekannten Erzählung von Maria Verkündigung, wie sie im Evangelium des Lukas, Kapitel 1, Vers 26–38, dargestellt ist. Diese Verkündigung, eines der beliebtesten Motive der bildenden Kunst, darf man sich nun nicht einfach als einen Tatsachenbericht vorstellen. Wir müssen die Form der Erzählung auf ihren ursprünglichen Bild-Wert zurückführen, wenn wir ihrem Wesen gerecht werden wollen.

Die Geschichte von Maria Verkündigung ist übrigens ein sehr starkes Indiz dafür, daß auch das Neue Testament auf weite Strecken hin kabbalistisch zu verstehen ist. Du kannst dies nachvollziehen, indem du dir Maria als auf Malkuth befindlich, also auf der irdisch-materiellen Ebene, und Gabriel als von Jesod aus handelnd und sprechend vorstellst. In und durch Jesod erkennt man Briah, Gottes Wille. Wir lernen Jesod hier in ihrer Funktion als reflektierende Sephira kennen, die sich in Bildern zum Ausdruck bringt und sich dadurch dem annähert, was die moderne Psychologie das Unbewußte nennt. Beachte auch, daß die Begegnung der Maria mit dem göttlichen Willen durch den Erzengel geschieht, also auf der Ebene von Briah, wie das bei allen großen Berufungen der Bibel der Fall ist.

In diesem Zusammenhang ist auch noch interessant, daß Gabriel Maria ausdrücklich anweist, ihrem Sohn den Namen Jesus zu geben. Jesus ist eine latinisierte Form des hebräischen Namens Jehoschuah (י ה ש ו ה). Wenn du nun die hebräische Schreibweise dieses Namens Jehoschuah betrachtest, dann wirst du mit einem Blick herausfinden, daß darin eine ganz bestimmte Botschaft verschlüsselt liegt. Der Name Jehoschuah besteht aus den vier Buchstaben des Tetragrammatons, ergänzt in der Mitte durch einen fünften, Schin, der die Symbolbedeutung von Feuer als Licht hat. Damit drückt der Name Jehoschuah, also Jesus, in bildhafter Form aus: Gott als Licht. Wieder sind wir auf einem anderen Weg bei den Eingangsversen des Johannesevangeliums angelangt.

Gabriel ist aber nicht nur der Bote Gottes, sondern er ist auch der Erzengel, der die Toten wieder ins Leben ruft. In dieser Funktion ist er auf Bild XX der großen Arkana dargestellt. Daß gerade dem Erzengel von Jesod die Aufgabe zufällt, die Toten zum Leben zu erwecken, ist uns jetzt, nach allem, was wir von Jesod wissen, ohne weiteres klar. Ein Attribut von Gabriel als dem Erwecker der Toten ist die Trompete. Wir haben diese Trompete kennengelernt als Erzeugerin des Tones, das heißt von Schwingung, Vibration. Im Hin- und Herschwingen der Vibration erkennst du ohne weiteres auch ein Element, das der Sphäre von Jesod zugeordnet ist. Die Trompete hat aber noch eine andere, verborgene und auf den ersten Blick vielleicht nicht so leicht zu sehende Bedeutung. Um diese tiefere Bedeutung zu erkennen, mußt du die Trompete als Bild einer näheren Betrachtung unterziehen, dann wirst du bald erkennen, daß sie im Grunde aus zwei Symbolen der magischen Werkzeuge zusammengesetzt ist, aus dem Stab und dem Kelch. Die Trompete ist also ebenfalls ein Symbol der vereinigten männlichen und weiblichen Geschlechtsorgane, wie wir es in seiner indischen Form als Lingam und Yoni bereits auf der Vorderseite des Wagens von Bild VII kennengelernt haben. In der Hand von Gabriel als dem Erzengel von Jesod, der die Sephira des generativen, sich fortpflanzenden Lebens ist, erhält die Trompete in ihrer esoterischen Bedeutung ihren natürlichen Platz. Auch als Erzeugungsquell von Vibration, von Schwingung, die aufs engste mit der Maschinerie verbunden ist, die das Universum in Gang hält, steht die Trompete in Zusammenhang mit Jesod. Gerade an diesem Beispiel dürfte dir endgültig klarwerden, wieviele Symbole und Bilder des Tarot ihre volle Bedeutung erst durch das Licht der jüdischen Kabbala erhalten, und daß es deshalb unumgänglich notwendig ist, sich mit dieser Bilderwelt zu befassen, wenn man tiefer in den Gehalt und die Aussage des Tarot eindringen will.

In diesem Zusammenhang müßten wir vielleicht noch von einer physikalischen Erscheinung sprechen, die auch mit Vibration zusammenhängt und die dazu geeignet ist, eine weitere Seite des Wesens von Jesod zu erhellen. Schallwellen haben die Eigenschaft, Dinge, die mit ihnen in irgendeiner Korrespondenz stehen, durch ihre Einwirkung zum Schwingen zu bringen. Man nennt diese Erscheinung Resonanz. Experimentell läßt sich dies leicht nachvollziehen, wenn du an einem Klavier durch Druck des Pedals die Dämpfungsfilze von den Saiten entfernst. Wenn du nun laut einen Ton singst, wirst du bald hören, wie im Klavier die Saiten, die der Schwingung des von dir erzeugten Tones in irgendeiner Weise entsprechen, selbst zu klingen beginnen. Im Phänomen der Resonanz begegnen wir also wieder dem Symbolgehalt des Henkelkreuzes, des sich immer wieder erneuernden und fortzeugenden Lebens, und staunen einmal mehr, wie tief die Symbol- und Bilderwelt von Kabbala und Tarot und alles, was damit verbunden ist, in die Vorgänge unserer banalen Alltagswelt hineingreift.

Die Engel

Die Engel von Jesod werden die *Aschim,* das heißt »Feuer-Seelen«, genannt. Wir können ihr Wesen und ihre Funktion anschaulich am besten begreifen, wenn wir sie uns als Funken vorstellen, die von einem großen Feuer entstammen. Funke und Feuer gehören in irgendeiner Weise zusammen, denn wo kein großes Feuer ist, können auch keine Funken stieben, und doch ist der Funke für sich allein etwas Selbständiges, das indessen aber nur einen Abglanz (Reflektion) des großen Feuers darstellt. Die Aschim sind also die Funken, die durch ihre Existenz davon Kunde geben, daß irgendwo ein großes Feuer brennt, dem sie entstammen, das aber von unseren Augen direkt weder gesehen noch erkannt werden kann. Reflektion des einen göttlichen Feuers von Kether nach Malkuth hin ist also eine der Funktionen, die den Aschim zugeordnet sind.

Eine andere Aufgabe, die ihnen in Jesod zugeteilt ist, betrifft buchstäblich die Funktion eines Zündfunkens. Wir haben mehrmals im Zusammenhang mit Jesod davon gesprochen, daß sie in Zusammenhang steht mit der Maschinerie des Universums. Wenn wir uns diese Maschinerie wirklich als Maschine, als Motor, vielleicht sogar als Benzinmotor vorstellen, dann sind die Aschims die Zündfunken, die das Gemisch zur Explosion bringen und damit den Motor in Gang halten. Die Aschim kommen somit auch direkt in Zusammenhang mit der generativen Sexualität, die ja ein wichtiger Bestandteil von Jesod bildet, und können in etwa mit dem göttlichen Funken verglichen werden, der jedem Lebewesen in seine Inkarnation nach Malkuth mitgegeben wird. Durch die Aschim inkarniert die Persönlichkeit.

Von diesem Bild her gesehen zeigt sich ein ganz neuartiger Aspekt der schon mehrmals angesprochenen Stelle » . . . und Gott schuf den Menschen nach seinem Bilde«. Das Wort »Bild« ist in diesem Zusammenhang eher besser und präziser wiederzugeben mit dem Ausdruck Gleichnis, das heißt » . . . und Gott schuf den Menschen nach seinem Gleichnis«. In diesem Wort Gleichnis zeigt sich sofort die Reflektion, das Wechselspiel zwischen Licht und Schatten, kurz, das Wesen von Jesod. Nach

Gottes Bild, oder besser, Gleichnis geschaffen sein bedeutet demnach nicht, daß der Mensch göttlich ist, auch nicht gottähnlich, aber in ihm sollte sich das Göttliche reflektieren, da er ein Träger des göttlichen Funkens ist, so wie eben der Funke eine Reflektion oder ein Repräsentant des großen Feuers ist. Wie das gemeint ist, läßt sich sehr schön auf Bild I der großen Arkana ersehen, im Bilde des »Magiers«, der mit der einen Hand nach oben zu den Rosengirlanden hinweist und mit der anderen auf das Gestrüpp aus Rosen und Lilien zu seinen Füßen. Wie wir wissen, geht es hier um die Darstellung des großen, hermetischen Gesetzes »wie oben, so unten«. Wichtig in diesem Zusammenhang ist der Umstand, daß oben und unten ja nicht identisch sind. Das zeigt sich nicht nur in der Ordnung oben und im Durcheinander unten, sondern noch mehr in der Tatsache, daß die Girlanden oben ausschließlich aus Rosen bestehen, während wir es unten mit Rosen und Lilien zu tun haben. Damit wird das, was unten ist, nicht zu einer reinen Analogie dessen, was oben ist, sondern es zeigt sich gerade durch die Verschiedenheit als Reflektion und bringt damit bereits in diesem ersten Bild der großen Arkana das Prinzip von Jesod zur Geltung.

Das astrologische Kraftprinzip

Das astrologische Kraftprinzip, durch das sich das Wesen von Jesod in Assiah zum Ausdruck bringt, ist, wie könnte es anders sein, der *Mond*. Es sind besonders zwei Eigenschaften des Mondes, durch die seine Zugehörigkeit zu Jesod zum Ausdruck kommt. Der Mond ist das Gestirn, das das Licht der Sonne aufnimmt, reflektiert und es in einer veränderten und verändernden Form zur Erde hinabstrahlt. Darin verkörpert er das Prinzip der Reflektion von Jesod. Der Mond ist aber auch das Gestirn, dessen Rhythmus des Umlaufs wir am besten zur Kenntnis nehmen können. Er ist der Repräsentant alles zyklischen und rhythmischen Geschehens, das nach zwei Richtungen hin das Wesen von Jesod zum Ausdruck bringt. Dieser Rhythmus steht in direktem Zusammenhang mit dem Prinzip der biologischen Fruchtbarkeit und allem, was damit zusammenhängt, so wie wir es bereits als dem Wesen von Jesod entsprechend kennengelernt haben.

Der Rhythmus des Mondes mit seinen zu- und abnehmenden Phasen verkörpert auch das zyklische Geschehen der Polarität in bezug auf die Antriebskraft, die die Maschinerie des Universums in Gang hält. Schließlich regiert der Mond denjenigen Bereich der menschlichen Persönlichkeit, der mit Jesod den engsten Zusammenhang hat, nämlich das Unbewußte. Im ersten Band ist das Wesen des Mondes bereits mehrfach zur Sprache gekommen, besonders auch bei Bild XVIII seine Verbindung mit dem Astralen, das ja auch der Sphäre von Jesod verbunden ist. Es erübrigt sich deshalb, bereits Bekanntes noch einmal zu wiederholen; du kannst selbst auf der Grundlage des bisher erworbenen Wissens die Verknüpfung der Mondkräfte mit Jesod erkunden.

Die Symbole

Als die klassischen Symbole von Jesod werden uns die *Düfte* und die *Sandalen* überliefert. Der Zusammenhang der Düfte, insbesondere allen Räucherwerkes, mit Jesod ist sehr leicht verständlich. Die Eigenschaft eines Geruches ist, daß er alles durchdringt, alles umhüllt und allem anhaften kann. Dadurch wird der Duft oder werden die Düfte eine Versinnbildlichung des astralen Aspektes von Jesod, der ja unsere irdisch-materielle Ebene auch in allem durchdringt und durchtränkt. Die Düfte stehen also speziell für den Äther und das Astrallicht.

Etwas schwieriger zu verstehen sind die Zuordnungen der Sandalen. Wir kommen der Sache vielleicht näher, wenn wir uns die äußere Form der Sandalen etwas genauer betrachten. Zwischen Sandale und Schuh besteht ein wesentlicher Unterschied. Ein Hauptmerkmal der Sandale ist, daß sie praktisch nur aus der Sohle besteht und dem Fuß keinen Halt gibt. Diese Sohle ist, besonders in der Zeit, in der diese Symbolik entstand, äußerst dünn. Sie hält den Fuß vom direkten Kontakt mit dem Boden ab (Malkuth), ist aber doch von immerhin so geringer Dicke, daß die Beschaffenheit des Bodens auch durch diese Trennung hindurch spürbar und erlebbar bleibt. Auf diese Weise steht die Sandale für die Durchlässigkeit von Jesod in dem Sinn, als Jesod die Durchgangsstelle bildet, durch die die übrigen Sephiroth als Bilder und Schatten auf der Ebene von Malkuth erkennbar und fühlbar werden. Jesod ist von Malkuth so dünn getrennt, oder anders herum gesehen, so eng verbunden, wie der Fuß in einer Sandale mit dem Boden.

In diesem Zusammenhang können wir noch einmal einen Blick auf die uns bereits bekannte Stelle von der Berufung des Moses werfen, wo ihm ausdrücklich geboten wird, die Schuhe, und das heißt wohl in diesem Falle die Sandalen, auszuziehen, da er auf heiligem Boden stehe. Die Übertragung dieses Bildes bedeutet, daß Moses ausdrücklich nach Malkuth hin verwiesen, vor den Nullpunkt des 32. Pfades gestellt wird: ein eindrücklicher Hinweis, daß er dort, in dieser Sphäre, zu wirken und zu arbeiten habe und sich nicht in der Welt von Jesodschen Visionen und Spekulationen verlieren darf.

Neben diesen traditionellen Symbolen dürfen wir uns auch ohne weiteres der modernen Symbole bedienen, die dem Wesen der Sephira in mancher Beziehung vielleicht noch gerechter werden als Düfte und Sandalen. Als ein solches Symbol könnten wir zum Beispiel die *elektromagnetischen Schwingungen* bezeichnen, die in einem noch viel intensiveren Maße als die Düfte alles durchdringen und überall präsent sind. Auch das *Kino* und das *Fernsehen,* besonders der *Bildschirm,* können in dem Sinne, wie wir sie bereits in der Verbindung zu Jesod kennengelernt haben, als Symbole herbeigezogen werden. Das ganze Prinzip der *Projektion,* sowohl in seiner technischen als auch psychologischen Definition, kann für Jesod als Symbol herangezogen werden.

Die Körperzuordnungen

Auch das ist sofort klar, daß es die *Geschlechtsorgane* sind, die am menschlichen Körper Jesod zugeordnet sind, und zwar nicht in symbolischer Weise, sondern ganz direkt in ihrer biologischen Form und Funktion. Wenn man eines der wesentlichsten Prinzipien von Jesod erfüllen will, nämlich Leben, biologisches Leben, weiterzugeben, von einer Generation zur anderen Nachkommen will, dann kommt man um den Gebrauch und den Einsatz der Geschlechtsorgane in irgendeiner Weise nicht herum. Die Geschlechtsorgane sind ein integrierender Bestandteil der »Brücke, auf der die Toten wiederum ins Leben gehen«. Darüber hinaus bilden die Geschlechtsorgane auch die Verbindung zu den Tiefen der animalischen Instinkte unseres Unbewußten. Auch darin verkörpern sie einen Teil des Wesens von Jesod.

Das magische Bild

Das magische Bild von Jesod bildet ein *schöner starker Mann mit erigiertem Glied*. Die ausdrückliche Bezeichnung dieses Mannes als stark erinnert uns an Atlas, den Träger des Himmels, und führt uns zur Funktion von Jesod als Fundament hin. Seine Schönheit verweist auf die Bilderwelt von Jesod; das erigierte Glied verweist deutlich auf die sexuelle Bezogenheit von Jesod, wie sie im Prinzip der Fortpflanzung und der Maschinerie des Weltalls zum Ausdruck kommt und erinnert gleichzeitig wahrscheinlich noch an die Position von Jesod auf der mittleren Säule. Das, was sich auf der Höhe des mystischen Dreiecks zwischen Kether, Chockmah und Binah vollzieht, manifestiert sich auf der irdisch-materiellen Ebene durch Jesod hindurch durch die Geschlechtsorgane. Auffallend ist, daß das magische Bild von Jesod vom Geschlecht her gesehen so eindeutig männlich bestimmt ist. Das mag seinen Grund darin haben, daß das weibliche Prinzip durch den Mond in dieser Sephira so stark vertreten ist, daß im männlichen, magischen Bild der nötige Ausgleich vollzogen wird, so, wie es Jesod als einer Sephira der mittleren Säule geziemt.

Vom Prinzip der Balance her gesehen könnte übrigens auch die Schönheit des Mannes noch ihre Bedeutung haben, wenn wir uns im 1. Buch Mose, 1. Kapitel, den Vers 31 in Erinnerung rufen, der davon berichtet, daß Gott alles ansah, was er gemacht hatte, »und siehe, es war sehr gut«. Das Wort gut würde demnach das zum Ausdruck bringen, was mit dem Begriff in Ordnung sein, ruhen, in der Balance sein, gemeint ist. Das würde bedeuten, daß Gott sah, daß seine Schöpfungsordnung, so, wie er sie geschaffen, gut und daher auch schön war.

Zur vertiefteren Verarbeitung und meditativen Erkenntnis von Jesod dienen alle Bilder der großen Arkana, die von ihrem Gehalt her einen direkten Bezug zu Jesod aufweisen. So zeigt Bild XX den Erzengel Gabriel, und Bild XVIII ist ganz der Thematik des Mondes und von Jesod gewidmet. Alle Bilder, die den Pfaden zugeordnet sind, die zu Jesod hinführen, stehen in irgendeiner Weise mit dem Inhalt dieser Sephira in Verbindung. Das gilt auch, obwohl vielleicht nicht auf den ersten Blick ersichtlich, für Bild XV (25. Pfad) und Bild 0 (32. Pfad). Auch Bild I, »Der Magier«, und Bild II, »Die Hohepriesterin«, können mit Jesod in Zusammenhang gebracht werden, wenn man sie sich als über-einander kopiert, beziehungsweise projiziert, vorstellt.

10. Malkuth

In Malkuth gelangen wir zur Sephira, die unsere irdisch-materielle Ebene darstellt, die Welt, in der und auf der wir leben. Die Bedeutung des Wortes Malkuth heißt »das Reich«. Der Begriff »Reich« beinhaltet eine ganz bestimmte politische und soziale Struktur. Ein Reich ist mehr als ein Staat oder eine Nation. In einem Reich werden die verschiedenartigsten Gemeinschaften, soziale, religiöse und so weiter, unter einer höheren Einheit zusammengefaßt, wie dies in der Struktur des römischen Weltreichs der Fall war. Die Funktion eines Reichs ist, unter günstigen und idealen Voraussetzungen natürlich, allen Menschen, die innerhalb seiner Grenzen leben, soziale Ordnung und Geborgenheit zu geben, sowie die Möglichkeit, ihre Lebensweise nach den bei ihnen überlieferten verschiedenen Traditionen zu gestalten, ohne indessen das höhere Ganze des Reichs zu gefährden oder in Frage zu stellen. Einheit in der Verschiedenheit ist also ein Schlüsselbegriff, mit dem wir Funktion und Aufgabe eines Reiches definieren könnten.

Dies gilt auch für Malkuth, das Reich am Fuße des Lebensbaumes, das nicht von ungefähr an der Stelle steht, wo ein Baum mit seinen Wurzeln im Erdreich verankert ist. Das Leben von Jesod braucht einen stabilen Träger, um sich entfalten und immer wieder regenerierend fortpflanzen zu können. Dies ist die Funktion und die Aufgabe der Materie. Materie ist Träger des Lebens; Malkuth ist in diesem Sinne mit der Materie überhaupt und mit allen Erscheinungen identisch, die auf der materiellen Ebene auftreten.

Eine wichtige Voraussetzung, damit die Materie Träger des Lebens sein kann, ist ihre Stabilität. Somit kommen wir wieder zum Gesetz der Polarität, wie es sich auf Bild II, der »Hohepriesterin«, in den Säulen Boas und Jachin darstellt. Boas und Jachin ergeben zusammen diese Stabilität. Von neuem erkennen wir das Gesetz der Polarität als eine Grundvoraussetzung des Lebens überhaupt, wenn auch diesmal von einer anderen Seite her.

Daß die Materie und damit Malkuth Träger des Lebens überhaupt ist, zeigt sich auch ganz deutlich im Tisch des Magiers, auf dem die vier magischen Waffen liegen, und in den Sarkophagen von Bild XX, in denen die wieder ins Leben gerufenen Seelen auf dem Wasser des Lebens schwimmen. Jesod bedeutet Leben, aber dieses Leben erkennen wir erst durch die Erscheinungswelt von Malkuth hindurch. Ohne Malkuth ist dieses Leben von Jesod her nicht erkennbar und buchstäblich auch nicht faßbar. Damit sehen wir von neuem, wie wichtig die gegenseitige Reflektierung von Jesod und Malkuth ist, und daß diese beiden Sephiroth im Grunde zusammengehören. Aber auch die Brückenfunktion von Jesod wird uns, von Malkuth her gesehen, noch einmal deutlich und klar. Auf Malkuth ruht der eine und auf Tipharet der andere Pfeiler »der Brücke, auf der die Toten wiederum ins Leben gehen«.

Wie aber erleben wir Materie? Das ist nun die Frage, der wir uns zuwenden müssen und von deren Beantwortung viel für das Verständnis des Baums des Lebens und des Tarot abhängt. In dieser Beziehung ist Malkuth auch die Nahtstelle zwischen dem Baum des Lebens, der »Lehre« und dem Buche des Thoth. Materie zeigt sich in der Schwingung. Vibration ist das Wesen der Materie; ihr Wesen erfahren wir durch verschiedene Frequenzen dieser Vibration. Malkuth, und das heißt die materielle Ebene, begegnet uns in verschiedenen Aggregatzuständen. Wir erleben die Welt um uns herum entweder als fest, flüssig, gasförmig oder durch eine belebende Kraft, die wir vielleicht mit dem elektrischen Strom gleichsetzen können. In diesen vier Aggregatzuständen erkennst du natürlich sofort die vier Elemente Erde, Wasser, Luft, Feuer.

Den Zusammenklang dieser vier Grundschwingungen auf der Ebene von Malkuth bilden die verschiedenen Akkorde, durch die wir die materielle Welt als Kraftäußerung erleben. Aber auch umgekehrt können wir sagen: Wenn wir auf die Materie, also auf Malkuth, einwirken wollen, können wir dies nur unter Zuhilfenahme und Benützung der vier Elemente, analog dem Beispiel der Resonanz, wie wir es bei der Betrachtung von Jesod gebraucht haben. Das ist auch der tiefere Sinn der vier magischen Werkzeuge, die dem Magier in die Hand gegeben sind und deren richtiger Gebrauch darin besteht, das richtige Instrument in der richtigen Weise, das heißt in bezug auf die entsprechende Schwingungsebene, anzuwenden. Diese Einsicht in das Wesen der vier magischen Werkzeuge ist von ganz besonderer Wichtigkeit für das Verständnis und das Erfassen der kleinen Arkana des Tarot, und es ist gut und nützlich, wenn du dich ganz eingehend damit befaßt. Dann wird dir vielleicht klar, warum so großer Wert darauf gelegt wurde, daß du die materielle Welt, in der du lebst und die dich umgibt, im Lichte und als Äußerung der vier magischen Werkzeuge, das bedeutet der vier Elemente, kennen und handhaben lernst.

Die moderne Physik nach Einstein hat sich dieser alten esoterischen Tradition, die Materie als verschiedene Frequenzebenen von Kraft betrachtet, wieder angenähert, indem auch sie in Materie und Energie zwei Erscheinungsformen des Gleichen erblickt. Damit besteht die Chance, daß eine jahrhundertealte, verhängnisvolle Dualität, ein unüberbrückbarer Gegensatz, manchmal versehen mit der Wertung gut oder schlecht, zwischen Geist und Materie aufgehoben wird. Damit ist auch der Weg offen zu einer Rückkehr zu einem einheitlichen Weltbild, wie es früher in der Tradition der Esoterik seit jeher bestanden hat und das in unserer heutigen Zeit auch in Übereinstimmung mit den Erkenntnissen der modernen Naturwissenschaft bestehen könnte. Nicht von ungefähr beschäftigen sich heute viele Physiker und Naturwissenschaftler vermehrt wieder mit den alten Traditionen der Kabbala und der Esoterik, weil sie mehr und mehr zur Überzeugung gelangen, daß unsere heutige Zeit mit anderen technologischen Mitteln etwas entdeckt oder, besser gesagt, neu wiederfindet, das seit jeher Bestandteil des Urwissens war.

In Malkuth sind wir zu einem vorläufigen – ich betone vorläufigen – Ende des Baums des Lebens gelangt. Hier gelangen wir zur Erkenntnis, daß Kether und Malkuth die beiden äußersten Punkte einer Schwingungsamplitude darstellen, in deren fortlaufende Vibration auch der Mensch als Persönlichkeit und Individualität mit einbezogen ist. Von Kether sind wir ausgegangen und zu Kether kommen wir auf irgendeine Weise wieder zurück.

Der Gottesname

In Malkuth werden wir mit zwei Varianten des Gottesnamens konfrontiert. Der erste dieser Gottesnamen lautet *Adonai ha Arez* und bedeutet »Herr der Erde«. Dabei sollen wir das Wort Erde in seiner weitesten Bedeutung begreifen, als die Erde, auf der und in der wir leben, aber auch Erde als Ausdruck der materiellen Ebene. Das bedeutet, daß die eine göttliche Kraft von Kether aus auch auf der materiellen Ebene alles durchdringt und im Sinne eines Königs beherrscht. Adonai ha Arez ist also der Gott, der in allem ist und in dem alle Dinge sind.

Der andere Gottesname in Malkuth ist *Adonai Melek*. Seine Bedeutung kann wiedergegeben werden mit »der Herr ist König« oder vielleicht noch deutlicher »der König aller Könige«. Auch dieser Gottesname, und das ist besonders wichtig dabei, nimmt deutlichen Rückbezug auf den König von Kether, dessen Widerspiegelung ja auch in Thipharet zu finden ist. Schon in der Betrachtung dieser beiden Gottesnamen werden wir damit konfrontiert, daß Kether und Malkuth zueinander in einer ganz besonderen Beziehung und Verbindung stehen, ein Umstand, den wir jetzt auch bei der Betrachtung aller weiteren Bilder immer wieder erkennen werden.

Der Erzengel

Der Erzengel von Malkuth heißt *Sandalphon*. Schon durch diesen Namen werden wir wieder auf doppelte Weise auf die Beziehung zwischen Malkuth und Kether aufmerksam gemacht. Sandalphon ist genau wie der Erzengel von Kether, Metatron, ein Name, dessen Bedeutung offenbar auch aus der griechischen Sprache abgeleitet werden kann. Von der reinen Sinnbedeutung des Namens Sandalphon her kann dieser Name gelesen werden als der Ton, den die Sandalen beim Gehen auf der Erde hinterlassen, wobei, wenn wir in dieses »Bild« noch Jesod einbeziehen, dessen Symbol ja die Sandale ist, sich interessante Spekulationen und Überlegungen ergeben.

Aber noch auf andere Weise als auf der rein sprachlichen begegnen wir einer engen Verbindung zwischen Metatron und Sandalphon. So gilt Sandalphon in der kabbalistischen Tradition als der Zwillingsbruder von Metatron. Ebenso wie Metatron soll auch Sandalphon ursprünglich ein Mensch gewesen sein. Bei Metatron handelt es sich um Henoch und bei Sandalphon um Elias. Beiden ist gemeinsam, daß sie nicht starben, sondern von Gott zu sich hinweggenommen wurden (1. Buch Mose, Kapitel 5. 24, und 2. Buch der Könige, Kapitel 2; 11). In diesen Bildern und Überlieferungen wird deutlich, welch enge Verbindung Kether und Malkuth miteinander haben und daß sie in irgendeiner Analogie zueinander stehen müssen.

Der kabbalistischen Tradition gemäß gehört es auch zu den Aufgaben von Sandalphon, das Geschlecht des Embryos im Mutterleibe zu bestimmen. Er wird somit zum Vollstrecker des Gesetzes der Polarität auf der Erde und, im weiteren Sinne betrachtet, zum Erzengel, der die »Persönlichkeit« der jeweiligen Inkarnation der Individualität bestimmt. In Verbindung damit steht dann auch die Überlieferung, daß der, dem es gelingt, dem Erzengel Sandalphon ins Gesicht zu blicken, was allerdings nicht leicht ist, da er als von ungeheurer Körpergröße beschrieben wird, darin die Gesichtszüge seiner früheren Inkarnationen zu erblicken vermag. In der praktischen kabbalistischen Magie wird Sandalphon auch oft mit dem sogenannten »heiligen Wächter-

Engel« gleichgesetzt, dessen Begegnung dem Menschen den Kontakt zu seiner Individualität oder, mit einem gängigen psychologischen Ausdruck bezeichnet, mit seinem Selbst ermöglicht.

Die Engel

Die Engel der Sephira Malkuth sind die von manchen Bibelstellen her bekannten *Kerubim*. Die Kerubim scheinen zu den Bildelementen der Kabbala zu gehören, die dem chaldäisch-babylonischen Bereich entstammen. In der assyrischen Kunst werden die Kerubim als riesige geflügelte Kreaturen dargestellt, die einen Löwenkopf mit Menschengesicht tragen und einen Stierleib besitzen. Damit wird sofort klar, daß die Kerubim, deren Name übrigens entweder mit »die Betenden« oder »die Handelnden« übersetzt werden kann, mit der ganzen Bedeutung, die in diesem Bild enthalten ist, in direktem Zusammenhang mit der Sphinx stehen. Die Kerubim sind also Ausdruck der Kräfte der vier Elemente auf der höheren Ebene von Jetzirah. Sie machen deutlich und klar, daß alles in der Natur, gleichgültig, unter welcher Form es sich zeigt, göttlichen Ursprungs ist. Wieder kommen wir zum Satz »Gott, der in allem ist und alles in ihm«.

Zu beachten ist auch, daß die Kerubim eine ausgesprochene Wächterfunktion ausüben. Als Wächter sind sie auf alten Tempeldarstellungen zu sehen, und der Engel, der den Zugang zum Paradies bewacht, ist ein Kerub. Auf den Baum des Lebens übertragen bedeutet dies, daß ihnen die Aufgabe gegeben ist, darüber zu wachen, daß das Gleichgewicht der vier Elemente überall und jederzeit gewahrt bleibt. Die Kerubim drücken auf der Ebene von Jetzirah das aus, was auch im Symbol des gleicharmigen Naturkreuzes enthalten ist: Ausgleich von Gegensätzen.

Dies hat nun noch eine ganz spezielle Bedeutung in bezug auf den Menschen. Nach der Tradition sind die Kerubim, wie übrigens alle Engel, aus reinem Feuer gemacht. Auf der Erde, das bedeutet in Malkuth, ist der Mensch das einzige Wesen, das mit Feuer umgehen kann, dem also überhaupt der Ausgleich der vier Elemente und ihre Handhabung gelingen kann. Dadurch sind die

Kerubim dazu bestimmt, dem Menschen seine besondere Stellung in der göttlichen Schöpfungsordnung vor Augen zu führen und gleichzeitig darüber zu wachen, daß diese göttliche Schöpfungsordnung durch die Besonderheit des Menschen nicht aus der Balance gebracht wird; eine Funktion, die heute offenbar wichtiger denn je geworden ist.

Das astrologische Kraftprinzip

Das astrologische Kraftprinzip von Malkuth bildet die Sphäre der *vier Elemente*. Durch die jetzirathische Sphäre der Engel erkennen wir die Naturkräfte in ihrem göttlichen Ursprung. Jetzt, auf der Ebene von Assiah, werden sie für uns zu den vier magischen Werkzeugen des Tarot, mit denen der Mensch diese Kräfte handhaben kann und die es ihm erlauben, auf seine Umwelt verändernd einzuwirken. Noch einmal sei darauf hingewiesen, daß dem Element Feuer in bezug auf den Menschen hier eine ganz besondere Bedeutung zukommt. Da das Wesen und die Eigenschaften der vier Elemente im ersten Band bei der Betrachtung von Bild I, »Der Magier«, eingehend beschrieben wurden, erübrigt es sich, hier noch einmal darauf einzugehen. Auf jeden Fall ist es wichtig, über das Wesen der vier Elemente ganz genau Bescheid zu wissen, da wir nun bald zur Behandlung der kleinen Arkana kommen, deren Verständnis wesentlich davon abhängt, wie tief du in die vier Elemente, in die Art ihrer Kraftäußerungen eingedrungen bist, und in welchem Maße du sie handhaben und begreifen kannst.

Die Symbole

Zu den traditionellen Symbolen von Malkuth gehört der *doppelt kubische Altar,* das heißt ein Altar, der aus zwei Würfeln übereinander zusammengesetzt ist und dessen untere Hälfte möglicherweise schwarz und die obere weiß gefärbt ist. Dieses Symbol steht zunächst natürlich eindeutig in Verbindung mit dem ersten hermetischen Gesetz »wie oben, so unten«. Im Baum des Lebens weist dieses hermetische Gesetz noch auf einen ganz besonderen Umstand hin, den es sorgfältig zu beachten gibt. Malkuth ist die einzige Sephira, die alle Kraft-Emanationen des Baums des Lebens in ihrer Gesamtheit wieder enthält. Man kann sogar so weit gehen und sagen, daß Malkuth den ganzen Baum des Lebens mit allen zehn Sephiroth sozusagen »en miniature« noch einmal in sich enthält und verkörpert. Damit wird natürlich noch einmal, wieder von einer anderen Seite her, ein direkter Bezug zu Kether hergestellt, denn auch Kether enthält alle Kräfte des ganzen Baums des Lebens in sich.

Daß das *gleicharmige Naturkreuz* als Symbol der vier Elemente Malkuth zugeordnet ist, bedarf nun keiner weiteren Erläuterung mehr.

Ein weiteres Symbol, das ebenfalls die Sphäre von Malkuth darstellt, ist das *Dreieck.* Hier ist es allerdings nicht als Hinweis auf das Gesetz der Dreiheit vorhanden, obgleich dieses Gesetz natürlich in Malkuth auch seine Bedeutung hat, namentlich wieder in der Analogie von Malkuth und Kether. Primär steht das Dreieck auch wieder mit den vier Elementen in Beziehung.

In der Esoterik werden die vier Elemente durch Dreiecksymbole in folgender Weise bezeichnet: Feuer $\triangle$, Wasser $\triangledown$, Luft $\triangle$, Erde $\triangledown$.

Eine weitere geometrische Figur, die als Symbol für Malkuth steht, ist der *magische Kreis.* Im magischen Ritual ist der Kreis das Mittel, womit der Magier seinen Standort schützt und gegen die von ihm evozierten Kräfte und Mächte abgrenzt. Dadurch wird der magische Kreis ein Symbol der Abgrenzung und der Beschränkung und gleichzeitig zum Sinnbild der Materie und der irdisch-materiellen Ebene überhaupt, deren Beschränkungen und Einschränkungen der Mensch zu jeder Zeit fühlbar unterworfen ist. In Malkuth werden die Schwingungen der göttlichen Energie so dicht und auf eine so kleine Frequenz zusammengedrängt, daß sie buchstäblich faßbar werden und der Mensch sie handhaben kann. Diese Konzentration will der magische Kreis zum Ausdruck bringen. Darüber hinaus läßt sich aber aus dem

Kreis noch einmal ein Bezug zur Sephira Kether bilden, wenn du dich daran erinnerst, was wir bei der Behandlung der Symbolik von Kether über den Punkt gesagt haben, aus dem heraus der unendliche Radius nach Ain Soph Aur hinein seinen Ausgang nimmt, daß also der Punkt Symbol von Kether ist, der die Mitte eines Kreises mit unendlichem Radius bildet.

Als modernes Symbol von Malkuth könnte vielleicht die sogenannte Einsteinsche Formel dienen: $E = m\,c^2$ (E = Energie, m = Masse, c = Lichtgeschwindigkeit), durch die ausgedrückt wird, daß die Materie nur eine andere Form der im Weltall vorhandenen Energie ist.

Die Körperzuordnungen

Der Sephira Malkuth ist natürlicherweise der Körperteil zugeordnet, der im engsten Kontakt mit der Erde, dem Boden steht, und das sind die *Füße*. In diesem Zusammenhang ist auch das Bild zu sehen, das von der Erde als dem Fußschemel der Füße Gottes spricht.

Malkuth zugeordnet ist auch ein Körperteil, der sich sowohl örtlich als auch funktionsmäßig von den Füßen erheblich unterscheidet. Es ist der *Anus,* der After. Dieser Körperteil kann vielleicht durch all die Assoziationen, die mit ihm verbunden sind, durchaus geeignet sein, bei dir ein gewisses Unbehagen, ja eine Abwehr zu erzeugen. Und doch ist der Anus in seiner Bedeutung mehr als eine bloße Zuordnung eines Körperteils: Er ist ein Symbol, das dazu geeignet ist, etwas vom tiefgreifendsten, nicht nur in der Sphäre von Malkuth, sondern in der ganzen Sphäre des Baums des Lebens überhaupt zum Ausdruck zu bringen. Durch den Anus scheidet der Mensch die Stoffe aus, die er als Bestandteile der zu sich genommenen Nahrung nicht verwerten kann, ja, die, würden sie längere Zeit in seinem Körper bleiben, eine Giftwirkung zur Folge haben würden. Aber gerade diese Stoffe, die für Menschen geradezu giftig sind, erweisen sich für andere Gattungen als Nahrung und notwendig. Die Exkremente des menschlichen Körpers dienen der Pflanzenwelt als

Nahrung. Aus Stoffen, die vom Menschen als unbrauchbar und unverwertbar ausgeschieden werden, baut sich die Pflanze zusammen, die ihrerseits wieder dem Menschen als Nahrung dienen kann.

Dieser Vorgang, der in der Sprache der Naturwissenschaft den Namen Assimilation trägt, beschränkt sich natürlich nicht nur auf die menschlichen Exkremente, sondern auch auf die Atmung als Bestandteil des Stoffwechsels. Wenn wir Luft einatmen, wird in unserer Lunge diesem aus verschiedenen Stoffen zusammengesetzten Gasgemisch, das die Luft ist, der Sauerstoff entnommen und das Kohlendioxyd, das der Mensch nicht verwerten kann und das in größerer Konzentration für ihn sogar giftig ist, wieder im Vorgang der Ausatmung ausgeschieden. Aber gerade dieses für den Menschen unbrauchbare Kohlendioxyd ist notwendiger Bestandteil des pflanzlichen Lebens, das seinerseits wieder den für den Menschen so notwendigen Sauerstoff in den Kreislauf der Natur abgibt, die dadurch in einer kontinuierlichen Balance gehalten wird oder gehalten werden sollte, wie man heute leider sagen muß. Daß nicht die Atmung, sondern der Vorgang der Ausscheidung der Exkremente als für Malkuth signifikant betrachtet wird, hat, abgesehen von der Tatsache, daß die Assimilation der gasförmigen Stoffe in der Zeit, als die kabbalistische Bilderwelt entstand, sehr wahrscheinlich nicht bekannt war, noch einen anderen Grund.

Bei der Ausscheidung der Exkremente fallen diese dem Menschen, sofern du dir den Vorgang als in der Natur stattfindend vorstellst, buchstäblich zu Füßen auf die Erde. Darin dürfen wir nun ganz klar eine Analogie zum Vorgang des zündenden Blitzes sehen, der, aus Kether herausdrängend, sich zu »Füßen« des Baums des Lebens mit der Erde verbindet. Dort, bei den Füßen, in Malkuth also, werden diese Stoffe von anderen Gattungen der Natur begierig aufgenommen und in der verschiedensten Weise als für deren Lebensvorgänge notwendig verwertet. Aus Malkuth des Menschen ist Kether für die nächstuntere Gattung geworden. Diesen Vorgang dürfen wir nun analog auch auf unseren Baum des Lebens übertragen und uns die Frage stellen, ob das, was für uns Kether und damit das Allerhöchste ist, nicht für eine andere, uns übergeordnete Welt und für deren Baum des Lebens Malkuth bedeutet. Das würde heißen, daß sich der Baum des Lebens in einer unendlichen Reihe nach oben und nach unten fortsetzen könnte und daß jedes Malkuth zum Kether des nächstunteren Baumes wird, so wie jedes Kether das Malkuth des nächstoberen Baumes ist. Ja, wir können den Gedanken sogar noch insofern ausweiten, als wir uns der Frage stellen, ob nicht jede Sephira zum Kether eines eigenen spezifischen Baums des Lebens werden kann.

Auf manchen Tarot-Darstellungen wird der Narr von Bild 0 mit heruntergelassener Hose und nacktem Hintern abgebildet. Wenn wir uns vor Augen halten, daß der Pfad 32 dem Bild 0, also dem Narren, entspricht, von dem wir wissen, daß er mit dem Bereich oberhalb von Kether, dem Ain Soph Aur, verbunden ist, dann kann es durchaus sein, daß damit auf den eben geschilderten Umstand hingewiesen werden soll, daß Kether und Malkuth nach dem ersten hermetischen Gesetz »wie oben, so unten« in bezug auf die jeweils untere und obere Ebene identisch sind. Es lohnt sich, darüber eingehend und tief nachzudenken, denn darin liegt vielleicht eines der größten Geheimnisse der göttlichen Schöpfungsordnung verborgen, das dir auf diese Weise soweit wie möglich zugänglich gemacht werden kann.

Das magische Bild

Das magische Bild von Malkuth stellt *eine junge, gekrönte Frau dar, die auf einem Thron sitzt.* Die Verbindung zu Bild II der großen Arkana, der »Hohepriesterin«, ist äußerst naheliegend. Ja, wir dürfen mit einiger Sicherheit annehmen, daß es sich dabei um die Hohepriesterin in ihrer Gottesform als Isis handelt. Isis ist die Göttin, in der sich alles Naturgeschehen, das Prinzip der Natur und ihrer Ordnung überhaupt, verbildlicht. Damit wird die Tora, die die Hohepriesterin in ihrem Schoße hält, zum Symbol nicht nur der kosmischen, großen, sondern der Naturgesetzlichkeit überhaupt. Das bedeutet, daß wiederum nach dem Gesetz »wie oben, so unten« wir Menschen das große, nicht direkt faßbare Geschehen der kosmischen Schöpfungsordnung in der Betrachtung der Natur und der irdisch-materiellen Ebene begreifen können. Auch darin fallen Kether und Malkuth in eins zusammen.

Zur vertieften Meditation über die Sephira Malkuth sind neben dem eben genannten Bild II auch die vier magischen Waffen auf dem Tische des Magiers von Bild I geeignet. Wenn du noch die Bilder III und IV, »Herrscherin« und »Herrscher«, dazunimmst, dann hast du die vier Elemente, durch die alles Geschehen auf der Sphäre von Malkuth stattfindet, in ihrer Gesamtheit vor dir.

Daath – die verborgene Sephira

Bei der Betrachtung des Baums des Lebens als Ganzem und seiner Einteilung in drei Ebenen, die durch drei Dreiecke dargestellt werden, denen wir die Namen mystisches, esoterisches und psychologisches Dreieck gegeben haben, ist uns sofort eine bestimmte Asymmetrie aufgefallen. Das psychologische und das esoterische Dreieck weisen mit ihrer Spitze nach unten, während das mystische Dreieck seine Spitze in Kether nach oben hinwendet. Diese Asymmetrie ist auch früheren Generationen von Kabbalisten aufgefallen, die sich offenbar daran störten und fanden, eine so vollendete und in sich geschlossene Glyphe, wie der Baum des Lebens sie darstellt, müsse auch von seinem äußeren Anblick her diese Symmetrie und Formvollendung zum Ausdruck bringen.

Diese äußere Symmetrie ergibt sich sehr leicht, wenn man unterhalb der Ebene Chockmah – Binah ebenfalls eine Sephira annimmt. Dann besteht nämlich der Baum des Lebens aus drei Dreiecken, die mit ihrer Spitze nach unten weisen, während oben und unten Kether und Malkuth für sich allein stehen. Diese zusätzlich eingefügte elfte Sephira benannte man mit dem Namen Daath und bezeichnete sie noch als die Verborgene, da der Baum des Lebens durch die Tradition mit zehn Sephiroth überliefert ist. Diese Meinung wurde allerdings nicht von allen Kabbalisten geteilt unter Hinweis auf einen Text des Sepher-Jetzirah, der ausdrücklich feststellt, daß es zehn und nicht neun, zehn und nicht elf Sephiroth gebe.

Einige Kabbalisten versuchen, die Gültigkeit dieses Satzes zu relativieren, indem sie annehmen, daß Daath der Ort sei, an dem sich früher Malkuth befunden habe, daß es also gewissermaßen einen Urbaum des Lebens gegeben hätte, der nur aus den Sephiroth Kether, Chockmah, Binah und Malkuth bestand, und der sich dann in seiner weiteren Entwicklung, das heißt durch die breitere Offenbarung des göttlichen Urwissens, auf den uns bekannten Baum des Lebens mit den zehn Sephiroth erweiterte.

Nun spricht in der Tat manches dafür, daß eine solche verborgene Sephira Daath wirklich vorhanden ist. Mir scheint aber, man kommt dem Rätsel nur auf die Spur, wenn man diesen Namen Daath näher untersucht und darangeht, im Baum des Lebens entsprechende Beziehungen und Verbindungen aufzudecken. Daath heißt übersetzt »Wissen«; wir können es ohne weiteres mit unserem bekannten Begriff Urwissen gleichsetzen.

Betrachten wir einmal gemeinsam die mittlere Säule unter Einbeziehung von Daath. Sie besteht aus vier Sephiroth: Kether, Daath, Thipharet, Jesod und Malkuth. Bringen wir von diesen vier Sephiroth, die wir bereits kennen, Kether, Thipharet, Jesod und Malkuth miteinander in Beziehung, dann fällt uns etwas Spezielles auf: Wir wissen, daß Thipharet die Widerspiegelung von Kether auf einer unteren Ebene ist. Die Bilderwelt von Kether, die uns als Sephira direkt nicht zugänglich ist, kann, nach dem Beispiel der Transformation, in Thipharet erfaßt und von Malkuth aus gehandhabt werden. In unserem Beispiel des Transformators würde dies bedeuten: Wir können unseren Stecker von Malkuth aus direkt in den Steckkontakt von Thipharet einbringen, weil der Strom auf dieser Sephira eine Spannung aufweist, die auf der Ebene von Malkuth genutzt und gehandhabt werden kann. Dabei wird die Sephira Jesod übersprungen.

Legen wir einmal unseren Überlegungen die These zugrunde, daß sich jede Sephira der mittleren Säule auf die Spannungsebene der übernächsten transformiert und sich dort reflektiert. Unter Anwendung des Gesetzes der Analogie könnten wir demnach zu dem Schluß kommen, daß Jesod nach dem gleichen Prinzip eine Reflektion von Daath bilden müßte. Das würde praktisch bedeuten, daß der ganze Inhalt von Jesod die Sephira Daath in einer für uns von Malkuth aus zugänglichen Form reflektiert. Daath wäre demnach sozusagen eine höhere Ebene des Astralen, die uns direkt nicht zugänglich ist, eine Art Über-

Astrallicht, in dem ebenfalls alles und jedes enthalten ist. Dies würde nun genau übereinstimmen mit dem Begriff Daath als Wissen beziehungsweise Urwissen.

Wir können diese Analogie auch weiterverfolgen und die These aufstellen, daß Daath die Sephira Jesod des höheren Baums des Lebens widerspiegelt und Daath des unteren Baums des Lebens Jesod unseres Baums des Lebens reflektiert. Damit haben wir tatsächlich das Gesetz der Symmetrie wiedergefunden. In psychologischer Denkweise ausgedrückt würde dies bedeuten, daß Daath, wenn wir Jesod in die Nähe des Unbewußten setzen, eine noch viel tiefer liegende Schicht darstellt.

Für den einzelnen Menschen könnte dies bedeuten, daß in der Sephira Daath seines eigenen, persönlichen Baums des Lebens all das enthalten ist, was er an Erfahrungen und Wissen aus früheren Inkarnationen mitbringt, das aber so verborgen ist, daß es seinem direkten Zugriff entzogen ist und sich höchstens über die Bilderwelt von Jesod äußern kann. Damit stünde auch Bild XIV der großen Arkana, »Mischung«, in enger Beziehung zu Daath. Wer sich also intensiv mit der Sephira Jesod befaßt und auf dieser Ebene arbeitet, hat die Möglichkeit, über diese »Brücke« an das in Daath schlummernde Urwissen heranzukommen. Es spricht manches dafür, daß es sich so verhalten könnte.

Weil Daath die verborgene Sephira ist, kennen wir auch ihren Gottesnamen, den Erzengel, die Engel und ihr astrologisches Kraftprinzip nicht. Die Bilder und Symbole sind uns genauso verborgen, auch wenn manche Autoren und Kabbalisten den Versuch unternommen haben, solche zu konstruieren. Ich halte von diesen Versuchen nicht viel, denn was verborgen ist, ist verborgen und der Zugang dazu, den die Bilder und Symbole bedeuten würden, bleibt uns verschlossen. Das erwähnte Zitat aus dem Sepher-Jetzirah würde demnach bedeuten: Arbeite mit den zehn Sephiroth und nicht mit neun, arbeite mit zehn Sephiroth und nicht mit elf.

Unser Gang durch den Baum des Lebens ist damit beendet. Ich weiß nicht, wie dir jetzt zumute ist, ob du ergriffen, fasziniert und voll neuer Erkenntnisse und Ausblicke bist oder auch bloß ermüdet und gelangweilt ob dieser erdrückenden Fülle sich in ihrer Anordnung immer analog wiederholender Bilder. Sei dem, wie es wolle: Es war notwendig, sich dieser eingehenden Betrachtung zu unterziehen, denn ohne Kenntnis des Baums des Lebens, seiner Bilder und Symbole, die Ausdruck der großen, kosmischen Schöpfungsordnung sind, ist das Erfassen und die praktische Handhabung der kleinen Arkana nicht möglich. Ausgestattet mit dem Wissen vom Baum des Lebens, können wir uns nun diesen kleinen Arkana, und damit dem Tarot direkt, wieder nähern.

Die kleinen Arkana

Die Zahlenkarten

Wir beginnen unsere Betrachtung der kleinen Arkana mit den Zahlenkarten. Was sie äußerlich bedeuten und in welcher Art und Weise sie in die Gesamtstruktur des Baums des Lebens einbezogen sind, das haben wir schon kurz einmal ausgesprochen. Die Zahlenkarten bestehen aus den vier Farben der vier magischen Waffen – Stab, Kelch, Schwert und Münze –, die auf jedem Bild in verschiedener Anzahl von 1 bis 10 aufgezeichnet sind. Diese Zahlenfolge von 1 bis 10 zeigt uns sofort, daß die Zahlenkarten in irgendeiner Weise mit den zehn Sephiroth am Baum des Lebens in Verbindung stehen müssen. Es ist auch nicht schwer zu erkennen, in welcher Weise.

Jede Zahlenkarte ist ihrer Zahl zufolge der Sephira zugeordnet, die die gleiche Zahl in der Reihenfolge des zündenden Blitzes einnimmt. Das bedeutet: Alle Asse zu Kether, alle Zweien zu Chockmah, alle Dreien zu Binah, alle Vieren zu Chesed, alle Fünfen zu Geburah, alle Sechsen zu Thipharet, alle Sieben zu Nezach, alle Achten zu Hod, alle Neunen zu Jesod und alle Zehnen zu Malkuth. Vom Wesen der Zahlenkarten wissen wir ebenfalls, daß sie, analog zu den zehn Sephiroth am Baum des Lebens, die objektiven Kräfte ausdrücken, die in der kosmischen Schöpfungsordnung vorhanden sind. Dabei ist es sehr wichtig, uns in Erinnerung zu rufen und zu beachten, daß wir, um die Wirkungsweise dieser Kräfte zu erfahren, an unseren Standort Malkuth gebunden sind. Das bedeutet: Wir erfahren Kraftauswirkungen ausschließlich durch die vier Elemente. Das ganze Wesen einer Sephira können wir auf unserer Ebene von Malkuth niemals erfahren oder durchdringen. Uns ist nur möglich, Teilaspekte zu erkennen und sie miteinander zu kombinieren, um dann anhand dieser Teilaspekte über das Wesen der jeweiligen Sephira etwas auszusagen oder vielleicht sogar zu erfahren.

Dies kann auf zwei Wegen geschehen. Der eine drückt die Kraftemanation der Sephira in verschiedenen Bildern aus, die geeignet sind, im Unbewußten entsprechende Auslösungen hervorzurufen, die dem Wesen der Sephira in irgendeiner Weise entsprechen. Dies ist der Weg, den wir eben miteinander beschritten haben. Der andere Weg besteht darin, alle Kraft der Sephiroth durch die vier Elemente zum Ausdruck zu bringen. Das ist der Weg, der bei den Zahlenkarten beschritten wird. Der erste Weg, derjenige der Bilder, ist gerade durch seine Bildhaftigkeit der leichte, zugängliche, und deshalb haben wir ihn auch zuerst beschritten. Bei den Zahlenkarten werden auch die vier Elemente in der Bildform der magischen Werkzeuge gebracht, aber trotzdem werden hier höhere Anforderungen an das reine, abstrakte Denken gestellt. Dafür ist wiederum die Struktur dieses zweiten Weges der Zahlenkarten übersichtlicher.

Das Prinzip ist ganz einfach. Die Anzahl der magischen Werkzeuge, die auf der Karte vorhanden sind, zeigt uns die Sephira an, von der aus sie wirkt, und die Art des magischen Werkzeuges gibt uns die Art und Weise an, durch welches Element diese Sephira wirkt. Die Zahlenkarten sind demnach eine Art Koordinatensystem, das uns jederzeit eine genaue Positionsangabe in bezug auf den Baum des Lebens ermöglicht. Da der Baum des Lebens als magische Glyphe ein Modell oder vielleicht auch eine Art Landkarte der großen kosmischen Schöpfungsordnung ist, ermöglicht uns dieses Koordinatensystem jederzeit eine ziemlich genaue Orientierung.

So einfach im Grunde das Prinzip ist, desto schwieriger ist aber auch seine praktische Anwendung. Bildhaft ausgedrückt läßt sich die Arbeit mit den kleinen Arkana etwa gleichsetzen mit dem Mischen von Farben. Wenn du dir vorstellst, daß du auf der einen Seite eine Schachtel hast mit zehn voneinander verschiedenen Farben und auf der anderen Seite eine zweite Schachtel, die vier wiederum andere Farben enthält, und daß deine Aufgabe nun darin besteht, jede einzelne der zehn Farben immer mit einer der vier Farben der anderen Schachtel zu mischen, dann hast du ein ziemlich klares Bild von der Bedeutung und Handhabung der Zahlenkarten.

Allerdings sehe ich keinen großen Sinn darin, auf den folgenden Seiten nun für jede Zahlenkarte eine eingehende Analyse zu geben, wie dies bei den großen Arkana im ersten Band der Fall war. Dies würde nicht nur eine ausgesprochen trockene, sondern sehr wahrscheinlich auch langweilige Angelegenheit werden. Wenn du dich mit den großen Arkana auf gründliche Weise auseinandergesetzt hast und dir so den nötigen Umgang mit der Bildsprache angeeignet hast, bist du jetzt ohne weiteres imstande, die Analyse der kleinen Arkana, namentlich der Zahlenkarten, selbst vorzunehmen. Andererseits würde ich dich damit um die Freude des Selbstentdeckens und um deine eigene Bewußtseinserweiterung betrügen. Deshalb werde ich mich bei der Beschreibung der kleinen Arkana kurzhalten und gleichsam nur Stichworte, Andeutungen oder Schlüsselwörter geben, die dir als Anfangshilfe und später als Kontrolle und Gedächtnisstütze dienen sollen.

Solche Schlüsselwörter können sehr nützlich sein, vorausgesetzt, man ist sich jederzeit bewußt, auf welchem Wege man dazu gelangt ist und welcher Zusammenklang von elementaren Kräften damit ausgedrückt werden soll. Solche Schlüsselwörter werden aber sofort schädlich und einer wahren esoterischen Arbeit hinderlich, wenn man sie bloß auswendig lernt, ohne über ihren Hintergrund Bescheid zu wissen. Auch solche Schlüsselwörter sollen im Grunde nichts anderes sein als Gedächtnisstützen, eben Schlüssel, mit deren Hilfe man das eigentliche Wesen der Kraft, die in jeder der Zahlenkarten zum Ausdruck kommt, erschließen kann.

Im Tarot von A. E. Waite, der der *Schule des Tarot* zugrunde gelegt ist, sind die Zahlenkarten mit Bildern versehen. Bereits im ersten Band habe ich darauf hingewiesen, daß diese Bilder, auch wenn sie von anderen Zeichnern mehr oder weniger abgeändert übernommen wurden, nicht ursprünglicher Bestandteil des Tarot sind, sondern sehr wahrscheinlich sogar von Waite selbst eingeführt wurden. Anhand deiner Arbeit an den Zahlenkarten wirst du bald entdecken, daß diese Bilder im Grunde die gleiche Funktion ausüben wie die Schlüsselwörter.

Die bildhafte Darstellung der Zahlenkarten übernimmt bei

Waite offenbar auch die Funktion einer Gedächtnisbrücke. Die einzelnen Bildelemente sollen aufzeigen, welche Kombinationen und Überlegungen hinter dem betreffenden Tarotbild stehen. Ich analysiere den Zusammenklang von Kräften und nicht die Bilder von Waite. Dabei kann sich manchmal durchaus Ähnlichkeit oder sogar Übereinstimmung zwischen meinen Worten und den Bildern ergeben, aber dies ist nicht beabsichtigt, sondern ergibt sich einfach oder auch nicht.

Die vier Asse

Innerhalb der Zahlenkarten nehmen die vier Asse eine Sonderstellung ein. Sie stehen für die Zahl 1 und sind demnach Kether zugeordnet. Aber auch Kether hat ja innerhalb des Baums des Lebens eine Sonderstellung, die es von all den anderen Sephiroth deutlich unterscheidet. Das hat natürlich auch für die Zahlenkarten seine Bedeutung. Wir haben bereits erwähnt, daß sich in den Zahlenkarten die vier Elemente auf der Ebene von Jetzirah als magische Werkzeuge manifestieren, die ihre Wirkung nach Assiah hinein entfalten. So, wie nun Kether in enger Verbindung mit Ain Soph Aur steht, das als übergeordnete Ebene nach Kether hineinwirkt, so entfaltet auch Briah seine Wirkung in den vier Assen auf die Ebene von Jetzirah. Damit wird auch für den Bereich der Zahlenkarten eine durchgehende Verbindung zwischen den vier kabbalistischen Ebenen geschaffen.

Das »As der Stäbe« zum Beispiel ist Kether, das sich durch Feuer oder als Feuer manifestiert. Für uns, auf der Ebene von Assiah, bedeutet »As der Stäbe«, daß wir all das, was Kether verkörpert, durch das Element Feuer erleben. In Kether sind ja die vier Elemente, als solche noch nicht voneinander getrennt, enthalten. Und doch können wir, da wir an die Sephira Malkuth gebunden sind, Kether, wie übrigens jede andere Erscheinung, nicht anders erfassen denn als eine Auswirkung der vier Elemente. Die vier Asse stellen demnach diese Ur-Werdung der vier Elemente dar. In den vier Assen werden die Elemente auf der Ebene von Atziluth geboren, um als vier Kräfte von Briah her nach Jetzirah weitergegeben zu werden, wo sie sich als die magischen Werkzeuge manifestieren, die gehandhabt werden können und auf der Ebene von Assiah zur Auswirkung gelangen. Die vier Asse könnten demnach mit den Begriffen wie Ur-Feuer, Ur-Wasser, Ur-Luft, Ur-Erde bezeichnet werden.

Schlüsselwort: Ursprung der Feuerkräfte, Ursprung der Wasserkräfte, Ursprung der Luftkräfte, Ursprung der Erdkräfte.

bedeutet Chockmah durch Feuer. Das Kraftzentrum, das Chockmah heißt, äußert sich durch die Elementarkraft Feuer. Bildlich könnte man das etwa so ausdrücken: Die lodernden Feuerflammen werden durch die Richtkraft von Chockmah erfaßt und ausgerichtet. Was dabei entsteht, hat bildlich wiederum eine gewisse Ähnlichkeit mit der Flamme einer Lötlampe oder eines Schweißbrenners. Das Element Feuer wird durch Chockmah gerichtet und zweckbestimmt. Das Resultat dieser Kombination könnte vielleicht ausgedrückt werden mit *zielgerichteter Wille,* dem sich alles beugt. Aber da sich der ganze Vorgang auf der Höhe des mystischen Dreiecks abspielt, bedeutet dies eine *Herrschaft* ohne Unterdrückung. *Beherrschung durch Überlegenheit,* die natürliche *Autorität,* die nicht um ihrer selbst willen, sondern um der Sache willen einen Herrschaftsanspruch stellt. Diese natürliche Autorität verkörpert die höchste Potenz, der nichts widerstehen kann, weil sie den Herrschaftsanspruch nicht für sich selbst beansprucht, sondern weil sie den Sinn der kosmischen Schöpfungsordnung vertritt und auf natürliche Weise mit ihr übereinstimmt.

Schlüsselwort: Autorität.

Zwei der Kelche

bedeutet Chockmah durch Wasser. Hier haben wir es nun erstmals mit einem polaren Gegensatz zu tun. Chockmah ist ein Bestandteil der männlichen Säule, und der Kelch vertritt das weibliche Element Wasser. Wenn sich Wasser und Feuer miteinander mischen, zischt und dampft es, und es wird etwas bewirkt. Der Kelch des Wassers gibt der chaotisch-drängenden Tendenz von Chockmah Ruhe und Halt, es gibt eine natürliche Anziehung zwischen beiden Kräften. Dadurch entsteht ein gegenseitiges Nehmen und Geben. *Zuneigung, Liebe, Verbundenheit,* sexuell polar wie im ethisch-moralischen Sinne, sind Begriffe und Worte, die dem Wesen »Zwei der Kelche« nahe kommen. Da wir uns in

Chockmah noch immer auf der Höhe des mystischen Dreiecks befinden, ist die Wirkung überaus stark. Der bekannte Lobpreis der Liebe des Apostels Paulus im 1. Korintherbrief, Kapitel 13, dessen Grundtendenz lautet: »Die Liebe ist stärker als alles«, kommt dem Wesen der »Zwei der Kelche« sehr nahe. Es ist die Liebe als Kraft, die bewirkt, daß sogar Berge versetzt werden. Der Kelch des Wassers gibt dem in eine Richtung drängenden, form-suchenden Lodern von Chockmah Geborgenheit.

Schlüsselwort: Liebe.

Zwei der Schwerter

bedeutet Chockmah durch Luft. Hier haben wir es wiederum mit zwei männlichen Kräften zu tun, die beide bewegt sind. Die Bewegung der Luft steht im Dienst der Ordnung; sie ist Geist, ihr ist das Denken unterstellt. Dadurch wirkt sie der potentiell anar-chischen Kraft von Chockmah entgegen, wodurch das Vorwärts-drängende von Chockmah in seiner Äußerung durch Luft als ordnende Kraft erfahren wird. Obgleich beide Kräfte männlich und bewegt sind, entsteht dadurch doch eine gewisse Balance. Die Kräfte an sich werden allerdings dadurch in ihrer Labilität nicht verändert, aber sie sind kontrolliert. Es wird auch kein Zustand erreicht (dazu fehlt das Erdhafte), sondern es ent-steht ein ständiger, zielgerichteter Prozeß, der um Stabilität und Balance bemüht ist. Dies kann sich zunächst als *Frieden* äußern, oder als der *wiederhergestellte Frieden* nach dem Ausufern und Überschwappen der bewegten Kräfte; der *kontrollierte oder recht-zeitig bewahrte Frieden,* der durch das Chaotisch-Drängende und Vor-keinen-Grenzen-Haltmachende von Chockmah gefährdet war.

Schlüsselwort: Abgrenzung.

Zwei der Münzen

bedeutet Chockmah durch Erde. Hier begegnen wir einem großen polaren Gegensatz: die feuerhafte Strahlungskraft von
Chockmah in Verbindung mit Erde. Wo solch extreme polare
Gegensätze bestehen, ist immer auch die Möglichkeit von extremer Energieform vorhanden. Größter polarer Gegensatz bedeutet auch immer größte gegenseitige Anziehung. Dadurch entsteht
das Prinzip der *Vibration*. Die gerichtete Kraft von Chockmah
breitet sich in Form von Wellen aus. Die gerichtete Strahlung von
Chockmah wird durch Erde abgelenkt und zur Vibration, weil
Chockmah sich immer wieder durchsetzt, denn noch immer
befinden wir uns auf dem mystischen Dreieck. Das Belebende
dominiert, ja, durch seine Position auf der Höhe des mystischen
Dreiecks ist die Kraft von Chockmah so stark, daß sie nicht in
einem Kreislauf steckenbleibt, sondern der Erde buchstäblich
wie ein Blitz entgegenfährt. Dadurch entsteht Überbrückung,
und der Baum des Lebens wird als Ganzes erst möglich, denn
ohne diese Überbrückung würde die Energieform auf der Höhe
des mystischen Dreiecks steckenbleiben und könnte nicht zur
Auswirkung nach Malkuth hinuntergelangen. Die gerichtete
Kraft von Chockmah zündet in die Erde, und aus der Erde wächst
ihr wiederum etwas entgegen. Dadurch entsteht die Vibration als
Grundkraft des Kosmos, durch die etwas entsteht, das Bestand
hat und gleichzeitig lebendig ist. *Vibration* ist das Grundprinzip
von »Zwei der Münzen«.
Schlüsselwort: Schwingung.

Drei der Stäbe

bedeutet Binah durch Feuer. In dieser Kombination haben wir es
wieder mit der natürlichen Polarität zu tun, ähnlich wie bei »Zwei
der Kelche«, nur daß diesmal das formgebende Element von
Binah die Basis bildet, die sich durch das Feuer-Element ausdrückt. (Ein sorgfältiger Vergleich von »Drei der Stäbe« mit

266

»Zwei der Kelche« in bezug auf die Gemeinsamkeiten und die Unterschiede ist für das Verständnis und die Erarbeitung der kleinen Arkana sehr nützlich und wichtig.) Durch das Element Feuer wird der AIMA-Aspekt von Binah zur Resonanz gebracht. Das bedeutet konkret, daß das formende beziehungsweise Formerhaltende von Binah dominiert, aber ohne zu hindern, ohne zu enge Begrenzung und ohne zu erstarren. *Stetiges Wachstum* könnte möglicherweise das Resultat dieser Kombination ausdrücken; *die Kraft, die sich durchgesetzt und ihre Form gefunden hat und nun ihre Wirkung in einer* (durch das Binah-Prinzip) *bestimmten Weise entfaltet; Erfolg durch Beharrlichkeit,* der aber in seiner fruchtbringenden Auswirkung gefährdet werden kann, wenn die Ausgewogenheit von Binah und Feuer nach der Binah-Seite hin aus der Balance gerät.

Schlüsselwort: Verwurzelung.

Drei der Kelche

bedeutet Binah durch Wasser. In diesem Bild wird das oberste Sephira der weiblichen Säule mit dem weiblichen Element Wasser kombiniert. Das bedeutet: es treffen zwei verschiedene Aspekte des Weiblichen aufeinander. Diese Kombination bewirkt, daß das Starre von Binah durch das Flüssige des Wassers in Bewegung gebracht wird, wodurch eine mögliche in Binah enthaltene Erstarrung aufgelöst oder sogar verhindert wird. Die ganze Energie, die in Binah enthalten ist und durch Saturn dort konzentriert wird, beginnt zu fließen und sogar überzufließen. *Fülle, Überfluß,* sind verbale Begriffe, die dieses Geschehen charakterisieren. Die Kraft des Wassers zwingt Binah dazu, zu gebären: *Ausfluß, Geburt.*

Diese Ausführungen gelten natürlich für den Fall, daß sich die beiden Kräfte in Balance befinden. Falls sich aber das Gleichgewicht nach der einen oder der anderen Seite verschieben sollte, kann sehr leicht aus der Fülle und dem Überfluß die Überschwemmung werden, und der tödliche AMA-Aspekt kann in der

Form von Ertrinken, Ersticken, Verschlingen und so weiter wieder zum Durchbruch kommen.

Schlüsselwort: Überfluß, Fülle.

Drei der Schwerter

bedeutet Binah durch Luft. Hier trifft wiederum ein männliches Element auf das weibliche Binah, aber das männliche Element Luft ist bereits im Unterschied zum Feuer zu einem festeren Zustand verdichtet und steht überdies in Verbindung mit Aspekten, die der formgebenden weiblichen Säule zu eigen sind (Hod). Das bedeutet: Struktur (Luft) trifft auf Formgebung (Binah). Im Gegensatz zu »Drei der Kelche« bedeutet dies, daß Luft als solche zu schwach ist, die Starrheit (AMA) von Binah zu lösen. In dieser Kombination kann die hemmende und festhaltende Kraft von Saturn nicht durchbrochen werden. Es entsteht ein seltsames und widersprüchliches Zusammenspiel von Entsprechungen (formgebend, ordnend) und Polarität (männlich – weiblich). Dies führt natürlich zu einer Art gegenseitiger Aufhebung, ja, vielleicht sogar Blockierung. Weder das eine noch das andere hat die Möglichkeit, ganz zum Zuge zu kommen. Daraus entsteht: *Widersprüchlichkeit, wollen und nicht können, Frustration, Einengung,* aber auch: *die lähmende Kraft der Trauer;* Erkennen der eigenen Lage, ohne sie unter dem Einfluß dieser Energiekombination ändern zu können. Der Fluß der Binah-Kräfte, die durch Luft kontrolliert werden, führt zur Zurückhaltung: *Depression, Zurückstauung.* Der tödliche AMA-Aspekt von Binah gelangt in dieser Kombination stärker zum Ausdruck.

Schlüsselwort: Einfügung.

Drei der Münzen

bedeutet Binah durch Erde. Hier trifft nun das weibliche Element Erde auf das weibliche Prinzip von Binah. Dessen formgebende Kraft äußert sich in der Verfestigung der Erde. Eine solche

Addition von gleichgearteten Kraftäußerungen könnte durchaus geeignet sein, zu einer extremen Blockade zu führen. Aber Erdkraft ist eine Kraft, die Fruchtbarkeit in sich enthält, und dieser Aspekt bestimmt die vorliegende Kombination sehr stark. Aus der Formkraft von Binah entsteht durch das magische Werkzeug der Münze (Erde) etwas Handfestes, das ganz der materiellen Ebene in einer durch den Fruchtbarkeitsaspekt positiven Weise verhaftet ist. Die Formkraft von Binah wirkt ein auf Stoff, auf Materie (Erde). Dadurch entsteht etwas Handfestes, eben Materielles: *Verdinglichung, Frucht der Arbeit, der Hände Werk.*

Aber die verdichtete Vibration der Erdkraft kann auch das Saturn-Prinzip von Binah fördern. Wenn es in fruchtbare Bahnen gelenkt wird, ist das Resultat in buchstäblichem Sinne konstruktiv. Überwiegt aber der destruktive Aspekt der Saturn-Kraft, ist das Resultat ein Verhaftetsein in allem Materiellen.

Schlüsselwort: Geborgenheit, die der Kreativität dient.

Vier der Stäbe

bedeutet Chesed durch Feuer. In der Sephira Chesed durchstoßen wir die Ebene vom mystischen Dreieck zum esoterischen; das bedeutet: Wir gelangen von der Sphäre der reinen Spiritualität in die erste Schicht der beginnenden Materialisation. Wiederum haben wir die Addition von zwei männlichen Elementen, Chesed und Feuer. Deshalb kann dieses Durchstoßen von einer Ebene zur anderen durchaus als *phallisch* erfahren und bezeichnet werden. Das Wort phallisch bezeichnet in dieser Kombination vor allem das Durchstoßen von einer Ebene zur anderen sowie das Überwinden eines Widerstandes; das heißt: es wird vorwiegend als Stoßkraft erfahren. Auf der Ebene von Chesed selbst, wo nun die stetig wachsenden Jupiterkräfte ihre Wirkung entfalten, äußert sich die Kombination von Chesed und Feuer als *Wachstum, Errichtung, Aufrichtung.*

Wenn sich das durch diese Kombination entstandene Energiefeld in der Balance befindet, wird der Zustand der Vollendung erreicht. Hier dürfen, ja, müssen wir eigentlich daran denken, daß wir auf der Ebene von Chesed mit der gleichen Sphäre in Berührung stehen, wie sie durch die Gestalt des Melchisedek, des Königs der Gerechtigkeit, repräsentiert wird. Damit kommt einmal mehr das uns bereits bekannte hebräische Wort »zaddik« (gerecht, gut) in den Brennpunkt unserer Betrachtung.

Ferner ist nochmals der Umstand zu betrachten, daß wir uns in Chesed bereits in der ersten Schicht der Materialisation befinden. Das bedeutet, daß die vom mystischen Dreieck her wirkenden Kräfte in dieser Sphäre abgebremst und in ihrem Lauf verlangsamt werden. Dadurch übernimmt diese erste Schicht der Materialisation, obgleich wir es ausschließlich mit männlichen Kräften zu tun haben, in gewisser Weise eine Binah-Funktion, denn schon diese leichte Bremsung genügt, um die von Chockmah herunterstoßenden Kräfte an ihrer chaotischen Entfaltung zu hindern. Wenn wir uns diesen Vorgang ganz bildlich vorstellen, dann können wir nachvollziehen, daß durch Reibung in dieser ersten Sphäre der Materialisation Wärme entsteht, *Wärme, die Wachstum ermöglicht*. Dies ist auch ganz logisch, da wir uns in Chesed auf der Feuerebene befinden, die zwischen Geburah und Chesed besteht. Aber da wir uns in Chesed befinden, wirkt sich diese Wärme letztlich nicht in einem zerstörenden Feuerbrand aus, sondern eben Chesed gemäß als *Erhellung, Klarwerden, Überblickbarkeit*. Was überblickbar ist, das ist abgerundet, es hat seinen endgültigen Zustand gefunden, und von einer ganz anderen Seite her sind wir wiederum zum Begriff *Vollendung* gekommen, der das Wesen von »Vier der Stäbe« vielleicht am treffendsten und deutlichsten wiedergibt.

Schlüsselwort: Genug.

Vier der Kelche

bedeutet Chesed durch Wasser. Die männliche Chesedkraft verbindet sich mit dem weiblichen Wasser. Der Fluß des Wassers kommt der stetig wachsenden, mehrenden Jupiterkraft von Chesed sehr entgegen. Es entsteht eine natürliche Verbindung dieser beiden Kräfte. Aber da wir es mit dem Gesetz der Polarität zu tun haben, das sich in der Verbindung von männlich und weiblich zeigt, bleibt es nicht bei einem bloßen Fließen, wie etwa bei »Drei der Kelche«, wo eine Kombination von weiblichen Kräften vorhanden ist. Wie bei jeder Kombination von zwei polar entgegengesetzten Kräften gibt es auch hier eine Auswirkung der dabei fließenden Kraft. Es entsteht ein Resultat. Durch das Aufeinandertreffen von zwei so miteinander verwandten Kräften wie Wasser und das astrologische Kraftprinzip von Chesed muß das Resultat auch ein Ausdruck des Fließenden und des Mehrenden sein. Wir kommen der Bedeutung vielleicht am nächsten, wenn wir auch hier das Wort »zaddik« zu Hilfe nehmen und uns gleichzeitig daran erinnern, daß nicht nur Melchisedek, sondern auch der Erzengel von Chesed, Zadkiel, mit diesem Wort in Beziehung steht. Wenn wir das Fließende und gleichzeitig Mehrende von »Vier der Kelche« in Betracht ziehen, steht diesmal nicht das vollendete Werk wie bei »Vier der Stäbe« im Mittelpunkt, sondern der Akzent liegt auf der Freude. Freude ist ein Gefühl, das nicht ein für allemal einfach vorhanden ist, sondern das sich ständig erneuern muß, das bedeutet, es muß fließen und sich mehren. Die »Freude des Gerechten« als Ausdruck dieser ständig fließenden Mehrung spielt im Sprachgebrauch der Bibel eine wichtige Rolle. Zur tieferen Erfassung von »Vier der Kelche« meditiere gut und eingehend über den Unterschied, aber auch die Verbindung und Gemeinsamkeit zu »Vier der Stäbe«.

Schlüsselwort: Scheinbar zuwenig.

Vier der Schwerter

bedeutet Chesed durch Luft. Hier treffen zwei männliche Elemente zusammen, die beide bewegt sind. Die strömende und sich verdichtende, stetige Mehrung von Chesed wird durch das bewegte Element Luft, das im Vergleich mit dem ebenfalls männlichen Feuer bereits einen dichteren Zustand hat, in geordnete, ausgerichtete Bahnen gelenkt. Die Sphäre der beginnenden Materialisation bei Chesed macht diese Kombination zu einem Zustand, der eine gewisse Stabilität für sich in Anspruch nehmen kann. Diese Stabilität, bei der indessen das Strömende und Bewegte mitberücksichtigt werden muß, hat sehr viel zu tun mit »zaddik«. Das bedeutet: Diese vorläufig erreichte Stabilität ist gut. Sie ermöglicht ein Loslassen, ein Zurücknehmen, und gibt Ruhe. Die Kräfte haben sich (in ihrer Auseinandersetzung mit Geburah) ausgetobt und kommen nun zu einem ruhigen, gleichgerichteten Strömen. Diese veränderte Auseinandersetzung zeigt uns, daß wir uns auf der Feuerebene befinden, aber da unser Ort Chesed ist, gewinnt das Leuchten Oberhand über den Brand. *Der Konflikt ist bewältigt. Die Auseinandersetzung hatte eine Auswirkung und kann beendet werden.*

Aber männlich zu männlich bedeutet, daß das Gesetz der Polarität nicht zur Auswirkung gelangen kann und deshalb der Prozeß trotzdem weiter andauert, da vom Weiblichen her keine polar entgegengesetzte Kraft wirkt, durch die sich nach dem Gesetz der Dreiheit ein Resultat ergeben könnte.

»Vier der Schwerter« hat übrigens sehr viel zu tun mit dem biblischen Begriff der drei Tage (siehe erster Band, Seiten 264 und 265).

Schlüsselwort: Ruhe nach der Auseinandersetzung, nach dem Konflikt, Meditation.

(Da wir uns in Chesed befinden, vermeide ich mit Bedacht Begriffe wie Kampf, Streit und so weiter, da in ihnen zuviel von der niederrießenden Kraft von Geburah enthalten ist, die hier vollkommen fehl am Platze wäre.)

Vier der Münzen

bedeutet Chesed durch Erde. Wiederum haben wir es mit der Polarität männlich (Chesed) – weiblich (Erde) zu tun, die als Auswirkung ein neues Resultat ergibt. Der Prozeß der sich stetig verdichtenden Materialisation (Chesed) trifft auf die Materie (Erde). Stoff und Prozeß entsprechen sich gegenseitig in ihrer Natur. Das sich daraus ergebende Resultat kann mit dem einfachen Wort *haben* bezeichnet werden. Da wir uns in Chesed mit seiner mehrenden Jupiterkraft befinden, wird daraus logischerweise ein *Noch-mehr-haben-* oder *Immer-mehr-haben-Wollen.* Daraus ergibt sich: *materielle Güter anhäufen.* Wer irdisch-materielle Güter sammelt, um sie zu haben und buchstäblich zu besitzen, wird dadurch in den Stand versetzt, *Macht* auszuüben. Aber diese Macht von »Vier der Münzen« unterscheidet sich bereits erheblich von der Herrschaft der »Zwei der Stäbe«. Sie kann sich bereits als Macht um der Macht willen auswirken.

Auch hier können wir das Wort »zaddik« mit in die Betrachtung ziehen: Gut ist, was mir nützt, was meinen Besitz und dadurch meine Macht mehrt. Da ich die Macht habe, ist das, was ich tue, »gerecht«.

Schlüsselwort: Zuviel erdhafte Macht oder Energie.

Fünf der Stäbe

bedeutet Geburah durch Feuer. In diesem Falle vereinigen sich zwei äußerst virulente Kräfte: Geburah und Feuer. Das Wesen von Geburah ist Extraversion. Sie drängt dazu, sich nach außen hin auszuwirken. Darin reflektiert sie in gewisser Weise Chockmah, aber da sie sich im Baum des Lebens auf der weiblichen Säule befindet, hat Geburah die Aufgabe zugeteilt bekommen, ihre Kraft korrigierend einzusetzen. Das bedeutet, Geburah braucht einen Auslöser, etwas, das ihrer korrigierenden Kraft bedarf, ein Gegenüber, womit Geburah sich konfrontieren kann. Erst dann kann ihre extrovertierende Tendenz voll zur Geltung kommen. Verbindet sich nun die extrovertierende Kraft von Geburah mit der Dynamik des Feuers, so entsteht zu allererst *Aggression,* aber diese Aggression ist, da sie von der weiblichen Säule her ihren Ursprung nimmt, keine blind ins Leere laufende, sondern sie dient einem bestimmten Zweck. Die vereinigten polaren Kräfte des männlichen Feuers und der weiblichen Geburah erbringen auch hier nach dem Gesetz der Dreiheit ein Resultat: *Konfrontation, Auseinandersetzung, Entgegentreten, Abwehr* und so weiter, um einer Sache willen.

Auf der Feuerebene Chesed – Geburah vertritt Geburah das

Brennende, Verbrennende. Gerät »Fünf der Stäbe« aus der Balance, dann kann allerdings aus der Auseinandersetzung und der Konfrontation sehr leicht der destruktive Kampf, der Krieg, werden, dessen Resultat Zerstörung und Vernichtung ist.

Schlüsselwort: Rechtmäßige Verteidigung.

Fünf der Kelche

bedeutet Geburah durch Wasser. In dieser Kombination treten zwei weibliche Kräfte, die einander in ihrem Wesen sehr entsprechen, in Verbindung. Die Extroversion von Geburah vereinigt sich mit dem Fluß des Wassers. Da wir es hier mit einer Kombination von zwei weiblichen Kräften zu tun haben, fehlt die polare Gegenkraft, die nötig wäre, um aus den Strömen dieser beiden Kräfte ein natürliches Resultat entstehen zu lassen. So aber bleibt es beim Strömen, bis einfach nichts mehr da ist, das strömen kann: *Verströmen* der Gefühle mit anschließender Leere, *Verfließen, Affektion* (wenn der Ein-Fluß von Geburah verstärkt erfolgt), *Ausleerung, Entleerung.*

Aber wir haben es mit Wasser zu tun, das sich mit der Kraft verbindet, die durch korrigierende Wiederherstellung Form gibt und erhält. Dieser Umstand fördert sehr die reinigende Kraft des Wassers, die alles abwäscht und wegschwemmt, was gereinigt und weggeschwemmt werden muß: *Trauer,* aber auch *Klärung; die reinigende und verarbeitende Kraft der Trauer.* Dann kann von Chesed her eine neue Freude möglich werden und entstehen.

Schlüsselwort: Reinigung.

Fünf der Schwerter

bedeutet Geburah durch Luft. Um dem Wesen dieses Bildes auf den Grund zu kommen, müssen wir zunächst einmal wieder feststellen, daß die niederreißende Kraft von Geburah an sich weder böse noch destruktiv ist. Sie dient der Erhaltung der Form und dem Bestand und dem balancierten Funktionieren der kosmischen Schöpfungsordnung. In dieser Aufgabe und in dieser Tendenz herrscht zwischen Geburah und dem Element Luft Übereinstimmung. Beide dienen der Ordnung. Dazu kommt noch, daß wir es mit einem männlichen (Luft) und weiblichen (Geburah) polaren Gegensatz zu tun haben, der in der Vereinigung der beiden Kräfte zu einem Resultat führt. Dieses Resultat kann in diesem Falle vielleicht als *Kompromiß* bezeichnet werden, Kompromiß durch Übereinstimmung des Zieles. Man zieht letztlich am gleichen Strick. *Rechtzeitiges Nachgeben.*

Da wir es aber mit zwei äußerst bewegten Kräften (Geburah und Luft) zu tun haben, ist die Gefahr recht groß, in dieser Kombination Geburah und Luft besonders von der Seite von Chesed her aus der Balance zu geraten. Das bedeutet: »Zuviel Chesed ist Schwäche.« Die rechtmäßige Aggression aus Richtung Geburah stellt die Balance wieder her.

Schlüsselwort: Rechtzeitig aufhören, wenn die rechtmäßige Aggression ihr Ziel erreicht hat.

Fünf der Münzen

bedeutet Geburah durch Erde. Hier haben wir wiederum zwei weibliche Kräfte, die sich miteinander verbinden, aber gleichzeitig müssen wir beachten, daß sich die extrovertierte Bewegung von Geburah mit der Erdkraft verbindet, die das Dauerhafte verkörpert. Das bedeutet: Geburah muß in diesem Bild »Fünf der Münzen« stärker zur Geltung kommen, um eine Kraftbewegung zu erreichen. Darin unterscheidet sich nun dieses Bild von »Fünf der Schwerter«, das mehr von Chesed her wirkt und Chesed betont. Das stärker wirkende Geburah, das korrigierend eingreift, macht nun zunächst einmal aus dem »Haben« von »Vier der Münzen« ein *Nichthaben,* das auch, da auch hier eine gewisse Gefahr des Nicht-in-der-Balance-Seins herrscht, sehr leicht zu *Armut, Verkrüppelung* werden kann, da Geburah in jedem Fall an die Substanz geht, das bedeutet in unserem Falle an die materielle, fleischliche Substanz. *Atomzertrümmerung* ist ebenso ein modernes Schlüsselwort für »Fünf der Münzen« und drückt äußerste Unbalanciertheit aus, denn die kosmische Ordnung wird gestört und sogar zerstört.

In »Fünf der Münzen« erhalten wir durch die Verbindung von Geburah und Erde eine extreme Kraft, unbändig bis maßlos wie Elohim Gibbor. Aber diese Maßlosigkeit kann auch dazu dienen, der Maßlosigkeit der Mehrungskraft von Chesed her entgegenzutreten, diese ihrerseits daran zu hindern, sich maßlos zu entfalten. Dann erhalten wir *Störung, Verunsicherung* all dessen, was allzu sicher ist. Diese *Störkraft* betrifft immer die materielle Substanz (Erde) und äußert sich durch dieselbe.

Auch hier müssen wir uns ständig den Satz in Erinnerung rufen: »Zuviel Geburah ist Grausamkeit.«

Schlüsselwort: Zuwenig, wo früher zuviel war als karmischer Ausgleich.

Die vier Sechsen

Bei den vier Sechsen begegnen wir zum ersten Mal einer neuen Situation. Die Sechsen stehen für Thipharet, das sich nun nicht mehr entweder auf der männlichen oder der weiblichen Säule befindet, sondern auf der mittleren. Wir haben auf der mittleren Säule bereits die vier Asse, die Kether repräsentieren, doch handelt es sich da, gerade weil Kether ein Sonderfall ist, auch um eine Besonderheit, die nicht mit Thipharet in Zusammenhang gebracht werden kann. Das Wesen der mittleren Säule ist Ausgleich, Balancierung. Sie bildet die Synthese der jeweils gegenpolaren Sephiroth. In unserem Falle betrifft dies direkt Chesed und Geburah, hinter denen noch auf indirekte Weise Chockmah und Binah stehen. Die sephirothische Kraft von Thipharet sorgt für Harmonie, Ausgleich und Balancierung, und sie ist zugleich eine Reflektion von Kether auf eine untere Ebene. Diese beiden Aspekte bestimmen auch das Wesen der vier Sechsen. Ihre Gemeinsamkeit ist, daß sie jeweils einen Kraftaspekt von Thipharet darstellen, der dafür sorgt, daß der Baum des Lebens, ganz gleich, in welcher Form er sich darstellt, in der Balance bleibt.

Gleichzeitig dienen die vier Sechsen dazu, durch die Reflektion von Kether in Thipharet die vier magischen Werkzeuge von ihrer

276

Briah-Form her, wie sie in den vier Assen zum Ausdruck kommt, als reale »Werkzeuge«, die gehandhabt werden können, auf der Ebene von Jetzirah zum Ausdruck zu bringen. Dies entspricht der anderen Funktion von Thipharet: der Reflektierung oder, wie wir es bei der Betrachtung dieser Sephira auch ausgedrückt haben, dem Heruntertransformieren.

Sechs der Stäbe

bedeutet Thipharet durch Feuer. Da Thipharet eine Synthese von Chesed und Geburah ist, bildet »Sechs der Stäbe« analog auch eine Synthese von »Vier der Stäbe« und »Fünf der Stäbe«. Alles, was die mittlere Säule enthält, ist dem Wesen dieser Säule entsprechend Synthese und führt daher zu einem Resultat, ganz abgesehen vom Geschlecht der jeweiligen Elemente. Wir müssen uns also darauf gefaßt machen, daß hier auch die Kombination von gleichgeschlechtlichen Kräften ein Resultat hervorbringt, wobei aber jedes dieser Resultate an sich wieder einen Prozeß enthält, weil es sich letztlich ja doch in jedem Falle um das Überwiegen eines polaren Geschlechtes handelt. In unserem Falle von »Sechs der Stäbe« haben wir dreimal Feuer (»Vier der Stäbe«, »Fünf der Stäbe«, »Sechs der Stäbe«), das ergibt dreimal männliches Feuer plus einmal weibliche Geburah-Kraft plus einmal männliche Chesed-Kraft. Das bedeutet praktisch, daß durch das Erreichen eines Resultates gleichzeitig ein Prozeß eingeleitet wird.

Ferner müssen wir beachten, daß »Sechs der Stäbe« von jedem Sephira her etwas mitbringt: von Geburah die Kraft der Durchsetzung und von Chesed das Wachstum, verbunden mit dem uns bereits bestens vertrauten Wort »zaddik«. In Wortform gebracht, könnte dies bedeuten: die gute Sache (zaddik) setzt sich durch (Geburah) mit Dynamik (Feuer). Dies kann ausgedrückt werden durch das Wort *Sieg*. Da wir uns in Thipharet befinden, dient dieser Sieg vornehmlich der Aufrechterhaltung der Balance der kosmischen Schöpfungsordnung.

Schlüsselwort: Der rechtmäßige Sieg.

bedeutet Thipharet durch Wasser. Die Wasserkraft dient auch hier dazu, dem Wesen von Thipharet gemäß, die Balance zu erreichen. Sie kommt namentlich dort zur Geltung, wo die Feuerkraft überhand zu nehmen droht. Durch den ständigen Zufluß und dadurch Ausgleich von Wasserkraft wird die Balance und Harmonie erhalten oder wiederhergestellt. Deshalb gilt es, hier in Thipharet, trotz der möglicherweise vorhandenen Polaritäten, keinen abgeschlossenen Zustand zu erwarten. In Thipharet ist ein ständiger Prozeß im Gange, einem Steuermechanismus vergleichbar, der dazu dient, den Baum des Lebens im Gleichgewicht zu halten. »Sechs der Kelche« bildet in gewisser Weise auch den Kontrast zu »Fünf der Kelche«, indem hier wieder aufgefüllt wird, was in Geburah zu viel weggeflossen ist, sofern dies nicht in Chesed geschehen kann. Auf diese Weise wird, dem Wesen von Thipharet gemäß, harmonisiert.

Schlüsselwort: Die wiedergefundene Freude.

Sechs der Schwerter

bedeutet Thipharet durch Luft, die Luft-Kraft, die durch die Synthese von »Vier der Schwerter« und »Fünf der Schwerter« ihre vorläufige Form als magisches Werkzeug gefunden hat. Sie weht gleichgerichtet und einheitlich. Dem Wesen von Thipharet gemäß wird mit der Luftkraft, und das heißt in diesem Falle Einsicht, Überlegung, Überzeugung, Nüchternheit, Ausgleich und Harmonie erzeugt. Die Früchte der in »Vier der Schwerter« und »Fünf der Schwerter« eingenommenen Haltung können jetzt geerntet werden.

Ordnung nach der Auseinandersetzung. Erkämpftes und durch Selbstüberwindung erworbenes Gleichgewicht und Harmonie machen sich jetzt bezahlt. Mittels der Luftkraft wird etwas erreicht, das Bestand und Harmonie haben kann.

Schlüsselwort: Verdienter Erfolg.

Sechs der Münzen

bedeutet Thipharet durch Erde. »Sechs der Münzen« enthält in sich die erdhaft-irdische Macht von »Vier der Münzen« und die irdische Störung von »Fünf der Münzen«. Die Kombination der beiden Bilder ergibt ein Ausgleichen der unbalancierten Waagschalen. Was in »Fünf der Münzen« zuwenig vorhanden war, wird jetzt durch ein »Zuviel« von »Vier der Münzen« ausgeglichen. Das materielle Gleichgewicht wird nach der Seite hin verlagert, die dieses Ausgleichs bedarf, damit die Stabilität und Harmonie des ganzen Baums des Lebens gewährleistet ist.

Wer aber im Interesse des Ganzen und um der Balance willen gibt, wo zuwenig vorhanden ist, hat genauso am »materiellen Erfolg« teil wie derjenige, der empfängt, da die ausbalancierte Stabilität und Harmonie auch seinen Bestrebungen und seiner Existenz wieder zugute kommen.

Schlüsselwort: Ausgleich.

Die vier Sieben

Mit den vier Sieben erreichen wir nun das psychologische Dreieck, das aus den Sephiroth Nezach, Hod und Jesod besteht. Wir befinden uns hier schon ziemlich tief in der Sphäre der Materie, und gleichzeitig erinnern wir uns daran, daß sich die Polarität nicht mehr in so eindeutiger Form zeigt, wie wir das von den oberen Sephiroth her gewohnt sind. Die magischen Bilder der bärtigen Venus (Nezach) und des Hermaphroditen (Hod) erinnern uns daran. Dies hat natürlich auch seinen Einfluß auf die Kräftkombination, wie sie sich im Rahmen der kleinen Arkana zeigt. Das bedeutet zunächst, daß die wirkenden Kräfte auf dieser Ebene nicht mehr so einfach zu bestimmen sind wie vorher. Formulieren und Verstehen der Kräftekombination wird jetzt zunehmend schwieriger. Praktisch bedeutet dies, daß zum Beispiel bei den Sieben Nezach bewirkt, daß auch trotz Polaritätsverhältnis kein endgültiges Resultat oder ein stabiler Zustand vorhanden ist.

Nezach befindet sich zuunterst auf der formgebenden männlichen Säule und drückt also die Kräfte, die auf Chockmah in reiner Art vorhanden sind, auf seine eigene, spezifische Weise aus. Wir können uns dies noch einmal kurz vergegenwärtigen anhand des männlichen Elementes Feuer. Chockmah würde da dem Feuer an sich und seiner Strahlkraft entsprechen. Chesed bringt vor allem die Leuchtkraft des Feuers zum Ausdruck. In Nezach nun haben wir es mit dem Feuer als der lodernden Flamme zu tun, die hier das Feuer in jeder Beziehung sinnlich wahrnehmbar macht. Anhand des Symbols Sonne können wir eine ähnliche Analogiereihe aufstellen: Sonne wäre das Symbol des Feuers und seiner Strahlkraft schlechthin. In Chesed begegnen wir der Sonne als Licht, und Nezach würde der materiellen Sonne vergleichbar, vor allem dem physikalischen Geschehen, das sich auf und innerhalb der Sonne abspielt. Die sogenannten Protuberanzen, wie sie bei einer Sonnenfinsternis auf der Oberfläche der Sonne beobachtbar werden, geben ein gutes Bild der Sonne unter dem Aspekt von Nezach.

Sieben der Stäbe

bedeutet Nezach durch Feuer. Das männliche Nezach verbindet sich mit dem männlichen Feuer, also haben wir es mit einem Prozeß zu tun. Aber Nezach bewirkt, daß die dynamische Kraft des Feuers zu einer Vielfalt wird, und daraus entwickelt sich ein Kräftespiel. Da wir uns in Nezach befinden, ist die natürliche Balance dieser im Kräftespiel sich äußernden Kräfte nicht immer gegeben. Kräfte können sich gegen Kräfte richten. (Der Bart der Venus ist lockig.) Da sich Nezach zudem auch ganz unten an der belebenden männlichen Säule befindet, äußern sich dort die potentiell vorhandenen anarchischen Kräfte von Chockmah in einem Gegeneinander, dessen Auswirkungen und Zielsetzung nicht ohne weiteres erkennbar sind. Wenn wir noch den Umstand in Betracht ziehen, daß sich Nezach diagonal in Binah reflektiert und von daher einen Einfluß von seiten der formgebenden weiblichen Säule zu integrieren hat, dann wirkt sich dieser Einfluß, da er durch die Reflektion geschieht, trotzdem nicht als Resultat aus, sondern führt höchstens zu einer gewissen Beharrlichkeit dieses Kräftespiels. Da nun das Resultat der Auseinandersetzung durch das männliche Feuer und das männliche Nezach nicht gewährleistet ist, wird aus der Beharrlichkeit die *Tapferkeit,* die trotzdem standhält, *Auseinandersetzung um der Auseinandersetzung willen.* Dies kann zu einem intensiven Lebensgefühl führen, das indessen ja weder Resultat noch Zustand ist, sondern vom ständig weiterlaufenden Prozeß abhängig bleibt.

Beachte auch den Unterschied zum Konflikt und der Auseinandersetzung von »Fünf der Stäbe«. Die Auseinandersetzung von »Fünf der Stäbe« ist zielgerichtet, da wir uns in Geburah befinden, während diese Zielsetzung bei »Sieben der Stäbe« fehlt. Weitere Begriffe, mit denen »Sieben der Stäbe« bezeichnet werden könnte, sind: *triebhaftes Streiten, instinktive Beharrlichkeit.*

Schlüsselwort: Falsche Tapferkeit.

Sieben der Kelche

bedeutet Nezach durch Wasser. Das weibliche Wasser verbindet sich mit dem männlichen Nezach. Wir haben dadurch ein Polaritätsverhältnis, das ein Resultat ergeben sollte. Aber wir müssen beachten, daß sich Fließen (Wasser) zu Strömung (Nezach) fügt. Das Resultat ist demzufolge wieder fließend und kann sich, obgleich wir uns auf der materiellen Ebene befinden, nicht unbedingt manifestieren. Das bedeutet: Der Manifestation im Materiellen mangelt die Stabilität. Daher ergibt »Sieben der Kelche« nur eine scheinbare Realisation. Alles, was von der Polarität her beständig sein könnte als Auswirkung des Gesetzes der Dreiheit, wird durch das doppelte Fließen immer wieder in diffuser Weise aufgehoben. Das grundlegende von »Sieben der Kelche« ist also, daß sich alles, obgleich Kräfte am Werk sind, letztlich nicht manifestiert, oder wenn es sich manifestiert, sogleich seine Stabilität wieder verliert.

Das ergibt im großen Ganzen als Resultat: *Illusion, Täuschung,* trotz Einsatz und Wirken von Kräften. Das Erreichte ist unstabil und ist gefährdet, immer wieder auseinanderzufallen, da der Einfluß der weiblichen Säule in der Reflektion von Binah durch Thipharet hindurch zu schwach ist.

Die *chemische Lösung,* in der ein Stoff, zum Beispiel Zuckerkristalle, gelöst enthalten ist, entspricht in ihrer Art auch »Sieben der Kelche«.

Schlüsselwort: Illusion.

Sieben der Schwerter

bedeutet Nezach durch Luft. Das männliche Element Luft verbindet sich mit dem männlichen Sephira Nezach. Das bedeutet: Das bewegte Strömen von Nezach verbindet sich mit dem bewegten Element Luft. Da männlich zu männlich kommt und Strömung zu Bewegung, wird der Vorgang des Prozesses in einer solchen Weise verstärkt, daß das ordnende Prinzip, das dem Element Luft innewohnt, kaum noch eine Chance hat, sich zur Geltung zu bringen. Es können wohl zeitweise Ordnungen errichtet und Strukturen erreicht werden, die aber alle keine natürliche Stabilität aufweisen. Ihre Entwicklung ist durch das ständige Strömen und Bewegen immer sehr ungewiß.

Vergänglichkeit. Auch die Reflektion der formgebenden Kräfte von Binah durch Thipharet hindurch kann an diesen Auswirkungen nicht viel ändern: *Was einmal geworden ist, muß sich (fast zwanghaft) ständig verändern. Keine Ordnung kann dauernden Bestand haben.* Eine Wirkung (Nezach plus Luft) wird durch eine Gegenwirkung (doppelte Bewegung) aufgehoben.

Schlüsselwort: Anpassung (aber nicht Opportunismus).

bedeutet Nezach durch Erde. Das männliche Nezach verbindet sich mit der weiblichen Erde. Hier haben wir wiederum ein Polaritätsverhältnis, und weil sich zudem die feste Erde mit Nezach verbindet, das seinerseits eine in die materielle Ebene hineinwirkende Kraft bildet, wird zwar ein Resultat erreicht, aber dieses Resultat weist durch die Kombination von weiblich zu weiblich, und zudem mit der Strömung von Nezach, ebenfalls keine Stabilität aus. Das in dieser Kombination entstehende Resultat können wir paradoxerweise als *Resultatlosigkeit* bezeichnen. Zudem haben wir, wie übrigens als Eigenschaft aller »Siebener«, auch hier die mangelnde Stabilität. Das bewirkt: *Trotz Bemühung stellt sich kein Erfolg ein.* Konkret heißt das, daß Kräfte ständig am Werk und am Wirken sind, daß sie aber in dieser besonderen Kombination keine Chance haben, sich in irgendeiner Weise als Resultat zu manifestieren oder gar zu stabilisieren. Die Reflektion von Binah durch Thipharet hindurch kann im besten Fall die Auswirkung haben, daß sich eine Angelegenheit anfänglich recht gut entwickelt, aber letztlich kurz vor dem Ende doch zur Erfolgslosigkeit verurteilt ist. *Frustration.*

Schlüsselwort: Frustration. Richtige Energie am falschen Ort.

Die vier Achten

Mit den vier Achten befinden wir uns nun in der Sphäre von Hod. Das bedeutet: Hier wird als Funktion der formgebenden weiblichen Säule gemessen, gewertet und eingeteilt. Es geht um Struktur, Klassifikation, Kodifizierung. Die Ordnung wird kenntlich und damit auch erkennbar gemacht. Besonders dieser letzte Umstand ist wichtig im Umgang mit den vier Achten. Die Kräfte der vier Elemente in ihrer Handhabung als magische Werkzeuge stehen alle im Dienste dieser Aufgabe. Auf den ersten Blick scheint es, als ob sich die Kräfte der vier Achten in sehr negativer Weise bemerkbar machen und äußern könnten. Aber der Schein trügt, und wir müssen dazugelangen, auch diesen Eindruck aus der Position von Hod her nüchtern und aus dem Blickwinkel des höheren Ganzen zu betrachten. Unsere von Nezach bestimmten und beeinflußten Gefühle und Triebe stehen nicht immer im natürlichen Einklang und in Übereinstimmung mit der großen kosmischen Schöpfungsordnung. Das bedeutet, daß unsere Gefühlswelt und unsere Triebhaftigkeit immer wieder damit konfrontiert wird und sich daraus ständig ein Konflikt bilden kann. Die Erkenntnisse, die daraus gewonnen werden, und die Konsequenzen, die dies zur Folge hat, können dann sehr wohl für uns als subjektive Persönlichkeiten schmerzliche Auswirkungen haben. Dieser Schmerz hat aber nur Bestand, solange wir uns der höheren und das Ganze im Auge behaltendenden Kraft von Hod nicht einordnen und unterziehen. Wir dürfen keinen Augenblick vergessen, daß wir uns nun auf der Ebene des psychologischen Dreiecks befinden. Das bedeutet automatisch, daß alles, was hier geschieht, auch unsere ganz persönlichen Gefühle betrifft. Im Falle der vier Achten bedeutet dies, daß Hod einem eventuellen Fehlströmen (von Nezach her) entgegentritt und auf seine ihm bestimmende Weise die formgebende und formerhaltende Aufgabe seiner Säule wahrnimmt. Deshalb können wir sagen, daß die vier Achten in gewisser Weise mit dem uns sehr gut bekannten Konflikt zwischen Gefühl und Vernunft zu tun haben und ihn auf ihre Weise zum Ausdruck bringen.

Acht der Stäbe

bedeutet Hod durch Feuer. Weiblich-männlich als Resultat. Durch die Verbindung der messenden, strukturierenden Sephira Hod mit der dynamischen Kraft des Feuers entsteht als Resultat das Maß oder die Dimension. Von der dynmaischen Kraft des Feuers her bedingt sind es Lebensvorgänge, die gemessen, strukturiert und kanalisiert werden. Die Dynamik des Feuers wird in eine Form gebracht, die die Struktur der kosmischen Schöpfungsordnung zum Ausdruck bringt und sie zu einer begreifbaren Größe macht. Die Konkretisierung, die sich uns als erstes dazu anbietet, ist die *Elektrizität*. Der Grundbaustoff unseres Kosmos ist die Vibration, und die Elektrizität gibt der Vibration Ausdruck und repräsentiert das Element Feuer durch alle Ebenen hindurch (zum Beispiel elektromagnetische Schwingungen). In »Acht der Stäbe« ist es vor allem die elektrische Schwingung in ihrer Funktion als Maß, um Dinge zu messen, die mit erdhaft-materiellen Mitteln nicht mehr zu erfassen sind, weil sie entweder zu groß oder zu schnell sind. Die Elektrizität steht in Verbindung mit der *Lichtgeschwindigkeit,* die heute als Maßeinheit benutzt wird und zudem nach der Einsteinschen Formel (siehe Seite 248) Bestandteil unseres Universums ist. Die dynamische Kraft des Feuers wird durch Hod erfaßt, strukturiert, das heißt gerichtet (Reflektion von Chockmah), und auf einer Ebene eingesetzt, in der Schnelligkeit, bedingt durch die Größe der Dimension, erforderlich wird, um die Grenzen dieser Dimension abzutasten, weil die Dimension nur auf diese Weise erfaßt werden kann. Das jeweilige Resultat, das sich aus »Acht der Stäbe« ergibt, ist deshalb stets eine Maßangabe, vorwiegend eine Maßangabe in Zeit, von der Sekunde bis zu Lichtjahren, da Lebensvorgänge stets anhand von Zeitangaben gemessen werden.

Schlüsselwort: Schnelligkeit.

Acht der Kelche

bedeutet Hod durch Wasser, weiblich zu weiblich, also Prozeß. Hier haben wir es mit einem Bild zu tun, das ausgesprochen den Konflikt zwischen Gefühl und Verstand zum Ausdruck bringt. Hod setzt seiner Aufgabe gemäß ein Ziel, gibt Struktur. Das durch das Wasser zum Ausdruck kommende Gefühl kann dieser Struktur nicht entsprechen und nicht genügen. Das Ziel übersteigt die Fähigkeit. Man kann die Norm nicht erfüllen, auch wenn das Gefühl noch so sehr dafür spricht. Das Gefühl will und begehrt etwas, und dann kommt von Hod her die Erkenntnis, daß das Ziel nicht erfolgreich erreicht werden kann, weil das, was das Gefühl will, nicht mit dem großen Ganzen in Übereinstimmung ist, möglicherweise nicht in Übereinstimmung mit der kosmischen Schöpfungsordnung. Diese Erkenntnis führt zum Prozeß des

Loslassens. Da Hod selbst eine stark ordnende und strukturierende Kraft ist, führt dies trotz Fehlens der Polarität zu einem
resultatähnlichen Ergebnis, das aber dennoch stets als Prozeß
wirksam bleibt, auch wenn uns die Wortwahl an ein Ergebnis
erinnert. *Aufgabe, Resignation, Verzicht.* Aber beachte: es handelt
sich stets um ein Aufgeben, um ein Verzichten aus Einsicht und
aus Klugheit und nicht unter dem Druck der Umstände (das wäre
Geburah, »Fünf der Schwerter«). Das Aufgeben geschieht stets
unter der Einsicht, die vom Verstand und der Vernunft her
bestimmt ist, daß unter den herrschenden Umständen, ganz
gleich, welcher Art sie auch sein mögen, das Ziel nicht erreicht
werden kann. Ein Ziel, das angestrebt wird, steht nicht im Einklang mit der großen kosmischen Struktur und Ordnung und muß
deshalb aufgegeben werden. Das bedeutet Verzicht auf Erfolg.
*Die Vernunft hat Vorrang vor dem Gefühl. Das Gefühl muß sich der
Einsicht einordnen.*
Schlüsselwort: Fehlinvestition.

Acht der Schwerter

bedeutet Hod durch Luft, weiblich zu männlich, also Polarität
und damit ein Resultat. Hod beinhaltet Struktur, Kodifizierung.
Wenn es sich mit dem männlichen Element Luft verbindet, das
das Prinzip des Intellektes und der Ordnung vertritt, und zudem
aus der Verbindung männlich-weiblich ein Resultat hervorgeht,
dann wird sich dieses von einer außerordentlich starken Stabilität
erweisen. Die Folge davon ist, daß die triebhaften Kräfte, die von
Nezach herüberfließen, durch das ordnende Element Luft, das
der Strukturierung von Hod entspricht und sie demnach verstärkt, sehr wirksam in Schach gehalten werden. Die Struktur von
Hod wird dadurch so stark und derart festgefügt, daß die Gefühle
und triebhaften Kräfte von Nezach keine Möglichkeit mehr
haben, sich zu entfalten. Sie werden eingeengt, beschränkt und
festgehalten, und dies nicht als ein im Gang befindlicher Prozeß,
sondern als mehr oder weniger definitiver Zustand, da die Verbin-

dung von männlich-weiblich ein Resultat ergibt. Das Ergebnis aus all diesen Kombinationen ist: *Einengung, Zurückhaltung; alles, was einen Kräftefluß hemmt und zurückhält.*

Zu beachten ist aber, daß all dies im Interesse einer höheren, übergeordneten Struktur geschieht. Erst wenn die einengenden Kräfte von »Acht der Schwerter« zu stark und zu stabil werden, dann gerät »Acht der Schwerter« aus der Balance, und seine Kraft wirkt destruktiv.

Schlüsselwort: Vorurteil.

Acht der Münzen

bedeutet Hod durch Erde, weiblich zu weiblich, also Prozeß. In »Acht der Münzen« verbindet sich die Struktur von Hod mit der Verfestigung des Elements Erde. Struktur und Verfestigung entsprechen einander, das heißt, sie ziehen kräftemäßig am gleichen Strick und kommen so in ihrer Wirkung einander entgegen. Die strukturierende, klassifizierende Kraft von Hod wirkt sich materiell (erdhaft-materiell) aus. Trotzdem ist wegen der gleichgeschlechtlichen Verbindung ein Prozeß im Gange, das heißt die Verfestigung ist nicht stabil und muß immer wieder gewartet und gepflegt werden. »Acht der Münzen« kann aus dieser Sicht am besten wiedergegeben werden mit: *Sammeln, Ordnen, Aufbewahren, Erhalten.* Gleichzeitig ist zu beachten, daß wir es, wie aus den obigen Überlegungen hervorgeht, mit einem Prozeß zu tun haben. Eine Sammlung bleibt nur solange beisammen, wie sie vom Sammler gepflegt und geordnet wird. Fällt die ordnende, bewahrende Kraft des Sammlers weg, dann ist die Möglichkeit groß, daß sich die Sammlung auflöst und sich ihre Bestandteile in alle Richtungen verflüchtigen. Aus dem Ganzen, Geschlossenen der Sammlung werden wiederum Einzelteile. Die Stabilität kann nicht gewahrt werden.

Dieses Sammeln von »Acht der Münzen« unterscheidet sich allerdings erheblich von der Mehrung der »Vier der Münzen«. Das Sammeln ist, durch Hod bedingt, nicht ein gieriges Raffen wie bei den Jupiterkräften von Chesed, sondern es geschieht aus der Einsicht und der Erkenntnis heraus. Das, was gesammelt, geordnet und klassifiziert wird, betrachtet der Sammler als so wichtig, um aufbewahrt und konserviert zu werden. Die Idee, daß sich in einer solchen Sammlung ein Mikrokosmos repräsentiert, ist nicht allzu fern. »Was du ererbt von deinen Vätern hast, erwirb es, um es zu besitzen« ist ein Zitat, das recht gut die Bedeutung von »Acht der Münzen« wiedergibt.

Schlüsselwort: Sammeln, Ordnen.

Die vier Neunen

Die vier Neunen sind der Sephira Jesod zugeordnet, die wir als Synthese von Nezach und Hod kennengelernt haben. Der Gehalt von Jesod kann mit den Schlüsselwörtern Reflektion und (fertiles) Leben umschrieben werden. Dabei ist noch zu beachten, daß Jesod als erste Sephira des gesamten Lebensbaumes die ganze Energie der beiden Säulen, der belebenden wie der weiblichen, die von Nezach und Hod über die Pfade 28 und 30 herüberfließen, empfängt und als »Fundament zu tragen hat«. Auf der mittleren Säule ist Jesod analog zu Thipharet. So wie Thipharet Kether reflektiert und hinuntertransformiert, so reflektiert Jesod den gesamten Inhalt der beiden Säulen für die Sephira Malkuth und dient ebenfalls für die Reflektion von Daath nach Malkuth hinunter. Alle diese Umstände sind bei der Analyse und Betrachtung der »vier Neunen« zu beachten.

Da wir uns auf dem psychologischen Dreieck befinden, äußern sich die objektiven Kräfte in Ausdrücken und in einer Weise, die auf die Sephira Malkuth hin ausgerichtet sind. Da in Jesod der gesamte Inhalt der beiden Säulen vorhanden ist, entfalten die vier Neunen eine sehr intensive und starke Wirkung, die sich ebenfalls in ihrer sprachlichen Benennung ausdrückt. Da wir es auch mit dem Prinzip des Lebens zu tun haben, betreffen uns die vier Neunen in ganz direkter Weise. Es geht buchstäblich ans Lebendige. Zudem sind alle vier Neunen auch unter dem Aspekt des »Astrallichts« zu betrachten. Die Gesamtwirkung all dessen führt dazu, daß das jeweilige Element in seiner für uns fühlbaren Grundkraft verstärkt wird: Feuer wird dynamischer, Wasser fließender, die Bewegung der Luft schneidender und die Erde gewichtiger.

Neun der Stäbe

bedeutet Jesod durch Feuer. Da wir uns auf der mittleren Säule befinden, ist, wie bei Thipharet, eine Polaritätsspannung zwischen der Grundenergie der Sephira und dem jeweiligen Element an und für sich nicht gegeben; indessen verbindet sich hier die männliche, dynamische Feuerkraft mit der weiblichen Mondkraft von Jesod. Somit ergibt sich trotzdem eine starke Polaritätsspannung nach der Feuerseite hin. Was daraus hervorgeht, kann bezeichnet werden als *Antrieb, Draufgängertum*. Durch Jesod, als der Verkörperung des fertilen Lebensprinzips, wird dieser Energiekombination eine sehr starke sexuelle Komponente gegeben, die sich allerdings nicht nur auf den körperlich-seelischen Bereich der Sexualität erstreckt, sondern die Funktion der Sexualität als »Maschinerie des Kosmos« generell betrifft. *Sexuelle Potenz; belebende Männlichkeit in ihrer sexuellen Form; Initiative, die etwas bewirkt und vorantreibt; phallische Kraft.*
Schlüsselwort: Große Kraft.

Neun der Kelche

bedeutet Jesod durch Wasser. Obgleich wir es auch hier, bedingt durch die Position von Jesod auf der mittleren Säule, analog zu Thipharet, nicht mit einer Kombination gleichgeschlechtlicher Kräfte zu tun haben, verbindet sich trotzdem hier das fließende Wasser mit der fluktuierenden Mondkraft. Diese Verbindung erzeugt *Flut*. Zudem wird in Jesod innerhalb der Sphäre der materiellen Ebene, in die wir nun schon recht tief eingedrungen sind, das konkretisiert, was in »Zwei der Kelche« und »Drei der Kelche« seinen Anfang genommen hat. In Richtung auf Malkuth zu beginnt die Materialisation, die sich in einem *Zu-Fluß materieller Güter* äußert. Da ein solcher Zufluß an materiellen Gütern auf der materiellen Ebene des psychologischen Dreiecks als Glücksbringer betrachtet wird, kann »Neun der Kelche« auch als *materielles Glück* bezeichnet werden.

Schlüsselwort: Lebendigsein durch Fließen.

Neun der Schwerter

bedeutet Jesod durch Luft. Auch hier gilt: Durch die Position von Jesod auf der mittleren Säule ist an und für sich kein Ausgleich der Polaritätsspannung vorhanden. Das von der Mondkraft her bestimmte Jesod ist äußerst gefühlsbetont und als Sephira von daher im Gleichgewicht. Wenn jetzt in der Kombination von »Neun der Schwerter« das Element Luft Einfluß auf das Kräfteparallelogramm nimmt, tritt eine scheinbare Gleichgewichtsstörung auf, da der Einfluß von Hod mit seinem strukturierenden und kodifizierenden Prinzip dadurch verstärkt wird. Das Gefühlsleben wird durch das Hervortreten der Luftkräfte ähnlich von »Acht der Schwerter« beeinträchtigt. *Leid, Ausweglosigkeit durch den Konflikt Gefühl gegen Vernunft.*

Auch der folgende Aspekt kann in Betracht gezogen werden. Ordnende Vernunft wird dazu gebraucht, um negative Gefühle und sich destruktiv auswirkende Gefühlsäußerungen zu sanktionieren. So zum Beispiel, wenn ein gefühlsbetonter Sadismus in der Form von gesetzlichen Folterungen und so weiter institutionalisiert und kodifiziert wird.

Schlüsselwort: Lebendigsein durch Leiden.

Neun der Münzen

bedeutet Jesod durch Erde. Durch seine Position auf der mittleren Säule hat Jesod bereits eine ausgeglichene Polaritätsspannung, deren Resultat der Eigenart der Sephira gemäß als mehr weiblich anzusehen ist, so wie analog etwa aus der Vereinigung eines Mannes mit einer Frau eine Tochter geboren wird. Durch das Hinzutreten der weiblichen Erdkraft wird diese Weiblichkeit von Jesod noch verstärkt. Die Grundinhalte von Jesod, Reflektion und Prinzip des Lebens, drücken sich durch Erdkraft aus. Die weibliche Erdkraft ist sehr stark mit Fruchtbarkeit verbunden, deshalb drückt sich »Neun der Münzen« in allem aus, was in irgendeiner Weise mit Leben und gleichzeitig mit der Maschinerie des Kosmos verbunden ist. Fruchtbarkeit, verbunden mit der Lebendigkeit, wie wir sie bei Jesod gefunden haben, äußert sich materiell sichtbar als *Wachstum*. Aber dieses Wachstum von Jesod muß sehr deutlich unterschieden werden von der Mehrung von Chesed, also von »Vier der Münzen«. In »Neun der Münzen« geht es nicht einfach um Mehrung oder Wachsen an und für sich, sondern gemeint ist vielmehr die *Kraft des Wachstums, die innerhalb der materiellen Sphäre sichtbar und erkennbar wird*.

Schlüsselwort: Wachstum.

Die vier Zehnen

sind Malkuth zugeordnet. Malkuth, »das Reich« der materiellirdischen Ebene, ist die Sephira, die als einzige alle anderen in sich enthält. Zwischen Jesod und Malkuth besteht eine enge Verbindung, die sich in der Beziehung des astralen Bereichs zur materiellen »handgreiflichen« Realität äußert. Was in Jesod in feinstofflicher Weise vorhanden ist, verfestigt sich in Malkuth zur Dichtheit. Deshalb bilden die Zehnen in gewisser Weise die Verstärkung und Verdichtung der Neunen, so wie die Ebene von Malkuth ebenfalls das Astrale von Jesod auf ihre eigene Weise reflektiert und konkretisiert. Ferner ist zu beachten, daß Malkuth die Basis der mittleren Säule bildet. Das bedeutet, daß in Malkuth die Verfestigung und Stabilisation im höchsten Grade stattfindet. Alles, was die vier Zehner betrifft, kann in gewisser Weise als definitiv, als Erreichung eines Ziels, als (vorläufiges) Endergebnis betrachtet werden, sofern es den Baum des Lebens in seiner vorliegenden Gestalt betrifft. Aber dieses Endergebnis muß sich bereithalten, um sich in Kether für den unteren Baum des Lebens verwandeln zu lassen. Das nimmt der Verfestigung und der Stabilität die Dauer und öffnet sie für die Transformation des Todes (Bild XIII, »Der Tod«).

Zehn der Stäbe

bedeutet Malkuth durch Feuer. Die materielle Verfestigung von Malkuth, die dem Erdhaften sehr verbunden ist, nimmt die Dynamik des Feuers in sich auf und verschluckt sie gewissermaßen. Das ergibt *Erdung* in jedem Sinne. Die von Jesod her phallisch wirkende Kraft des Feuers verbindet sich mit dem größten polaren Gegensatz (Feuer–Erdreich) und fällt der Verfestigung von Malkuth zum Opfer. Das Resultat hiervon ist Befruchtung. Das Feuer erlischt, nachdem es seinen Zweck erfüllt hat, um sich in etwas Neues verwandeln zu lassen. *Der erschlaffte Phallus nach erfolgter Zeugung* (Bild XII, »Der hängende Mann«); *die Kraft der Saat, die den Winter hindurch im Erdreich auf den Frühling wartet, um zu keimen.*

Schlüsselwort: Unterdrückung; gegen den natürlichen Verlauf.

Zehn der Kelche

bedeutet Malkuth durch Wasser. Der Fluß des Wassers versickert im Erdreich, von dem es aufgenommen und geborgen wird. Dort im Erdreich verbindet es sich mit der schlummernden Feuerkraft und bringt das Gesetz der Dreiheit zur Auswirkung. Die Folge davon ist, daß der Baum des Lebens als Ganzes zu blühen beginnt, um Malkuth zum Ort zu machen, auf dem das Leben, das von Jesod herüberfließt, gedeihen, wachsen und Bestand haben kann. Damit kommt »Zehn der Kelche« in die Nähe von Bild XVII, »Der Stern«, dessen Element *Wasser zur Erde* dadurch hervorgehoben wird. *Fruchtbarkeit als Auswirkung* und nicht als potentielle, schlummernde Kraft. *Die Saat, die aufgeht und keimt.* Schlüsselwort: Realisierung der Gefühle.

Zehn der Schwerter

bedeutet Malkuth durch Luft. Verfestigung (Malkuth) und Bewegung (Luft) sind zwei Kräfte, die sich schwer miteinander verbinden lassen, denn sie sind in ihrer Wesensart zu verschieden. Wenn sie trotzdem eine Verbindung eingehen müssen, wie in »Zehn der Schwerter«, dann geht dies nur mit einem erheblichen Aufwand an Energie und nicht ohne Gewalt oder gewaltsame Anstrengung. Dann allerdings kommt auch die Korrespondenz dieser Kraftkombination zum Tragen: die Ordnung (Luft) und die Verfestigung (Malkuth). Ein Schwert, das man mit Gewalt in den Boden stößt, wird von der Festigkeit des Erdreichs festgehalten. Auf diese Weise sind Luft und Malkuth ein analoges Gegensatzpaar, wie etwa Feuer und Malkuth, wobei die Kraft von Malkuth analog zu »Zehn der Stäbe« allemal stärker ist. Das Kreuz als Verbindung von Gegensätzen steht so »Zehn der Schwerter« nahe. *Kruzifixus* ist demnach ein Wort, das die Kraftmanifestation von «Zehn der Schwerter« recht gut bezeichnet. Das Gesetz ist verfestigt, und daraus folgt *Unerbittlichkeit,* der sich alles unterziehen muß, selbst wenn dieses Unterziehen Vernichtung und Zerstörung um eines höheren Zweckes willen bedeutet. *Opfer,* damit das »Gesetz erfüllt werde«.
Schlüsselwort: Fixierung; Opfer.

Zehn der Münzen

bedeutet Malkuth durch Erde. In »Zehn der Münzen« wirkt sich die Verfestigung von Malkuth durch das aus, was von der fruchtbaren Erdkraft hervorgebracht wurde. Das bedeutet: Es geht zunächst einmal um die Ernte, das Einbringen der Frucht, aber dem Wesen von Malkuth gemäß kann es nicht nur bei diesem Vorgang bleiben, sondern der sich daran anschließende Prozeß der *Speicherung,* der Aufbewahrung des Geernteten, kommt dem Wesen dieser Kräftekombination am nächsten. Was man aufbewahrt, darauf kann man jederzeit zurückgreifen, dadurch entsteht eine gewisse Sicherheit, und aus dieser Sicherheit heraus entsteht *Wohlstand.* Auch dieser Wohlstand unterscheidet sich erheblich von »Vier der Münzen« des »Habens um des Habens willen«. Der Wohlstand von »Zehn der Münzen« ist der Grund, auf dem sich das von der Brücke von Jesod herüberfließende Leben festigen, gedeihen und seinem Gesetz gemäß entwickeln kann. Leben in und auf Malkuth, das bedeutet Boden unter den Füßen, die Wurzeln im Erdreich verankert haben. *Der Grund allen Lebens* im mehrfachen Sinne. Der Boden unter den Füßen, der trägt und festen Halt gibt für alles Leben.

Schlüsselwort: Wohl-Stand.

Damit haben wir unsere stichwortartige und andeutungsweise Betrachtung der vierzig Zahlenkarten beendet. Ich lege den Akzent noch einmal ausdrücklich auf die Worte andeutungsweise und stichwortartig, denn mehr als das kann und will ich nicht geben, weil sonst die Gefahr der Dogmatisierung und der Verfestigung der Wortbegriffe zu groß wird. Denke bei der Arbeit mit den kleinen Arkana immer daran, daß es sich um *Kräfte* handelt, und daß die Wortbezeichnungen dieser Kräfte auch dann, wenn sie Tatsachen, Zustände und Fakten beinhalten, nichts anderes sind als ein Versuch, die Auswirkung und das Wesen dieser Kräfte der Zahlenkarten einigermaßen darzustellen. Es ist deshalb besonders wichtig, daß du nicht einfach die Schlüsselwörter auswendig lernst, um sie bei jeder passenden oder vielleicht auch weniger passenden Gelegenheit zur Hand zu haben, sondern daß du fähig bist, *jederzeit* den Inhalt der jeweiligen Zahlenkarte, *auf die entsprechende Situation zugeschnitten, abzuleiten* und in Worte zu kleiden, die für diese Situation und nur für diese Geltung haben.

Es ist daher unbedingt notwendig, daß du dich in diesen Ableitungen ständig übst und immer wieder darangehst, die objektiven Kräfte der Zahlenkarten in deiner Umwelt, in dir selbst und im Großen des Kosmos wiederzufinden. Ich erinnere an dieser Stelle auch daran, daß manche für das Tarotbild auch den Begriff Tarotschlüssel verwenden, um damit aufzuzeigen, daß jedes Tarotbild ein Schlüssel ist, dazu geeignet, wenn man das betreffende Schloß findet und den Schlüssel darin betätigt, ein Geheimnis der großen kosmischen Schöpfungsordnung zu enthüllen. Dies kann aber nicht geschehen, wenn du den Tarot nach der Art eines Kochbuches gebrauchst, sondern nur dann, wenn du dich immer und immer wieder darum bemühst, die Bilder als magische Werkzeuge zu betrachten und zu gebrauchen, mit deren Hilfe du auf den eigentlichen Grund der Dinge stößt. Beachte auch, daß die Kräfte der Zahlenkarten, je nach der Kombination mit anderen Bildern, polar entgegengesetzte Wirkung haben können.

Wie ich bereits erwähnt habe, sind die Bildmotive der Zahlenkarten im Tarot von A. E. Waite nicht mit der Tradition des Tarot identisch. Trotzdem können diese Bilder, wenn du in der richtigen Weise darüber meditierst, eine beträchtliche Hilfe sein, um das von mir nur Angedeutete zu erweitern und zu vertiefen. Wenn du meine Stichworte als Anregung und Gedächtnisbrücke brauchst, dann sollte es dir möglich sein, über eine intensive meditative Versenkung die Bedeutung der einzelnen Zahlenkarten immer breiter zu fassen und zu vertiefen. Als kleine Anregung, in welcher Weise dies etwa zu geschehen hat, stelle ich dir die Aufgabe, herauszufinden, in welcher Weise bei den vier Zehnern durch das Bildmotiv dargestellt wird, daß Malkuth gleichzeitig das Kether des unteren Baums ist. Jedes der Bilder enthält viele solcher Details, die du ruhig gebrauchen sollst, aber immer unter der Voraussetzung, daß sie Beiwerk sind und nicht zur Tradition des Tarot gehören.

Die Hofkarten

Als dem zweiten Teil der kleinen Arkana und der letzten Gruppe des Tarot überhaupt wenden wir uns nun der Betrachtung der Hofkarten zu. Im Unterschied zu den Zahlenkarten sind die Bildmotive der Hofkarten authentischer Bestandteil der Tradition des Tarot, auch wenn in den vielen voneinander verschiedenen Tarotdarstellungen erhebliche Modifikationen in der Gestaltung dieser Bildmotive vorhanden sein können. Wie bei den großen Arkana sollte auch hier das Grundsätzliche bei allen Darstellungen auf irgendeine Weise vorhanden und erkennbar sein.

Lege auch hier zu Beginn unserer Betrachtung sämtliche Hofkarten in je vier Reihen untereinander vor dich hin. Versuche nun, ob es dir gelingt, aufgrund dessen, was du bereits weißt, irgendeine Reihenfolge oder eine Gliederung zu entdecken und in deinem Auslegen darzustellen. Wenn du das getan hast, dann mach dir vorerst deine eigenen Gedanken darüber.

Ich nehme an, daß du sehr rasch herausgefunden hast, daß die Hofkarten eindeutig hierarchisch gegliedert sind. Nicht umsonst tragen sie ja die Bezeichnung Hofkarten, da ein Hof, und das heißt in unserem Falle ein Königshof, ja auf einen König hinweist, der an der Spitze des Hofstaates steht. Jetzt ist es nicht mehr schwer, die weitere Rangfolge herzustellen. Als oberste Karte steht der König, ihm gesellt sich eine Königin hinzu. Auch die nächsten zwei bereiten uns sicher keine großen Schwierigkeiten, weil wir wissen, daß ein Ritter im Rang höher steht als ein Page. Daraus ergibt sich die Abfolge König, Königin, Ritter, Page.

Aber noch eine zweite Gliederung ist möglich, wenn du in Betracht ziehst, daß jede der Figuren ein magisches Werkzeug in der Hand hält. Wir haben also im Grunde vier Hofstaaten vor uns, von denen jeder ein magisches Werkzeug als Attribut vertritt. Wir können uns nun die Frage stellen, ob auch innerhalb dieser magischen Werkzeuge eine bestimmte Reihenfolge oder Hierarchie vorhanden ist. Es sind uns zwei solcher möglichen Reihenfolgen bekannt. Zunächst diejenige der großen Arkana, Feuer, Wasser, Erde, Luft (I, II, III, IV), sowie diejenige des göttlichen Tetragrammatons Feuer, Wasser, Luft, Erde (Jod Heh Vau Heh). Damit stehen wir vor der Entscheidung, welche Reihenfolge wir den vier magischen Werkzeugen geben sollen, genauer gesagt, ob im Falle der Hofkarten Erde vor Luft oder nach Luft in Erscheinung tritt.

Wir haben einen ganz speziellen Akzent auf den Begriff Hierarchie gelegt. Bei den Zahlenkarten brauchten wir den Begriff Reihenfolge, und auch dies hat seine bestimmte Bedeutung. Die Zahlenkarten nehmen Bezug auf die zehn Sephiroth am Baum des Lebens, von denen wir ausdrücklich festgestellt haben, daß ihre Reihenfolge keiner hierarchischen Ordnung entspricht, also keines der Sephiroth höher zu bewerten ist als die anderen, sondern das die Folge 1 bis 10 der Folge des zündenden Blitzes entspricht. Daraus geht hervor, daß sich die Reihenfolge der Zahlenkarten von der hierarchischen Reihenfolge der Hofkarten unterscheidet.

Wo aber haben wir in unseren Betrachtungen bis jetzt eine hierarchische Reihenfolge mit vier Rängen gefunden? Wenn du aufmerksam gewesen bist, dann fällt dir auch hier die Antwort leicht, und du wirst dich sofort an die vier kabbalistischen Welten erinnern, deren Darstellung wir ja ein ganzes Kapitel gewidmet haben. Somit können wir den Schluß ziehen, daß die Hofkarten auf irgendeine Weise wahrscheinlich mit den vier kabbalistischen Welten in Verbindung stehen. Wir können sogar noch einen Schritt weitergehen und jeder der vier Hofkarten, ihrem Rang entsprechend, eine kabbalistische Ebene zuordnen. Der König wird wohl Atziluth vertreten, die Königin Briah, der Ritter Jetzirah und der Page Assiah.

Wenn du nun die Bildmotive der vier Hofkarten einer näheren Betrachtung unterziehst, dann wirst du unsere Vermutung bestätigt finden. Jede dieser vier Karten drückt auf ihre Weise ein Merkmal der ihr zugeordneten kabbalistischen Welt aus. König und Königin sitzen beide auf einem Thron. Thron bedeutet Erhöhung gegenüber denjenigen, die nicht auf einem Thron sitzen. Wir können deshalb daraus schließen, daß König und Königin die Welten von Atziluth und Briah darstellen sollen. Der männliche König ist dem Feuer nahe, das innerhalb der vier Elemente die Ebene von Atziluth am deutlichsten vertritt. Die Königin steht in Verbindung mit dem Kelch des Wassers, der alles in sich birgt. Dieser Begriff »alles in sich bergen, in sich enthalten« verweist uns deutlich auf die Funktion des Erzengels auf den Sephiroth des kabbalistischen Baums des Lebens. Somit können wir als erste Aussage festhalten, daß jeder König die Ebene von Atziluth und jede Königin die Ebene von Briah vertritt.

Stellen wir für die beiden nachfolgenden Karten Ritter und Page nur auf die hierarchische Reihenfolge ab, dann wird ohne weiteres klar, daß der Ritter Jetzirah und der Page Assiah entsprechen muß. Es gibt jedoch noch ein anderes Merkmal in der Bildgestaltung, das diese Annahme unterstreicht. Jeder der vier Ritter sitzt auf einem Pferd. Das Pferd als solches drückt Bewegung aus. Die Schnelligkeit des Pferdes (das Auto der früheren Zeit) gestattet große Beweglichkeit und Vielfalt. Dies entspricht Jetzirah, der Ebene der vier magischen Werkzeuge, die in analoger Weise das Geschehen auf Assiah beschleunigen und erleichtern. Der Page seinerseits steht mit beiden Füßen fest auf der Erde. Dadurch wird klar, daß die Ebene von Assiah zur Geltung gebracht werden soll.

Wenden wir uns nun wieder unserer Frage zu, welches wohl die richtige Reihenfolge der vier magischen Werkzeuge im Rahmen der Hofkarten ist, dann können wir uns jetzt bereits durch diese Überlegungen eine klare Aussage erlauben. Der König als Repräsentant von Atziluth entspricht dem Feuer, die Königin wird dem Wasser zugeordnet, die Schnelligkeit des berittenen Ritters weist auf das Element Luft hin und die Füße, die fest auf der Erde stehen, zeigen das Element Erde. Zusätzlich haben Thron und Pferd noch die deutliche Funktion, vom Erdboden abzugrenzen, mit dem allein der Page in direkter Verbindung steht.

Zum Verständnis der Hofkarten ist es einmal mehr notwendig, uns unserer Position in Malkuth bewußt zu werden. Dies bedeutet, daß alle Kräfte, mit deren Auswirkungen wir konfrontiert werden, von uns nur mit den vier Elementen erfaßt werden können. Es ist vielleicht notwendig, hier einmal darauf hinzuweisen, daß ein gewisser Unterschied besteht, ob wir den Ausdruck vier Elemente oder die vier magischen Werkzeuge benutzen. Kräfte, die wir passiv erfahren und mit denen wir konfrontiert werden, von denen wir erleben, daß sie auf uns einwirken, und die wir als Geschehen in der Natur beobachten können, zeigen sich uns als die vier Elemente. Aber die gleichen Kräfte werden, wenn wir sie buchstäblich zur Hand nehmen und bewußt für unsere Ziele nach dem Vorbild von Bild I des Magiers einsetzen lernen, zu den vier magischen Werkzeugen Stab, Kelch, Schwert und Münze. Dies ist bei jeder Arbeit mit den kleinen Arkana zu beachten.

Es hat natürlich seinen Grund, wenn die kleinen Arkana des Tarot in zwei Gruppen, in die Zahlen- und in die Hofkarten, unterteilt werden, die beide voneinander so deutlich zu unterscheiden sind. Worin besteht dieser Unterschied? Die Antwort auf diese Frage ist verhältnismäßig leicht zu geben. Die Zahlenkarten als Darstellung objektiver Kräfte zeigen uns an, *wie* etwas geschieht. Die Hofkarten als Darstellung der vier kabbalistischen Ebenen zeigen uns demnach an, *wo* etwas geschieht. Das bedeutet, daß es möglich ist, die Zahlenkarten mit den Hofkarten direkt in der Art eines Koordinatensystems zu gebrauchen, das uns angibt, auf welche Weise wo etwas geschieht und mit dessen Hilfe es möglich ist, einen genau bestimmten Punkt zu definieren. Die vier kabbalistischen Ebenen beziehungsweise Welten sind also eine Ortsangabe, die wir für unsere praktischen Zwecke noch etwas genauer umschreiben müssen.

Wir wollen deshalb versuchen, ob wir nicht auch die vier kabbalistischen Ebenen auf irgendeine Weise mit Hilfe von Schlüsselwörtern unserem Begriffsvermögen zugänglicher machen können. Die Eigenart der vier kabbalistischen Welten läßt sich vielleicht mit folgenden Ortsangaben näher bezeichnen: Atziluth ist der Ort der *Anbetung*, Briah ist der Ort der *Erkenntnis*,

Jetzirah der Ort des *Handelns* oder des Wirkens und Assiah der Ort der *Auswirkungen* dieses Handelns oder Wirkens. Dies ist der eine Unterschied, das *wie* und das *wo*, der sich aus der Zweiteilung der kleinen Arkana in Zahlenkarten und Hofkarten ableiten läßt. Aber noch auf eine andere Weise läßt sich ein Unterschied ersehen.

Auf den Bildern der Hofkarten können wir sehen, daß jede Figur Träger eines der vier magischen Werkzeuge ist. Von unserer Arbeit mit den großen Arkana wissen wir, daß die vier magischen Werkzeuge noch etwas anderes verkörpern können als die vier Elemente. So treten sie manchmal auch in Erscheinung als bildhafte Darstellung des Tetragrammatons des göttlichen Namens Jod Heh Vau Heh. Im ersten Band (Seiten 158 bis 160), bei der Betrachtung von Bild X, sind wir auf diesen Aspekt bereits eingegangen. Bei den Zahlenkarten bedeuten die vier magischen Werkzeuge, daß wir die im Kosmos vorhandenen objektiven Kräfte durch die vier Elemente erkennen und erfahren können.

Die Zweiteilung der kleinen Arkana in Zahlenkarten und Hofkarten kann nun bedeuten, daß auch sie diesen zweiten Aspekt der vier magischen Werkzeuge beziehungsweise der vier Elemente verkörpern. Das bedeutet, daß die vier magischen Werkzeuge in der Hand der Figuren der Hofkarten die Repräsentanten des göttlichen Tetragrammatons sein müssen. Damit kommt natürlich eine neue Dimension in unsere Betrachtung, und wir müssen lernen, uns mit den vier Kräften von einer neuen Ebene her auseinanderzusetzen.

Das göttliche Tetragrammaton Jod Heh Vau Heh kann übersetzt werden als »ich bin der, der sich durch die vier Elemente erweist«. Nun können wir uns über die Art des Sicherweisens durch die Betrachtung des Tetragrammatons eingehendere Gedanken machen. Das Tetragrammaton besteht also aus vier Buchstaben, die analog den vier Elementen aufzufassen sind. Die vier Elemente bestehen aus je zwei polaren Gegensatzpaaren, nämlich: Feuer für männlich, Wasser weiblich; Luft männlich, Erde weiblich. Damit ist die Reihenfolge der vier Elemente, wie sie im Rahmen der Hofkarten in Erscheinung treten, eindeutig festgelegt: Feuer, Wasser, Luft, Erde. Somit ist das Tetragrammaton aus der Verbindung von zwei Polaritätsachsen kombiniert. Die eine dieser Achsen besteht aus Feuer und Wasser, die andere aus Luft und Erde.

Damit stellt sich nun für uns die Frage: Worin unterscheiden sich diese beiden Polaritätsachsen voneinander? Da hilft uns einmal mehr wieder ein ausgesprochen konkretes, bildhaftes Denken weiter, indem wir uns das Wesen dieser vier Kräfte, so wie sie sich in der Natur zeigen, plastisch vor Augen führen. Einmal mehr werden wir auch wieder auf den Umstand stoßen, daß sich die vier Elemente deutlich voneinander in ihrem Aggregatszustand unterscheiden. Vom Feuer bis hin zur Erde macht sich eine immer stärker werdende Verdichtung und Verfestigung bemerkbar. Die beiden männlichen Elemente Feuer und Luft sind ihrer Erscheinung nach bewegter und weniger greifbar als Wasser und Erde. Damit lassen sich zwei Ebenen bilden, bestehend aus je zwei Polaritätsachsen, die untereinander ebenfalls wieder hierarchisch gegliedert sind. Die höhere Ebene besteht aus der Vereinigung von Feuer und Wasser, die tiefere aus der Verbindung von Luft und Erde. Mit der Bildsprache der Hofkarten ausgedrückt, könnte dies bedeuten, König und Königin (Atziluth und Briah) vereinigen sich und erzeugen Kinder (Jetzirah und Assiah).

Nun wird dir natürlich sofort zu Recht ein gewisses Mißverhältnis, das dir vielleicht sogar als Unlogik erscheint, auffallen, nämlich, daß sich auf der Ebene von Luft und Erde (Jetzirah und Assiah) diese Polarität nicht wie bei König und Königin ebenfalls wieder in einer männlichen und weiblichen Figur darstellt, sondern in zwei männlichen, Ritter und Page. Dieser Umstand ist natürlich auch früheren Generationen, die sich mit dem Tarot beschäftigten, aufgefallen und führte zu der Schlußfolgerung, daß in dieser Beziehung die Bilder der Hofkarten vielleicht fehlerhaft überliefert worden sind. So hat der »Golden Dawn« in dem von ihm gebrauchten Tarot die Hofkarten Ritter und Page zu Prinz und Prinzessin abgeändert, und viele andere Tarotdarstellungen sind diesem Beispiel gefolgt. Ich halte es für allzu bequem und zudem gefährlich, vorschnell auf eine fehlerhafte Überlieferung der Tarotbilder zu schließen, sobald sich Schwierigkeiten zeigen, die auf Anhieb vielleicht nicht verständlich und integrierbar sind.

Die alten Tarotdarstellungen, also vor der Gründung des »Golden Dawn«, zeigen alle die Bilder von Ritter und Page. So logisch und auf der Hand liegend auch die Schlußfolgerung des »Golden Dawn« ist, so müssen wir uns doch, bevor wir die Bilder voreilig abändern, der Frage stellen, ob durch diesen uns dissonant erscheinenden Umstand nicht etwas ganz Besonderes ausgedrückt werden soll, das durch intensive Dechiffrierarbeit wir herauszufinden aufgerufen sind. Falls wir uns der Auffassung des »Golden Dawn« anschließen würden, könnten wir in der Gestalt von Prinz und Prinzessin den ewigen Fortgang der Welten erblicken, analog zu den Bäumen des Lebens, die sich durch die Identität von jeweils Kether und Malkuth nach unten und oben hin fortsetzen. Wir erhielten auf diese Weise einen geschlossenen Kreislauf, der vielleicht unser ästhetisches Empfinden vollauf befriedigen würde, der aber nicht über den Umstand hinwegtäuschen kann, daß dieser geschlossene, ästhetisch befriedigende Kreislauf gewissermaßen nur über eine andauernde Inzucht erreicht werden kann. Dies stimmt aber offenbar nicht mit der Wirklichkeit unseres kosmischen und irdischen Geschehens überein.

Wenn wir unserer Betrachtung die Figuren von Ritter und Page zugrunde legen, kann dies nichts anderes bedeuten, als daß durch eine solche Vereinigung, obwohl sie durchaus im Bereich des Möglichen liegt, nicht das Gesetz der Dreiheit zur Auswirkung gelangen kann. Das bedeutet, daß nichts Drittes, Neues entstehen kann. Wenn aber etwas Neues entstehen soll, dann müssen sowohl Ritter als auch Page das geschlossene Ganze des Hofstaates verlassen und ihre entsprechenden polaren Gegensätze an einem anderen Ort, der außerhalb liegt, suchen.

Daß dieser Gedanke nicht ganz so abwegig ist, haben uns erst wieder Spekulationen und Überlegungen der modernen Naturwissenschaft begreiflich gemacht. Vielleicht ist dir aus dem Bereich der Astronomie der Begriff der sogenannten schwarzen Löcher bekannt. Schwarze Löcher treten auf, wenn sich im Endstadium eines Sternenlebens die Materie des sterbenden Gestirns auf einem so kleinen Punkt konzentriert, daß dessen Gravitationskraft so stark wird, daß nicht einmal mehr Licht abstrahlen kann.

Es gibt nun Hypothesen, die vermuten, daß die ganze Materie und Energie, die von diesen schwarzen Löchern aufgesogen wird, dort nicht einfach bleibt, sondern daß das schwarze Loch gleichzeitig als eine Art Durchgangsstelle in ein anderes Universum dient. Nach dem Gesetz »wie oben, so unten« käme dies auf ganz erstaunliche Weise dem nahe, was uns Bild XIII der großen Arkana über das Wesen des Todes gesagt hat. Tod wäre demnach auch in diesem riesigen makrokosmischen Bereich nichts anders als Transformation, ein Durchgang in eine andere Dimension. Gleichzeitig aber behält die Einsteinsche Formel, die wir als modernes Symbol von Malkuth erkannt haben, ihre volle Gültigkeit. Energie und Materie im Kosmos bleiben konstant. Damit aber diese Konstanz erhalten bleibt, müßte im gleichen Maße, in dem durch schwarze Löcher Energie aus unserem Universum hinausfließt, an einer anderen Stelle Energie in unser Universum hineinfließen, das heißt geboren werden.

Wieder stehen wir vor dem Gedanken, daß Tod und Geburt im Grunde das Gleiche sein könnten. Vielleicht sind es gerade diese Gedanken und Überlegungen, zu denen uns die Gestalten von Ritter und Page führen wollen: daß unser Kosmos nicht dieser geschlossene Kreislauf ist, als den ihn die Leute vom »Golden Dawn« betrachten wollten, sondern daß auch unser Universum auf irgendeine Weise vielleicht eine Durchgangsstation bilden könnte für Energie, die von irgendwoher kommt, um sich dann in einer für uns absolut unvorstellbaren Weise nach irgendwohin zu transformieren. Es bleibt nun dir überlassen, dich mit diesen Gedanken näher zu beschäftigen, sie durch meditative Betrachtung auszuweiten und vielleicht neue Erkenntnisse zu gewinnen. Eine Hilfe dazu mag dir vielleicht die vierfache Anordnung des Tetragrammatons in Form eines Kreuzes sein. Nimm diese Darstellung als Meditationsbild, versenke dich darin und suche, was für Erkenntnisse daraus wachsen könnten.

Wir wollen nun unseren Weg durch die kleinen Arkana des Tarot fortsetzen und die einzelnen Bilder der Hofkarten kurz miteinander betrachten. Dabei ändern wir nun allerdings unser methodisches Vorgehen. Bei den Zahlenkarten haben wir je die vier gleichartigen Bilder (zum Beispiel »Zwei der Stäbe«, »Zwei der Kelche«, »Zwei der Schwerter«, »Zwei der Münzen«) zu einer Einheit zusammengefaßt, entsprechend der Einheit der Sephira, der sie zugeordnet sind. Bei den Hofkarten werden wir nun jeden »Hofstaat« als Einheit zusammenfassen, um auch die Einheit des göttlichen Tetragrammatons zu wahren.

Mache dich immer mehr mit der Feststellung vertraut, daß wir uns auf einer Ebene befinden, die sehr schwierig ist, und laß gleich von Anfang an den ehrgeizigen Anspruch fallen, daß du alles und jedes auf Anhieb verstehen und erfassen kannst. Schon bei der Behandlung der Zahlenkarten hast du sicher längst gemerkt, daß das, was wir tun, eine Art Sprachmathematik oder Sprachchemie ist. Wir kombinieren sprachliche Begriffe in der Art einer mathematischen Formel und betrachten dann deren Ergebnis, oder wir mischen Wörter nach der Art des Chemikers zusammen und beobachten, welche Reaktionen sich daraus ergeben. Was wir aber auch tun, das Ergebnis ist stets Sprache, das heißt Wort. Wort ist von Wort an sich nicht unterscheidbar, und die Schwierigkeit und auch die besondere Wichtigkeit besteht nun darin, daß wir uns bei jedem Wort stets vor Augen halten müssen, auf welchem Hintergrund und auf welche Weise dieses in Erscheinung tritt. Dies erfordert von uns ein erhebliches Maß an Konzentration, differenziertem Denken und Vertiefung. Wir sind ganz und gar in der Lage des archaischen Menschen, der einen Feuerstein ohne Kommentar in die Hand gedrückt erhält und nun selbst herausfinden muß, was damit gemeint ist, aber gerade durch den betreffenden Prozeß des Herausfindens an Erkenntnis und Initiation gewinnt. Wenn du dich mit dem Tarot auf dieser Ebene intensiver beschäftigen willst, dann darfst du nicht erwarten, daß es dir besser und angenehmer ergeht als dem archaischen Menschen mit dem Feuerstein. Hier zeigt sich aber auch, wie ernst es dir ist mit dem Studium des Tarot. Nur, wenn du bereit bist, über lange Zeit hinweg die entsprechende, harte Arbeit der Dechiffrierung zu leisten, wird dir das Buch des Thoth nach und nach seine Geheimnisse offenbaren.

Zunächst gilt es, sich jederzeit genauestens an den Unterschied zu erinnern, der zwischen Zahlenkarten und Hofkarten besteht. Wir haben festgestellt, daß uns die Zahlenkarten die Art und Weise zeigen, wie objektive Kräfte wirken, und die Hofkarten den Ort bezeichnen in bezug auf die vier kabbalistischen Welten, wo und von wo aus diese Kräfte ihre Wirkung entfalten. Kurz gefaßt können wir als Formel für unsere Arbeit in Gedanken behalten: Die Zahlenkarten zeigen, wie etwas *wirkt,* und die Hofkarten zeigen uns, wo etwas *ist.* Jedes Schlüsselwort der Zahlenkarten und der Hofkarten muß also an diesen beiden Wörtern »wirkt« und »ist« gemessen werden.

Ferner gilt es auch jederzeit zu bedenken, daß wir es bei den Zahlenkarten mit der Kraft der vier Elemente, ausgedrückt durch die vier magischen Werkzeuge, zu tun haben, und daß uns bei den Hofkarten die gleichen vier magischen Werkzeuge auf das göttliche Tetragrammaton verweisen. Erst unter genauester Berücksichtigung all dieser Umstände ist es uns möglich, zu erkennen, was mit jedem Bild der kleinen Arkana gemeint ist. Vergiß zu keiner Zeit: Um mit den kleinen Arkana umgehen zu können, braucht es Übung, Übung und nochmals Übung. Nimm die folgenden Ausführungen, die wiederum stichwortartig und nur andeutungsweise gemeint sind, als Hilfsmittel und methodische Gedächtnisbrücke, die von meiner eigenen, persönlichen Sicht her subjektiv gefärbt sind. Nimm sie also nicht einfach als objektive Erkenntnisse, sondern versuche, dich anhand von ihnen auf analoge Weise zu deiner eigenen, persönlichen Sicht vorzuarbeiten, dann gehst du in der richtigen Weise mit dem »Feuerstein« um, der dir in die Hand gegeben ist.

Der Hof der Stäbe

Der Hof der Stäbe repräsentiert das Jod des göttlichen Tetragrammatons durch alle vier kabbalistischen Ebenen hindurch. Je nachdem, auf welcher Ebene sich dieses Jod manifestiert, ist es von unterschiedlicher Wirkung. Jod auf der Ebene von Atziluth muß sich also erheblich anders zeigen als beispielsweise Jod auf der Ebene von Assiah. Wie wir bereits wissen, erfahren wir, daß Jod entsprechend dem Wort »Ich bin der, der sich durch die vier Elemente erweist«, analog zur dynamischen Kraft des Feuers. Jod und Feuer erscheinen uns als Synonym; sie sind aber nicht kongruent im mathematischen Sinne, weil Jod und das Element Feuer von einem verschiedenen Standpunkt aus betrachtet werden wollen. Es lohnt sich, daß du dich mit diesem recht schwierigen, aber auch sehr wichtigen Unterschied nach und nach völlig vertraut machst.

König der Stäbe

Hier erweist sich uns das göttliche Jod als Feuer auf der Ebene von Atziluth. Da wir uns die vier kabbalistischen Ebenen selbst wieder als durch die vier Elemente erfahrbar vorstellen müssen, entspricht Atziluth seinerseits ebenfalls dem Feuer. Daraus ergibt sich, daß wir das Feuer durch seine Feuerkraft erfahren, das heißt, als Kurzformel ausgedrückt, »König der Stäbe« ist »Feuer des Feuers«. Wir haben also im Bild des »Königs der Stäbe« die Feuerkraft in ihrer höchsten Potenzierung. Das zeigt sich vor allem darin, daß die dynamische Feuerskraft alles und jedes durchdringt und beeinflußt. Aus einer religiösen Betrachtungsweise heraus formuliert, könnte dies etwa heißen: »Wo du mich auch suchst, da bin ich schon.« Die Wirkung des Feuers ist allerorten zu spüren. Da diese Wirkung vor allem dynamisch ist, geht daraus *Aktivität, Impetus, potentielle Energie* hervor. In jeder Kraft, die spürbar, aber nicht faßbar ist, ist »König der Stäbe«.

Königin der Stäbe

Das göttliche Jod äußert sich auch als Feuer auf der Ebene von Briah. Seinem Wesen gemäß (Erzengel-Kelch) erfahren wir Briah durch das Element Wasser. Wir erfahren also das Feuer durch seine Wasserkraft oder, als Kurzformel ausgedrückt: »Wasser des Feuers«. Dies führt uns sofort den Begriff der Fluidität stark betont vor Augen. Die alles durchdringende Kraft des dynamischen Feuers verbindet sich mit der Fluidität des Wassers, die alles umspült und sich an alles anschmiegt. Daraus ergibt sich: *Anpassungsfähigkeit* aber auch *»steter Tropfen höhlt den Stein«; ausdauernde Energie. Nicht aufgeben.*

Ritter der Stäbe

Hier begegnen wir dem Feuer des göttlichen Jod auf der Ebene von Jetzirah, die sich uns durch das Element Luft darstellt. Daraus ergibt sich: »Luft des Feuers«. Diese Kombination enthält Bewegung und Beweglichkeit in höchstem Maße. Wenn Luft und Feuer ihre spezifisch verschiedenen Arten von Bewegung miteinander kombinieren, dann entsteht Ausdehnung und Verflüchtigung. Eine sehr treffende Darstellung von »Luft des Feuers« haben wir in dem Vorgang, der sich im Innern eines Benzinmotors abspielt: der Augenblick, in dem das Benzin-Luft-Gemisch zur Entzündung gebracht worden ist und durch seine Ausdehnung beziehungsweise Explosionskraft den Kolben des Motors nach unten treibt, was sich wiederum in Schnelligkeit und Beweglichkeit des Autos nach vorwärts ausdrückt. Gleichzeitig beinhaltet das Auto das Werkzeughafte von Jetzirah, dessen wir uns bedienen, um mit Schnelligkeit auf der Ebene von Assiah von einem Ort zu einem anderen zu gelangen.

Weitere Ausdrücke, wo »Ritter der Stäbe« zu finden ist: *Schnelligkeit; Kraft; Impulsivität.*

Page der Stäbe

Das Jod des göttlichen Tetragrammatons manifestiert sich als Feuer auf der Ebene von Assiah. Das bedeutet, daß sich das Feuer durch seine Erdkraft zeigt: »Erde des Feuers«. Äußerlich zeigt sich dies darin, daß alles Lodernde, Flammenhafte zurückgenommen wird. Was übrigbleibt ist *Glut* und *Asche,* aber nicht die erkaltete Asche, sondern die Asche, die immer noch wärmt und die in ihrem Inneren geborgene Glut schützt und am Leben erhält, damit neues Feuer daraus entfacht werden kann. Auch die *Lava* eines Vulkans ist eine Manifestation von »Page der Stäbe«.

Der Hofstaat der Kelche

In diesen vier Bildern liegt der Akzent auf der Kraft des Wassers. Konkret bedeutet dies, daß wir die vier kabbalistischen Welten, so wie sie sich jeweils durch einen Buchstaben des Tetragrammatons erweisen, durch die Erscheinung der Wasserkraft kennenlernen. Das zeigt sich in der Verbindung des Wassers mit den Ausdrucksformen der vier Elemente, die, jedes für sich, wiederum das Wesen der jeweiligen kabbalistischen Ebene verkörpern und in dieser Eigenschaft – als Wasser – deren Eigenschaften zum Ausdruck bringen.

König der Kelche

Das erste Heh des Tetragrammatons (Wasser) manifestiert sich in Atziluth: »Feuer des Wassers«. Das Wasser wird feuerartig und entfaltet die dem Feuer eigene, dynamische Kraft. Eine Erscheinungsform dieser Verbindung ist der *warme Frühlingsregen,* der nach der Winterkälte die in der Erde verborgene Saat zum Keimen und Wachsen bringt. Die dynamische Kraft des Feuers zeigt sich aber auch, scheinbar paradox, in der *Löschkraft* des Wassers. Paradox deshalb, weil sich hier Feuerkraft gegen Feuer auswirkt. Der König der Kelche zeigt sich auch im *Wasser, das Turbinen treibt, um Elektrizität zu erzeugen.* Der durch Wasser erzeugte Stromfluß enthält »Feuer des Wassers«. »König der Kelche« begegnet uns überall dort, wo die dynamische Kraft des Wassers in Erscheinung tritt.

Königin der Kelche

Das erste Heh des Tetragrammatons (Wasser) manifestiert sich in Briah, dessen Eigenheit uns ebenfalls in Form des Wassers zugänglich wird. Das ergibt »Wasser des Wassers«. Daraus folgt, daß wir das Wasser durch seine Wasserkraft erfahren. Das ist gleichbedeutend mit einer Potenzierung der Wasserkraft. Konkret äußert sich dies darin, daß überall die Konturen und Abgrenzungen aufgelöst und verwischt werden. Alles verfließt. *Traum; Illusion.* Die Dinge werden zum Spiegelbild auf der Oberfläche des Wassers. Vielleicht enthält auch das *kollektive Unbewußte* »Königin der Kelche«.

Ritter der Kelche

Das erste Heh des Tetragrammatons (Wasser) manifestiert sich in Jetzirah, das sich uns luftartig zeigt: »Luft des Wassers«. Wir erfahren das Wasser so, wie es sich auf der luftartigen Ebene von Jetzirah manifestiert. Das bedeutet Wasser, mit Akzent auf dessen Bewegung und Beweglichkeit; *Elastizität.* Wenn sich Wasser durch Luftkraft manifestiert, dann ergibt dies, zum Beispiel, Dampf und vor allem dessen Kraft, mit der Maschinen betrieben werden können. *Die Wolke, die den Regen enthält,* überhaupt *Luftfeuchtigkeit,* die nicht sichtbar, sondern nur meßbar ist. »Ritter der Kelche« bedeutet ganz allgemein, etwas ist erfüllt mit geheimer versteckter Kraft, die nicht direkt sinnlich wahrgenommen werden kann, sondern nur dadurch, daß sie etwas in Bewegung bringt und in Bewegung hält. Wasser durch Luftkraft bedeutet also in gewissem Maße auch eine Potenzierung der Bewegung und der Beweglichkeit.

Page der Kelche

Das erste Heh des Tetragrammatons (Wasser) manifestiert sich in Assiah. Wir erfahren das Wasser durch Erdkraft, durch die sich das Wesen von Assiah für uns erweist: »Erde des Wassers«. Konkret bedeutet dies: Das Wasser kommt zum Ausdruck in einer verfestigten oder verfestigenden Form, zum Beispiel *Eis;* die *Kristallisation* überhaupt; die Kraft, mit der eine *hydraulische Presse* auf die Materie wirkt; alle Nahrung, die wir aus dem Wasser entnehmen und für den Ausbau unseres physischen Leibes brauchen; *Fisch; Meeresfrüchte* und so weiter.

Der Hofstaat der Schwerter

Der Hofstaat der Schwerter bringt die vier kabbalistischen Ebenen in der Erscheinungsform des Elementes Luft zum Ausdruck. Luft ist also der gemeinsame Nenner durch alle vier Bilder hindurch. Genauer ausgedrückt bedeutet dies: der dritte Buchstabe des Tetragrammatons, das Vau, wirkt durch das Element Luft und wird durch sie spürbar.

König der Schwerter

Atziluth durch Luft, das ergibt »Feuer der Luft«. Die Kraft der Luft wird gebraucht, um das atziluthische Feuer zur Geltung zu bringen (Verwandtschaft mit Bild IV, »Der Herrscher«, besonders mit seiner rechten Hand). Der »König der Schwerter« sorgt an seinem Ort dafür, daß die *Dinge trotz Manifestation nicht in Erstarrung verfallen; Ethos,* das nach oben ausgerichtet ist; *Lebendige Gerechtigkeit* herrscht. (Beachte, daß Ethos eben nicht Moral und Konvention ist.)

Königin der Schwerter

Die Welt von Briah äußert sich durch das Element Luft, das ergibt: »Wasser der Luft«. Die Anschmiegsamkeit des Wassers verbindet sich mit der Bewegung der Luft. Das Wasser kann ebenfalls unter seinem Aspekt des Fließens betrachtet werden.

Daraus kann sich folgendes ergeben: *Auf ein Ziel hin ausgerichtet sein; der Ort der Erkenntnis; der Sammelpunkt oder Fokus.*

Ritter der Schwerter

Jetzirah, ausgedrückt durch das Element Luft, ergibt: »Luft der Luft«. Jetzirah, die Ebene des Wirkens, verbindet sich und drückt sich aus durch die bewegte Luft. Das Vau des göttlichen Tetragrammatons erweist sich durch die luftige Bewegung von Jetzirah; der Ort der *immerwährenden Wirkung und Veränderung; nichts bleibt beständig;* Verbesserung; Veränderung; »Das Bessere ist der Feind des Guten«; *das jeweilige Hier und Jetzt, aber ohne Stabilität.*

Page der Schwerter

Assiah, ausgedrückt durch das Element Luft, ergibt: »Erde der Luft«. Das Schluß-Heh des göttlichen Tetragrammatons äußert sich durch die Bewegung der Luft. Das ergibt eine Kombination von Bewegung und Festigkeit.

Die Verfestigung, die ihren Sinn offenbart; der Ort, wo das Wort »Fleisch wird«; *die Konkretisierung des Gedachten, der Idee.*

Der Hofstaat der Münzen

Der Hofstaat der Münzen repräsentiert das Schluß-Heh des göttlichen Tetragrammatons. Dadurch ergibt sich, daß der ganze Hofstaat der Münzen in irgend einer Weise eine Grenzsituation anzeigt, die letzte Station vor einer Transformation in eine andere Ebene. Diese letzte Station ist aber zugleich Ausgangspunkt von etwas Neuem. Unter diesem Aspekt müssen alle Bilder des Hofstaates der Münzen betrachtet werden. Sie alle haben mit Grenzsituationen und letzten Dingen zu tun; der Ort der äußersten Reduktion.

König der Münzen

Atziluth durch Erde manifestiert sich als »Feuer der Erde«. »König der Münzen« zeigt sich zum Beispiel in der *Gravitationskraft,* die ja die Grundkraft ist, durch die unser Universum zusammengehalten wird und die letztlich die Urkraft der Polarität ist. Auch das glühende, flüssige *Erdinnere,* das gewissermaßen noch den Urzustand unseres Planeten darstellt, ist ein Ort, der durch »König der Münzen« bezeichnet werden kann. Aber auch die Nährkraft der Erde, die Korn und Früchte wachsen läßt, ist »König der Münzen«, und zwar als *der Ort, wo sich Kether des unteren Baumes in Malkuth des Baumes auf unserer Ebene verwandelt.*

Königin der Münzen

Briah durch Erde manifestiert sich als »Wasser der Erde«. Die Kombination der beiden weiblichen Elemente ergibt Passivität im äußersten Grad, die aber nie negativ zu bewerten ist, sondern als ein Geschehenlassen betrachtet werden sollte, im Vertrauen darauf, daß alles seinen richtigen Lauf nimmt. *Der Ort des Vertrauens;* der feuchte Ton, der von der Hand des Töpfers geformt wurde, bevor er in den Brennofen gelangt; der siebente Tag der Schöpfung: »und siehe, es war sehr gut«; *die kosmische Schöpfungsordnung* an sich ist ein Ort, wo »Königin der Münzen« zum Ausdruck kommt; das *Urmeer,* aus dessen materiellen Elementen alles entstanden ist.

Ritter der Münzen

Jetzirah durch Erde manifestiert sich als »Luft der Erde«; alles Materielle, nachdem es einem Prozeß unterworfen worden ist, der zu einer Stabilität, die allerdings nicht dauernd ist, geführt hat. (Beachte das Pferd des »Ritters der Münzen«. Es ist das einzige Pferd der Hofkarten, das mit allen vier Beinen fest auf der Erde steht. Alle anderen sind in Bewegung begriffen.) Dem »Ritter der Münzen« begegnen wir also überall dort, wo etwas seinen (vorläufigen) *Endzustand* erreicht hat, nachdem es eine Bearbeitung durch Werkzeuge oder sonst einen Veränderungsprozeß erfahren hat. Dieser »Endzustand« ist auf seine Weise auch nur wieder Ausgangspunkt zu etwas Neuem; zum Beispiel das *Skelett* (vgl. Hesekiel 37; 1–10).

Page der Münzen

Assiah durch Erde manifestiert sich als »Erde der Erde«. »Page der Münzen« steht in Verbindung zum »König der Münzen«. Er repräsentiert das, was sich als *Auswirkung der Gravitationskraft* zeigt; in allem, was durch die Gravitationskraft schwer geworden ist, zeigt sich »Page der Münzen«; *Trägheit; Unbeweglichkeit; Schwere als Grenzort der Materie* (zum Beispiel Uran); *die Verfestigung im höchsten Grad;* das *schwarze Loch* der Astronomie.

Praxis

Mit der Betrachtung der Hofkarten haben wir den theoretischen Teil, der die nötigen Erkenntnisse über den Baum des Lebens und die elementaren Kenntnisse für den praktischen Gebrauch der kleinen Arkana zum Inhalt hatte, beendet. Diese theoretischen Überlegungen haben uns in recht dünne Luft und in zunehmend schwierigere abstrakte Überlegungen und Gedankenfolgen gebracht. Ich kann dir sehr lebhaft nachfühlen, daß du vielleicht manchmal nahe daran warst, aufzugeben und dich immer wieder mit den verzweifelten Fragen auseinandersetzen mußtest: »Wozu das alles? Ist dies wirklich notwendig, um in die Geheimnisse und Informationen des Buches Thoth einzudringen?«

Wie jedes Buch ist auch das Buch des Thoth in einer Sprache geschrieben, die in unserem Falle allerdings nicht mit Worten zu tun hat, sondern die Sprache der Bilder ist, auch wenn wir sie anhand von Worten erläutern. Die beiden Bände der *Schule des Tarot* sind in gewisser Weise nichts weiteres als ein Lehrgang dieser Sprache des Buchs des Thoth. Auch die Sprache, in der dieses seltsame Buch geschrieben ist, hat, wie übrigens jede Sprache, ihre Grammatik, ihre Syntax und die ihr eigenen Vokabeln. Wer eine Sprache lernen will, kommt nicht darum herum, sich mit Wortschatz, Grammatik und Syntax dieser Sprache zu befassen. Nur wenn wir die Struktur einer Sprache, ihren Aufbau – geschehe dies bewußt über eine Lernanstrengung oder eher unbewußt, intuitiv, wie Kinder eine Sprache erlernen – begriffen und integriert haben, erst dann können wir uns in dieser Sprache ausdrücken und ihre Informationen verstehen. In unserem Falle bedeutet dies, daß du nur dann mit dem Baum des Lebens und dem Tarot in einer vertieften Weise umgehen kannst, wenn du das, was in diesem theoretischen Teil erläutert wurde, aufgenommen und integriert hast. Bedenke immer, daß das Buch des Thoth den Bauplan der kosmischen Schöpfungsordnung enthält und daß diese Geheimnisse nicht in leichtfertiger Weise jemandem entschlüsselt werden sollen, der nicht die nötigen Voraussetzungen an Ernst und Hingabe mitbringt. Den Menschen, die nicht imstande oder nicht gewillt sind, diesen hohen Anforderungen zu genügen, soll das Buch des Thoth bleiben, was es auf den ersten Anschein hin ist: ein Spiel – und nichts weiter. Dieser dritte Teil ist nun ganz der Frage gewidmet, wie man mit dem Baum des Lebens und dem Tarot arbeitet und auf welche Weise die Informationen, die darin verborgen sind, entschlüsselt werden können.

Der Baum des Lebens ist eine »magische« Glyphe, ein Bild, das vor allem als Meditationsvorlage dienen soll. Zweck dieses Bildes ist, daß wir, indem wir uns dem Prozeß einer Betrachtung intensiv hingeben, Verbindungen und Zusammenhänge entdecken, die uns auf andere Weise, zum Beispiel durch verbale Sprache, nicht zugänglich werden. Je nach dem, von welcher Seite wir den Baum des Lebens und die mit ihm verbundenen Tarotbilder betrachten, erfahren wir immer wieder andere Erkenntnisse und erhellen sich uns immer wieder neue Dimensionen. Wir können ohne weiteres sagen, daß der Baum des Lebens im Grunde ein Computer ist und sich wie ein Computer programmieren läßt. Je nach den Daten, die du diesem Computer eingibst, wirst du entsprechende Resultate erlangen.

Das eben Gesagte gilt auch ganz besonders für den Tarot, der sich uns erst in seiner Synthese mit dem Baum des Lebens ganz erschließen kann. Namentlich die großen Arkana, die wir im ersten Band der *Schule des Tarot* unabhängig vom Baum des Lebens kennengelernt und betrachtet haben, werden, wenn wir sie mit den Pfaden am Baum des Lebens in Verbindung gebracht haben, neue und tiefere Schichten ihres Bildinhalts zugänglich machen. Die Bilderwelt des Tarot erfährt auf diese Weise eine erhebliche Ausweitung und führt uns in neue Dimensionen, sowohl nach außen hin zum Makrokosmos als auch nach innen, zu unserem individuellen Mikrokosmos. Die Möglichkeiten, den Baum des Lebens im Sinne eines »Computers« zu gebrauchen, sind wirklich zahllos. Das bedeutet, daß die Ausführungen dieses dritten Teils nichts weiter sein können als Beispiele und Anregungen zur Methodik. Du selbst wirst dein ganzes Leben lang weitere Möglichkeiten suchen und, wenn du dich wirklich intensiv darum bemühst, auch finden.

Die Pfade

Am Anfang unserer praktischen Arbeit am Baum des Lebens wollen wir uns nun der Betrachtung der Pfade zuwenden. Bereits bei mehreren Gelegenheiten in der Analyse der Sephirot habe ich auf einzelne Pfade verwiesen. Betrachte nun noch einmal den Baum des Lebens als Ganzes und richte deinen Blick vorwiegend auf die Pfade. Vermagst du eine Ordnung zu erkennen? Wie ist ihre Struktur? Was für Einzelheiten und Besonderheiten merkst du in ihrer Linienführung? Bald wirst du entdecken, daß deine Augen von selbst immer wieder beginnen, über die Pfade zu wandern, von einer Sephira zur andern, bald in der oberen Hälfte des Baumes, bald in der unteren, ähnlich einem Labyrinth. Ich nehme an, daß du bald entdecken wirst, daß die Pfade am Baum des Lebens ein in sich geschlossenes System bilden. Sie unterscheiden sich erheblich vom Weg des zündenden Blitzes, der ja zwischen Binah und Chesed seinen Weg nimmt, auf dem sich kein Pfad befindet. Die Pfade scheinen weder Anfang noch Ende zu kennen. Es scheint daher auch kaum möglich, innerhalb ihres Systems von einem Startpunkt zu einem Ziel zu gelangen. Ihre Struktur ist offensichtlich so angelegt, daß sich auf ihnen im Baum des Lebens buchstäblich »herumwandern« läßt.

Wenn du jetzt die einzelnen Verbindungspfade zählst, dann wirst du auf die Zahl 22 kommen, die dir in mancher Beziehung bereits bekannt ist. Als erstes denkst du natürlich sofort daran, daß 22 die Zahl der großen Arkana ist. Gleichzeitig besteht aber auch das hebräische Alphabet aus der gleichen Anzahl Buchstaben. Durch die Einbeziehung der Pfade gewinnt der Baum des Lebens erheblich an Dynamik und Lebendigkeit, und du wirst erkennen, daß erst die Pfade den Baum des Lebens ganz zum Meditationsbild machen, das zu Erkenntnissen führt, die auf andere Weise, besonders in unserer gewohnten, linear-logischen

Denkweise, nicht ohne weiteres oder überhaupt nicht gefunden werden können. Die einzelnen Verbindungspfade sind allerdings alle mit einer Numerierung versehen, die einer Reihenfolge entspricht.

Bei dieser Gelegenheit sei dir noch einmal darüber im klaren, daß im kabbalistischen Gebrauch auch die Sephirot als Pfade bezeichnet werden und die Nummer 1 bis 10 tragen. Die zweiundzwanzig Verbindungspfade erhalten dann die Nummern 11 bis 32. Dieses offensichtlich geschlossene System der Verbindungspfade, das trotz der Numerierung weder Anfang noch Ende kennt, macht es meiner Meinung nach unmöglich, daß man sich dem Wesen der Pfade durch eine Einzelanalyse der Reihe nach nähern kann, wie wir dies bei der Betrachtung der großen Arkana getan haben. Nicht die Reihenfolge der Pfade ist am Baum des Lebens wichtig, sondern deren Struktur. Deshalb werden wir die Pfade auch in ihrer strukturellen Eigenart und in größeren Zusammenhängen betrachten. Die vertiefte Analyse der einzelnen Pfade ist dann eine Aufgabe, die deinem selbständigen Arbeiten vorbehalten bleibt. Da die zweiundzwanzig Verbindungspfade mit den großen Arkana des Tarot in Zusammenhang stehen, die wir als subjektive Erfahrungen kennengelernt haben, ist dies ohne weiteres verständlich, denn nur du selbst hast den besten Zugang zu deinem subjektiven Erleben, zu deiner eigenen, individuellen Erfahrung. So wird jeder Pfad in der praktischen Arbeit dir selbst etwas ganz Persönliches sagen, das nur für dich gilt und nicht ohne weiteres übertragbar ist.

Immer mehr werden wir jetzt eine Ebene erreichen, in der der Baum aufhört, allgemein und umfassend zu reden, sondern sich mehr und mehr an dich persönlich, an deine Individualität und Persönlichkeit wendet, die, wie du weißt, im ganzen Kosmos einmalig und unwiederholbar ist. Es scheint mir wichtig für deine weitere, ganz persönliche Arbeit, diesen Umstand immer wieder klar vor Augen zu halten, nicht, um eine egozentrische Haltung zu fördern, sondern um dich für die Toleranz zu öffnen, um dir bewußt zu machen, daß die Aussagen des Baums des Lebens und des mit ihm verbundenen Tarot von nun an ganz speziell für dich bestimmt sind und daß der Baum des Lebens zu allen Menschen anders reden kann und wird, ganz wie es deren Situation erfordert. Die Aussagen, die du erhältst, sind also nicht ohne weiteres in den Erfahrungsbereich und in das Leben anderer Menschen zu übertragen. Diese Erkenntnis sollte dich zu einer toleranten Haltung bringen, die frei von jedem dogmatischen und starren Denken ist.

Auch wenn die Verbindungspfade ein scheinbar zusammenhangloses System bilden, so hat ihre Bezeichnung mit Zahlen durch die Tradition trotzdem eine wichtige Bedeutung. Jede Zahlenfolge gibt eine Reihenfolge an; dies gilt auch für die Verbindungspfade. Diese Reihenfolge der Verbindungspfade wird in der kabbalistischen Tradition durch das sogenannte Bild der Schlange festgelegt. Es zeigt den Lebensbaum, der vom Leib einer Schlange durchwunden ist. Dieser Schlangenleib berührt, wenn du beim Kopf beginnst, die Verbindungspfade genau in der Reihenfolge der ihnen zugeordneten Zahl. Prüfe dies auf der Illustration nach. Warum diese Reihenfolge der Verbindungspfade durch das Bild der Schlange gerade so und nicht anders gegeben ist, ist eines der vielen Geheimnisse, die uns aus der Tradition einfach als Tatsache ohne Begründung übermittelt werden.

Mit solchen ohne Begründung durch die Tradition überlieferten Tatsachen tun sich manche in der esoterischen Arbeit schwer. Es kann durchaus sein, daß gerade in solchen Fällen der Zugang und das Verständnis schwierig werden. Statt in langer, aufbauender, hartnäckiger Arbeit den Sinn dieser Tradition zu entschlüsseln, wird oft der Weg des geringsten Widerstandes beschritten, der darin besteht, einfach zu erklären, die Tradition sei falsch überliefert und müsse korrigiert werden. Dies ist gerade auch mit den Verbindungspfaden häufig geschehen und geschieht zum Teil immer noch. Der »Golden Dawn« zum Beispiel hat dieser Tradition der Schlange offensichtlich nicht vertraut und die Bilder der großen Arkana dem Baum des Lebens nicht in der Reihenfolge der Pfadnumerierung zugeordnet, sondern versucht, durch Visionen und sogenannte Astralwanderungen ein eigenes System der Zuordnung der großen Arkana zu erstellen. Dies ist aber genau der Weg, der zu Übermut und Egozentrik führt und den wir auf keinen Fall beschreiten wollen. Wir vertrauen deshalb getrost der Tradition und ordnen die Bilder der großen Arkana der Reihenfolge der Pfade zu, die durch das Bild der Schlange gegeben werden.

Pfad 11 (von Kether zu Chockmah) trägt das Bild I, »Der Magier«. Pfad 12 (von Kether nach Binah) das Bild II, »Die Hohepriesterin«. Pfad 13 (Kether-Thiphereth) das Bild III, »Die Herrscherin«, und so weiter bis zu Pfad 32 (Jesod-Malkuth), das mit dem Bild 0, »Der Narr«, versehen wird. (Um der besseren Verständigung willen werden wir für die Pfade 11 bis 32 immer den Ausdruck »Pfade« gebrauchen, während wir für die Pfade 1 bis 10, die Sephirot, den ihnen eigenen Ausdruck »Sephirot« weiter verwenden.)

Nach diesen einleitenden Überlegungen können wir uns nun der Frage zuwenden, wie die Pfade zu verstehen und in den ganzen Baum des Lebens zu integrieren sind. Dazu müssen wir uns als erstes wieder den Umstand vor Augen halten, daß die Sephirot und die ihnen zugeordneten Zahlenkarten objektive Kräfte, vom Makrokosmos her bestimmt, repräsentieren, und die Pfade subjektive Kräfte, die mit unserem eigenen Mikrokosmos in Verbindung stehen, darstellen. Das bedeutet, daß in der praktischen Arbeit und in der Betrachtung des Baums des Lebens diese beiden Ebenen stets auseinandergehalten werden müssen. In den zehn Sephiroth erkennst du Grundlagen und Struktur der kosmischen Schöpfungsordnung, wie sie im Universum zu erkennen sind. Auf den Pfaden wirst du mit den gleichen kosmischen Prinzipien und Gesetzen konfrontiert, aber diesmal als dein eigener, persönlicher Erfahrungsweg. Wie bereits erwähnt, lassen sich die Pfade am besten verstehen, wenn man sie nicht einzeln betrachtet, sondern versucht, ihre Struktur als Ganzes oder als bestimmte Gruppe zu erkennen.

Als erstes wollen wir gemeinsam die drei Querpfade miteinander betrachten, die auf verschiedenen Ebenen die belebende (männliche) und die formgebende (weibliche) Säule miteinander verbinden. Es sind dies die Pfade 14, 19 und 27. Die ihnen zugeordneten Tarotbilder sind IV, »Der Herrscher« (14), IX, »Der Eremit« (19) und XVII, »Der Stern« (27). Suche dir diese

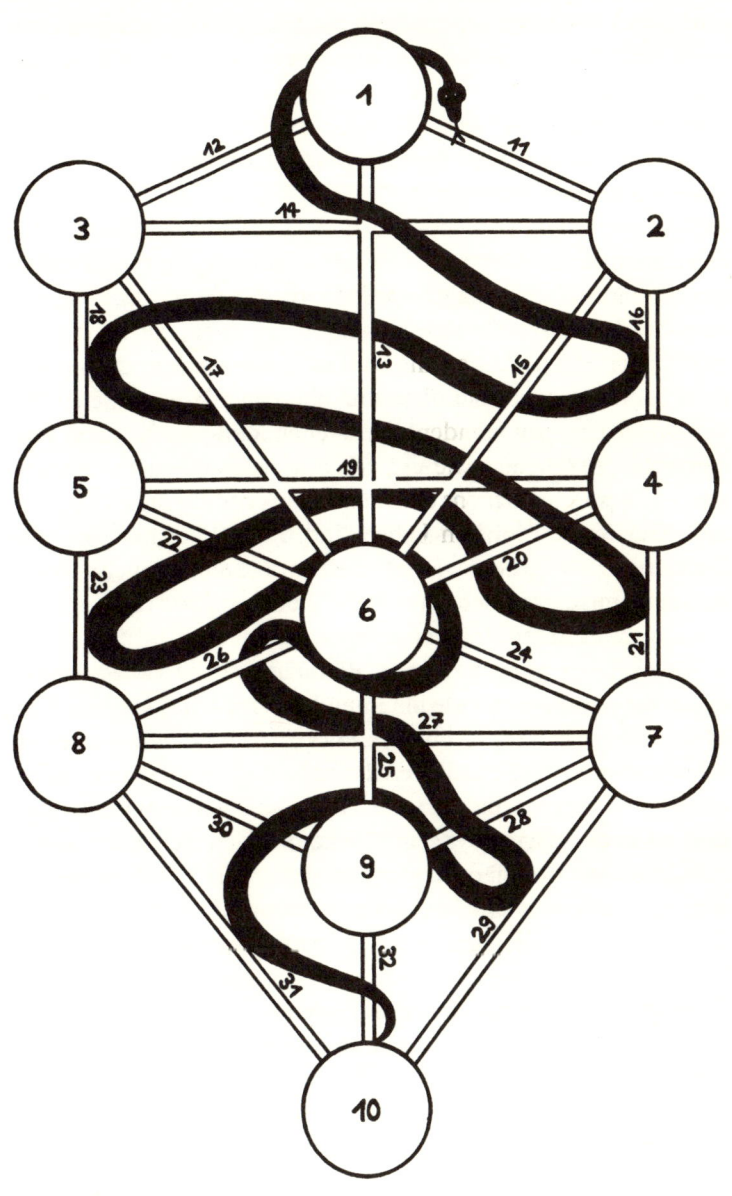

drei Bilder aus den großen Arkana heraus und lege sie in der erwähnten Reihenfolge von oben nach unten vor dich hin. Jetzt ergib dich ganz intensiv ihrer Betrachtung und versuche herauszufinden und vor allem herauszuspüren, ob in diesen drei Bildern etwas Gemeinsames vorhanden ist, das in gewisser Weise als roter Faden für das Verstehen der Querpfade zu erkennen ist.

Ein gemeinsames Merkmal dieser drei Bilder ist, daß sie offenbar den Akzent auf eine einzige, das Bild von der graphischen Gestaltung her beherrschende Gestalt legen. In zwei Fällen ist diese menschliche Gestalt bekleidet, in Bild 17 ist sie nackt. Laß deinen Blick immer wieder über diese drei übereinandergeordneten Bilder gleiten, und du wirst bald feststellen, daß sich in ihnen eine hierarchische Gliederung zeigt, von oben nach unten beziehungsweise von unten nach oben. Lerne daraus gerade die Regel, daß die Pfade keine Einbahnstraßen sind. Jeder Pfad kann in zwei Richtungen beschritten werden. Beschäftige dich jetzt eine Weile meditativ mit dieser hierarchischen Gliederung und fühle heraus, was sie dir an Erkenntnis vermittelt.

Als nächsten Schritt ziehe in Betracht, welche zwei Sephirot durch die jeweiligen Pfade miteinander verbunden werden. Pfad 14, »Der Herrscher«, verbindet Chockmah und Binah. Vergegenwärtige dir nun die Eigenheiten dieser beiden Sephirot und suche, ob du etwas davon im Bild des Herrschers wiederfindest. Dies dürfte weiter nicht schwer sein. Wir kennen den Herrscher als den zum Vater gewordenen Magier, der sich in die Situation gestellt sieht, um des von ihm erzeugten Lebens willen, seine soziale Umwelt in eine dieses Leben fördernde Ordnung zu bringen. Diese Worte erinnern uns sehr stark an eine Verbindung von Chockmah (belebend, lebenserzeugend) und Binah (formgebend, formerhaltend). Wenn wir nun Bild IV als Ganzes betrachten, dann kann uns scheinen, als ob von beiden Sephirot her, sowohl von Chockmah als auch von Binah, Kräfte in dieses Bild hereinfließen. Die belebend gerichtete Kraft, ausgedrückt zum Beispiel durch den weißen Bart des Herrschers, und die Widderköpfe (im Sternbild Widder beginnt, von der Erde aus beobach-

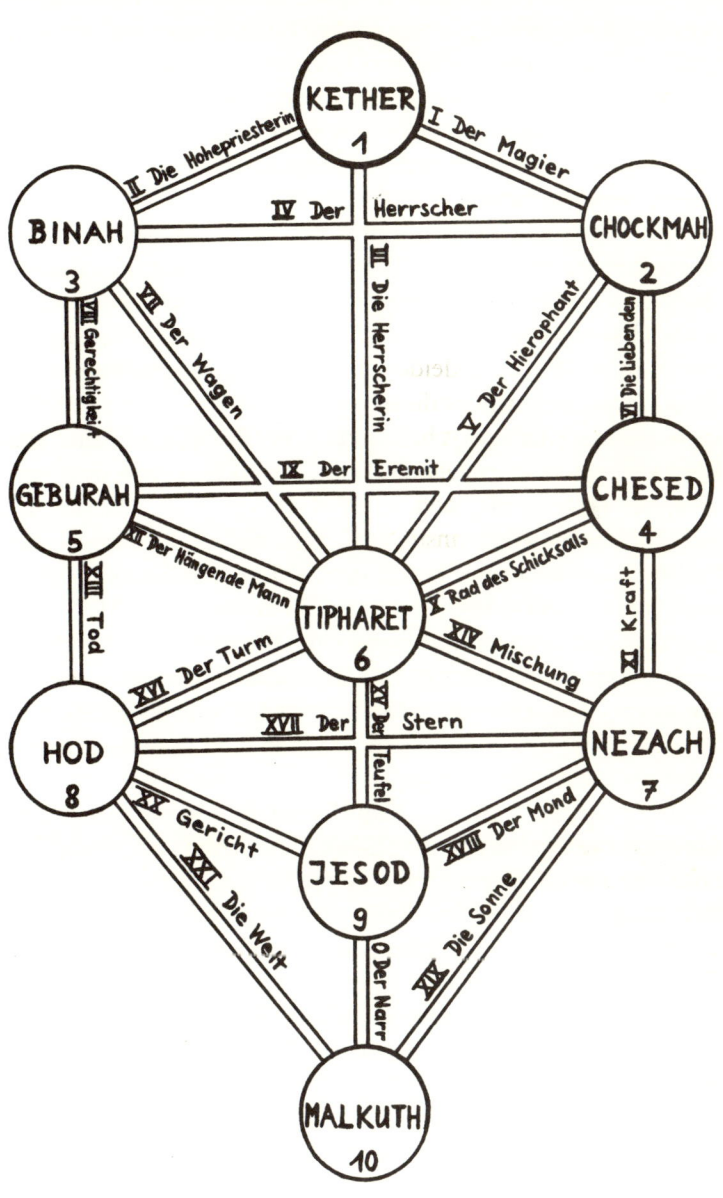

tet, die Sonne im Frühling ihren Jahreslauf, der sie einmal um den ganzen Tierkreis führt) weisen uns auf Chockmah hin.

Der steinerne Thron, der dem Herrscher Würde und Halt gibt und seinen Körper begrenzt, zeigt uns ganz klar Binah. Das Bild als Ganzes erscheint uns wirklich wie ein Zusammenfluß der von Chockmah und Binah hereinströmenden Kräfte. Aber auch auf andere Weise erfahren wir dies noch sehr deutlich. In seiner rechten Hand hält der Herrscher das Zepter in der Form des Henkelkreuzes, in seiner linken Hand den kugelförmigen Reichsapfel. Das Henkelkreuz als Symbol des sich immer wieder erneuernden Lebens steht als Zeichen für Chockmah der kugelförmige Reichsapfel (die Kugel als die absolute und vollendetste Form, die die Natur hervorbringt) verkörpert Binah.

Genau das Analoge dazu erkennen wir auf dem Bild des Eremiten, der in seiner linken Hand den gelben Stab trägt und in seiner rechten die Lampe. Pfad 19 verbindet Chesed mit Geburah. Er bildet das, was ich als Feuerebene bezeichnet habe, weil sich hier zwischen Chesed und Geburah das Feuer auf zweierlei Weise manifestiert. Von Chesed her als das Licht, das erleuchtet, und von Geburah her als die brennende und verbrennende Kraft. Beides findest du wieder in den Attributen, die der Eremit in den Händen hält. Das verbrennende Feuer von Geburah wird verkörpert durch den Stab, und das erleuchtende Feuer als Licht erkennst du wieder in der Lampe.

Sehen wir nun, was auf dem dritten Bild, dem »Stern«, in Analogie dazu zu finden ist. Du wirst dies sofort erkennen. Die Frau hält zwei Krüge in den Händen, aus denen Wasser fließt. Der Krug in der rechten Hand, der Wasser zu Wasser gießt, entspricht Nezach und allem, was in Nezach enthalten ist. Der Krug in der linken Hand, Wasser zur Erde, weist uns auf Hod. Beachte nun, daß du, damit die jeweiligen Attribute der entsprechenden Sephira zugewandt sind, die Karte umdrehen mußt, so daß Baum des Lebens und Tarotbild miteinander konfrontiert sind und einander widerspiegeln. Damit hört der Baum des Lebens auf der Ebene der Pfade auf, eine zweidimensionale Glyphe zu sein und manifestiert sich räumlich in der dritten Dimension.

Auf manchen bildlichen Darstellungen des Baums des Lebens wirst du diese Dreidimensionalität auch in der Form wiederfinden, daß sich die einzelnen Pfade nicht auf einer Ebene kreuzen, sondern entweder darüber oder darunter verlaufen. So weit es meine eigene, praktische Erfahrung durch die Arbeit am Baum des Lebens betrifft, entspricht dies nicht den Tatsachen. Nach meiner Ansicht heben sich die Pfade nicht voneinander ab, sondern durchkreuzen einander, und an den Kreuzungspunkten geschehen wichtige Dinge. Damit sind, was die Querpfade betrifft, nur einige wenige Hinweise gegeben. Aber es liegt noch viel mehr Wissen und Erkenntnis in ihnen, und meine Ausführungen sollen dir nur als Anregung dienen, daß du in eigener Arbeit das herausholst, was herauszuholen dir möglich ist.

Als nächstes Beispiel wollen wir uns nun den Pfaden zuwenden, die die mittlere Säule bilden.

Die mittlere Säule besteht, von oben nach unten, aus den Pfaden 13 (III. »Die Herrscherin«), 25 (XV, »Der Teufel«) und 32 (0, »Der Narr«). Vergegenwärtigen wir uns nochmals, was wir über Bild III, »Die Herrscherin«, wissen. Dieses Bild verkörpert die Kreativität, etwas, das wird. Magier und Hohepriesterin haben sich miteinander verbunden, und nun entsteht aus dieser Verbindung etwas Neues. Die Kraft der in der Erde ruhenden Saat beginnt sich bemerkbar zu machen, der Garten wächst, die Natur fängt an zu blühen. Die Kraft selbst kannst du nicht sehen, du erkennst sie nur an ihren Auswirkungen. Nur diese lassen sich sinnlich von uns wahrnehmen. Man kann Kraft direkt nur fühlen, aber ihre Einwirkung sinnlich mit den Augen und den Ohren erkennen können wir erst durch ihre Auswirkungen.

»Das Wort ward Fleisch« ist ein Wort, das in unserer Betrachtungsweise sehr genau das Wesen des 13. Pfades wiedergibt. Wir erkennen dies noch deutlicher, wenn wir uns vor Augen halten, daß Pfad 13 zwischen Kether und Thipharet verläuft. Thipharet ist die Widerspiegelung von Kether auf einer unteren Ebene. Wie du weißt, bedeutet dies, daß wir Kether nicht direkt erkennen können, sondern nur über Thipharet, in seiner für unsere Möglichkeiten heruntertransformierten Form. Da zeigt sich denn auch ganz deutlich, was mit diesem Pfad 13 gemeint ist.

Der an Thipharet anschließende Pfad ist Pfad 25 (XV, »Der Teufel«). Um diesen Pfad begreifen zu können, müßten wir uns an den zweiten Teil des eben zitierten Wortes erinnern. »Das Wort ward Fleisch (das heißt Materie) und wohnte unter uns« (Johannes-Evangelium 1; 14). Das »wohnte unter uns« kann wohl nichts anderes bedeuten, als daß das fleischgewordene Wort bis hinunter auf die Ebene von Malkuth gelangt ist. Dieser Weg von Thipharet nach Malkuth führt über Pfad 25, »Der Teufel«, und Pfad 32, »Der Narr«. Der Satz aus dem Johannes-Evangelium meint Christus. Wenn wir nun die mittlere Säule als Ganzes betrachten, dann fällt uns sofort auf, daß wir sie als eine Art Christusweg betrachten können: Christus, der vom Vater (Kether) herkommt (nach Thipharet) als Kind in der Krippe, dort als König wirkt und schließlich geopfert wird, wie es der Bildsymbolik von Thipharet entspricht; der nach der Kreuzigung »niedergefahren zur Hölle« ist (Bild XV) und über den Pfad 32 nach Malkuth hinunter einen neuen Anfang setzt, einen neuen Nullpunkt: »Siehe, ich mache alles neu.«

Somit haben wir allen Grund, diese mittlere Säule in der Richtung von oben nach unten als einen Christuspfad zu bezeichnen, weil sich auf diesen drei Pfaden all das vorfinden läßt, was wir mit dem Begriff Christus verbinden. Vergiß aber zu keiner Zeit, daß mit dem Wort »Christuspfad« vor allem das abendländische Denken in diesen Pfad integriert ist. Ein Angehöriger eines anderen Kulturkreises wird genau die gleiche Aussage aus den drei Pfaden der mittleren Säule herauslesen, ohne daß er das Wort Christus gebraucht; er wird Begriffe einsetzen, die seinem eigenen Denken entstammen und doch für ihn das gleiche aussagen und bedeuten, als wenn wir den Namen Christus nennen.

Jeder Pfad kann auch in der anderen Richtung begangen werden. Diese umgekehrte Richtung von Malkuth hinauf nach Kether ist ein Weg, der auch anhand einer sehr bekannten biblischen Erzählung dargestellt werden kann. Ich meine das Gleichnis vom sogenannten »verlorenen Sohn«. Dieses Gleichnis steht im Evangelium des Lukas (15; 11–32). Ich halte es für gut, wenn du deine Bibel hervornimmst und diese Erzählung noch einmal aufmerksam liest; gerade auch dann, wenn du glaubst, sie noch recht gut im Gedächtnis zu haben. Auch hier zieht analog zum Christusgeschehen ein Sohn weg von seinem Vater, wenn auch äußerlich gesehen auf ganz andere Weise, und kommt zuletzt bis nach Malkuth.

Daß es sich um Malkuth handelt, erkennen wir daran, daß die Schweine, die er zu hüten hat, zu den vielleicht weniger bekannten aber sicher überlieferten Malkuth-Symbolen gehören. Hier in Malkuth befindet sich der Sohn in der größten Polaritätsspannung zu seiner Heimat in Kether, zu seinem Vater. Seine Sehnsucht läßt ihm keine Ruhe, und so macht er sich auf und geht über den mittleren Pfad zurück nach Kether, eben zum Hause des Vaters. Der verlorene Sohn, der wirklich alles verloren hat, muß am Nullpunkt (»Der Narr«) beginnen und sich mühsam durch viele Beschwerden hindurch (»Der Teufel«) bis hinauf nach Thipharet arbeiten. Dort ist er zum ersten Mal in Sichtweite zum Vaterhaus, und es heißt auch in Vers 20, daß ihn der Vater von Ferne sah und ihm entgegenlief.

Dieser Vers 20 ist eine wichtige Stelle, an der wir ganz genau erkennen, daß es sich bei diesem Gleichnis vom verlorenen Sohne wirklich um eine Parabel handelt, die den Baum des Lebens zum Gegenstand hat. Wir wissen, daß sich zwischen Thipharet und Kether der sogenannte Abyss, der Abgrund, befindet, über den kein Mensch aus eigener Anstrengung oder eigenem Streben hinübergelangen kann. Wenn dieser Übergang über den Abyss gelingt, dann nur, weil Hilfe von drüben, von der anderen Seite her kommt, weil sich dort eine Hand ausstreckt, um den Menschen über diesen tiefen Abgrund herüberzuziehen.

Genau das geschieht im Gleichnis. Der Vater läuft dem Sohn entgegen, umarmt ihn und bringt ihn nach Hause. Zu Hause wird ein großes Fest begonnen. Man ißt und trinkt, was Scheune und Keller hergeben, und schlachtet das gemästete Kalb. All das deutet auf Pfad 13 hin. Aber da ist noch die Figur des Bruders, der zu Hause geblieben ist und der scheinbar so schlecht vom Vater behandelt wird, daß er sich bitter darüber beklagt. Wir können diese Geschichte des zu Hause gebliebenen Sohnes nur verstehen, wenn wir sie vom Standpunkt der hermetischen Gesetze und in der Perspektive des Baums des Lebens betrachten.

Zwischen Kether und Malkuth besteht die höchste Polaritäts-spannung. Der verlorene Sohn ist von zu Hause fortgegangen und hat sich genau dieser Polaritätsspannung ausgesetzt. Wo aber eine solche Polaritätsspannung vorhanden ist, da fließt, wie wir wissen, Kraft, da geschieht etwas, da wirkt Energie. Dieser Kraft-fluß wird im Gleichnis symbolisch dargestellt durch den Heim-weg des verlorenen Sohnes. Der Bruder aber, der gar nie von zu Hause weg war, konnte sich nicht in eine Polaritätsspannung begeben. Wo keine Polaritätsspannung ist, da fließt auch keine Kraft. Das Gesetz der Polarität aber ist ein Grundgesetz von Gottes Schöpfungsordnung, und der vermeintlich gute Sohn, der zu Hause geblieben ist, hat es in flagranter Weise verletzt, eben weil er zu Hause geblieben ist, weil er sich in keine Situation hineinbegeben hat, in der Kraft und Energie fließen und etwas bewirken konnten. Darum muß er letztlich leer ausgehen, und der Pfad 13 bringt keine Früchte für ihn. Wer aber hinauszieht und sich in diese extreme Spannung hineinbegibt, der darf darauf hoffen, zu gegebener Zeit auch vom Vater wieder über den Abgrund hinüber getragen zu werden. Dann geschieht ihm das, was im Sprachgebrauch der Theologie mit Gnade bezeichnet wird.

In diesen Beispielen vom Christusweg und der Erzählung vom verlorenen Sohn haben wir zwei deutliche Beispiele dafür, wie der Baum des Lebens als Computer funktioniert. Man kann Dinge, die man früher in einem ganz anderen Zusammenhang oder überhaupt nicht richtig begriffen hat, mit dem Baum des Lebens in Kontakt bringen, und plötzlich beginnen diese Dinge zu sprechen und lassen uns die Informationen zukommen, auf die wir schon lange gewartet und gehofft haben. Auch hier for-dere ich dich wiederum auf, tiefer hineinzugehen und mehr zu schöpfen, als in meinen gezwungenermaßen kurzen Andeutun-gen enthalten sein kann.

Beim letzten Beispiel über den Gebrauch der Pfade wollen wir uns auf die Ebene des psychologischen Dreiecks begeben und uns einmal mit den dort vorhandenen Pfaden beschäftigen.

Schon bei der Betrachtung von Jesod habe ich darauf hingewiesen, daß die Pfade, die zu Jesod und von Jesod wegführen, in irgendeiner Weise mit dem Leben, dem Eintritt in das Leben, zu tun haben. Dies wird ganz besonders deutlich beim Pfad, der von Nezach her nach Jesod führt. Es ist Pfad 28 und betrifft daher das Tarotbild XVIII, »Der Mond«.

Im Bild des Mondes begegnen wir dem Menschen als Embryo. Die schlafenden Augen des Mondes weisen darauf hin, daß sich der auf das bewußte Leben hin entwickelnde Mensch in einem Zustand befindet, wo Kräfte wirksam sind, ohne daß diese die ihnen adäquate und notwendige Form bereits gefunden haben. Das Embryo ist eine unvollendete Form und doch bereits eine Widerspiegelung dessen, was schließlich daraus werden soll. Im Einfluß dieser Kräfte und in der Widerspiegelung haben wir die beiden Sephirot Nezach und Jesod, die diesen Pfad 28 begrenzen. So zeigt auch Pfad 28 ein Zusammenfließen und den Ein-Fluß der beiden Sephirot, die er miteinander verbindet. Genau das gleiche ist auch bei Pfad 30 der Fall, der von Hod nach Jesod führt und Bild XX, »Gericht«, trägt. Wenn du mit dem Gehalt von Bild XX vertraut bist, dann wird es dir keine Mühe machen, das zu erkennen, worauf es ankommt. Wir erblicken den Erzengel Raphael, der die Menschen ins Leben zurückruft und, die steinernen Sarkophage deuten darauf, in ein Leben, das wiederum Inkarnation in die Materie ist, »die Auferstehung des Fleisches«.

Aber diese kubischen Sarkophage dienen den Menschen zugleich als Boote auf dem Wasser des Lebens. Das Wäßrige, Mondhafte kommt also auch hier zur Geltung und zeigt, daß wir uns in der Nähe von Jesod befinden. Die Materie als Form im Beispiel der Sarkophage und der sich in ihnen befindenden Menschen und das flutende Wasser, auf dem sie schwimmen, sind ebenfalls ein Zusammenklang oder Zusammenfluß der Kräfte von Hod und Jesod. Im Vergleich der beiden Pfade wird sehr deutlich, daß unser menschliches Leben eine Synthese der starren Form und des Fließenden ist. Form und Fluß stehen als solche wiederum zueinander in einem Polaritätsverhältnis, wie es durch die belebende und formgebende Säule gegeben ist. Jeder Mensch steht auf der Ebene des psychologischen Dreiecks, in der ständigen Auseinandersetzung und Spannung zwischen dem Einfluß der von beiden Polen her auf ihn eindringt. Pfad 27 bringt diesen Konflikt sehr plastisch zum Ausdruck. Der Mensch steht unter dem Einfluß von beiden Sephirot, Nezach wie Hod. Mit der einen Hand schöpft er nach der Weise von Nezach Wasser zu Wasser, und mit der anderen gießt er Wasser auf die Erde, um aus der Fruchtbarkeit dieser Erde die Formenwelt von Hod zu entlocken.

Diese zwei andeutungsweise und nur kurz gefaßten Erläuterungen müssen genügen. Die Methode des Vorgehens in der Arbeit mit den Pfaden habe ich dir jetzt gezeigt. Nun ist es an dir, mit dem Schlüssel, den ich dir in die Hand gegeben habe, diese Welt zu öffnen und ihr soviel wie möglich an »Urwissen« zu entlocken, das sie für dich bereit hält. Denke auch daran, daß es nicht wichtig ist, schnell zum Urwissen zu gelangen, sondern daß die Art und Weise, wie du danach suchst, wichtiger ist als das, was du womöglich erringst. Faß dich deshalb in Geduld und grabe langsam, aber unentwegt, in die Tiefe.

Die praktische Arbeit
mit dem Baum des Lebens
in Verbindung mit dem Tarot

Erinnere dich einmal daran, wie es für dich war, als wir zusammen den Baum des Lebens zum erstenmal miteinander betrachtet haben. Vielleicht war es damals, als du im ersten Band Seite 52 aufschlugst, daß du erstmals mit dem Bild des Baums des Lebens in Kontakt gekommen bist. Dieses Schema aus Strichen und Kreisen, die sich auf irgendeine merkwürdige Weise, die du vielleicht vorerst nicht nachvollziehen konntest, miteinander verbinden, hat möglicherweise zunächst befremdend und vielleicht sogar etwas verwirrend auf dich eingewirkt. Wenn dich damals, anläßlich dieser ersten Kontaktnahme, jemand gefragt hätte, was dieses Bild soll und wozu es zu gebrauchen ist, du hättest vielleicht keine Antwort darauf geben können. Dann, im Laufe unserer Arbeit, je mehr wir uns mit diesem Bilde beschäftigten, um so mehr begann es für dich an Bedeutung zu gewinnen, konntest du seine Struktur verstehen und dann, gegen Schluß, sogar manches noch ergänzen, was das Bild allein unausgeführt läßt. Um es mit einem Gleichnis aus der Natur auszudrücken: Der Baum fing allmählich zu wachsen an, seine Knospen wurden zu Blättern, er setzte Blüten an, und nun ist es soweit, daß wir darangehen können, die Früchte, die er im Laufe unserer Arbeit gebracht hat, zu ernten. Auf welche Weise dies geschehen kann, darüber wollen wir uns nun miteinander unterhalten.

Ich werde dir im Verlaufe dieses dritten Teiles des vorliegenden Bandes einige Vorschläge unterbreiten, die alle erprobt sind und Resultate gezeitigt haben und die deshalb auch bei deiner eigenen Arbeit wirksam werden können. Aber denke immer daran, daß es Vorschläge sind, und daß es für dich persönlich noch mehr Möglichkeiten gibt, die es zu entdecken und zu erproben gilt. Wenn du soweit bist, diejenigen Früchte einzubringen, die der Baum des Lebens für dich allein bereit hält, dann erst wirst du den größten und wirksamsten Nutzen aus deiner Arbeit mit ihm ziehen können.

Wir haben bereits verschiedentlich vom Baum des Lebens als einem Meditationssymbol gesprochen. Es ist vielleicht deshalb nötig, daß wir uns einmal der Frage zuwenden, was eigentlich ein Meditationssymbol ist und auf welche Weise es seine Wirkung entfaltet. Der Baum des Lebens ist *das* Meditationssymbol des westlich-abendländischen Yoga-Weges. Das bedeutet, daß der Baum des Lebens längst nicht das einzige Meditationssymbol ist. Besonders die östliche Esoterik ist reich an solchen. Sie werden dort Yantras genannt. Jeder Kulturkreis hat die ihm eigenen Meditationssymbole und magischen Glyphen erhalten, die den Suchenden auf den für seinen Kulturkreis spezifischen Weg führen sollen.

Ein östlicher Mensch würde sich nicht ohne weiteres im Baum des Lebens zurechtfinden und hätte wahrscheinlich Mühe, praktisch mit ihm zu arbeiten, weil sich die Sprache des Baums des Lebens in einer Denkungsart äußert, die von der seinen recht verschieden ist. Gleicherweise wird ein westlicher Mensch trotz aller Bemühungen nie ganz in das Geheimnis der östlichen Yantras eindringen können, weil diese wiederum für die Eigenart der östlichen Geisteswelt bestimmt sind. Trotzdem sagen westlicher Baum des Lebens und östliche Yantras letztlich das gleiche aus und führen zum gleichen Ziel. Verschiedene Wege führen zum Urwissen. Damit will ich dich aber in keiner Weise davon abhalten, dich auch mit diesen östlichen Gedankengängen und Bildern zu beschäftigen, wenn du Lust dazu verspürst. Vergiß aber nicht, daß deine Situation dabei immer etwa der Situation eines Menschen entspricht, dessen Muttersprache Deutsch ist und dem eines Tages eine englische Ausgabe von Goethes *Faust* in die Hände fällt. Er beschließt, sie zu lesen, und da er nicht Englisch kann, muß er als erstes noch diese Sprache lernen, und erst dann ist es ihm möglich, den Text so gut es eben geht zu entziffern. Hielte er den deutschen Originaltext in den Händen, so wäre sein Unterfangen von Anfang an problemloser und leichter. Wozu also Umwege über die Weisheit des Ostens machen, wenn wir Menschen des Westens im Tarot und im Baum des Lebens einen direkten Weg zum gleichen Ziel besitzen?

Wie der Baum des Lebens als Meditationssymbol wirkt, probierst du am besten gleich praktisch aus. Nimm ein Bild vom Baum des Lebens, das genügend groß ist, daß du es aus einiger Distanz betrachten kannst; dies tue während längerer Zeit. Du kannst ganz einfach damit beginnen, fast wie in einer Art Selbstprüfung, um herauszufinden, was du eigentlich über die einzelnen Sephiroth weißt. Laß deinen Blick von einer Sephira zur anderen gleiten, verweile bei jeder und versuche dir vorzustellen: Wie lautet der Gottesname? Welcher Erzengel, welche Engel und Symbole sind den einzelnen Sephiroth zugeordnet? Registriere alle Gedanken und Gedankenbilder, die dir zusätzlich dazu noch kommen. Es ist sehr nützlich, wenn du während einer solchen Meditation dein magisches Tagebuch in Griffnähe hast oder – vielleicht ist dir dieser Weg bequemer – einen Kassettenrecorder, der dir erlaubt, deine Erkenntnisse und Gedanken rasch auszusprechen und sie erst in der Folge auf das Papier zu übertragen. Du wirst die Entdeckung machen, daß bereits eine solche eher schulmäßige Betrachtung des Baums des Lebens nur anhand der Sephiroth eine Menge in dir auszulösen vermag, von dem du dich vielleicht nachher fragst: Woher weiß ich eigentlich das alles? Woher kommt mir dieses Wissen? Ich habe es nirgendwo gelesen, nirgendwo gehört und doch ist es mit einem Mal da und ich kann darüber verfügen. Dieses Wissen wurde in dir durch den Vorgang der Meditation zur Auslösung gebracht.

Der Begriff Auslösung spielt in jeder esoterischen Arbeit eine sehr wichtige Rolle. Der ganze Baum des Lebens, der Tarot und letztlich alle Symbole dienen zum Zweck, etwas in uns zur Auslösung zu bringen. Der Prozeß der Auslösung ist etwa mit folgendem Bild zu vergleichen: Stelle dir einen Baum im Herbst vor, der seine Blätter verliert. Blatt um Blatt fällt zu Boden nieder. Aber an einer Stelle, an einer kleinen Astgabelung, bleibt ein Blatt hängen und klemmt sich fest. Stundenlang, ja vielleicht während mehrerer Tage bleibt es an dieser Stelle. Dann kommt plötzlich ein Vogel und setzt sich ausgerechnet auf diesen Ast des Baumes. Er bleibt eine Weile dort, dann hebt er seine Flügel und flattert fort. Die kleine Erschütterung des Fortfliegens bewirkt, daß das Blatt neu in Bewegung kommt und erst jetzt zu Boden gleitet. Eine kleine, winzige Energieeinwirkung durch den kleinen Vogel hat bewirkt, daß der zum Stillstand gekommene Prozeß des Niedergleitens neu in Bewegung gekommen ist.

An dieser Stelle ist es vielleicht angebracht, uns wiederum an Daath, die Sephira des Urwissens, zu erinnern. Erinnere dich: Daath ist die verborgene Sephira am Baum des Lebens, die wie unter einem Wasserspiegel versunken liegt und sich erst unter gewissen Umständen an die Oberfläche erhebt. Auch wir, jeder Einzelne, sind ein Baum des Lebens, und auch in uns ist Daath vorhanden. Die Anhänger der Psychologie von C. G. Jung werden wahrscheinlich das kollektive Unbewußte mit Daath in Verbindung bringen. Aber ich bin der Überzeugung, daß Daath in uns noch viel weiter reicht. Daath ist nicht nur das, was wir kollektiv mit der Menschheit gemeinsam haben, sondern in Daath liegt auch die Summe allen Wissens gespeichert, die wir auf unserem Weg als Individualität von Inkarnation zu Inkarnation erworben haben.

Normalerweise sind uns diese Tiefen nicht zugänglich und sollen es wohl auch nicht gänzlich sein. Wer aber durch geduldiges, langanhaltendes Bemühen, durch konsequente Beharrlichkeit und seriöses Streben gezeigt hat, daß es ihm ernst ist auf dem Wege zum Urwissen und zur Erkenntnis voranzuschreiten, dem ist im Tarot und im Baum des Lebens ein Schlüssel in die Hand gegeben, dann, wenn die Zeit reif dazu ist, das Schloß von Daath zu öffnen. Manche Esoteriker bezeichnen die einzelnen Tarotbilder nicht mit dem Wort Bild, sondern nennen sie Schlüssel, eben, weil mit ihnen die Geheimnisse des Universums entschlüsselt werden können. Daath in uns ist ein Teil dessen, was der Engel von Bild XIV nach jeder Transformation von einer Inkarnation in die andere neu gemischt hat, und das nun verborgen in uns ruht, um zu gegebener Zeit ans Licht gehoben und zur Erreichung unseres Zieles eingesetzt zu werden.

Nachdem wir nun als erstes die Art und Wirkungsweise des Baums des Lebens als Meditationssymbol kennengelernt haben, möchte ich dich nun Schritt für Schritt in den praktischen Gebrauch des Baums des Lebens in Verbindung mit dem Tarot einführen. Dabei solltest du dir immer vor Augen halten, daß diese praktische Arbeit nicht mit einer gewöhnlichen Arbeit verglichen werden kann, bei der im allgemeinen sehr rasch ein Resultat zu erkennen ist. Das heißt nicht, daß dir spontane Erkenntnisse nach nur kurzer Meditation nicht auch geschenkt werden können. Aber das sind Geschenke, die du als solche annehmen solltest und nicht als Frucht deiner Bemühungen. Viel häufiger ist, daß du lange Zeiten mit scheinbar erfolglosen Bemühungen zubringen mußt, bis dann eines Tages Tarot und Baum des Lebens unvermittelt in einer Fülle und Reichhaltigkeit zu sprechen beginnen, die du kaum zu erfassen vermagst.

Als erstes solltest du ganz und gar mit dem Inhalt des Baums des Lebens vertraut werden. Meditiere vielleicht jeden Tag, in dem du nur eine Sephira betrachtest, um dich ganz in deren Wesen einzuführen. Dann, in einem zweiten Schritt, suche die Kräfte des Baums des Lebens und seiner Sephirot außerhalb des eigentlichen Meditationsbildes. Wo findest du zum Beispiel Geburah in deiner Umwelt, in der Natur, in der Geschichte und so weiter? Wo begegnest du Nezach? Was tritt dir in deinem Leben als Hod oder Tiphanet entgegen? Das soll dich schließlich dazu führen, daß du alle Geschehnisse und Erscheinungen im Lichte des Baums des Lebens betrachten lernst. Du wirst herausfinden, daß kein Ding zu banal sein kann, als daß in ihm nicht doch noch ein Teil vom Baum des Lebens zu finden ist.

Vor allem entdecke auch den Baum des Lebens in dir selbst. Finde und schaue, daß du selbst einen kleinen Baum des Lebens bildest, nicht nur den Körperzuordnungen nach, wie wir sie kennengelernt haben, sondern auch in deiner Persönlichkeit. Wie äußert sich Geburah, wie Chesed? Was ist Nezach, Hod in mir? Dann beginne, deine persönlichen Erkenntnisse auf die Meditationsvorlage des Baums des Lebens zu übertragen. Dies wird dich von selbst dazu führen, noch mehr persönliche Symbole zu finden und sie durch deine Arbeit magisch aufzuladen. Wie äußert sich zum Beispiel derzeit Geburah in deinem Leben, und wie sieht die entsprechende Gegenkraft von Chesed her aus?

Betrachte deinen eigenen Baum des Lebens nicht nur aus der Sichtweise dessen, was du erfährst, sondern auch dessen, was du tust. Benutze dazu reichlich die Fotokopiervorlagen am Ende dieses Buches, schreibe oder zeichne deine eigenen Symbole zu den entsprechenden Sephirot. Ja, vielleicht zeichnest du dir das Schema des Baumes in deiner Lebensgröße und heftest das Bild an die Wand. Gestalte nun deinen eigenen Baum des Lebens, in dem du ihn mit deinen persönlichen Symbolen versiehst. Wenn du deiner eigenen Zeichen- oder Malkunst zu wenig zutraust, dann nimm eine Schere und schneide die entsprechenden Symbole aus alten Zeitschriften und klebe sie auf. Auf diese Weise können wahre Kunstwerke entstehen. Aber den eigentlichen Wert dieser Arbeit wirst du ganz anders erfahren.

Diese Arbeit wird mehrere Monate in Anspruch nehmen, aber glaube mir, sie lohnt sich. Wenn du mit den Sephirot auf eine ganz persönliche Weise in Berührung gekommen bist, dann kannst du dich auch den Pfaden zuwenden. Betrachte zwei Sephirot und das Tarotbild, das die beiden miteinander verbindet. Suche herauszufinden, warum gerade dieses Bild und kein anderes hier angebracht ist. Laß dir auch hier Zeit, bis sich dir die Pfade öffnen, und du wirst die großen Arkana von einer ganz anderen, neuen und vertieften Seite her kennenlernen. Du wirst entdecken, daß das Buch des Thoth, von welcher Seite du dich auch näherst, immer neue Geheimnisse und Überraschungen bereithält.

Mit der Zeit wirst du vielleicht in deiner Arbeit mehrere Pfade und Sephirot miteinander verbinden. Ganz von selbst kommst du so in die eigentliche Arbeit am Baum des Lebens hinein. Du wirst dich dabei entdecken, wie du im Baum des Lebens herumwanderst, von Pfad zu Pfad, von Sephira zu Sephira. Irgendwann wirst du dich vielleicht fragen, ob dieses Herumwandern nicht auch unserer eigenen, persönlichen Situation und besonders auch unserer Beziehung zwischen Individualität und Persönlichkeit entsprechen könnte.

Wenn es soweit ist, ist es Zeit, daß wir nochmals einen Schritt weiter gehen und nun den Baum des Lebens als Ganzes in unsere Betrachtung einbeziehen. Fange damit an, daß du dich eingehend mit den drei Dreiecken befaßt, die, eines über dem andern angeordnet, im Baum des Lebens vorhanden sind. Stelle dir die Frage, ob du anhand dieser drei Dreiecke eine Art Entwicklungsweg des Menschen oder der Menschheit überhaupt feststellen kannst, und auf welche Weise sich dieser Entwicklungsweg aus dem Baum des Lebens herauslesen läßt. Dem untersten Dreieck, bestehend aus Nezach, Hod und Jesod, haben wir den Namen psychologisches Dreieck gegeben. Mit dem in diesem Dreieck vorhandenen Spannungspotential und dem dazwischenströmenden Kraftfluß hat sich praktisch jeder Mensch in seinem Leben auseinanderzusetzen. Jeder Mensch sieht sich auf seine Weise dem Konflikt zwischen Gefühl (Nezach) und Vernunft (Hod) ausgesetzt und muß ihn auf irgendeine Weise für sein persönliches Leben bewältigen und integrieren. Jeder Mensch, sofern er nicht einfach in einer Art vegetativem Zustand auf Malkuth verweilt, begibt sich auf irgendeine Weise auf die Ebene dieses Dreiecks. Beachte die Pfade, durch die dies möglich ist. Jeder Mensch, der sich auf den Weg der Selbsterfahrung und schließlich Selbstfindung begibt, wandert auf der Höhe des psychologischen Dreiecks und sieht sich immer wieder Problemen und Konflikten ausgesetzt, die dieser Ebene entsprechen und die er für sein persönliches Leben lösen muß.

Das psychologische Dreieck zeigt mit seiner Spitze nach unten. Nun stell dir einmal in Gedanken vor, daß du dieses Dreieck einfach nach oben umklappst. Was geschieht nun? Seine Spitze, Jesod, die bisher nach unten zeigte, weist nach oben und fällt zusammen mit Tipharet. Daraus ist ein neues Dreieck entstanden, das in seiner Grundlinie immer noch aus dem Pfad 27 zwischen Nezach und Hod besteht, das aber seine Spitze nun in Tipharet umgewandelt hat und als neue Pfade Pfad 26 (von Hod nach Tipharet) und Pfad 24 (von Nezach nach Tipharet) erhalten hat. Der Blick des suchenden Menschen richtet sich buchstäblich nach oben und erweitert seinen Horizont für neue Erkenntnisse. Er ist mit der untersten Spitze dieses Dreiecks in Berührung gekommen, das wir das esoterische nennen. Was diese Erweiterung bedeutet und auf welche Weise sie sich äußern kann, das kannst du nun selbst in deiner meditativen Versenkung herausfinden, indem du dich immer wieder diesem Vorgang des Umklappens des psychologischen Dreiecks ergibst. Durchwandere in Gedanken immer wieder die neu dazugekommenen Pfade und spüre, wohin sie dich bringen und was sie von dir verlangen. Wenn du auf diese Weise nach Tipharet gelangt bist, dann hast du symbolisch eine höhere Stufe in deinem Entwicklungsweg erreicht und stehst nun am unteren Ende des esoterischen Dreiecks. Das esoterische Dreieck ist nun die Ebene, von der aus sich dein Blick öffnen sollte für das Größere der kosmischen Schöpfungsordnung, wie sie sich im Erleben und Erkennen der Feuerebene zwischen Chesed und Geburah darbietet. Beschäftige dich auch hier intensiv mit den Pfaden, aus denen das esoterische Dreieck besteht, und versuche, ihre für dich bestimmte Botschaft zu entschlüsseln.

Der Mensch, der den Weg zur Esoterik beschreitet, geht nun daran, die Struktur der Welt und des Kosmos in einem neuen Licht zu betrachten. Er gelangt dazu, indem er die Pfade 25, 26 oder 24 beschreitet, je nach seinem momentanen Standort und wie es die Situation seines Lebens erheischt. Gehe in deiner praktischen Arbeit immer und immer wieder diese Wege, bis du sie ganz in dir fühlen kannst und integriert hast. Nun wirst du vielleicht ganz von selbst darangehen, zu versuchen, auch das esoterische Dreieck analog nach oben zu klappen und machst die Entdeckung, daß es nicht mehr funktioniert. Tipharet erreicht die verborgene Sephira Daath, aber die Pfade 22 und 20 finden keine entsprechenden Pfade mehr, die von Chesed beziehungsweise Geburah zu Daath hinführen. Dein Entwicklungsweg ist ins Stocken geraten.

Diese Erfahrung, die du auf solche Weise am Baum des Lebens machst, entspricht genau der alten esoterischen Tradition, daß ein Mensch auf seinem Suchen nach Erkenntnis höchstens bis Tipharet gelangen kann. Wenn es für ihn eine Fortsetzung des Weges gibt, dann kann dies nur mit Hilfe »von oben« geschehen, genauso wie uns dies das Gleichnis vom verlorenen Sohn erzählt, wenn der Vater dem nach Haus kehrenden Sohn entgegeneilt und ihn ins Haus geleitet. Dort, wo sich Daath befindet, lokalisieren die Kabbalisten auch den sogenannten Abyss, den Abgrund, den niemand aus eigener Kraft und Anstrengung zu überschreiten imstande ist. Diesen Abyss kann nur überwinden, wer von drüben her entrückt wird, wie die Mystiker, oder geholt, wie nach der Tradition der Bibel »Henoch und Elias«. Mehr darüber zu sagen ist hier nicht am Platze. Falls es dir bestimmt ist, mehr darüber zu wissen, wird es dir vergönnt sein, durch dein eigenes intensives Bemühen, die daraus folgenden Erkenntnisse zu gewinnen.

Eine ähnliche Trennungslinie befindet sich auch oberhalb des psychologischen Dreiecks zwischen Jesod und Tipharet. Sie wird »der Schleier des Paroketh« genannt. Mit diesem Ausdruck wird der Vorhang vor dem Allerheiligsten im Tempel zu Jerusalem bezeichnet (der gleiche Vorhang, der nach dem Tode von Jesus von oben bis unten zerriß; vgl. im ersten Band Seite 76). Beschäftige dich im übrigen noch einmal intensiv mit der Symbolik und den magischen Bildern von Tipharet und lies nach, was auf den Seiten 185 bis 189 über diese Symbolik von Tipharet in Beziehung zum Christentum gesagt wurde. Dann nimm deine Bibel und lies einmal folgende Stellen: Markus, Kapitel 15, 38; Matthäus, Kapitel 11, 27; Johannes-Evangelium, Kapitel 5, 30; Kapitel 5, 23; Kapitel 1, 51; Kapitel 12, 45. Diese Bibelstellen werden dir vor dem Hintergrund des durch deine Arbeit Neuerkannten in einem neuen und wahrscheinlich anderen Lichte erscheinen. Vielleicht verstehst du sogar das erste Mal richtig, was eigentlich damit gemeint ist, und erkennst einmal mehr, wie sehr das Christentum aus den Wurzeln von Tarot und Kabbala herausgewachsen ist.

Auf Seite 281 des ersten Bandes haben wir uns mit dem Verhältnis zwischen Individualität und Persönlichkeit beschäftigt. Vielleicht gibt uns der Baum des Lebens auch in dieser Beziehung näheren Aufschluß. Nimm einmal die Voraussetzung, daß das psychologische Dreieck die Persönlichkeit und das esoterische die Individualität repräsentiert. Dies ist übrigens nun ein anschauliches Beispiel, in welcher Weise der Baum des Lebens als Computer gebraucht und entsprechend programmiert werden kann. Versuche in deiner meditativen Arbeit herauszufinden, was der Baum des Lebens unter Einbeziehung der Pfade über die Beziehung zwischen Persönlichkeit und Individualität auszusagen hat. Ich bin sicher, daß dir bei der entsprechenden Vertiefung auch hier ganz neue Erkenntnisse zuteil werden.

Zum Schluß dieses Kapitels wollen wir uns noch einer praktischen Möglichkeit zuwenden, mit dem Baum des Lebens und seinen Pfaden zu arbeiten, die von allen bisher erwähnten vielleicht die wichtigste ist und dir für deinen Alltag mit seinen Problemen die beste Hilfe und Unterstützung geben kann. Diese Methode geht von der Voraussetzung aus, daß der Baum des Lebens das Wechselspiel polarer Gegensätze zeigt. Das zeigt sich deutlich im Gegenüber der belebenden und der formgebenden Säule, deren Energien sich unter der Voraussetzung, daß sie gleich stark sind, im Bereich der mittleren Säule begegnen und den Baum des Lebens in der Balance halten. Dies ist der Idealfall.

In Wirklichkeit besteht auch hier eine beständige Auseinandersetzung zwischen belebender und formgebender Säule. Jede Säule hat die Tendenz, die ihr eigenen Kräfte, und das gilt für jede Ebene der Sephirot, möglichst stark zur Geltung zu bringen. Gelingt dies, bedeutet das, daß von der anderen Säule her zuwenig Gegenkräfte entgegengesetzt werden. Dann gerät der ganze Baum des Lebens aus der Balance. Erinnere dich an den Satz, den wir schon mehrmals erwähnt haben: Zuviel Geburah ist Grausamkeit, zuviel Chesed ist Schwäche. In diesem Satz ist treffend ausgedrückt, was geschieht, wenn der Baum des Lebens infolge des Übermaßes einer Sephira aus der Balance gerät. Da du selbst auch ein Baum des Lebens bist, so wirst du sicher keine Mühe haben, auch in dir selbst ein solches Wechselspiel der einander entgegengesetzten Kräfte zu verspüren. Mit einiger Übung und dem nötigen Gefühl dafür wirst du auch leicht feststellen, auf welcher Ebene diese Auseinandersetzung geschieht, und welche Sephira oder welche Sephirot bei dir danach trachten, das Übergewicht zu erlangen.

Da du nun den Baum des Lebens, seine Struktur, seinen Aufbau und seine Wirkungsweise genau kennst, sollte es dir nicht weiter schwerfallen, herauszufinden, welche sephirotischen Kräfte du in dir fördern mußt, um genügend Gegenkräfte zu mobilisieren. Auch das Umgekehrte kann erforderlich sein: Welche sephirotischen Kräfte du zurücknehmen mußt, damit das Gleichgewicht des Baums des Lebens nicht gestört ist. Die notwendige Balance kann auf zweierlei Weise erreicht werden. Wie bei einer Waage, deren Schalen sich nicht in der Balance befinden, ist es möglich, entweder auf der zu leichten Schale Gewicht zuzulegen, so daß sie heruntergedrückt und mit der anderen das Gleichgewicht herstellt, oder du nimmst von derjenigen, die zu schwer ist, etwas weg, damit sie emporsteigen kann und auf diese Weise die Balance erreicht.

Für dich bedeutet das: Jedesmal, wenn du dich aus der Balance fühlst, feststellen, wo und in welcher Weise bin ich aus der Balance, und dann die Frage beantworten: Muß ich Gegenkräfte verstärken und mobilisieren oder muß ich das, wovon zuviel vorhanden ist, reduzieren und zurücknehmen? Was du zu tun hast, dafür kann keine generelle Regel aufgestellt werden. Es hängt zu sehr von deiner momentanen persönlichen Situation ab. Das bedeutet, genügend Selbsterkenntnis haben, um den in diesem Falle richtigen und guten Entscheid zu fällen. Denke daran, daß der Weg des Ausgleichs nicht immer direkt über die entsprechenden Querpfade führen muß oder kann. Manchmal wirst du dich zu Umwegen genötigt sehen, die über eine untere und vielleicht sogar über eine obere Ebene führen können und dabei andere Sephirot einbeziehen. Die genaue Betrachtung des Baums des Lebens und der entsprechenden Pfade wird dir den genauen Aufschluß darüber geben, was du brauchst. Vor allem auf diese letzterwähnte meditative Übung der mittleren Säule möchte ich deine Aufmerksamkeit ganz besonders hinweisen. Laß deinen Baum des Lebens stets in der Balance sein: Das ist das Grundprinzip esoterischer Lebensweise.

Damit habe ich dir einige Vorschläge und Beispiele vorgelegt, in welcher Weise du den Baum des Lebens mit seinen Pfaden als Meditationssymbol in erwähntem Sinne praktisch gebrauchen kannst. Auch hier gilt: Es sind nur Vorschläge und Anregungen, und es ist an dir, daraus mehr zu machen.

Divination

All das, was wir bis jetzt über den Baum des Lebens und seine Beziehung zum Tarot erfahren haben, hat natürlich zur Folge, daß derjenige, der auf den divinatorischen Gebrauch des Tarot nicht verzichten kann, nun mit erheblich mehr Material und Möglichkeiten versehen ist, die jeden divinatorischen Gebrauch des Tarot schwieriger und komplizierter und damit vieldeutiger machen. Meine Meinung über den divinatorischen Gebrauch des Tarot, die ich im ersten Band dargelegt habe, möchte ich auch an dieser Stelle noch einmal bekräftigen. Wenn ich zu diesem Thema einige Anregungen und Vorschläge gebe, dann nur, um auch hier einen verantwortbaren Weg aufzuzeigen, so daß es nicht notwendig ist, einfach »herumzubasteln« mit allen möglicherweise daraus erwachsenden negativen und destruktiven Folgen. Ich werde auch noch eine Methode aufzeigen, die den divinatorischen Gebrauch des Tarot von der mehr oder weniger fragwürdigen Abhängigkeit vom Zufall befreit.

Die zunehmenden Schwierigkeiten im divinatorischen Gebrauch rühren daher, daß uns viel mehr Faktoren zur Betrachtung zur Verfügung stehen, was unsere Aufgabe, die richtigen Schlüsse und Interpretationen zu ziehen, unübersichtlicher macht. Je mehr Faktoren zur Deutung zur Verfügung stehen, um so mehr Fehlschlüsse können auch gezogen werden. Ja, es kann schließlich ein Punkt erreicht werden, wo alles und jedes in den Tarot hineinprojiziert oder herausgelesen werden kann. Dies gilt es auf alle Fälle zu vermeiden. Deshalb müssen wir gerade im divinatorischen Gebrauch ganz besonders darauf bedacht sein, eine gut fundierte, übersichtliche und durchwegs klare Struktur und Ordnung in die Sache zu bringen. Dies allein kann die immer bestehende Möglichkeit, einen falschen und daher nachteiligen Weg zu beschreiten, etwas vermindern.

Als erstes gilt es zu beachten und sich stets im klaren darüber zu befinden, daß wir es von jetzt an mit zwei beziehungsweise drei Gruppen von Tarotbildern zu tun haben. Die großen Arkana, die subjektive Erfahrungen darstellen, kennen wir bereits, und mit ihnen haben wir bisher ausschließlich gearbeitet. Nun kommen dazu noch die kleinen Arkana, die objektive Kräfte darstellen und ihrerseits wieder in die zwei Gruppen Zahlenkarten (wie geschieht etwas?) und Hofkarten (wo geschieht etwas?) eingeteilt sind. Diese verschiedenen Kraftauswirkungen in der richtigen Weise auseinanderzuhalten und sie nicht in einer unzulässigen Weise durcheinanderzubringen ist von nun an ein Hauptproblem im divinatorischen Gebrauch des Tarot.

Hier liegt auch eine ganz andere Gefahr versteckt. Wir haben uns der Mühe unterzogen, den Hintergrund jedes Bildes der kleinen Arkana von seinen Grundelementen und seiner Zusammensetzung her zu erläutern, und wir haben versucht, diese rein abstrakte Gedankenarbeit in konkrete und für uns erkennbare Begriffe, die sogenannten Schlüsselwörter, zu fassen. Diese Schlüsselwörter sind für das Verständnis des Wesens der kleinen Arkana eine große, praktische Hilfe, aber sie sind für den divinatorischen Gebrauch eine ebenso große Gefahr und Behinderung. Hierin zeigt sich deutlich, welche enge Grenzen unserer Wortsprache gesetzt sind, die von ihrer Struktur her einfach nicht in der Lage ist, den Grundgehalt der kleinen Arkana richtig zum Ausdruck zu bringen.

Jedes Bild der kleinen Arkana drückt eine Kraftmanifestation aus, zeigt also die Art und Weise und bei den Hofkarten noch den Ort, wie sich eine bestimmte Kraft zeigt und manifestiert. In sehr vielen Fällen hat unsere Wortsprache einfach keine Begriffe, um die Wirkungsweise dieser Kräfte an einem Beispiel zu beschreiben. Die Schlüsselwörter geben also sehr oft ein Ereignis wieder, woran die Wirkungsweise der betreffenden Kraftmanifestation studiert werden kann, ohne daß aber das betreffende Ereignis als solches gemeint ist. Bilder, bei denen dieses Prinzip deutlich zum Ausdruck kommt, sind zum Beispiel »Neun der Münzen« oder »Zehn der Münzen«. Studiere die betreffenden Bilder ganz besonders sorgfältig auf die eben besprochene Differenzierung hin und untersuche auch die anderen Zahlen- und Hofkarten in der gleichen Weise. Spätestens hier wirst du sicher verstehen, warum ich dem Umstand, daß du jederzeit imstande sein solltest, die kleinen Arkana aus den ihnen zugrunde liegenden Elementen und Prinzipien abzuleiten, Wichtigkeit und Bedeutung zumesse. Hast du nur die Schlüsselwörter im Kopf, dann kannst du jederzeit der Gefahr erliegen, aus den Tarotbildern Ereignisse statt Energieeinwirkungen herauszulesen. Daß dies in eine vollständig falsche und sogar gefährliche Richtung führt, darüber brauchen wir, glaube ich, gar keine weiteren Worte zu verlieren.

Jede Krafteinwirkung, so wie sie in den kleinen Arkana zum Ausdruck gebracht werden, kann auf tausenderlei Arten zur Auswirkung gelangen. Das ist abhängig von der jeweils bestehenden Situation. Wenn du von dieser vorgegebenen Situation her die jeweiligen kleinen Arkana von Grund auf ableitest, dann erhältst du logischerweise auch ganz andere und neue Schlüsselwörter, die wiederum nur für die betreffende Situation ihre Gültigkeit besitzen. Der Astrologe, der ein Horoskop interpretiert, sieht sich übrigens vor die gleiche Schwierigkeit gestellt. Auch er muß an und für sich abstrakte Kraftprinzipien in konkrete Formulierungen bringen, die der jeweiligen Situation des Horoskopeigners angepaßt sind. Wenn du diese Fähigkeit nicht mit der nötigen Sicherheit zu lernen und immer wieder zu üben gewillt bist, dann laß die Hände von jedem divinatorischen Gebrauch des Tarot. *Vermeide also stets die Gefahr, aus den kleinen Arkana, die lediglich Krafteinflüsse zeigen, feststehende Ereignisse herauszulesen.*

Deshalb müssen wir uns an eine erste grundlegende Regel halten: *Jedes Bild des Tarot muß im divinatorischen Gebrauch von drei Seiten her genau untersucht werden: Gehört das Bild zur Reihe der großen Arkana, dann bringt es eine subjektive Erfahrung zum Ausdruck. Gehört das Bild zu den Zahlenkarten, dann gibt es uns Auskunft über das Wie der einwirkenden objektiven Kräfte. Gehört das Bild zu den Hofkarten, dann erfahren wir, wo, das heißt auf welcher kabbalistischen Ebene diese objektiven Kräfte einwirken.*

Die zweite Grundregel folgt mit zwingender Konsequenz aus

der ersten. *Du mußt die Frage, die du stellen willst, von allen Seiten her genauestens durchdacht und beleuchtet haben. Sie muß klar in deinem Bewußtsein mit all ihren Aspekten vorhanden sein, denn nun geht es darum, gezielt zu fragen.* Auf welcher Ebene möchtest du eine Antwort? Auf der Ebene der subjektiven Erfahrung: dann mußt du die großen Arkana heranziehen. Möchtest du auf der Ebene der objektiven Kräfte eine Antwort haben, wissen, welche objektiven Krafteinwirkungen auf den Gegenstand deiner Frage einen Einfluß ausüben? Hier wird es nötig sein, mit den Zahlenkarten zu arbeiten. Wenn du aber wissen möchtest, an welchem Ort (und daß mit Ort hier nicht ein geographischer gemeint ist, sondern ein geistiger, spiritueller, darüber brauchen wir, glaube ich, nicht mehr viele Worte zu verlieren) sich die Auseinandersetzung in bezug auf deine Frage abspielen wird, dann mußt du dich den Hofkarten zuwenden. Du siehst, bereits die Vorbereitung zum divinatorischen Gebrauch des Tarot ist mit recht viel Konzentration und intensiver Gedankenarbeit verbunden. Ich könnte mir denken, daß bereits diese Vorbereitungsarbeit dich möglicherweise die gesuchte Antwort finden läßt, so daß es unnötig ist, noch Karten zu ziehen. Auch in diesem Falle hat dir das Buch des Thoth zur erwünschten Information verholfen.

Zur besseren Verdeutlichung des ganzen Vorgehens bei der Divination wollen wir nun miteinander einige fiktive Beispiele andeutungsweise miteinander durchsprechen. Nehmen wir einmal an, eine Frau hat folgende drei Karten aus der Reihe der großen Arkana gezogen: als erste und Vergangenheitskarte XI, »Kraft«, als zweite Karte für die Gegenwart XVIII, »Der Mond«, und als Karte, die auf die Zukunft hinweist, VIII, »Gerechtigkeit«. Diese drei Bilder könnten andeuten, daß die Frau in der Vergangenheit einen Wachstumsprozeß erfahren hat, der sie mit dem Krafteinfluß von Bild I, »Der Magier«, in Verbindung gebracht hat, wodurch sie ihre Persönlichkeit erweitern konnte. Die Gegenwart ist geprägt von Bild XVIII, »Der Mond«. Bild XVIII zeigt deutlich, daß es nun in der Gegenwart gilt, diese neue, erweiterte Persönlichkeit zu festigen, nicht nur den Verstand zu stärken, sondern auch das Gefühl zu vertiefen. Diese neue Persönlichkeit ist sozusagen noch im Embryo-Stadium, in dem sie der Geburt entgegenschlummert. Es ist sehr wohl möglich, daß die Frau in der Gegenwart diesen Zustand als Unsicherheit, Verschwommenheit erlebt und sich in jeder Beziehung auf schwankendem Boden fühlt. Die Karte, die die Aufgabe der Zukunft repräsentiert, zeigt aber deutlich, daß das Ziel der Arbeit darin besteht, das neu Erfahrene und Erworbene zu verfestigen und in die Balance zu bringen, so daß die Persönlichkeit auf einer neuen Grundlage neue Stabilität gewinnt.

Nehmen wir an, daß die Frau ihre schwankende Gegenwart sehr stark empfindet und nun versucht, unter Zuhilfenahme der Zahlenkarten etwas mehr über diese Gegenwart zu erfahren, indem sie ebenfalls wieder nach der Methode, die im ersten Band beschrieben wurde, eine der Zahlenkarten zieht und sie unterhalb von XVIII hinlegt. Nehmen wir an, es handle sich dabei um »Neun der Schwerter«, Jesod durch Luft. Dieses Bild zeigt nun sehr deutlich, daß diese schwankende, unsichere Gegenwart in der Form eines Konfliktes erlebt wird, dessen zugrunde liegende Energie durch »Neun der Schwerter« zum Ausdruck kommt. Zum Bild »Mond«, das an und für sich schon sehr stark mit Jesod in Verbindung steht (vgl. Pfad 28), kommt nun noch eine Zahlenkarte, die ebenfalls einen Krafteinfluß von Jesod verkörpert. Aber diese Jesod-Kraft kommt in einer Form zum Ausdruck, die sehr stark als Dissonanz empfunden wird.

Die Schwerter vertreten die Luft-Kraft, die auf der Ebene von Jesod – die durch ihr astrologisches Kraftprinzip Mond sehr stark dem Gefühl verbunden ist – einen buchstäblich einschneidenden, ordnenden Einfluß ausüben wollen. Daraus kann abgeleitet werden, daß diese Dissonanz sehr stark als Konflikt Gefühl gegen Vernunft erlebt wird. Da in der Kombination XVIII, »Der Mond« und »Neun der Schwerter« die Energie von Jesod stark überwiegt, kann die Luftkraft der Schwerter keine wirklich entscheidende und vorwärtsbringende Veränderung herbeiführen. Dabei müssen wir noch bedenken, daß die in Jesod wirkende Schwertkraft von Hod herkommt, also von der Energie dieser Sephira sehr stark geprägt ist, was sich vielleicht in der Weise auswirken kann, daß Luft, die an und für sich schon ordnend und intellektuell strukturierend wirkt, durch die codifizierende Einwirkung von Hod, die ihrem Wesen gemäß alles auf eine feste Formel bringen will, stark geprägt ist.

Durch das Überwiegen der Jesod-Kräfte kann also die Luft-Kraft keine Veränderung herbeiführen. Aber sie ist so stark, daß ihre Einwirkung sehr schmerzlich empfunden wird. Vielleicht in der Weise: Ich weiß sehr wohl, was ich tun sollte, aber ich finde einfach den Weg dazu nicht, weil sich mein ganzes Gefühl dagegen auflehnt. Wo hinaus führt nun der Weg aus diesem Konflikt? Um darauf einen Hinweis zu erhalten, zieht die Frau aus der Gruppe der Hofkarten eine, nehmen wir an, es handle sich um »Page der Münzen«. Jetzt ergibt sich folgendes Bild (GA = große Arkana; ZK = Zahlkarten; HK = Hofkarte):

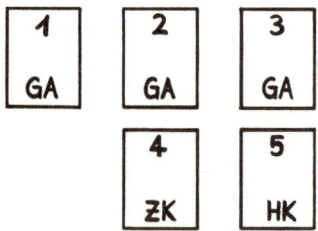

Der »Page der Münzen«, Erde, verweist nun sehr stark darauf, daß es gilt, daß sumpfige Gelände von Jesod zu verlassen und in jeder Beziehung festen Boden unter die Füße zu bekommen. Die ganze Persönlichkeitserweiterung, die die Frau in der Vergangenheit, ausgedrückt durch XI, »Kraft«, erfahren hat, hat als Ziel Stabilität und Ausgewogenheit zur Folge. Dieses Ziel soll sich ausdrücklich auf der Ebene von Assiah durch dessen Erdkraft manifestieren.

Damit läßt sich zusammenfassend ganz kurz vielleicht folgendes sagen: eine Frau hat in der Vergangenheit durch die bewußte Integrierung des »Magiers« eine Persönlichkeitserweiterung erfahren, die sich aber in ihrer gegenwärtigen Situation als ein sehr schmerzlicher Konflikt zwischen Gefühl und Vernunft auswirkt, und aus dem momentan kein Ausweg zu sehen ist. Die Karten »Gerechtigkeit« und »Page der Münzen« zeigen nun aber für die

Zukunft sehr deutlich, daß es sich bei der gegenwärtig sich schmerzlich auswirkenden Konfliktsituation um ein Durchgangsstadium handelt, das ertragen werden muß und das zum Ziel hat, die erweiterte Persönlichkeit fest auf der Ebene von Assiah zu verankern, um dort zur Stabilität und Balance zu gelangen. Dieser Prozeß kann durch die bewußte und betonte Einbeziehung der Erd-Kraft, die durchaus dazu geeignet ist, den schmerzlichen Konflikt zwischen dem wäßerigen Mond und dem schneidenden Schwert zu mildern und schließlich aufzulösen, gefördert werden.

Dies ist natürlich nur eine stichwortartige Interpretation, die dir nur in groben Zügen sagen kann, in welcher Art und Weise mit einer Kartenkombination umgegangen wird. Jede Kartenkombination geschieht ja in eine ganz bestimmte, einmalige und unwiederholbare Situation hinein, und genau für diese Situation gibt sie Hinweise und Antworten. Das heißt: Der Fragende darf sich nie nur mit einer stichwortähnlichen Analyse zufriedengeben, sondern er muß versuchen, die erhaltene Antwort möglichst differenziert in seine ganz persönliche Situation hinein zu interpretieren. Dies kann nur geschehen durch eine längere, womöglich mehrtägige Beschäftigung mit dem Kartenbild und unter Zuhilfenahme all dessen, was du jetzt in der Schule des Tarot gelernt hast.

Ich hoffe, spätestens hier begreifst du, warum es notwendig war, sich für die Entschlüsselung des Buchs des Thoth mit soviel Wissensstoff zu beschäftigen. Nur aufgrund dieser Einzelheiten des angeeigneten Wissensstoffes kann es dir gelingen, die Antwort auf deine ganz persönliche Situation wirklich zu entziffern. Im anderen Falle wärst du auf bloße simplizierende Schlüsselwörter angewiesen, die dir keine oder sogar eine falsche Antwort übermitteln könnten. Deshalb wollen wir hier noch eine dritte Grundregel aufstellen, die vielleicht die wichtigste von allen ist: *Gib dich nie mit bloßen Schlüsselbegriffen zufrieden, sondern analysiere jedes Kartenbild von Grund auf, werde dir bewußt über die darin zum Ausdruck gelangenden Kräfte, definiere sie, wäge sie gegeneinander ab und bringe sie erst dann in Verbindung mit der Situation deiner Frage.*

In dem eben besprochenen Beispiel haben wir nur die Karten

für die Gegenwart und die Zukunft mit einer Karte aus der Reihe der kleinen Arkana in Verbindung gebracht, weil uns speziell das Energiefeld der Gegenwart und der Zukunft interessierte. Nun ist es aber ohne weiteres möglich, auch die Karte, die Vergangenheit zeigt, mit einer Karte der kleinen Arkana näher in Beziehung zu bringen. So würde das ausgelegte Kartenbild dann aus zwei Reihen zu je drei Karten bestehen, von denen die obere Reihe aus den großen Arkana entnommen ist, während die untere Reihe nur kleine Arkana enthält.

Nun möchte ich dich auf die Möglichkeit aufmerksam machen, daß es auch sehr reizvoll sein kann, die Kartenkombination so auszulegen, daß schon die äußere Anordnung etwas Spezielles aussagt. Nehmen wir also an, daß für das nächste Beispiel sechs Karten ausgewählt werden: drei aus der Reihe der großen Arkana und drei aus der Reihe der Zahlenkarten. Wir haben also drei Karten, die einen subjektiven Erfahrungsweg aufzeigen, und wir haben drei Karten, die darstellen, welche objektiven Kräfte auf den jeweiligen Stationen dieses subjektiven Erfahrungsweges wirksam sind. Subjektiver Erfahrungsweg und objektive Kräfte sind ganz deutlich zwei Ebenen, die voneinander getrennt und verschieden sind. Durch die Art unserer Frage, indem wir jedes Bild aus den großen Arkana mit einem Bild der kleinen Arkana in Beziehung setzen, bringen wir diese beiden Ebenen, subjektiver Erfahrungsweg und objektive Kräfte, miteinander so in Verbindung, daß sie einander durchdringen. Nun gibt es ja ein Symbol, das dieses Durchdringen von zwei Ebenen zum Ausdruck bringt. Es handelt sich um den sechseckigen Stern, das Hexagramm, dessen Symbolgehalt im ersten Band auf den Seiten 146 und 147 dargelegt ist. Die Idee liegt nahe, dieses Symbol als Grundlage für unser Kartenbild zu wählen, weil wir damit die Verschiedenheit und gleichzeitige Durchdringung der großen und kleinen Arkana sehr schön zum Ausdruck bringen können.

Gehen wir von der Annahme aus, daß ein Mann sechs Karten in einer bestimmten Situation gezogen hat. Als erstes wird wieder eine Karte aus der Reihe der großen Arkana für die Vergangenheit gewählt und in die linke untere Hälfte eines großen Papierbogens gelegt. Die nächste Karte für die Gegenwart wird oben in die

Mitte gelegt und die dritte für die Zukunft rechts unten. Damit ist das erste Dreieck des Hexagramms entstanden, dessen Spitze nach oben weist. Wenn wir uns überdies daran erinnern, daß ein Dreieck mit der Spitze nach oben gleichzeitig das Symbol für Feuer ist, dann trifft sich dies sehr gut, denn die gegenwärtige Situation ist ja von »brennendem« Interesse, sonst würde gar nicht das Buch des Thoth zu Rate gezogen. Dann würde in gleicher Weise, diesmal nur aus Zahlenkarten bestehend, das Dreieck mit der nach unten weisenden Spitze ausgelegt. Damit ergibt sich folgendes Bild:

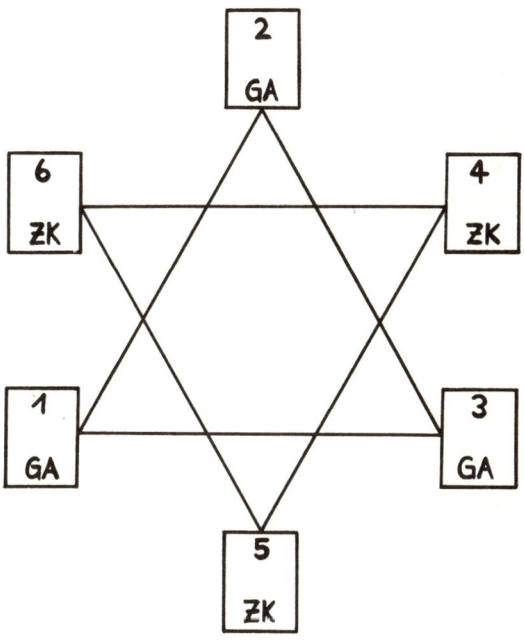

Verbinde die aus den Karten bestehenden zwei Dreiecke mit verschiedenfarbigen Linien, so daß das Hexagramm-Symbol deutlich zum Ausdruck kommt. Zur praktischen Erläuterung nehmen wir an, daß es sich dabei um folgende Karten handelt: 1. II, »Die Hohepriesterin«; 2. XX, »Gericht«; 3. III, »Die Herrscherin«; 4. »Vier der Kelche«; 5. »Fünf der Stäbe«; 6. »Zehn der Schwerter«.

Zuerst betrachten wir das Dreieck, das aus den großen Arkana gebildet wird. Was uns sofort auffällt, ist, daß die Bilder II und III Ausgangs- und Zielpunkt eines Erfahrungsweges bilden. Als Wegmarke auf dieser Strecke dient Bild XX, »Gericht«, das die gegenwärtige Situation zum Ausdruck bringt. Jetzt zeigt sich, wie wichtig es ist, daß wir die durch diese sechs Bilder gegebene Information, ganz auf die spezielle Lage und Situation des Fragestellers bezogen, entziffern müssen. Die Bilder II und III stellen zwei Ausdrucksformen des Weiblichen dar, Bild II den Menschen als Frau und Bild III die Frau, die nach Inkrafttreten des Gesetzes der Polarität ihre Kreativität lebt. Wäre die Fragestellerin eine Frau, so wäre die Information dieser Kartenkombination verhältnismäßig leicht zu lesen. Wir hätten es höchstwahrscheinlich mit jemandem zu tun, die auf ihrem gegenwärtigen Wege mit dem Zielpunkt, die kreative Seite ihres Frauseins zu leben, was durchaus Mutterschaft bedeuten kann, die gegenwärtige Situation als eine Art Wiedergeburt oder Wiedereintritt in das Leben erlebt. Aber nach unserer Annahme handelt es sich ja beim Fragesteller um einen Mann, so daß eine solche erste, auf der Hand liegende Antwort für diesen keine Gültigkeit haben kann. Wir müssen also diese Kartenkombination von einer anderen Seite her angehen und uns tiefer in die Botschaft der einzelnen Bilder versenken.

Von Bild II wissen wir, daß in ihm auch der dunkle AMA-Aspekt von Binah enthalten ist, und Bild III von eben derselben Binah den hellen AIMA-Aspekt zur Geltung bringt. Beides rückt die Sephira Binah in den Mittelpunkt unserer Betrachtungen. Unser erworbenes Wissen über sie hilft uns jetzt, die vorliegende Information entsprechend der gegebenen Situation zu entschlüsseln. Unser Fragesteller ist also offensichtlich mit dem Energiefeld von Binah konfrontiert, dessen dunkle AMA-Seite seine Vergangenheit bestimmt hat und dessen helle AIMA-Seite ihm Ziel und Aufgabe für die Zukunft sein soll. Über die Vergangenheit sagen das erste und das vierte Bild, »Die Hohepriesterin« und »Vier der Kelche«, etwas aus. Bild II gibt uns Aufschluß über die subjektive Erfahrung, die dem Fragesteller in der Vergangenheit zuteil geworden ist, und »Vier der Kelche« gibt darüber

Auskunft, welche objektiven Kräfte in dieser subjektiven Erfahrung zur Wirkung gelangten.

»Vier der Kelche« ist Chesed durch Wasser. Grundprinzip von Chesed ist die Mehrung, die sich im vorliegenden Fall durch das Element Wasser kundtut. Wenn wir Wasser als Ausdruck der fließenden Gefühle und als Gefühlskraft nehmen, dann stand die Vergangenheit des Fragestellers unter einem starken Zufluß von Gefühl in Verbindung mit der Frau an sich. Ein erster Impuls könnte uns dazu führen, voreilig zu interpretieren, daß unser Mann in der Vergangenheit mit der Frau oder einer Frau konfrontiert wurde und in dieser Begegnung ein reiches Fließen und Strömen der Gefühle erlebte. Eine freudige Liebesbegegnung mit viel Gefühl in der Vergangenheit könnte auf diese Weise eine erste voreilige und in diesem Falle ganz und gar falsche Antwort sein, denn wir dürfen nie vergessen: Die Vergangenheit ist die Gegenwart von damals, und die Gegenwart ist die Zukunft von damals. Die jetzt vorhandene Gegenwart ist also aus der Vergangenheit herausgewachsen und steht mit ihr in Verbindung, so daß wir aus dem Kontrast von Gegenwart und Vergangenheit einiges über die Art dieser Vergangenheit erfahren können.

Bild XX, »Gericht«, das für die jetzt herrschende Gegenwart steht, bringt Auferstehung, Wiedereintritt in das materielle Leben, die Auferstehung im Fleische nach einem Todeserlebnis zum Ausdruck. Dieses Todeserlebnis steht in einem ganz logischen Zusammenhang mit dem AMA-Aspekt von Bild II. Um tiefer einzudringen und mehr über die Art dieses Todeserlebnisses zu erfahren, müssen wir bei Binah bleiben, denn sowohl II als auch III verweisen uns auf diese Sephira. Wir wissen von unseren Studien am Baum des Lebens, daß in Binah sehr wohl der tödliche Aspekt in Form von Erstarrung, Versteinerung enthalten ist. In diesem Todeserlebnis muß aber »Vier der Kelche« eine starke Wirkung ausgeübt haben. Möglicherweise gibt uns »Vier der Kelche« sogar Auskunft über die Ursache dieses Todeserlebnisses. »Vier der Kelche« ist das Fließen der Gefühle in einer stetigen Mehrung.

Wo sich etwas stetig mehrt, wird das Maß igendwo voll. Wenn die Mehrung immer noch anhält, erfahren wir eine Störung der

Balance. Der stetige Zufluß und die Zuwendung der Gefühle können, wenn dadurch die Balance gestört wird, eine durchaus negative und destruktive Wirkung entfalten. In unserem Falle hat offenbar »Vier der Kelche« dazu geführt, daß unser Fragesteller sich nicht aus der tödlichen Umklammerung von Binah zu befreien vermochte und unter dem Gewicht dieses ständigen Zuflusses erstickt ist. (Du siehst einmal mehr, wie wichtig es ist, die Bilder von ihren Elementen her zu analysieren. Hätten wir uns beispielsweise auf das GD-Schlüsselwort »Freude« verlassen, so würde unser Weg in die Irre führen.) Das Bild der Gegenwart, XX, »Gericht«, zeigt uns indessen, daß diese Zeit des Todes und der Erstarrung vorüber ist und der Fragesteller in irgendeiner Art eine Wiedergeburt zu erleben im Begriffe ist.

Die diesem Gegenwartsbild zugehörige Karte der kleinen Arkana ist »Fünf der Stäbe«, Geburah durch Feuer. Die Erneuerung und Wiedergeburt erfolgt also durch einen Krafteinfluß von Geburah her, dem natürlichen Gegenüber von »Vier der Kelche«. Geburah äußert sich hier durch seine Feuerkraft und bringt damit wieder ins Gleichgewicht, was in der Vergangenheit aus der Balance geraten ist. Dieses Einwirken von »Fünf der Stäbe« wird vom Fragesteller als äußerst heftige Auseinandersetzung erlebt, die ihm aber sicher gleichzeitig ein intensives Lebensgefühl vermitteln dürfte, wie dies durch Bild XX angedeutet ist. Wenn in Betrachtung gezogen wird, daß der Hintergrund dieser nun stattfindenden Auseinandersetzung sehr stark mit dem Aspekt des Weiblichen verbunden ist, dann dürfen wir ruhig annehmen, daß sich in den Stäben durchaus die männliche, phallische Kraft zum Ausdruck bringt, durch die der Fragesteller den erstickenden Zustrom von »Vier der Kelche« ausbalancieren kann. Daß diese Auseinandersetzung erfolgversprechend ist, darüber gibt uns Bild III, »Die Herrscherin«, Auskunft. Sie verkörpert ja den hellen AIMA-Aspekt von Binah und zeigt damit an, daß es unserem Fragesteller gelingt, der tödlichen AMA-Umklammerung zu entrinnen und den Weg zur hellen, lichten und kreativen Seite der Frau zu finden.

Daß der Weg zur lebensspendenden AIMA nicht so einfach ist und vor allem nicht ohne Opfer abgeht, sagt uns ganz deutlich die dazu gehörende Karte »Zehn der Schwerter«, Malkuth durch Luft. Malkuth korrespondiert harmonisch mit der Erd-Kraft, die die Herrscherin repräsentiert. Das bedeutet für unseren Fragesteller, daß er sich getrost dieser Erdkraft anvertrauen kann, und daß er mit beiden Füßen fest auf dem Boden stehen soll. Durch die Luft-Kraft der Schwerter wird ihm aber schmerzlich zum Bewußtsein gebracht, daß es nun vom Kopf her und um der Vernunft willen gilt, das zu opfern und aufzugeben, was in der Vergangenheit bestimmend war. Das kann die Lösung einer stark gefühlsbetonten Bindung, sei es an die Mutter oder sonst eine Frau, bedeuten, die bisher im Leben unseres Fragestellers so stark dominiert hat, daß sein eigenes Selbst unter diesem Druck nicht zum Durchbruch gelangen konnte. Diese Ablösung, dieses Lostrennen, buchstäblich Mit-dem-Schwert-Entzweischneiden einer bestehenden gefühlsbetonten Bindung ist ein sehr schmerzliches Erlebnis, das durchlitten werden muß in der Hoffnung, durch AIMA zu einem neuen, fruchtbringenden Leben geführt zu werden.

Du siehst an diesem Beispiel, daß auch durch die Anordnung der Kartenkombination sehr Tiefes und Wichtiges zum Ausdruck kommen kann. Ich möchte dich daher ermuntern, auch in dieser Beziehung deiner Phantasie freien Lauf zu lassen und herauszufinden, welches Kombinationsbild dem Wesen deiner Frage und deines Problems am besten entspricht. Entweder du findest in den zahllosen überlieferten Beispielen eine Form, die dir entspricht, oder, noch besser, du schaffst dir aus dem Wesen deiner Persönlichkeit und deines Problems selbst eine neue, in der beides zum Ausdruck kommen kann.

Für das dritte Beispiel wollen wir uns einer recht bekannten, traditionellen Methode bedienen, die »das keltische Kreuz« genannt wird. Man benötigt zehn Karten dazu, die in folgender Kombination ausgelegt werden:

Die Tradition gibt jeder dieser zehn Karten eine nähere Bezeichnung, was sie repräsentiert und was durch sie zum Ausdruck kommt. Die *erste Karte* zeigt die Situation, in der du dich in der

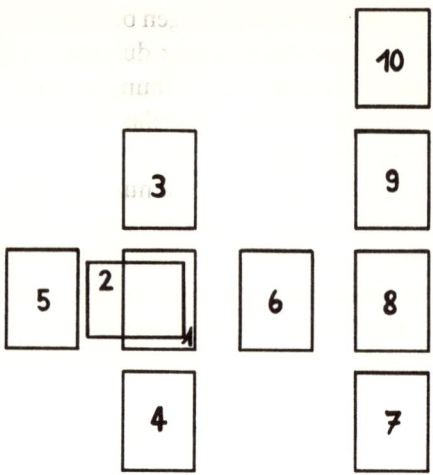

Gegenwart befindest. Die *zweite* wird quer über die erste gelegt
und zeigt an, welche Kräfte polar entgegengesetzt zur herrschenden Situation eine Wirkung ausüben. Hier gilt es zu bedenken,
daß polar entgegengesetzt nicht ohne weiteres mit positiv oder
negativ bezeichnet werden kann, gut oder schlecht und so weiter.
Polar entgegengesetzt heißt einfach: Kräfte, die zur bestehenden
Situation ein Spannungsverhältnis bilden. Die *dritte Karte* wird
oberhalb der ersten gelegt und stellt dar, welche Gedanken in
deinem Bewußtsein, die bestehende Situation betreffend, vorhanden sind. Die *vierte Karte* erhält ihren Platz unterhalb der
ersten und gibt Auskunft darüber, welche Gedankenkräfte im
Unbewußten betreffend der bestehenden Situation vorhanden
sind. Die *fünfte* wird links der ersten aufgelegt und zeigt an, was in
der unmittelbaren Vergangenheit vorhanden gewesen ist und zur
jetzigen Situation geführt hat. Die *sechste Karte*, die rechts der
ersten ausgelegt wird, zeigt an, welche Einflüsse in der unmittelbaren Zukunft wirksam sein werden.

Die ersten sechs Karten haben wir also in einer Kreuzform
ausgelegt. Die Karten sieben bis zehn werden nun rechts des
Kreuzes von unten nach oben in eine Reihe gelegt. Die *siebente
Karte* zeigt dir dein Selbst, das heißt das Fundament deiner
Persönlichkeit, die du geworden sein solltest, nachdem du den

360

Weg der Karten eins bis sechs gegangen bist. Die *achte Karte* gibt Auskunft über die Umgebung, in der du dich gerade befindest. Die *neunte* repräsentiert deine Hoffnungen und Erwartungen, und die *zehnte* gibt dir Auskunft über das Ziel, an das du entlang dieses Weges kommen solltest.

Diese Methode mit zehn Karten ist nun schon erheblich komplizierter und verlangt schon im voraus eine ziemliche Gedankenarbeit. Wir gehen von der Annahme aus, daß wir auch hier den ganzen Tarot zu 78 Karten benutzen wollen und ihn zu diesem Zwecke in die drei Gruppen große Arkana, Zahlenkarten und Hofkarten eingeteilt haben.

Das erste, was nun zu tun ist: Wir bestimmen, aus welcher Kartengruppe die jeweilige Karte entnommen werden soll, ob eine der großen Arkana, eine Zahlenkarte oder eine Hofkarte die traditionelle Bedeutung, wie ich sie eben dargelegt habe, besser zum Ausdruck bringen kann. Hier kann es keine feste Regel geben. Zu vieles hängt auch ab von der Persönlichkeit des Fragestellers sowie von seiner Problemstellung. Auf jeden Fall heißt es, mit Bedacht und genauer Überlegung und Analyse des Problems die entsprechende Kartengruppe auszuwählen. Das nun folgende praktische Beispiel ist deshalb nur eine von vielen Möglichkeiten, die sich immer wieder neu ergeben können.

Die erste Karte soll Auskunft geben über die gegenwärtige Situation, in der ich mich befinde. Diese Situation erfahre und erlebe ich, also entnehme ich die erste Karte den großen Arkana. Nehmen wir an, es handle sich um Bild XX, »Gericht«. Die zweite Karte gibt Auskunft über die polar entgegengesetzten Kräfte. Es liegt also nahe, diese Einflüsse objektiven Kräften zuzuschreiben, über die die kleinen Arkana Auskunft geben. Jetzt gilt es noch zu entscheiden, ob Zahlenkarten oder Hofkarten gelegt werden. Darüber entscheidet, ob mir das Wie oder das Wo in dem Sinne, wie ich es erwähnt habe, wichtiger ist. Bild XX ist eine äußerst dynamische Karte, erfüllt von Kraft und Energie, die etwas neuem zustrebt. In diesem Falle wird mir eine Zahlenkarte vielleicht besser darüber Auskunft geben können, welche Kräfte hier polar entgegenwirken. Nehmen wir an, die zweite Karte ist »Zwei der Stäbe«.

Als dritte Karte, die bewußten Gedanken repäsentierend, wird »Fünf der Schwerter« oberhalb der ersten gelegt, und für die unbewußten Gedanken steht als vierte Karte »Acht der Stäbe«. Auch diese Wahl der Karten drei und vier aus der Reihe der Zahlenkarten ist logisch gemäß dem Wort, daß Gedanken Kräfte sind, die uns in Bewegung setzen und motivieren.

Die fünfte Karte soll Aufschluß darüber geben, welche Einflüsse in der unmittelbaren Vergangenheit vorhanden waren. Hier haben wir nun eine Entscheidung zwischen großen Arkana und Zahlenkarten zu treffen. Entweder will ich etwas wissen über die Art und Weise der Kräfte, die in der unmittelbaren Vergangenheit ihren Einfluß ausübten, oder ich interessiere mich dafür, welche Erfahrung mir in der unmittelbaren Vergangenheit zuteil geworden ist. Ich entscheide mich für den Erfahrungsweg und erhalte Bild I, »Der Magier«. Auch bei der folgenden sechsten Karte, die die unmittelbar bevorstehenden Einflüsse anzeigt, entscheide ich mich für den Erfahrungsweg, obgleich auch hier eine Zahlenkarte möglich ist. Ich erhalte aus der Reihe der großen Arkana XV, »Der Teufel«.

Die siebente Karte gibt Auskunft über mein Selbst, ist also eine Selbst-Erfahrung. Deshalb wird sie wiederum aus der Gruppe der großen Arkana gezogen. Nehmen wir an, es handle sich um Bild V, »Der Hierophant«. Die achte Karte steht für die Umgebung, die Atmosphäre, die für meine gegenwärtige Situation bestimmend ist. Das Wort Umgebung steht in Verbindung mit dem Wörtchen wo (wo befinde ich mich?), und deshalb wähle ich die achte Karte aus der Gruppe der Hofkarten und erhalte den »Ritter der Kelche«.

Die neunte Karte soll meine Hoffnungen und Erwartungen darstellen. Was sind meine Hoffnungen und Erwartungen? Wie zeigen sie sich in meinem Leben? Äußern sie sich in einem Zustand, der mehr oder weniger klar bestimmt werden kann, oder hoffe ich auf Kräfte, die mich in irgendeine Richtung vorantreiben und in Bewegung setzen? Hier käme also eine Entscheidung zwischen Hofkarten oder Zahlenkarten in Betracht. Ich wähle die Zahlenkarte und erhalte »Drei der Kelche«. Bei der zehnten und letzten Karte, die über das Ziel des ganzen Weges Auskunft gibt, kann die Entscheidung gefällt werden zwischen Erfahrungssituation oder Ortsbestimmung. Im ersten Falle würde eine Karte aus der Reihe der großen Arkana ausgelegt, im zweiten eine Hofkarte. Ich entscheide mich für die Erfahrungssituation und erhalte Bild X, »Rad des Schicksals«.

Jetzt sind alle zehn Karten in der Form des keltischen Kreuzes vor mir ausgebreitet. Ich kann nun darangehen, sie auf meine Problemstellung hin näher zu betrachten, zu analysieren und vor allem miteinander in Verbindung zu bringen.

Zunächst betrachte ich die erste Karte XX, »Gericht«: Wie erlebe ich das, was in diesem Tarotbild enthalten ist, in meinem gegenwärtigen Leben? Was wird damit zum Ausdruck gebracht? Manchmal ist es sehr leicht, hier den Anschluß zu finden, man findet ihn gleichsam auf Anhieb, aber es kann auch vorkommen, daß man längere Zeit danach suchen muß. Wenn es Mühe bereitet, die gegenwärtige Situation mit der ersten Karte in Verbindung zu bringen, dann nimm die Karte fünf, die die Einflüsse der Vergangenheit repäsentiert, zu Hilfe und sieh und fühle, ob du zwischen diesen beiden Bildern irgendeine Beziehung und Verbindung herstellen kannst. Im vorliegenden Falle haben wir es mit Gericht, Wiederauferstehung in das Fleisch zu tun. Die erste Karte zeigt also an, daß wir in irgendeiner Weise eine Todessituation überwunden haben oder daran sind, sie zu überwinden.

Diese Todessituation muß nicht unbedingt mit dem »Magier« zu tun haben, der ja nur die unmittelbar zurückliegende Vergangenheit zum Ausdruck bringt. Diese Todessituation kann also durchaus außerhalb unserer ausgelegten Bildkombination vorhanden sein. Der Magier zeigt eher an, daß in der unmittelbaren Vergangenheit ein Entschluß gefaßt worden ist, ein Impuls aufgenommen wurde, um diese todesähnliche Situation zu überwinden. »Ich will« ist eines der Schlüsselwörter zu Bild I. Dieser Entschluß, sich aufzuraffen und die vier magischen Werkzeuge zur Hand zu nehmen und sich nach dem Gesetz des Lebens »wie oben, so unten« auszurichten, hat zur Erfahrung und dem Erlebnis der Wiedergeburt, der Auferstehung geführt.

Zur gegenwärtig herrschenden Situation gehört auch Karte zwei, die zu der eben geschilderten Erfahrung die polar entgegengesetzten Kräfte darstellt.« »Zwei der Stäbe«, Chockmah durch Feuer, bringt zielgerichteten Willen zum Ausdruck, Herrschaft, Beherrschung durch ruhige Autorität. Diese Kraft bildet durchaus einen Gegenpol zu der dynamischen Energie von Bild XX. Sie kann zum Ausdruck bringen, daß die Gefahr besteht, mitten im Prozeß innezuhalten, sich mit dem Erreichten zufriedenzugeben und sich darin einzurichten. In diesem Falle würde also »Zwei der Stäbe« einer weiteren Entwicklung hindernd gegenüberstehen. (Du siehst auch hier, wie wenig Sinn es hat, ausschließlich mit den Schlüsselwörtern zu arbeiten.)

Daß dieser Umstand so sein könnte, bestärkt auch Karte drei als Darstellung der bewußten Gedankenwelt in bezug auf die Situation »Fünf der Schwerter«, Geburah durch Luft. Dadurch mag eine Neigung vorherrschen, mit dem Erreichten zufrieden zu sein und sich in den bestehenden Umständen so gut wie irgend möglich einzurichten. Ich bin noch einmal davongekommen, also meide ich jedes weitere Risiko.

Die vierte Karte, »Acht der Stäbe«, zeigt deutlich, daß im Untergrund, im Unbewußten, starke Feuerkräfte am Werk sind, die mich auffordern, die Situation klar abzumessen, um aus dieser Erkenntnis heraus kühn und schnell weiterzugehen. Hier muß ich mich entscheiden, welchen Weg ich gehen will: den Weg, den mir meine bewußte Gedankenwelt weist und der, eher abwartend, Vorsicht und Zurückhaltung fordert, oder die angezeigten Kräfte des Unbewußten zu nutzen, um nach kühler Einschätzung der Lage ein neues Risiko einzugehen.

Wie ich mich auch entscheide, als nächstes sehe ich mich mit Bild XV, »Der Teufel«, konfrontiert. »Tod« und »Teufel« sind Bilder, über die niemand zu erschrecken braucht, wenn sie in einer ausgelegten Kartenkombination erscheinen. Wenn du die beiden betreffenden Bilder ernsthaft bearbeitet hast, dann weißt du, daß weder Tod noch Teufel im Tarot das zum Ausdruck bringen, was in der populären Vorstellungswelt damit gemeint ist. Tod weist uns immer in irgendeiner Weise auf eine Verwandlung, eine Transformation hin, die, und das wird in den meisten Fällen so sein, nichts mit dem physischen Tode zu tun hat. Der Teufel seinerseits zeigt uns, daß unser Weg durch irgend etwas blockiert ist, daß wir im Begriffe sind, zurückzufallen oder in eine Sackgasse zu geraten. Aber auch hier ist die Interpretation sehr vielschichtig und kann nur aus einer genauen Kenntnis des Bildes und den darin enthaltenen Informationen heraus erfolgen.

Im vorliegenden Fall sagt mir möglicherweise Bild XV allein zuwenig. Ich wähle mir deshalb aus der Gruppe der Zahlenkarten noch eine, in der Hoffnung, daß sie mir möglicherweise einen Hinweis gibt auf die Art und Weise, auf das Wie dessen, was in Bild XV möglich ist. Ich erhalte »Sieben der Münzen«, Nezach durch Erde. Dieses Bild paßt nun in der Tat sehr gut als Ergänzung zu Bild XV. Die Kombination von Nezach durch Erde ergibt Frustration, Erfolgslosigkeit trotz aller Bemühungen: ein Grund mehr, der mich dazu bewegen könnte, in der Resignation von »Fünf der Schwerter« zu verharren. Es ist ohne weiteres möglich, für eine Karte, deren Sinn zu entschlüsseln man vielleicht Mühe hat, mit einer Hilfskarte, in unserem Falle also »Sieben der Münzen«, zu ergänzen. In diesem Falle wird die Hilfskarte quer über die ursprüngliche Karte gelegt.

Der Weg der Frustration, das Durchstehen einer Zeitspanne der Erfolgslosigkeit trotz allen Bemühens ist offenbar notwendig, um zu meinem inneren Selbst zu gelangen, das sich in der achten Karte als »Der Hierophant« darstellt. »Der Hierophant« kann in diesem Falle vielleicht als Repräsentant der Urkraft sowie der Möglichkeit, diese Urkraft für meine Zwecke kreativ und positiv einzusetzen, genommen werden. Worin sich dieses Selbst der siebenten Karte manifestiert, hängt sehr entscheidend von der Art und der Thematik der gestellten Fragen ab.

»Ritter der Kelche« repräsentiert als achte Karte die Umgebung, in der ich mich gegenwärtig mit meiner Problemstellung befinde. »Ritter der Kelche« repräsentiert das erste Heh des göttlichen Tetragrammatons auf der Ebene von Jetzirah, Luft des Wassers. Das Bild verweist mich auf die Ebene von Jetzirah und macht mich gleichzeitig darauf aufmerksam, daß hier eine Kraft in mir schlummert, die ich bisher noch nicht genutzt habe und die von mir jederzeit eingesetzt werden kann, um mein Ziel zu erreichen. In dieser Beziehung ist »Ritter der Kelche« eine sehr gute und harmonische Ergänzung zum Hierophanten.

Die neunte Karte, »Drei der Kelche«, zeigt mir meine Hoffnungen und Erwartungen, vielleicht in der Weise, daß die durch den Hierophanten und den Ritter der Kelche angezeigte Energie so stark durchbrechen wird, daß sie in Fülle bis zur Überfülle zum Fließen kommt. Mit ihrer Hilfe kann es mir dann auch gelingen, das Ziel des vor mir stehenden Weges zu erreichen, das durch Bild X, »Rad des Schicksals«, repräsentiert wird.

Bild X steht in der Reihe der großen Arkana im Durchgang von einer Ebene zur anderen. Vielleicht ist es mir jetzt vergönnt, eine neue Ebene zu erreichen, die gleichzeitig eine neue Stufe der Erkenntnis bedeutet, denn in Bild X sind die Gesetze und Strukturen der Natur enthalten, die ich nun in bezug auf meine eigene Person akzeptieren und anwenden lernen muß, gemäß der Devise des Magiers, von dem ich ausgegangen bin: »Wie oben, so unten.«

Diese drei Beispiele dürften als Anregung genügen, um dir zu zeigen, wie anhand des Gelernten und Erarbeiteten divinatorisch im Buche des Thoth gelesen werden kann. Weil es so besonders wichtig ist, möchte ich dich noch einmal daran erinnern, daß diese Interpretationen nur kurz und andeutungsweise erfolgten. In der Praxis gilt es, sich tief und eingehend bis in alle Einzelheiten mit jeder Kartenkombination zu befassen. Den Rat, den ich bereits im ersten Band ausgesprochen habe, den Tarot divinatorisch nur in größeren Abständen und für wichtige Fragen zu gebrauchen, ist nun aktueller denn je. Gerade eine Legemethode wie das keltische Kreuz mit seinen zehn Karten benötigt sehr viel Zeit, Konzentration und Analyse, um die erhaltenen Bilder in all ihren Differenzierungen zu erkennen und auf sich wirken zu lassen. Auch hier gilt mehr denn je, was am Anfang dieses Bandes über das Urwissen gesagt wurde.

Zum Schluß dieses Kapitels möchte ich dich noch mit einer divinatorischen Methode bekanntmachen, die ich persönlich für die beste halte. Sie ermöglicht intensive Vertiefung und kann eine Fülle von Informationen ergeben. Gerade bei der Anwendung dieser letzten Methode sollten wir zu keiner Zeit vergessen, daß das Wort divinatorisch von divinus abgeleitet wird und gotterfüllt bedeutet.

Die Methode beruht auf der uns jetzt vertraut gewordenen

Verbindung von Tarot und Baum des Lebens. Bis jetzt sind wir immer in der Praxis der Divination vom Zu-Fall ausgegangen. Jetzt, an dieser Stelle, wo sich dein esoterisches Wissensgut, das du dir bis jetzt erarbeitet hast, sehen lassen kann – unter der Voraussetzung natürlich, daß du es dir gewissenhaft angeeignet hast –, finde ich es an der Zeit, in der Praxis der Divination von allen »Zu-Fällen« wegzukommen. Einmal mehr erinnere ich dich an das große Wort: »Mensch, erkenne dich selbst!«, das ein Schlüsselsatz der ganzen Esoterik ist. Ja, lerne dich selbst kennen und erkennen. Von dem, was du an dir kennengelernt und erkannt hast, wollen wir ausgehen.

Wenn du diese Methode anwendest, dann bereite dich längere Zeit darauf vor. Erforsche dich selbst in der meditativen Betrachtung und werde dir soweit wie möglich klar darüber, in welchem seelischen Zustand du dich befindest. Wie fühle ich mich? Wie ist meine Situation hier und jetzt, in meinem sozialen Umfeld? Welchen objektiven Kräften fühle ich mich jetzt am meisten ausgesetzt und spüre, daß sie den größten Einfluß auf meine Person ausüben? Dann wähle mit Bedacht aus der Reihe der Zahlenkarten eine aus, von der du glaubst, daß sie deinen Zustand am besten wiedergibt und deiner Situation am besten entspricht. Vielleicht hast du in der letzten Zeit viel Trauriges erlebt und befindest dich momentan vor einer Wand aus Traurigkeit, Schmerz und Tränen. Ich glaube, dann wird »Fünf der Kelche« für dich die richtige Ausgangskarte sein. Suche sie heraus und lege sie vor dich hin.

»Fünf der Kelche« ist Geburah durch Wasser. Vielleicht hast du in deinem Leben eine große Veränderung erfahren, einen Verlust erlitten, und dadurch wurde in dir das Gefühl der Traurigkeit, der Depression wachgerufen. Du weißt, daß Geburah wirklich eine Energie ist, die Verluste zufügen kann und auch zufügt, und daß in Geburah auch der Schmerz nicht weit zu suchen ist. Aber Geburah korrigiert und fügt nur dort Schmerzen zu, wo eine Korrektur notwendig ist, um den Baum des Lebens in der Balance zu halten. Horche und fühle in dich hinein! Auf welche Weise bist du mit Geburah in Berührung gekommen? Was ist geschehen, daß die korrigierende Kraft von Geburah in deinem Leben wirksam werden mußte? Ist dein Baum des Lebens aus der Balance geraten, vielleicht dadurch, daß du den Dingen zu sehr freien Lauf gelassen hast, daß die von Chesed herüberströmende Mehrung immer stärker und stärker wurde? Du weißt ja: zuviel Chesed ist Schwäche. Laß dir Zeit, prüfe dich und fühle in dich hinein. Warum fühle ich mich in Geburah? Wenn du dieser Frage auf den Grund gegangen bist, dann erinnere dich daran, daß Geburah ja nicht die Welt als Ganzes bedeutet, sondern nur eine Sephira am großen Baum des Lebens ist, und daß alle diese Sephiroth durch Pfade miteinander verbunden sind, die dir als Wege offen stehen.

Es hat keinen Sinn, in Geburah zu bleiben, denn zuviel Geburah ist Grausamkeit, und grausam wäre es, sich mehr dem Schmerz und der Trauer zu überlassen, als es notwendig und im rechten Maße ist. Gewiß, auch das Fließen der Tränen kann die reinigende Kraft von Geburah zur Wirkung gelangen lassen, aber einmal ist es Zeit, aufzubrechen und den Ausgleich zu suchen.

Vier Pfade stehen dir offen, um von Geburah wegzugehen und zu einer anderen Sephira zu gelangen. Nach oben, zu Binah, führt der 18. Pfad, »Gerechtigkeit«, nach unten, zu Hod, weist Pfad 23, »Tod«. Pfad 19, »Der Eremit«, führt als Querpfad hinüber zur belebenden männlichen Säule, und Pfad 22, »Der hängende Mann«, verbindet Geburah mit Tipharet. Lege jeden dieser Pfade mit der entsprechenden Karte der großen Arkana in der gleichen Form auf, wie sie am Baum des Lebens vorhanden sind. Dann nimm aus der Gruppe der Zahlenkarten die entsprechenden Bilder, die den Sephiroth am anderen Ende der von Geburah ausgehenden Pfade zugeordnet sind. In unserem Falle wären es die vier Dreien für Binah, die vier Achten für Hod, die vier Vieren für Chesed und die vier Sechsen für Tipharet. Lege auch diese je vier Karten an die entsprechende Stelle, so daß du bereits ein Fragment vom Baum des Lebens in Kartenform vor dir liegen hast.

Wohin möchtest du gelangen? Von welchen objektiven Kräften möchtest du, daß sie in deinem Leben jetzt ihre Wirkung entfalten könne? Betrachte die vier mal vier Zahlenkarten immer wieder, bis du für jede Sephira die entsprechende Zahlenkarte gefunden hast, die dich am meisten anspricht. Lege sie zuoberst auf die Stapel, durch die die Sephiroth dargestellt werden, und betrachte wieder lange und eingehend den Teil des Baums des Lebens, den du vor dir liegen hast.

Vielleicht ist der Weg nach Binah nicht ratsam. Zu deiner Trauer könnte die Erstarrung kommen, und sie könnte sich auf dem Pfade der Gerechtigkeit stabilisieren. Vielleicht aber führt dein Weg nach unten, zu Hod, und das bedeutet, sich über den Pfad des Todes einer Transformation unterziehen. Erst wenn du diese Transformation durchstanden oder vielleicht sogar auch durchlitten hast, wirst du in Hod imstande sein, die Welt in einem neuen und klareren Lichte zu erblicken und das zu erkennen, was in deinem Leben war, warum es anders werden muß und wie es nun anders gemacht wird.

Aber vielleicht gehst du auch hinüber zur anderen Säule, zu Chesed. Du fühlst dich so ausgeleert und entleert vom Fluß der Tränen, daß du nach der Mehrung von Chesed verlangst. In diesem Falle wartet der Pfad des Eremiten auf dich. Wenn du dich ganz aus der Balance fühlst, dann ist die Wiedererlangung des Gleichgewichtes für dich das dringendste Vorhaben.

Über den Pfad des hängenden Mannes gelangst du nach Tipharet, in den Mittelpunkt des Baumes der Sephira der Harmonie und des Gleichgewichtes. In diesem Falle mußt du geschehen lassen, was geschehen soll und auf eine Kraft hoffen, die dich auch dann, wenn du nichts tust und nichts unternimmst, wenn es Zeit ist, in der richtigen Weise an den richtigen Ort führen wird. Vielleicht ist der direkte Verbindungspfad zu diesem Ort für dich zu schwierig. Du fühlst dich ihm nicht gewachsen. Prüfe, auf welchen Umwegen du dein Ziel erreichen kannst. Zum Beispiel: Tipharet zuerst über den Pfad des Eremiten nach Chesed und dann von dort auf Pfad 20, »Rad des Schicksals«. Vielleicht ist die Sephira, die du erstrebst, für dich nur eine Zwischenstation, und dein Weg führt von dort aus weiter. Suche und lege mit den entsprechenden Karten die verschiedenen Möglichkeiten, die sich dir bieten. Zuletzt hast du auf diese Weise ein Fragment des Baums des Lebens vor dir liegen, das nun zu deinem ganz persönlichen Meditationssymbol geworden ist und in dem du, wenn du nur in der richtigen Weise suchst, alle Antworten finden wirst, die für dich jetzt notwendig sind.

Damit ist genug gesagt über den divinatorischen Gebrauch des Tarot mit allen 78 Karten. Ist dir das hier Gesagte noch nicht genug, dann wirst du anderswo reichlich Material zu diesem Thema finden. Ich möchte aber noch einen Schritt weitergehen und dich mit einer Methode der Meditation über den Tarot und den Baum des Lebens bekanntmachen, die dich in sehr tiefe Bereiche deiner selbst und des Baums des Lebens führen wird.

Meditation

Die in diesem Kapitel geschilderte Praxis solltest du nur beginnen, wenn du dich recht lange Zeit mit dem Baum des Lebens beschäftigt und dich mehr und mehr hineinvertieft hast. Bereits im ersten Band (Seiten 304 bis 310) haben wir uns mit der magischen Wirkung von Symbolen auseinandergesetzt. Auch die Symbole am Baum des Lebens üben eine magische Wirkung aus; sogar eine recht starke. Ich nehme an, daß deine Beschäftigung mit dem Tarot sicher auch bereits dazu geführt hat, daß du diese magische Wirkung in der einen oder anderen Form an dir selbst oder von der Umgebung her wahrgenommen hast. Die in diesem Kapitel geschilderte Praxis will deine Begegnung mit dem ganzen Symbolgehalt der Bilder auf einer inneren Ebene herbeiführen. Bei der eben zitierten Stelle im ersten Band habe ich die Vermutung ausgesprochen, daß die Form des Symbols an sich bereits eine Energiewirkung auslösen kann. Dies ist aber nur eine Seite der magischen Wirkung eines Symbols. Jedes Symbol kann noch unter gewissen Umständen zum Träger einer Energie werden, die sich viel stärker auswirkt als diejenige, die in seiner Form enthalten ist. Mit dieser zweiten, stärkeren Energie wird das Symbol von außen her aufgeladen; man bezeichnet sie mit dem Namen »Egregor«.

Um das Wesen des Egregors zu begreifen, mußt du dir immer wieder vor Augen halten, daß unsere Gedanken Kräfte sind – Energien –, Kräfte, die nicht einfach latent vorhanden sind, sondern, wie es dem Wesen einer Kraft entspricht, darauf angelegt sind, auf etwas einzuwirken und eine Veränderung herbeizuführen. Nichts, was wir denken, geht verloren. Sind unsere Gedanken ausgeglichen und in der Balance, dann geht eine analoge Ausstrahlung von uns aus, und die Auswirkungen sind sehr leicht in unserer Umgebung, in unserem sozialen Umfeld zu beobachten. Sind unsere Gedanken aber wirr, negativ und vollständig aus der Balance geraten, dann läßt sich ebenso leicht eine entsprechende Auswirkung in dem, was wir tun, und was wir sind, beobachten. Darum hat ja der Baum des Lebens mit seinen Pfaden unter anderem auch das Ziel, dem Menschen dazu zu verhelfen, seine Gedankenwelt in der Balance zu halten und ihm sofort anzuzeigen, wenn Gefahr droht, daß das Gleichgewicht gestört wird und wo dies der Fall ist.

Ganz besonders stark wirkt sich diese Gedankenkraft aus, wenn sie nicht von einem einzelnen Menschen ausgeht, sondern von einer ganzen Gruppe bis hin zur Masse. Es läßt sich deshalb leicht vorstellen, daß dies bedeutende Auswirkungen zur Folge haben kann, wenn sich die Gedanken vieler Menschen in eine Richtung auf ein Objekt hin konzentrieren. Solche Auswirkungen lassen sich in Geschichte und Politik sehr gut beobachten.

Die esoterische Tradition sagt nun aus, daß sich diese Gedankenkraft in einem sogenannten Egregor manifestiert, wenn sich über lange Zeit hinweg die Gedankenkraft vieler Menschen in eine Richtung und auf ein Objekt hin konzentriert. Das geschieht in der Form einer Wesenheit, die plötzlich ihrerseits Leben annimmt und beginnt, nach eigenen unbekannten Gesetzen zu handeln und die auf sie konzentrierte Kraft zu reflektieren. Es gibt viele solche Egregors in der Welt, und die meisten von ihnen sind nicht esoterischer Natur. Ein solches Egregor können zum Beispiel die Fans eines Stars errichten, die Anhänger eines Fußballklubs, die sich fanatisch um dessen Fahne scharen, und so weiter. Die meisten dieser Egregors sind recht kurzlebiger Natur. Sie zerfallen und stellen ihre Wirkung ein, sobald sie nicht mehr von der Gedankenkraft der Gruppe ernährt werden. (In diesem Zusammenhang verweise ich dich auf ein Buch, das dieses Phänomen beschreibt, wenn auch von einem ganz anderen Hintergrund her. Owen/Sparrow: *Eine Gruppe erzeugt Philip.* Aurum-Verlag, Freiburg i. Br.)

Aber die Egregors der Esoterik sind von einer ganz besonderen Stärke und Dauerhaftigkeit, denn sie wurden Generationen lang, Jahrhunderte, Jahrtausende hindurch von der Gedankenkraft vieler Menschen genährt und gemehrt. Deshalb können Götter, auch nachdem ihre Kulte offiziell längst verschwunden sind, über Jahrhunderte hinweg plötzlich wieder Wirkung zeigen und die in ihnen manifestierte Kraft zum Ausdruck bringen. (Vgl. den Roman von Dion Fortune: *The Goat-Foot God*.) Auch die großen Religionen haben ihr Egregor. Manchmal mehr, manchmal weniger stark.

Der Baum des Lebens und der Tarot besitzen ein außergewöhnlich starkes und mächtiges Egregor, das über Jahrtausende hinweg geschaffen wurde von Menschen, die sich immer wieder intensiv mit dieser Bilderwelt beschäftigten. Dieses Egregor hatte ich vor Augen bei meinen Warnungen, sich nicht unbedacht mit dem Tarot zu beschäftigen, denn wer im Buche des Toth liest, und sei es auch nur in spielerischer Absicht einen kurzen Augenblick lang, der gerät in das Kraftfeld dieses Egregors, das durchaus imstande ist, Wirkung und Veränderung zu zeigen in der Art, wie ich sie beschrieben habe. Die in diesem Kapitel geschilderte Meditationstechnik ist dazu geeignet, sehr intensiv in Kontakt mit dem Egregor des Baums des Lebens und des Tarot zu gelangen. Bevor du sie ausführst, solltest du dir ganz klar darüber sein, ob du dies auch wirklich willst, denn wenn du einmal in dieses Kraftfeld geraten bist, dann gibt es möglicherweise kein Zurück mehr; dein weiterer Lebensweg kann entscheidend davon beeinflußt werden.

Dieses Egregor ist auch das Geheimnis, das hinter der magischen Wirkung der Bilder und Symbole des Baums des Lebens liegt. Jedes Symbol, jedes Bild, das im Laufe der Jahrhunderte mit dem Baum des Lebens in Verbindung gebracht wurde, ist auf diese Weise magisch aufgeladen worden mit einer Kraft, die auch heute noch unvermindert wirkt. Auch jedes moderne Symbol, das unserem heutigen Alltag entstammt, kann auf diese Weise magisch aufgeladen werden und wird dann seine entsprechende Wirkung ausüben.

Wenn du einmal mit deiner Arbeit am Tarot und Baum des Lebens bis zu dieser Stelle gelangt bist, dann ist das hier Gesagte sehr, sehr wichtig für dich. Du wirst erfahren, daß es nicht mehr gleichgültig ist, wie und was du denkst, daß du nun wahrscheinlich immer häufiger mit praktischen Auswirkungen deiner Gedankenwelt konfrontiert wirst. Ob im Guten oder im Bösen, das hängt wesentlich davon ab, wie sehr es dir gelingt, deine Gedanken in der Balance und Ausgewogenheit zu behalten. Jedes Egregor ist also imstande, von dir nicht nur Kraft aufzunehmen, sondern seinerseits dir auch Kraft zu geben. Welcher Art diese Kraft ist, das hängt auch von den Menschen ab, die dieses Egregor geschaffen haben. Du wirst auch die Erfahrung machen, daß du zunehmend empfindlicher und sensibler für solche Krafteinwirkungen wirst, je mehr du dich mit Esoterik und den damit verbundenen Dingen befaßt. Es ist deshalb besonders wichtig, daß es dir gelingt, deine Gedankenwelt nach Möglichkeit unter Kontrolle zu halten, so daß sie im guten und ausgewogenen Sinne wirken kann. Die in diesem Kapitel dargelegte Meditationstechnik ist dazu ein sehr gut geeignetes Training.

Für die Ausübung dieser Technik ist zunächst wichtig, daß du während der Arbeit für die dafür aufgewendete Zeitspanne absolut ungestört und in vollkommener Ruhe bleiben kannst. Nichts und niemand sollte dich aus der Arbeit herausreißen. Sollte dennoch einmal eine Störung auftreten, so ist dies nicht unbedingt gefährlich, aber du mußt mit unangenehmen Nachwirkungen rechnen, mit Kopfschmerzen, Nervosität, Unwohlsein und so weiter. Nach Möglichkeit sollte diese Meditation immer im gleichen Raume stattfinden, der sich dadurch mit entsprechenden Schwingungen auflädt, die dir dann mit zunehmender Praxis hilfreich sind. Wenn du genügend Wohnraum zur Verfügung hast, um einen solchen Raum ganz allein diesem Zwecke vorzubehalten, dann um so besser. Auf jeden Fall muß der Raum vor Beginn der Meditation von eventuell vorhandenen negativen Schwingungen gesäubert und neutralisiert werden. Dies geschieht am besten durch Abbrennen eines Räucherstäbchens, zum Beispiel Frankincense, Sandalwood oder auch ganz einfach Weihrauch, wie er in den Kirchen verwendet wird, aber nur unter der Voraussetzung, daß dieser Geruch in dir keine unangenehmen Assoziationen und Erinnerungen erweckt.

Sobald dies geschehen ist, setzt du dich in einer bequemen Haltung hin. Am besten eignet sich die sogenannte Droschkenkutscher-Haltung mit locker zwischen den Knien hängenden

Händen, aber achte darauf, daß du mit möglichst gerader Wirbel-
säule dasitzst. Sich hinzulegen ist nicht empfehlenswert, da erfah-
rungsgemäß die Gefahr besteht, einzuschlafen, womit dir die
Kontrolle über das Geschehen in der Meditation entzogen ist.
Vor jeder Übung widme einige Zeit dafür, um in Gedanken
vorzubereiten, was du nun tun willst. Du befindest dich inmitten
der Realität der materiellen Ebene, in die hinein du geboren bist
und in der zu leben dir bestimmt ist. Das bedeutet: Wohin du
auch gehst und wie lange du auch unterwegs sein solltest, du mußt
immer wieder in diese materielle Realität zurückkehren, weil sie
die Ebene ist, die deinem jetzigen Leben als Grundlage bestimmt
ist. Es ist deshalb sehr wichtig, bei jedem Übergang in eine andere
Realität Grenzen zu finden, zu erkennen oder selbst zu setzen,
damit du jederzeit an der gesetzten Grenze erkennen kannst, ob
du dich diesseits oder jenseits befindest.

Zum Hinüberwechseln in die andere Realität brauchen wir ein
Vehikel, das uns hinüber- und auch wieder zurückführt. Früher
wurden zu diesem Zwecke bestimmte optische Techniken angewandt, die indessen nicht leicht zu handhaben sind und für
manche Menschen auch nach langem Training nur mäßigen
Erfolg versprechen. Früher wurden solche Techniken in mancher
esoterischen Loge gelehrt und trainiert. Für die meisten Menschen spricht in dieser Beziehung das Ohr viel eher an als das
Auge, und so dürfen wir für einmal von den Segnungen der
modernen Technik Gebrauch machen, die uns in der Form der
Unterhaltungselektronik den Zugang zur Musik sehr erleichtert
und gewissermaßen selbstverständlich gemacht hat. Wir wählen
uns also ein Musikstück aus, das für uns die Funktion des
Vehikels in die andere Realität übernehmen soll. Vielleicht mußt
du ein wenig suchen und forschen, bis du deine Musik gefunden
hast, die dich am sichersten hinüberführt. In meinen Trainingsgruppen hat sich bisher das Stück »Beyond the wall of sleep« am
besten bewährt. Zu finden ist es auf der Schallplatte *Nada* von
Peter Michael Hamel (WER SM 1013).

Die Meditation gelingt besser, wenn du das Zimmer möglichst
abdunkelst. Ist dies aus äußeren Gründen nicht oder nur schwer
möglich, dann benutze eine dunkle Augenbinde. Der Gebrauch

von Stereokopfhörern ist dem Klang der Lautsprecher vorzuziehen, weil du auf diese Weise in viel unmittelbareren Kontakt mit der Musik kommst. Die in der letzten Zeit in Mode gekommenen kleinen Kassettenabspielgeräte, sogenannte »Walkmans«, sind dazu sehr geeignet, besonders auch, und das ist sehr wichtig, weil sie unter minimalstem Aufwand zu bedienen sind, ohne daß du dich von deinem Platz zu entfernen brauchst. Bereite alles, was du brauchst, sorgfältig vor und sei schon bei dieser Vorbereitungsarbeit bewußt bei der Sache.

Beim Beginn der Meditation setzt du dich in der erwähnten Haltung hin, das Tonbandgerät in bequemer Reichweite, so daß du es auch mit einem minimalen Aufwand bei Dunkelheit bedienen kannst. Jetzt schließe die Augen und stelle dir in Gedanken vor, daß du dich von deinem Platz erhebst, das Zimmer durchwanderst, durch die Tür gehst, durch das Haus, bis du draußen vor der Türe bist. Stelle dir alles so plastisch und detailliert wie möglich vor.

Wenn du vor dem Haus stehst, betrachte mit deinem inneren Auge die ganze Umgebung. Sobald du sie aufgenommen hast, laß mit deiner Vorstellungskraft alle Farben wegfließen, bis das Aussehen einer Schwarzweißfotographie erreicht ist. Dann laß auch die Konturen der Umgebung nach und nach verschwinden, bis sich alles nur noch grau in grau darbietet. Dies ist nun der Augenblick, die Musik einzuschalten. Sobald der erste Ton erklingt, laß dich von ihm einhüllen wie in einen Schal (zum Beispiel wie der Schal des Androgyn auf Bild XXI). Sobald du von der Musik ganz eingehüllt bist, laß dich von ihr wegtragen. Gib dich dieser Musik und ihren Klängen ganz hin, im Vertrauen darauf, daß sie dich an den richtigen Ort führen wird.

Nach einiger Zeit (die am Anfang deines Trainings vielleicht länger dauern wird als später) läßt die Musik dich sanft niedergleiten, und du stehst am Ufer eines großen Wassers. Blicke umher und nimm die Umgebung auf, wie sie sich dir darbietet. Betrachte die Wellen, die im monotonen Rhythmus ans Ufer schlagen, und vielleicht wirst du jenseits, ganz drüben am Horizont des Wassers, den Schimmer eines gelben Himmels erblicken. Sobald du an diesem Wasser stehst, drehe am Tonbandgerät die

Lautstärke der Musik ganz zurück bis es ruhig ist. Alles, was du jetzt siehst und hörst, entstammt dem Bild, das du mit deinem inneren Auge erblickst. Sobald du fühlst, daß es genug ist, drehe langsam die Musik wieder auf, hülle dich in sie und lasse dich zurücktragen. Die Musik wird dich zu deinem Ausgangspunkt draußen vor der Tür zurücktragen. Löse dich aus ihrer Umhüllung und drehe gleichzeitig wiederum die Lautstärke der Musik ganz zurück. Blicke in das monotone Grau, das dich umgibt, laß aus ihm wieder die Konturen der Umgebung hervorwachsen, noch ohne Farben, und dann, sobald sie da sind, laß allmählich die Farben hineinfließen, bis sie sich wieder im ursprünglichen Zustand zeigt. Dann drehe dich um, gehe ins Haus hinein, suche das Zimmer auf, in dem du dich befindest, tritt ein und gehe zur Stelle, wo du sitzt. Schließ wieder Kontakt mit dir, mit der materiellen Ebene, indem du mit dem rechten Fuß oder der rechten Hand zehnmal auf den Boden schlägst (zehn, die Zahl von Malkuth).

Dies ist der erste Schritt in der Arbeit, den du einige Male, im Abstand von Tagen, wiederholen sollst, so lange, bis du ohne Schwierigkeiten ans Ufer und wieder zurück gelangst. Der zweite Schritt besteht darin, daß wir uns wieder an das uns bekannte Ufer begeben und warten, ob jemand oder etwas kommt, um uns über das große Wasser hinüber zu tragen. Gehe einfach hin und warte, bis sich ein solches Vehikel zeigt; es braucht nicht unbedingt gleich beim erstenmal der Fall zu sein. Die Art des Fahrzeuges kann sich im Verlaufe deiner Arbeit auch verändern.

Sobald das Vehikel bei dir angelangt ist, mache von ihm Gebrauch, um an das andere Ufer zu gelangen. Stelle dir dabei jeden Schritt und alles, was du hörst und siehst, so plastisch wie möglich vor. Laß die Musik weiterlaufen, bis du drüben angelangt bist. Steige an Land und verweile. Nimm die Umgebung auf, die sich dir anbietet, aber gehe noch keinen Schritt weg vom anderen Ufer. Sobald du fühlst, daß es Zeit ist, drehst du dich wieder zum Wasser um, läßt dich zurücktragen, und gehst in der gewohnten Weise Schritt um Schritt zurück zu dir selbst, der materiellen Ebene. Übe auch diesen zweiten Schritt so lange, bis du seiner sicher bist. Schätze diese vorbereitenden Übungen nicht zu gering ein, denn bereits sie können dir reiche und bewußtseins-erweiternde Erfahrungen bringen, die du mit hinübernehmen sollst auf die irdisch-materielle Ebene. Es ist deshalb besonders wichtig, daß du nach jeder Übung nicht einfach aufstehst und sang- und klanglos zu deinem Tagesablauf zurückkehrst, sondern das Gesehene und Erlebte noch eine Weile im bewußten Wachzu-stand meditierst und in dir verankerst. Schreibe, was du gesehen und erlebt hast, in dein magisches Tagebuch.

Der dritte Schritt bringt uns in das Gebiet unserer eigentlichen Arbeit. Als erstes wollen wir durch unsere Gedankenkraft den Tempel von Malkuth errichten. Dazu ist es wichtig, daß du dich in der Vorbereitungsphase noch einmal ganz intensiv damit befaßt, was Malkuth eigentlich ist und darstellt. Möglicherweise liest du noch einmal das betreffende Kapitel in diesem Buch nach und stellst unter Zuhilfenahme der Liste im Anhang dieses Buches ein Verzeichnis der zu Malkuth gehörenden Bilder und Symbole zusammen. Zuerst gilt es, nur mit möglichst wenigen Bildern zu arbeiten, gerade so viel, daß unsere Gedankenkraft nicht überfor-dert und strapaziert wird. Wähle dir die Symbole aus, mit denen du arbeiten willst. In den hier dargestellten Beispielen arbeiten wir nur mit den vier Elementen und dem doppelt kubischen Altar.

Zu Beginn der Übung laß dich, wie bereits gewohnt, ans andere Ufer tragen. Das erste, was du jetzt tust: Nimm Besitz von diesem Boden, indem du deine Füße, deine Fußsohlen, ganz stark mit ihm in Verbindung bringst und seine Struktur fühlst. Vor dir tut sich ein Weg auf, der auf eine kleine Anhöhe hinaufführt. Gehe diesen Weg und fühle bewußt jeden Schritt unter deinen Füßen. Wenn du auf der kleinen Anhöhe angelangt bist, dann schweift dein Blick über ein weites ebenes Tal. Irgendwo in diesem Tal, nicht allzuweit von dir, erblickst du ein merkwürdiges Gebäude. Es hat die Form eines Würfels mit verschiedenfarbigen Wänden. Die Wand, die dir zugekehrt ist, trägt die Farbe grün. Die linke Wand ist gelb, die rückwärtige kannst du nicht sehen, und die rechte ist blau. Du erblickst einen Weg, der auf dieses Gebäude zuführt. Beschreite ihn in der erwähnten Weise, indem du jeden Schritt bewußt mit deinen Füßen spürst.

Wenn du bei diesem Gebäude, das der Tempel von Malkuth

ist, angelangt bist, dann stehst du vor einer Treppe mit abwechselnd weißen und schwarzen Stufen. Links und rechts der Treppe befindet sich je eine Sphinx, die linke schwarz und die rechte weiß, ganz in der Art, wie sie auf Bild VII, »Der Wagen«, abgebildet sind. Die Treppe hat zehn Stufen; du besteigst sie, indem du in Gedanken jede Stufe bewußt mitzählst. Oben angelangt, befindest du dich vor einer quadratischen Tür. Entweder ist sie bereits offen für deinen Durchgang oder du wartest, bis sie sich dir öffnet. Wenn sie sich nach einiger Zeit des Wartens nicht öffnen sollte, dann kehre um und kehre in der am Schluß dieses Beispiels erwähnten Weise zu deinem Ausgangspunkt zurück und versuche es einige Tage später ein weiteres Mal.

Du schreitest durch die offene Türe und gelangst in das Innere des Tempels. Ganz gleich wie an seiner Außenwand führen innen zehn Stufen hinab zum Boden. Bevor du aber hinabsteigst, bleibst du stehen und nimmst wahr, was sich deinem inneren Auge im Tempel darbietet. Die Wände tragen die gleiche Farbe wie außen. Jetzt kannst du auch die rückwärtige Wand erblicken, die weiß ist. An jeder Wand hängt ein großer, goldgewirkter Teppich, der eine Figur darstellt. Gleich gegenüber von dir, an der weißen Wand, ist auf dem Teppich ein Engel zu sehen, links, auf der gelben Wand, ein Löwe; rechts, auf der blauen, ein Adler, der eine Schlange in seinen Fängen trägt.

Du blickst nach oben und siehst unmittelbar über dir das in den Teppich gewirkte Bild eines Stiers. Unten, in der Mitte des Raumes, ist ein doppelt kubischer Altar errichtet, unten schwarz, oben weiß, auf dem eine seltsame weißliche Flamme zu schweben scheint. Steige jetzt die zehn Stufen ins Innere des Tempels hinab, indem du wieder in Gedanken jede Stufe bewußt mitzählst. Unten angelangt, geh auf den Altar zu und stelle dich vor die Seite, die dir zugewandt ist. An der oberen dir zugewandten weißen Seite des Altars ist eine große, runde Scheibe befestigt, die mit einem Pentagramm versehen ist. Du kennst dieses Zeichen. Es ist die Münze der vier magischen Werkzeuge, das Symbol für Erde und Erdkraft. Während du es längere Zeit betrachtest, laß alles in dir lebendig werden, was du über Erde weißt und fühlst. Spüre den Boden unter deinen Füßen, der dich trägt. Fühle, wie die Erde dir festen Stand gibt, wie sie dich hält. Fühle die Kraft, die aus ihr durch deine Füße hindurch in dich hineinströmt. Denke an die Erde, wie sie im Frühling das neue Leben gebiert und wie sie im Herbst das abgestorbene aufnimmt, es durch den Winter birgt, um es im Frühling von neuem auferstehen zu lassen. Kurz, laß die ganze Erdkraft, deren du fähig bist, in dir lebendig werden und spüre sie.

Dann, sobald dies geschehen ist, gehe nach links vor die nächste Seite des Altars. Du erblickst dort in gleicher Weise einen Stab mit grünen Knospen, Symbol des Feuers. Verfahre jetzt in gleicher Weise wie vorhin vor der Erdscheibe und laß alles in dir lebendig werden, was an Feuer-Kraft vorhanden ist. Dann gehe wieder nach links zu der nächsten Seite, dort findest du das Schwert; mache das gleiche für die Luft-Kraft. Ebenso bei der nächsten Seite, die mit einem Kelch versehen ist, für Wasser. Dann, wenn du auf diese Weise in Kontakt mit der Kraft aller vier Elemente gekommen bist, stelle dich wieder auf die Erdseite des Altars vor die runde Scheibe. Etwa auf Augenhöhe brennt vor dir die seltsame weißliche Flamme. Lege beide Hände in diese Flamme. Sie ist kühl und brennt nicht. Dann berühre mit den Händen Scheitel, Stirn, Mund und Brust. Dann drehe dich nach rechts um und gehe wieder die Treppe mit den zehn Stufen in der gewohnten Weise hinauf. Dann durchschreitest du ohne zu zögern die quadratische Tür, steigst auf der anderen Seite die zehnstufige Treppe hinab, bis du wieder draußen vor dem Tempel stehst. Jetzt ist es wichtig, daß du Schritt für Schritt den genau gleichen Weg zurücklegst, den du gekommen bist. Stelle dir das so plastisch und deutlich vor, wie es dir nur möglich ist. Wenn du wieder am Ufer angelangt bist, dann warte auf das Vehikel, das dich holt. Jetzt ist es auch Zeit, die Musik wieder leise einzuschalten. Besteige das Vehikel und laß dich hinübertragen und kehre zurück in der gewohnten Weise.

Jetzt folgt die wichtige Phase der Integrierung des Geschehenen und Erlebten und dessen Niederschrift in das magische Tagebuch. Wir haben Malkuth besucht, und alles, was wir gesehen und erlebt haben, stand in irgendeiner Weise in Verbindung mit dieser Sephira. Das fing schon am anderen Ufer an, als unsere

Füße den festen Boden unter sich wahrnahmen und bewußt verspürten. (Die Füße sind Malkuth zugeordnet.) Auch die weite Talebene, in der der Tempel als einziges Gebäude errichtet war, ist eine Verkörperung von Malkuth. Der Tempel selbst ist in der Form eines Kubus errichtet, dem Symbol für die irdisch-materielle Ebene von Assiah, auf der sich Malkuth befindet. Die Treppe mit den zehn Stufen (zehn, die Zahl Malkuths) ist abwechselnd schwarz und weiß gehalten, um damit die Gültigkeit des Gesetzes der Polarität in der Sphäre von Malkuth darzustellen. Das gleiche gilt auch für die schwarze und weiße Sphinx, die ihrerseits jede für sich eine Vereinigung der vier Elemente zum Ausdruck bringen. Die quadratische Türe, durch die wir in den Tempel gelangten, ist Ausdruck der Materie. Die Farben der Wände repräsentieren ebenfalls die vier Elemente, und auf jeder Wand fanden wir auf goldgewirktem Teppich die Darstellung eines das jeweilige Element verkörpernde »lebendige Geschöpf«. Der doppelt kubische Altar, vor den wir dann traten, ist ein Symbol, das Malkuth zugeordnet ist. An seinen Seiten befanden sich ebenfalls die vier Elemente, diesmal in der Form der vier magischen Werkzeuge. Die weißliche Flamme, die über dem Altar schwebt, ist eine Darstellung des fünften Elementes, des Äthers. Indem wir Scheitel, Stirne, Mund und Brust mit der Flamme in Berührung brachten, wollten wir zeigen, daß wir das hier Gesehene und Erlebte mitbringen wollen in unsere eigene irdische, materielle Ebene, um es dort zu leben und auszudrücken.

Wir haben nur mit wenigen Bausteinen gearbeitet. Bei weiteren Besuchen im Tempel von Malkuth kannst du ihn nach und nach mit weiteren Bildern und Symbolen, die ihm zugeschrieben sind, ausschmücken. Gehe dabei aber eher zu langsam als zu schnell vor und brauche nur soviel Material, wie du spürst, daß du auch verkraften und überblicken kannst. Überhaupt sind Ordnung und Disziplin die wichtigsten Grundvoraussetzungen für diese Übungen. Halte immer deine Augen und Ohren offen für das, was du siehst, hörst und erlebst, aber vermeide es strikte, einfach ziellos herumzuwandern wie ein Vagabund. Es ist besonders wichtig, daß der Rückweg immer in der gleichen bewährten Weise erfolgt. Solltest du auf dieser »Reise« den Eindruck erhalten, die Kontrolle zu verlieren, kehre sofort um und zurück. Auch sollten diese Übungen nicht zu häufig gemacht werden und keinesfalls unter der Einwirkung irgendeiner Droge; nach meinen Erfahrungen höchstens zweimal in der Woche. Ein Zuviel kann seelische Störungen wie Depression und so weiter auslösen. Wenn du sie aber in ordentlicher Weise ausführst, wirst du davon eine sehr positive, stärkende Wirkung verspüren.

Wenn du nach längerer Zeit den Tempel von Malkuth ganz und mit allen Details errichtet hast, dann kannst du nach und nach auch die anderen Tempel, zuerst diejenigen des psychologischen Dreiecks, in analoger Weise errichten. Nach Malkuth empfiehlt sich als nächstes Hod, dann Nezach und zuletzt Jesod. Jeder Tempel hat, seiner Sephira gemäß, ein anderes Aussehen, dessen Architektur und Ausstattung deine Vorstellungskraft und die Bilderwelt der jeweiligen Sephira bestimmen. Gehe immer direkt zu den jeweiligen Tempeln und lasse vorerst die Pfade noch außer acht. Erst, wenn alle Tempel dieser vier Sephira in deinem Innern auf sicherem Grund stehen, magst du den Weg zu ihnen über die jeweiligen Pfade suchen und finden. Zu diesem Zweck ziehst du das Tarotbild bei, das dem jeweiligen Pfad zugeordnet ist, und baust aus den Elementen dieses Bildes den Pfad auf, den du durchschreitest, in ähnlicher Weise wie dies mit den Tempeln geschehen ist. Da es sich bei diesen Pfaden um deinen höchst eigenen persönlichen Erfahrungsweg handelt, bleibt dessen Erkundung dir allein überlassen. Ich verzichte deshalb darauf, hier ein detailliertes Beispiel wie beim Tempel von Malkuth zu geben. Überhaupt befinden wir uns jetzt an einer Stelle, wo du für alle deine weitere Arbeit mehr und mehr auf eigene Füße zu stehen kommst. Laß dich bei deinem weiteren Weg immer von der alten klassischen magischen Maxime leiten: Wolle etwas. Wisse, was du willst. Wage, was du willst, und bewahre das Erfahrene in deinem Herzen durch Schweigen.

Die Qliphoth

Ich habe mir lange überlegt, ob ich diese Seite des Baums des Lebens auch zur Sprache bringen soll und ob es nicht besser wäre, diesen dunklen Aspekt beiseite zu lassen, bis du in deinen weiteren Studien selbst darauf stoßen würdest. Nach meinen Erfahrungen üben gerade solche dunklen und verborgenen Seiten eine besondere Anziehungskraft aus, die oft alles andere überstrahlt und damit ungebührlich in den Mittelpunkt rückt.

Es gibt Menschen, denen kann man den ganzen Reichtum der zehn Sephiroth am Baum des Lebens darbieten, sie schieben ihn beiseite, denn ihr Interesse gilt allein dem, was durch das Geheimnis vorborgen ist, nämlich Daath. Wenn sie das Wesen ausgerechnet dieser verborgenen Sephira nicht enthüllt bekommen, dann hat der ganze Baum des Lebens für sie keinen Sinn. Ähnlich verhält es sich auch mit den Qliphoth: Alles, was makaber und auch nur entfernt mit den Begriffen schwarz und dämonisch versehen ist, übt seit jeher auf die Menschen eine besondere Anziehungskraft aus. So kann ich mir vorstellen, daß manche unter den Schülern des Tarot dazu neigen könnten, den Qliphoth mehr Beachtung zu schenken und mehr Interesse zu widmen als ihnen eigentlich zukommt.

Es gibt auch mancherlei Gründe, die dafür sprechen, daß du mit diesem Aspekt, diesem Schatten des Baums des Lebens, vertraut gemacht werden solltest. Besonders für die praktische Übung der Meditation ist es von großem Nutzen, wenn du über das Wesen der Qliphoth Bescheid weißt. Auch ist unsere heutige Welt dermaßen qliphothisch verseucht, daß es praktisch unmöglich ist, diesen Kräften aus dem Wege zu gehen. So ist es besser, wenn du sie kennenlernst, um sie rechtzeitig erkennen zu können und womöglich zu vermeiden oder zu vermindern.

In der ganzen *Schule des Tarot* haben wir immer wieder die

Wichtigkeit und Bedeutung des Gesetzes der Polarität betont. Alles und jedes in der Welt ist polar. Ich nehme an, daß dir auch schon der Gedanke gekommen ist, ob dies nicht auch für den Baum des Lebens zutrifft und in welcher Weise sich diese zwei Seiten äußern könnten. Wie alles, ist auch der Baum des Lebens dem Gesetz der Polarität unterworfen. Nur können diese beiden Pole nicht ohne weiteres mit den Begriffen gut oder böse bezeichnet werden, sondern mit den Ausdrücken balanciert beziehungsweise unbalanciert. Man kann jede Sephira mit einer Münze vergleichen, deren eine Seite die Kräfte im ausbalancierten Zustand enthält und die andere den unbalancierten Kräften vorbehalten ist. Diese unbalancierten Kräfte einer Sephira nennt man Qliphoth. Beachte auch hier, daß jede Seite nicht einfach nur aus rein weißen oder rein schwarzen Kräften besteht, sondern daß beide Seiten auch beide Kräfte in sich enthalten. Bei der einen sind sie jedoch im Gleichgewicht und bei der anderen nicht.

Wir haben den Baum des Lebens bis jetzt ausschließlich in seiner ausbalancierten Form kennengelernt, die gekennzeichnet ist durch die Zuordnung von Gottesname, Erzengel, Engel. Genau analog ist auch die qliphothische Seite jeder Sephira aufgebaut, nur daß dort anstelle der Erzengel die Teufel und anstelle der Engel die Dämonen gesetzt werden. Wie jeder Erzengel und alle Engelgruppen ihre bestimmten Namen haben, haben auch Teufel und Dämonen ganz bestimmte Namen. Sie zu nennen ist aber hier nicht am Platz.

Es fällt dir vielleicht auf, daß für den Gottesnamen und das astrologische Kraftprinzip auf der qliphothischen Seite keine besondere Bezeichnung vorgesehen ist. Dies rührt daher, daß der eine große Gott der Herr über Engel *und* Dämonen ist. Somit bleibt auch der Gottesname auf der qliphothischen Seite einer Sephira gleich, allerdings liegt der Akzent mehr auf dem Deus Desintegrator (vgl. im ersten Band Seiten 213 bis 216). Auf der Ebene von Assiah wirkt das gleiche astrologische Kraftprinzip wie auf der balancierten Seite, nur in seiner unbalancierten, destruktiven Form. Überall, wo die Dinge, sei es in dir selbst oder in der Welt, die dich umgibt, aus der Balance geraten, sind die qliphothischen Kräfte am Werk und entfalten ihre Wirkung.

Das gleiche gilt natürlich auch für die Symbole und Bilder. Jedes Bildsymbol einer Sephira ist durch die jahrhundertelange Arbeit der Kabbalisten mit einer entsprechenden Kraft aufgeladen worden und steht in Verbindung mit einem Egregor. In der Regel sind diese Bildsymbole in ihrer balancierten Form mit den Sephirot des Baums des Lebens verbunden, so daß sie in der im vorhergehenden Kapitel beschriebenen Übung bedenkenlos gebraucht werden können. Aber gerade wenn du vorhast, dich intensiv mit der Meditationsübung zu befassen, ist es besonders wichtig, daß du jedes Symbol, das du benutzt, dahingehend überprüfst, ob es für dich persönlich im balancierten oder unbalancierten Zustand wirkt. Eine unbalancierte, qliphothische Wirkung kann entweder von einem entsprechenden Egregor herrühren, oder der Grund dazu liegt in dir selbst.

Als Beispiel eines solcherart korrumpierten Bildsymbols haben wir bei der Betrachtung von Kether die Swastika kennengelernt, die im abendländischen Raum mit dem negativen Egregor des Nationalsozialismus in Verbindung gebracht wird und deshalb für die praktische Arbeit mit dem Baum des Lebens unbrauchbar geworden ist. Würdest du in einer Meditationsübung über Kether die Swastika herbeiziehen, so könnte das für deine Psyche sehr fatale Folgen haben. Deshalb ist es sehr wichtig, jedes gebrauchte Symbol auf eine eventuell mit ihm in Verbindung stehende destruktive Wirkung hin zu untersuchen. Dies gilt natürlich besonders dann, wenn du neue von dir selbst in deiner Umwelt erkannte Symbole mit dem Baum des Lebens in Beziehung bringst. Ein und dasselbe Symbol, sofern es nicht mit einem Egregor verbunden ist, kann bei jedem Menschen verschiedene Auswirkungen auslösen, je nach dem, welche Erfahrungen und Erlebnisse mit diesem Bildsymbol verbunden sind. Aus dem gleichen Grunde habe ich dich auch gewarnt, in der Auswahl christlicher Symbole vorsichtig zu sein.

Nehmen wir einmal das Kalvarienkreuz, das als Symbol Tipharet zugeordnet ist. Das Kalvarienkreuz ist das christliche Kreuz schlechthin. Für den durchschnittlichen Christen und Kirchgänger steht das Kalvarienkreuz in unmittelbarer Verbindung mit dem Tode von Jesus. Er hat zahllose Darstellungen des gekreuzigten Christus gesehen, und damit hat sich für ihn das Kalvarienkreuz unauslöschlich als ein Symbol des Leidens und des Schmerzes eingeprägt. Erinnere dich auch an den Satz, das Kreuz betreffend, den wir bei der Betrachtung von Geburah zitiert haben: In diesem Zeichen wirst du siegen. Mit diesem Satz wurde das christliche Kalvarienkreuz, das ursprünglich wie jedes andere Kreuz ein Symbol der Vereinigung von Gegensätzen war, zum Schwert zur Machtgewinnung gemacht. Seit Kaiser Konstantin »in diesem Zeichen gesiegt hat«, hat sich die christliche Kirche mit der Ausübung von Macht und Autorität bis zur Gewalt angefreundet. Ein Blick in die Geschichte zeigt, wieviele Kriege und Verbrechen im Namen des Kreuzes verübt wurden, mit dem einzigen Ziel, der Kirche Macht zu verschaffen oder ihre Macht zu erhalten. Gleichzeitig wurde damit ein Egregor des Kreuzes geschaffen, das Unterwerfung, Glauben in eine selbstverständliche Verbindung mit Leiden und Schmerzen bringt.

Um das festzustellen, brauchst du nicht weit zu suchen. Ein Blick in irgendeines der kirchlichen Gesangbücher genügt, um dir die Augen darüber zu öffnen, in welcher Weise dieses Egregor der schmerzlichen und leidvollen Unterwerfung unter eine Autorität, immer Gott und Christus genannt, genährt wird. Aber in der Wirklichkeit des Alltags sind es immer Menschen, die sich für den verlängerten Arm von Gott und Christus halten, so daß diese beiden Worte mehr und mehr von ihrer ursprünglichen durchaus guten und konstruktiven Aufladung entleert und allmählich menschlich und qliphothisch belastet wurden.

Wenn du nun mit dem Kalvarienkreuz in der Meditationsübung arbeitest, dann kann es leicht geschehen – das hängt wiederum von deinen persönlichen Erfahrungen ab –, daß sich diese nachträglich in das Kalvarienkreuz eingeschlichenen qliphothischen Kräfte freimachen und beginnen, in dir eine entsprechende Wirkung auszuüben, sei es, daß du auf den Weg zur Freude an der Macht und ihrer Ausübung oder auf den Weg zur leidvollen Duldung von Macht geleitet wirst. Dies gilt dann nicht nur für deinen persönlichen, religiösen Bereich, sondern für alle Bereiche deines Lebens, auch wenn sie scheinbar nichts mit Christentum zu tun haben.

Ein Blick in die letzten anderthalb Jahrtausende europäischer Kirchengeschichte zeigt, daß man allgemein vorsichtig sein sollte mit dem Gebrauch von christlicher Symbolik im Baum des Lebens, weil man sich dadurch der Wirkung eines Egregors aussetzen könnte, das nichts mehr zu tun hat mit Jesus Christus und seiner ursprünglichen Botschaft. Auch da hängt viel von deinem persönlichen Erfahrungsweg ab. Für die einzelnen Menschen bestehen da große Unterschiede. Vielleicht hast du, möglicherweise geprägt durch eine starke, wirklich christliche Persönlichkeit, gute Erfahrungen gemacht, dann bist du gegen die Einwirkungen des qliphothischen Egregors besser geschützt als jemand, in dessen Erinnerung die Begegnung mit Christentum und Kirche eine eher negative Färbung haben. Im ersten Falle kannst du ohne weiteres christliche Symbolik verwenden, obgleich du dir darüber klar sein mußt, daß du nie hundertprozentig sicher sein kannst, daß das destruktive Egregor nicht durchbricht.

Nach meiner Ansicht läßt sich der »Fall« des hochbegabten englischen Okkultisten Aleister Crowley gerade unter diesem Gesichtspunkt leicht verstehen und erklären. Nach anfänglichen idealistischen Bestrebungen verstrickte sich Crowley immer tiefer und tiefer in die schwarze und schwärzeste Praxis, die für ihn selbst und die Menschen seiner Umgebung die verheerendsten Auswirkungen hatte. Crowley entstammte einer religiösen Umgebung, die sich besonders viel auf ihre genaue Kenntnis der Bibel und ihre Anwendung im Alltag zugute hielt. Aber diese genaue Kenntnis wurde mißbraucht, um als Waffe gegen andere eingesetzt zu werden. Crowley hat Christentum und Bibelwort nie anders kennengelernt denn als Mittel der Machtausübung über andere und der Unterdrückung. So war er zum Opfer von dessen negativem Egregor geradezu prädestiniert. Damit ist natürlich nichts gegen Jesus Christus und seine Botschaft gesagt, die in ihrer reinen, ursprünglichen Form noch immer der dem Abendland gegebene Yoga-Weg ist. Die qliphothische Aufladung dieser Botschaft ist nicht ihm anzulasten, sondern seinen »Nachfolgern«.

Die Qliphoth sind in der heutigen Welt stärker denn je. Wohin du auch blickst, siehst du sie am Werk. Aber du brauchst deswegen keine Angst zu haben, denn sie können nur dort eindringen, wo ihnen ein Kanal offengehalten wird. Der beste Schutz gegen qliphothische Kräfte, seien sie nun in dir oder in deiner Umgebung, ist, wenn du deinen eigenen, persönlichen Baum des Lebens in der Balance hältst. Wenn dir dies in einem bewußten, täglichen Training gelingt, selbst und gerade auch bei ganz banalen Dingen, dann bist du vor dem Einfluß qliphothischer Kräfte am besten geschützt.

Dies ist das Ende unseres gemeinsamen Weges. Wenn du deine Studien, deine Arbeit mit dem Buch des Thoth gewissenhaft getan hast, dann solltest du jetzt imstande sein, deinen weiteren Weg selbständig zu suchen und zu finden. Halte den Baum des Lebens jederzeit in der Balance, überall wo du ihm begegnest, und ganz besonders deinen eigenen. Viel hast du erfahren, mehr noch wirst du erkennen und erhalten, wenn du in der rechten Gesinnung und in der richtigen Weise auf dem Wege voranschreitest, den du dir wählst und der dich wählt. Mögest du auf ihm den Einen finden, der in allem ist und alles in ihm.

Anhang

Arbeitsmaterial

(Symbole, die nicht von der Tradition überliefert werden,
sind *kursiv* geschrieben.)

Das hebräische Alphabeth

Buchstabe	Name	Laut-Entsprechung	Zahlenwert
א	Aleph	A	1
ב	Beth	B	2
ג	Ghimel	G	3
ד	Daleth	D	4
ה	Heh	H	5
ו	Vau	V	6
ז	Zajin	Z	7
ח	Chet	CH	8
ט	Teth	T	9
י	Jod	I	10
כ	Kaph	K	20
ל	Lamed	L	30
מ	Mem	M	40
נ	Nun	N	50
ס	Samek	S	60
ע	'ain	'ah	70
פ	Pe	P	80
צ	Tsaddi	Ts	90
ק	Qoph	Q	100
ר	Resch	R	200
ש	Schin	Sch	300
ת	Thau	Th	400

(Die hebräische Schrift wird von rechts nach links gelesen.)

1. Kether (כתר)

Der Gottesname: Ehejeh (אהיה)

Der Erzengel: Metatron (מטטרון)

Die Engel: Chajoth ha Qadesch (חיות הקדש)

Das astrologische Kraftprinzip: Primum mobile

Symbole: Swastika. Der Punkt. Der Funke. Die Krone. *Die Perle. Der archaische Göttervater*

Körperzuordnung: Der Scheitel

Das magische Bild: Ein alter König mit einer Krone auf dem Haupt, dessen Gesicht im Profil gesehen wird

Farbe: Brillanz

2. Chokmah (חכמה)

Der Gottesname: Jod Heh Vau Heh (יהוה)

Der Erzengel: Raziel (רזיאל)

Die Engel: Ophanim (אופנים)

Das astrologische Kraftprinzip: Der Tierkreis

Symbole: Die gerade Linie. Der Zweig als Stab. Der aufrechtstehende Stein. Der Turm. Der Phallus. *Das männliche Sperma. Licht als Strahlung. Radioaktivität. Das fließende Wasser. Die Quelle. Das Wachstum der Pflanzen der Sonne entgegen*

Körperzuordnung: Die linke Schläfe. *Die Ausatmung. Die Blickrichtung. Der Orgasmus*

Das magische Bild: Ein bärtiger Mann

Farbe: Grau

3. Binah (בינה)

Der Gottesname: Jod Heh Vau Heh Elohim (יהוה אלהים)

Der Erzengel: Zaphkiel (צפקיאל)

Die Engel: Aralim (אראלים)

Das astrologische Kraftprinzip: Saturn

Symbole: Kelch, Schale. Die weiblichen Geschlechtsorgane. *Muschelformen. Die Nuß.* Das bittere Salzmeer. *Das stille, ruhende Wasser. Das Meer. Die Zisterne. Die Brunnenröhre. Der Hubraum des Benzinmotors. Die Gußform*

Körperzuordnung: Die rechte Schläfe. *Die Einatmung. Der Orgasmus*

Das magische Bild: Eine reife Frau

Farbe: Schwarz

4. Chesed (חסד)

Der Gottesname: El (אל)

Der Erzengel: Zadkiel (צדקיאל)

Die Engel: Chasmalim (חשמלים)

Das astrologische Kraftprinzip: Jupiter

Symbole: Die Pyramide. Der Stab als Zeigestab, Zepter und Krücke. Das gleicharmige Kreuz. Die Kugel. *Die sprudelnde Brunnenröhre*

Körperzuordnung: Der linke Arm. Die linke Schulter

Das magische Bild: Ein mächtiger König, der mit Krone und Zepter auf einem Thron sitzt

Farbe: Blau

5. Geburah (גבורה)

Der Gottesname: Elohim Gibbor (אלהים גבור)

Der Erzengel: Kamael (כמאל)

Die Engel: Seraphim (שרפים)

Das astrologische Kraftprinzip: Mars

Symbole: Das Schwert. Das Pentagon. Der Speer. Die Kette. Die Fessel. Die fünfblätterige Rose. *Das Skalpell. Die Desinfektionsmittel. Antibiotika. Der Bulldozer. Der Abbruchhammer.* I. H. S.

Körperzuordnung: Der rechte Arm

Das magische Bild: Ein mächtiger Krieger in seinem Streitwagen

Farbe: Rot

6. Tipharet (תפארת)

Der Gottesname: Jod Heh Vau Heh Eloah Va Daath
(יהוה אלוה ודעת)

Der Erzengel: Michael (מיכאל)

Die Engel: Malachim (מלכים)

Das astrologische Kraftprinzip: Sonne

Symbole: Das Lamen. Das Rosenkreuz. Das Kalvarienkreuz. *Das Zirkelkreuz.* Der Pyramidenstumpf. Der Kubus

Körperzuordnungen: Die Brust. Der Solar-Plexus

Die magischen Bilder: Ein Kind. Ein majestätischer König. Ein geopferter (gekreuzigter) Gott

Farbe: Gelb

7. Nezach (נצח)

Der Gottesname: Jod Heh Vau Heh Sabaoth (יהוה צבאות)

Der Erzengel: Haniel (האניאל) (auch Phaniel und Auriel)

Die Engel: Elohim (אלהים)

Das astrologische Kraftprinzip: Venus

Symbole: Die Lampe. *Die Öllampe.* Der Gürtel. Die Rose.
Die Taube. Der Panther. Der Smaragd. *Das Labyrinth*

Körperzuordnung: Die Hüften. Die Lenden. Die Beine.
Das Becken

Das magische Bild: Eine wunderschöne nackte Frau mit Bart

Farbe: Smaragd-grün

8. Hod (הוד)

Der Gottesname: Elohim Sabaoth (אלהים צבאות)

Der Erzengel: Raphael (רפאל)

Die Engel: Bene Elohim (בני אלהים)

Das astrologische Kraftprinzip: Merkur

Symbole: Der Name. *Das Mantram.* Der Apron. *Gesetzbücher. Formeln*

Körperzuordnung: Lenden und Beine

Das magische Bild: Ein Hermaphrodit

Farbe: Orange

9. Jesod (יסוד)

Der Gottesname: Schaddai el Chai (שדי אלחי)

Der Erzengel: Gabriel (נבריאל)

Die Engel: Aschim (אשים)

Das astrologische Kraftprinzip: Mond

Symbole: Die Düfte. Die Sandalen. *Die elektromagnetischen Schwingungen. Das Kino. Der Fernsehbildschirm. Die Projektion*

Körperzuordnung: Die Geschlechtsorgane

Das magische Bild: Ein schöner starker Mann mit erigiertem Glied

Farbe: Violett

10. Malkuth (מלכות)

Der Gottesname: Adonai ha Arez (אדני הארץ)
Adonai Melek

Der Erzengel: Sandalphon (סנדלפון)

Die Engel: Die Kerubim (כרובים)

Das astrologische Kraftprinzip: Die vier Elemente

Symbole: Der doppelt kubische Altar. Das gleicharmige Naturkreuz. Das Dreieck. Der Kreis. $E = mc^2$

Körperzuordnung: Die Füße. Der Anus

Das magische Bild: Eine junge schöne Frau, die auf einem Thron
sitzt

Farben: Zitronengelb, olivgrün, rostbraun, schwarz; gelb, blau,
weiß, grün oder braun

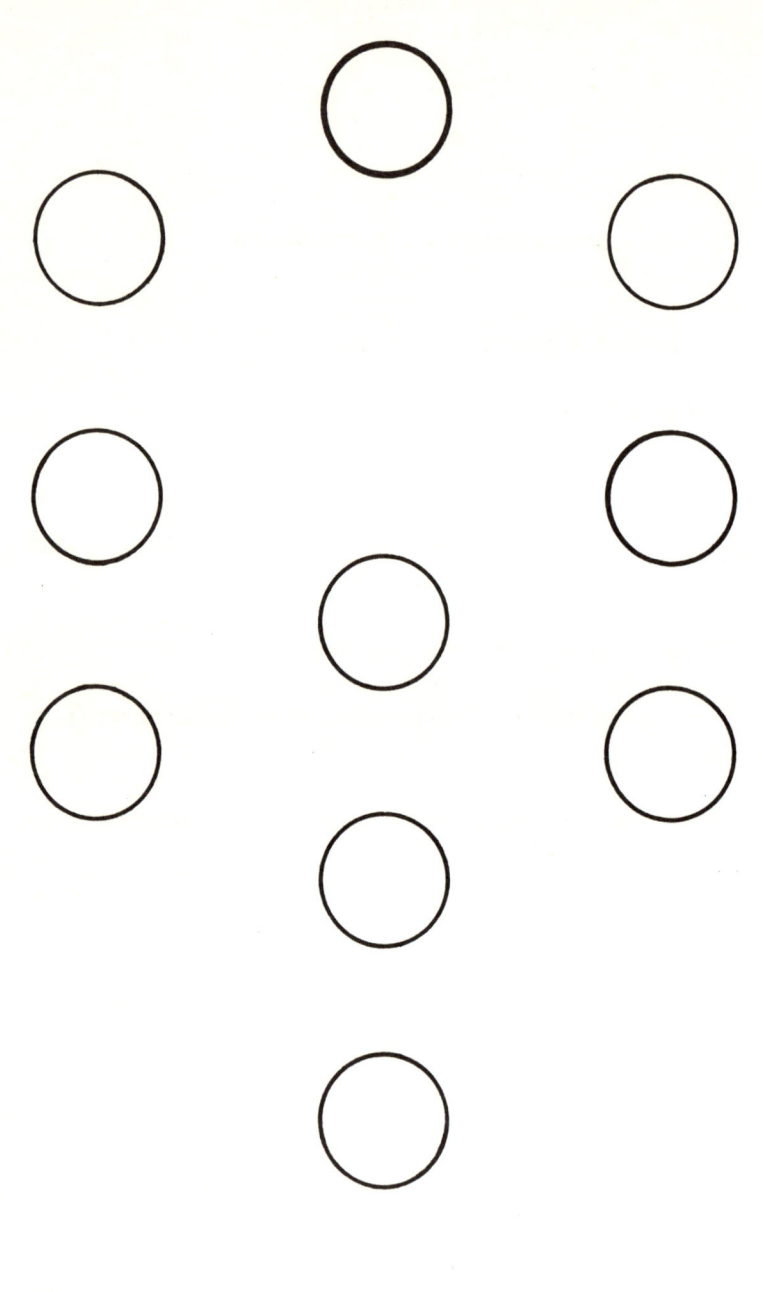

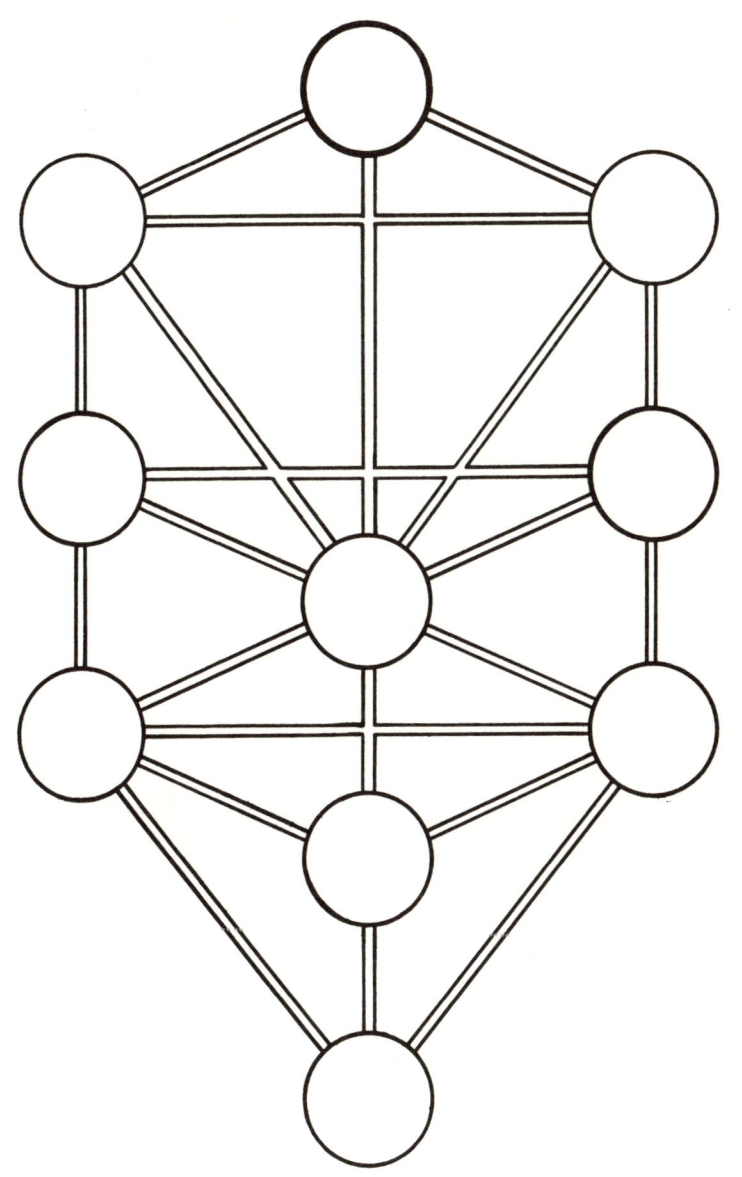